Laszlo Trankovits

Weniger Demokratie wagen!

Laszlo Trankovits

Weniger Demokratie wagen!

Wie Politik und Wirtschaft wieder handlungsfähig werden

Frankfurter Allgemeine Buch

Bibliografische Information der Deutschen Nationalbibliothek
Die Deutsche Nationalbibliothek verzeichnet diese Publikation in der Deutschen Nationalbibliografie; detaillierte bibliografische Daten sind im Internet über http://dnb.d-nb.de abrufbar.

Laszlo Trankovits

Weniger Demokratie wagen!

Wie Politik und Wirtschaft wieder handlungsfähig werden

F.A.Z.-Institut für Management-,
Markt- und Medieninformationen,
Frankfurt am Main 2011

ISBN: 978-3-89981-245-9

Frankfurter Allgemeine Buch

Gestaltung/Satz
Umschlag: Anja Desch
Satz Innen: Ernst Bernsmann
Druck und Bindung: Messedruck Leipzig GmbH, Leipzig

Inhalt

Für Johanna, Marie, Clemens und Benedikt

Vorwort

„Wer die Enge seiner Heimat ermessen will, reise.
Wer die Enge seiner Zeit ermessen will, studiere Geschichte."

Kurt Tucholsky

„Ubi bene, ibi patria."
(„Wo es einem gut geht, da ist das Vaterland.")

Seneca

Deutschland ist nicht mein Vaterland. Aber es ist meine Heimat. Das wäre es nie geworden, wäre Deutschland nicht Teil der freien, der demokratischen Welt. „Die Fremde ist mir nicht Heimat geworden, aber die Heimat Fremde", schrieb Alfred Polgar über das typische Emigrantenschicksal in der ersten Hälfte des 20. Jahrhunderts. Mir und vielen anderen ist dagegen ein zunächst fremdes Land doch sehr wohl Heimat geworden.

Als ungarisches Flüchtlingskind kam ich als Sechsjähriger nach Frankfurt und wurde hier heimisch. Deutsch wurde die Sprache, in der ich dachte und träumte. Ich lernte hier Menschen und Literatur lieben, Städte und Landschaften. Trotzdem war für mich früh klar, dass ich die ganze Welt kennenlernen wollte. Das Vagabundenleben eines Auslandskorrespondenten schreckte mich wenig. Ich hatte früh gelernt, neu Wurzeln zu schlagen. Ich entdeckte, dass es mancherorts leichter war, anderswo schwieriger, zuweilen völlig unmöglich.

Kinderleicht ist es, sich in New York, Paris oder Tel Aviv relativ rasch heimisch zu fühlen – Städte voller Immigranten, Ausländer und Neu-Bürger. Sehr viel herausfordernder sind Orte wie Moskau, Istanbul oder Kapstadt. Und schwer vorstellbar ist es wohl für einen Europäer, sich in Städten wie Teheran, Pjöngjang oder Tripolis wirklich zu Hause zu fühlen.

Das Gefühl der Heimat ist für die Menschen verschieden. Als ich als 18-Jähriger zum ersten Mal nach zwölf Jahren wieder die Ráday Utca Nr. 30 in Budapest betrat – dort, wo ich geboren wurde – überwältigten mich die Erinnerungen. Der Geruch von Klebstoff aus der altmodischen Buchdruckerei und der Duft frischen Brots aus der winzigen Bäckerstube lagen noch genauso in der Luft wie damals, als ich als Sechsjähriger durch die Gegend gestromert war.

Das knirschende Geräusch des eisernen Fahrstuhls mit den Doppeltüren und die hohe, düstere Wohnung mit den zu kleinen Fenstern in dem neunstöckigen Gründerzeit-Gebäude lösten eine Bilderflut an Kindheitserinnerungen aus. Das Kreischen der Straßenbahn in den Weichen, die Wurstgirlanden in der schönsten Markthalle der Welt, die heruntergekommenen, grau gewordenen Bürgerhäuser entlang der Boulevards in der Innenstadt, die weißen Zinnen und Türme der Fischerbastei hoch über der majestätischen Donau – Budapest war mir sehr vertraut.

Auch die Erinnerung an jene Nacht im Oktober 1956 ist noch immer wach. Meine Mutter und ich kauerten ängstlich auf Matratzen im Keller. Mein Vater, wie die anderen Männer auch, stand mit einer Pistole bewaffnet vor dem Holzverschlag. Währenddessen durchlöcherten russische Panzer mit ihren Kugeln das Mietshaus wie einen Schweizer Käse, weil die Besatzungsmacht hier Aufständische vermutete. Der Besuch in Budapest 1969 war aufwühlend, aber nicht wehmütig. Die Tage in Ungarns Hauptstadt weckten keine Sehnsüchte, hier zu leben.

Wie anders ist es, heute wieder in Frankfurt anzukommen. Dieses Glücksgefühl, das einen überwältigt, wenn das Flugzeug auf dem Rhein-Main-Flughafen den Boden berührt, hat nicht nur mit der Freude auf liebe Menschen, den Stammkneipen oder der Frankfurter Eintracht zu tun. Es ist das Wissen und das unvergleichliche Gefühl, nach Aufenthalten in Ländern des Schreckens wieder an dem Ort zu landen, der nicht nur vertraut ist, sondern der vor allem durchdrungen ist von Freiheit. Wo Menschen keine Angst vor jedem Polizisten haben wie in Damaskus oder Harare. Wo Frauen den Blick nicht niederschlagen wie in Teheran oder Riad. Wo Nachtschwärmer nicht aus Furcht vor Überfällen selbst von einem Lokal zum nächsten ein Taxi ordern wie in Rio de Janeiro oder Johannesburg.

Mir scheint, es ist heute in Europa viel leichter als zu Polgars Zeiten, in der Fremde auch Heimat zu finden. Einer der Gründe ist die Tatsache, dass viele Staaten Einwandererländer geworden sind, so wie Amerika oder Kanada es immer waren. Auch Deutschland, die Niederlande oder Großbritannien funktionieren schon seit vielen Jahren als ein Schmelztiegel vieler Völker: Es entstanden zwar keine „multikulturellen Gesellschaften", im schlechtesten Fall bildeten sich Ansätze zu gefährlichen Parallelgesellschaften. Aber Millionen Menschen aus allen Teilen der Welt verändern die Länder, in die sie kommen, machen die Gesellschaften vielfältiger und facettenreicher. Die Einwanderer bringen gewiss manche Probleme mit sich, in vieler Hinsicht aber auch Gewinn – und wenn man nur an die Bereicherung der kulinarischen Vielfalt in England, Dänemark oder Deutschland denkt.

Ein anderer, wesentlicher Grund, warum hier vielen Menschen die Fremde leicht Heimat werden konnte, ist die betörende Luft der Freiheit. Wer jemals Unfreiheit geschmeckt hat, verehrt und liebt den Duft der Freiheit. Einwanderer wundern sich manchmal über die Selbstverständlichkeit, mit der die Europäer mit Freiheiten und Demokratie umgehen. Dazu zählen sogar manchmal Menschen, die noch vor wenigen Jahrzehnten die „Diktatur des Proletariats" erdulden mussten.

Der unachtsame Umgang mit der Freiheit kann sich auch in einem Mangel an Verständnis für Spielregeln und Funktionsweisen freier Systeme ausdrücken. Wer glaubt, die Abwesenheit von Hierarchie und Repräsentation, von Führung und Autorität seien die Kennzeichen von Freiheit und Demokratie, gefährdet ihre Grundlagen. Davon handelt dieses Buch: Über Maß und Mitte in der Freiheit, in der Politik, in der Gesellschaft, in der Wirtschaft.

Es beschäftigt sich mit dem Unbehagen vieler Menschen gegenüber der real existierenden Demokratie. Dabei regieren Politiker und Parteien, die bei freien Wahlen gewählt wurden. Hat nicht jedes Volk in der Demokratie die Regierung, die es verdient?

Viele glauben, dass sich die vielfältigen Krisenphänomene und Probleme in unserer Gesellschaft am besten mit noch mehr Partizipation und mehr Demokratie erfolgreich bekämpfen ließen. Dieses Buch versucht zu begründen, warum das vermeintliche Allheilmittel aber nicht viel mehr als ein Placebo wäre. Mehr Demokratie könnte ein gefährlicher Irrweg sein. Die populäre Forderung nach mehr Bürgerbeteiligung suggeriert zu Unrecht, Unbehagen und Verunsicherung vieler Menschen mildern zu können.

Sich in der freien Welt zu Hause fühlen, ist auch heute noch ein Privileg – und wird es immer bleiben. Nicht nur, dass die Mehrheit der Menschen in der Welt noch immer nicht in Freiheit lebt. Sie wird, das lehrt die Geschichte, auch immer wieder aufs Neue bedroht. Gefahren für die Freiheit gibt es auch heute in den westlichen Demokratien – glücklicherweise scheinen sie nicht existenzgefährdend. Aber dennoch sind die Fehlentwicklungen besorgniserregend.

Wer Demokratie missversteht als ein System, in dem immer alle überall mitbestimmen und partizipieren können, bedroht das Funktionieren und die Effizienz in Gesellschaft, Staat und Wirtschaft. Wir sind angesichts vieler Krisensymptome unserer Demokratien gut beraten, etwas weniger Demokratie zu wagen – um ihren Kern und ihr Wesen zu bewahren.

Dieses Buch wurde auch geschrieben in Dankbarkeit an die Freiheit und die lebendige Demokratie in Deutschland – und als Warnung, sie nicht mit übertriebenen, maßlosen Forderungen zu beschädigen.

Laszlo Trankovits — Kapstadt, August 2011

Zerrbild der Politik: Überall Nieten an der Macht?

„Das kritikbedürftigste Moment des Bonner Parlamentarismus scheint mir die landläufige Kritik zu sein, die an ihm geübt wird. Sie ist reaktionär und schizophren. Sie sehnt sich heimlich nach einer starken Regierung und bekennt sich öffentlich zu der Herrschaft eines allmächtigen Parlaments. Sie beschimpft den Abgeordneten, wenn es zu einer Regierungskrise kommt, und verhöhnt ihn, wenn er getreulich die Fraktionsparole verfolgt."

Ernst Fraenkel, Politikwissenschaftler (1)

„Verlogenheit" wirft der britische Schriftsteller Frederick Forsyth „der EU von oben bis unten" vor. „Die professionelle Politiker, die weder einen richtigen Beruf ausgeübt noch jemals in der realen Welt gelebt haben" sind nach Ansicht des Thriller-Autors dabei, als Totengräber der Demokratie die Menschen in Europa in einen autoritären „Superstaat" zu entführen. (2)

Politiker in den Demokratien des freien Westens stehen täglich am Pranger. Die häufig diffuse Kritik ist in jedem Land ein wenig anders, aus jeder politischen Ecke unterschiedlich. Aber das tiefe Unbehagen an der Politik scheint größer denn je. Umfragen in Deutschland wie in anderen europäischen Staaten und den USA signalisieren eine wachsende Skepsis gegenüber dem demokratischen System.

Zwar müssen auch heute noch in der ganzen Welt Menschen in autoritären Systemen und Diktaturen für Demokratie und Menschenrechte kämpfen, oft genug in scheinbar aussichtsloser Lage. In Tunesien und Ägypten konnten Anfang 2011 zumindest die Führer und Symbolfiguren der korrupten Eliten entmachtet werden. Fast so unerwartet wie der plötzliche Zusammenbruch der sozialistischen Staaten in Europa Ende der 80er, Anfang der 90er Jahre konnten revoltierende Massen auf den Straßen von Tunis und Kairo den Rücktritt der jeweiligen Autokraten erzwingen.

Geeint hat die rebellierenden Menschen der Überdruss am alten System, kaum jedoch die gleichen Vorstellungen, wie denn nun die neue Demokratie aussehen soll. Die Frage muss noch beantwortet werden, ob die Mehrheit der Bürger in diesen islamischen Ländern wirklich jene Gesellschaftssysteme als Vorbilder nehmen wird, die historisch belegt bisher die größtmögliche Freiheit, Gerechtigkeit und Fairness garantiert haben: die modernen Staaten Europas und Amerikas.

Während es in vielen Ländern Afrikas, Asiens und Lateinamerikas nach wie vor um die Erringung der elementaren Grundrechte der Menschen geht, um den gewaltigen und wichtigen Schritt von einer willkürlichen, autoritären Herrschaft zu zivilisierten politischen Systemen, stehen die funktionierenden Demokratien eher vor der Frage, ob es ein Zuviel an Mitbestimmung, Partizipation und Transparenz geben kann.

Kultur des Aufbegehrens

Allgemeine Politikverdrossenheit, sinkende Wahlbeteiligung und das Erstarken sogenannter „populistischer" Kräfte in so unterschiedlichen Ländern wie Schweden, der Schweiz, den Niederlanden oder Frankreich sowie heftige Proteste in Staaten wie Spanien oder Griechenland sind deutliche Signale für die Unzufriedenheit der Bürger mit ihren Repräsentanten in den Parlamenten und mit den Männern und Frauen an der Regierungsmacht. „Die Kultur des Aufbegehrens erlebt eine überraschende Wiedergeburt", kommentierte „Der Spiegel" im Herbst 2010. Vielerorts ist der Protest politisch und konkret – es blüht aber auch ein unpolitischer Radikalismus, der sich fast ziellos einzig über Verweigerung, Zorn und Verachtung des „Systems" definiert.

Mit erfrischender Offenheit hat der Schriftsteller Richard David Precht einer schlichten, naiven Kritik an dem verhöhnten „Demokratietheater" Ausdruck verliehen. (3) Er prangerte in einem Essay vor der Wahl des Bundespräsidenten 2010 die „Klüngelei" der Parteien an, beschwerte sich über „Querelen um die Gesundheitspolitik" und „Streitereien" über die Regulierung der Finanzmärkte. Die „Entfremdung der Politiker von den Bürgern" sei auch Ausdruck einer falschen „Ideologie des Wachstums", nun „torkelt der Staat wie ein Dinosaurier seinem evolutionären Ende entgegen".

Dem politischen Führungspersonal, das auch noch unattraktiv sei, geht es laut Precht wie den Bankern nur um ein „paar letzte Privilegien, ein bisschen Machtgefühl, ein paar Versorgungsansprüche". Und dann fordert er mehr Verantwortung für die Bürger, mehr Volksentscheide, einfach „mehr Demokratie wagen" – so wie einst der sozialdemokratische Kanzler Willy Brandt seine erste Regierungserklärung betitelte.

Von mehr „echter Demokratie", als Mitbestimmung des Volkes, träumen auch die Apologeten der Cyberwelt, die im Web die Bürger an Entscheidungen und Macht beteiligen wollen. Mehr direkte, weniger repräsentative Demokratie. Denn mit der sind viele unzufrieden.

Das Parlament als „Schwatzbude"?

Kritik an der Demokratie hat eine unselige Tradition. Als „Schwatzbude" bezeichneten die Nazis den Reichstag. Abgeordnete bürgerlicher Parlamente sind für Marxisten die „Büttel des Kapitals". Dem schwierigen demokratischen Prozess des Ausgleichs von Interessen und Vorstellungen, dem Durchsetzen politischer Vorstellungen im Rahmen einer strengen Verfassung setzten Faschisten wie Kommunisten gerne eine starke, „visionäre" Führung entgegen – sei es die einer proletarischen Partei oder die eines nationalen Diktators. Demokratie-Defätismus ist nun wieder modern geworden, nur präsentiert er sich heute mit der Forderung nach einem „Mehr an Demokratie" – und geht einher mit ständigem „Politiker-Bashing".

Demokratie, laut Churchill „das schlechteste System, das wir kennen, ausgenommen alle anderen", befindet sich in einer Krise, ohne dass wirklich nennenswerte Kräfte im Westen die Demokratie ernsthaft in Frage stellen oder gar abschaffen wollten. Heilsideologen und imperiale Fantasien finden hier im 21. Jahrhundert kaum mehr Widerhall. Herausgefordert wird die Demokratie dennoch massiv – wie die Wirtschaft und die gesamte Gesellschaft auch.

Es geht um die Beherrschbarkeit und Funktionstüchtigkeit einer Welt mit zunehmender Komplexität, Vernetzung und Interdependenz, Gesellschaften mit schwierigen Mitgliedern – die einen sehen immer mehr „mündige Bürger" am Werk, andere fürchten die Kakophonie einer tribalisierten, wenig kompromissbereiten Gesellschaft.

Besonders deutlich wird die neue Herausforderung an den wachsenden Problemen von Führung und der Akzeptanz von Hierarchien. Führung wird in Politik, Gesellschaft und Wirtschaft immer schwieriger. Ob Volksabstimmungen über Rauchverbote, Bürgerbewegungen gegen Bahnhofsneubauten oder Unterschriftensammlungen gegen Schulreformen. Überall, nicht nur in Deutschland, schwillt die vermeintliche Stimme des Volkes an. Die Zahl der Volksbegehren nimmt rapide zu. „Volk der Widerborste" schrieb der Spiegel über Deutschland 2010, die Politiker würden zunehmend entmachtet, „das Volk baut seine Macht aus".

Schon 1975 sprachen Politologen wie Samuel Huntington vom „Exzess der Demokratie" (4) und diagnostizierten wachsende Probleme mit dem Anstieg politischer Partizipation. Und damals gab es noch nicht einmal ein funktionierendes Web, geschweige denn Web 2.0 mit den neuen sozialen Netzwerken und den interaktiven Optionen. Diese digitale Revolution mit ihrer Vernetzung, der ungeheuren Beschleunigung aller Prozesse und dem enorm gewachsenen Mobilisierungspotential droht das bewährte System der repräsentativen Demokratie endgültig an den Rand der Funktionstüchtigkeit zu bringen.

Beschleunigung bedroht Demokratie

Professor Hartmut Rosa, ein Experte für die Folgen der Beschleunigung in der Moderne, bezweifelt, dass „das Zeitalter der Demokratie den Herausforderungen der modernen Welt zeitlich noch gewachsen“ ist (5). Das demokratische System verlange von den Menschen zunehmend „übermenschliche Anstrengungen“. Dabei gebe es natürlich keine Alternative zur Demokratie. „Man kann ja nicht die Diktatur einführen, um der Beschleunigung und Verdichtung zu entkommen.“ Der Historiker Professor Paul Nolte glaubt, dass trotz aller Ähnlichkeiten der Probleme westlicher Demokratien vor allem die Deutschen, im Unterschied zu den Amerikanern, daran zweifeln, ob „im Zeitalter der Globalisierung und des Turbo-Kapitalismus, des Internets und der neuen Ortlosigkeiten“ die Demokratie noch funktionieren könne. (6)

Rosa warnt vor den Folgen einer „Dynamisierung aller Lebensbereiche“. (5) Dazu gehöre auch die „Repositionierung des Wählers“, der immer schneller seine Meinungen oder Präferenzen wechsle. Die Politik müsse heute ständig auf Stimmungsschwankungen und neue Empörungswellen reagieren. „Diese Wellen kommen immer dichter aufeinander.“ Der „Stammwähler“ gehört ohnehin nicht nur in Deutschland zu einer schrumpfenden Gruppe im Wahlvolk – so wie auch überall im Westen etwas generalisierend betrachtet die Zahl der Mitglieder in Parteien, Gewerkschaften und Kirchen beständig sinkt.

Es ist erstaunlich, wie sehr sich bei der Diagnose Politiker und Wissenschaftler unterschiedlicher politischer Anschauungen einig sind. Die gängige Antwort auf politische Probleme lautet heute oft: mehr Beteiligung, mehr Mitsprache, mehr Transparenz und mehr Emanzipation. Aber ohnehin befinden sich die Politiker in einem permanenten Wahlkampf, müssen sich ständig Wahlen und Abstimmungen stellen, werden täglich mit Umfrage-Ergebnissen konfrontiert. Nachrichtenkanäle und Talkshows sorgen für die Dauerpräsenz von aktuellen Themen in der Öffentlichkeit. Politikwissenschaftler sehen schon lange einen grundlegenden Wandel. Für die pessimistischen Apologeten der Postdemokratie ist die „Politik ein Produkt und der Wähler ein Konsument, dessen Gunst errungen werden will“, so der Journalist Jan Pehrke. (6)

Obwohl es noch nie so viele Informationen über Politik und Wirtschaft gab wie heute, wird noch mehr Transparenz gefordert. Wachsende Transparenz aber ist ohnehin eine der zentralen Begleiterscheinungen der Web-2.0-Welt, heftig konkurrierender und auch deshalb sensationsgieriger Medien und einer Gerüchte- und Diffamierungskultur, die sich ausbreitet. Mit den Enthüllungen der Internetplattform Wikileaks, die 2010 Hunderttausende geheimer Dokumente der US-Regierung veröffentlichte, hat die Tendenz der wachsenden Durchschaubarkeit der Politik noch einmal eine neue Dimension bekommen.

Gnadenloser Druck

Politische Führung gerinnt aus Hilflosigkeit gegenüber diesen Entwicklungen oft zur bloßen Inszenierung von politischen Prozessen, dem strikten, täglichen Krisenmanagement, bei dem vor allem ein Element gnadenlos genutzt wird: Probleme in die Zukunft zu verschieben, mit wachsenden Lasten für die politischen Nachfolger, die kommenden Jahre und die kommenden Generationen. „Mit dem Siegeszug des ökonomistischen Denkens, mit Individualisierung, Globalisierung, medialer Allerweltsvernetzung, mit dem Wegfall des alten Systemkonflikts zwischen westlicher Freiheit und osteuropäischer Diktatur ist die Basis der Demokratie in unserem Land dramatisch zusammengeschmolzen", schreibt der SPD-Bundestagsabgeordneter Hans-Peter Bartels. (8)

Die Bürger spüren die Verunsicherung in der Politik. Umfragen in Deutschland zeigen, dass eine große Mehrheit eine Überforderung der Politiker befürchtet. Allerdings gibt es wenig Hinweise darauf, dass die selbstbewussten Staatsbürger auch ein Teil des Problems sein könnten. Es scheint heute das Problem der repräsentativen Demokratie zu sein, dass der Souverän, das Volk, sich selbst nicht mehr als Souverän versteht. Die Bürger möchten nicht die Verantwortung tragen für die politische und gesellschaftliche Realität – vor allem mit der Begründung, das Volk habe ja gar keine Macht, es habe letztendlich nichts zu sagen.

Politik allein zu Haus

„Wir müssen auch fragen: Was hat die Gesellschaft der Politik angetan?", formulierte die ehemalige Ratsvorsitzende der Evangelischen Kirche in Deutschland, Margot Käßmann, aus einer eher moralischen Sicht. (9) Aber sie beschrieb wohl aus leidiger persönlicher Erfahrung zutreffend die Lage der Politiker: „Der Druck ist gnadenlos. Möglichst noch bis heute Abend zur ‚Tagesschau' müssen sie ein neues Statement bringen, dazwischen gibt es noch Blogs, Twitter usw. Die ständige Beschleunigung führt zu einem Verlust an Substanz und Orientierung. Ein falsches Wort, und du wirst niedergemacht! Wer hat denn noch Lust, unter solchem Druck Politiker zu werden? (...) Ich wünschte, es gäbe mehr Ruhe, langfristige Konzepte zu entwickeln. In der Politik muss heute alles immer wahnsinnig schnell passieren." Ähnliches formulierte der Linken-Politiker Gregor Gysi: „Politiker sind oft hilflos, ohnmächtig, überfordert." (10)

Während die Skepsis der Menschen in Westeuropa und den USA an der Tauglichkeit ihres politischen Systems wächst, sinkt das traditionelle Überlegenheitsgefühl der Demokraten. Der wirtschaftliche Erfolg der Diktatur in China und der meist autoritär geführten Tigerstaaten nährt die Zweifel an der Superiorität der Demokratie. Die sicher geglaubte Verknüpfung politischer und wirtschaftlicher Freiheit hat an Überzeugungskraft eingebüßt.

Was derzeit für die Politik gilt, ist auch für Gesellschaft und Wirtschaft gültig. Die Akzeptanz von Autorität in den meisten Institutionen, von den Kirchen bis hin zu Schulen oder Kindergärten, sowie in den Familien ist in den vergangenen Jahrzehnten vom Zeitgeist stark lädiert worden.

Auch die Wirtschaft wird herausgefordert

Ein antiautoritärer, zynischer Zeitgeist und das Web 2.0 erschweren das Leben vor allem an der Spitze von Unternehmen deutlich. Kapitalismus und Unternehmer stehen weiterhin weltweit am Pranger. Ob Banken, Ölkonzerne oder Multis: Ihr Image ist schlecht, das Misstrauen groß, Öffentlichkeit und Politik fordern Kontrollen, Reglementierungen und „Verantwortlichkeit“ der Firmen. Profit ist böse, Wachstum weckt Misstrauen, Erfolg provoziert Neid.

Auch wenn Wahlen Kapitalverhältnisse nicht verändern, sehen sich Konzerne und Unternehmen, Bosse und Manager massiv herausgefordert, müssen sie mit schwindender gesellschaftlicher Akzeptanz fertig werden. Die Finanzkrise 2008 oder das Ölplattform-Desaster im Golf von Mexiko 2010 haben das wachsende Misstrauen gegen „die da oben“ und die „Herrschenden“ kräftig angeheizt.

Soziale Netzwerke nehmen die Unternehmen gnadenlos ins Visier. Kaum ein Konzern in den USA, dessen Aktivitäten heute nicht von einer ganzen Reihe von Blogs, Netzwerken und Vereinigungen kritisch begleitet wird. Die Zahl derer, die gehört werden und mitreden wollen, wächst überall.

Zumindest in den USA mussten schon Wirtschaftskapitäne aus rein politisch-psychologischen Gründen abtreten, weil die Öffentlichkeit Opfer und Sündenböcke sehen wollte, selbst wenn die Chefs rein gar nichts mit den jeweiligen Miseren zu tun hatten.

AIG-Chef Edward Liddy, der unternehmerische Verantwortung erst nach dem Zusammenbruch des Versicherungshauses übernahm, verlor seinen Job ebenso wie Hewlett-Packard-Chef Mark Hurd, der nach Gerüchten über sexuellen Missbrauch, die sich als haltlos erwiesen, wegen ein paar Spesenabrechnungen gefeuert wurde.

Führung zwingt in die Defensive

Eine moderne Faustregel lautet: Wer führt, ist heute in der Defensive. Die Tücken der demokratischen Idee sind zwar in allen gesellschaftlichen Bereichen spürbar, am heftigsten kann man sie naturgemäß in der Politik erkennen. Es ist eine Gemeinsamkeit von US-Präsident Barack Obama und Stuttgarts Oberbürgermeister Wolfgang Schuster, dass sie von der Launenhaftigkeit der Demokratie überrascht wurden.

Getragen von einer überwältigenden Mehrheit der Bürger errangen sie ihre Positionen. Der eine zog im Januar 2009 ins Weiße Haus ein, der andere ist gar seit 1997 Chef im Rathaus der Schwabenstadt. Und als sie daran gingen, Wahlversprechen umzusetzen, die laut Umfragen von einer großen Mehrheit der Bürger unterstützt wurden, sahen sie sich plötzlich einer massiven Front des Volkes gegenüber.

Obama wurde von der „Tea Party"-Bewegung wegen der Gesundheitsreform als „Verräter der Ideale Amerikas" angeprangert. Im Schwabenland weckten „Montagsdemonstrationen" gegen den Bahnhof Stuttgart 21 Assoziationen, der CDU-Oberbürgermeister setze wie in der DDR früher gegen den Willen des Volkes diktatorisch ein Projekt durch – das mit der Unterstützung der großen Parteien in 16 Jahren Planung alle rechtlichen und politischen Hürden passiert hatte.

„Wir leben nicht in einer Stimmungsdemokratie!", klagte Schuster im Herbst 2010 nach Monaten der Proteste und Debatten wegen des unterirdischen Hauptbahnhofs. (11) Vielleicht ist der Begriff „Stimmungsdemokratie" fast noch zu harmlos, um die Notlage der modernen Demokratien zu beschreiben. Denn abgesehen von Nationalfeiertagen und Sonntagsreden ist von einem Stolz auf die funktionierende Demokratie in den wenigsten Ländern etwas zu spüren.

Ob Angela Merkel, Nicolas Sarkozy oder Barack Obama: Ihre Namen stehen für Politiker, die nach Wahlsiegen über kurz oder lang dramatisch an Popularität eingebüßt haben. Es scheint fast zu einer Regel zu werden, dass Spitzenpolitiker in der öffentlichen Wahrnehmung in immer kürzerer Zeit als enttäuschend und als Versager gelten. Es wirkt, als ob es keine bedeutenden Staatsmänner, keine große Regierungskunst mehr geben würde.

Aber vieles spricht dafür, dass nicht alle Politiker schlechter und dümmer geworden sind, sondern dass sich die Gesellschaft deutlich verändert hat. Die Erwartungen an die Politik haben enorm zugenommen. Die Probleme sind komplexer denn je. Die Medien, selbst herausgefordert von Technologiewandel und Existenzängsten, sind aggressiv und zynisch wie selten zuvor. Und das politische System wirkt überholungsbedürftig – gefordert sind rasche Reformen.

Die Frage nach der Weisheit des Volkes ist ein Tabu

Zwar wird in den westlichen Gesellschaften zuweilen die brisante Frage nach der Funktionsfähigkeit des demokratischen Systems gestellt, das in einer völlig anderen historischen Epoche entstanden ist. Aber in der Regel gehen alle Antworten in die Richtung, „mehr Demokratie zu wagen". Politiker belügen notfalls sich selbst und alle anderen, um nicht zugeben zu müssen, dass der Wille des Volkes schon allzu oft auch fatale Folgen hat.

Wer Demokratie einschränken wollte, würde von der Öffentlichkeit – und besonders lautstark von den Leitmedien – gekreuzigt. Zudem schaut kaum einer über den nationalen Tellerrand: Es sind oft nicht die angeblichen Versager der eigenen politischen Klasse; es ist häufig ein überholtes politisches System und ein tückisch gewordenes gesellschaftliches Umfeld. Es sind unrealistische Erwartungen an die Möglichkeiten von Staat und Politik und überzogene Ansprüche der Bürger. Allerdings ist es fast ein Tabu, die Weisheit des Bürgers in Frage zu stellen.

„Alle Staatsgewalt geht vom Volke aus", heißt es im Grundgesetz. Eine weise Grundlage der repräsentativen Demokratie. Ein gefährliches Prinzip, wenn das Volk tagtäglich abwägen und entscheiden soll – zumal alle Umfragen die Wankelmütigkeit und Launenhaftigkeit der Bürger belegen. Rechtfertigungsdruck lastet auf allen politischen Akteuren – wie könnte er auf dem Wahlvolk lasten? Würden Parteien oder Politiker so schnell wie der Wähler Sichtweisen und Bewertungen wechseln, würden sie rasch als prinzipienlos und irrational gegeißelt.

Stuttgarts Oberbürgermeister kann sich damit trösten, dass auch Barack Obama, der erste politische Großmeister der Web-2.0-Gesellschaft, bisher kein wirksames Rezept gefunden hat, sich beispielsweise gegen die aggressive „Volksbewegung" der Tea Party in seinem Land zu wehren. Dennoch kann man vom ersten schwarzen US-Präsidenten noch am besten lernen, wie man klug und aktiv mit der neuen Unübersichtlichkeit gesellschaftlicher Entwicklungen und mit einer extrem fordernden Medienwirklichkeit umgehen kann. Beispielsweise inszeniert sich Obama von Anfang an selbst als Apologet von „mehr Demokratie" und neuer Transparenz – und tut de facto alles, um seine Führungskraft nicht von destruktiven oder lähmenden Einflüssen schmälern zu lassen. Also bemäntelt der große Kommunikator seine Politik gerne auch mit allerlei Twitter-Schnickschnack und Transparenz-Show. Dabei sollte ihm keine Unaufrichtigkeit vorgeworfen werden – wer in der Öffentlichkeit punkten will, kann sich dem Ruf nach Transparenz und Ansprechbarkeit nicht entziehen.

Mitleid mit Mächtigen und Besitzenden braucht es sicher nicht. Wohl aber Überlegungen, wie die Systeme von Führung, Planung und Zukunftsgestaltung funktionstüchtig bleiben können. Politische Korrektheit verbietet in der Regel jede Forderung nach mehr Ruhe in der Politik, nach einer maßvollen Begrenzung von Partizipation und Transparenz. Denn Tabubrüche bei diesen Themen bestraften Medien und Bürger bisher gnadenlos. Kein Happyend absehbar.

Die Antwort auf die Krise des politischen Systems müsste lauten: „Weniger Demokratie wagen“ zur Rettung der repräsentativen Demokratie. Das würde bedeuten: Weniger Wahlen. Längere Legislaturperioden. Deutliche Entschleunigung. Weniger Druck auf die Führung. Mehr Distanz. Mehr Zentralisierung. Mehr Machtkonzentration. Mehr Kontrolle. Und nicht zuletzt auch mehr Mut und mehr Aufrichtigkeit der Eliten. Viele Politiker und Führungskräfte wissen um die unbequemen, unpopulären Antworten – aber kaum einer traut sich, sie offen auszusprechen.

I Verachtete Politiker und unwissende Bürger

„Grenzenloser Hass geht um in der Welt: mal glühend und schonungslos, mal schleichend und kalt. Hartnäckig und verbohrt richtet er in privaten Beziehungen und im öffentlichen Leben Zerstörungen an."

André Glucksmann (1)

In vielen Radioprogrammen der Sender in Deutschland oder den USA werden Hörer oft aufgefordert, bei politischen Sendungen anzurufen, Fragen zu stellen oder Meinungen zu äußern. Kaum ein Sender traut sich allerdings, Anrufer gleich live auf Sendung zu schalten. Zu groß ist die Angst vor Verrückten, Radikalen, Spinnern oder Betrunkenen, die nichts lieber täten, als sich vor großem Publikum darzustellen. Allerdings fürchten die Redaktionen zunehmend auch unverdächtige Anrufer, sei es die alleinerziehende Mutter auf Hartz IV, der früh verrentete Berufsschullehrer oder der jugendliche Lehrling.

„Da sind manche so voller Hass, dass man richtig Angst bekommt, was die tun würden, wenn sie denn nur könnten", schilderte eine Moderatorin des ARD-Senders Rundfunk Berlin-Brandenburg ihre Erfahrungen im Mittagsmagazin. Es gehört nicht selten zum Radioalltag, dass manche Anrufer ziemlich rüde abgewürgt werden müssen, damit sie nicht ihre Schimpfkanonaden loslassen – natürlich meist gegen Politiker gerichtet.

Besonders im Internet entlädt sich der hemmungslose Hass, das Web ist die beliebteste und wichtigste Bühne für den Furor „gegen die da oben". Redakteure der seriösen Medien müssen darüber wachen, dass die Leser-Blogs auf den Internetseiten des Mediums frei von Beschimpfungen, Beleidigungen und Diffamierungen bleiben. Denn solche Äußerungen gehören im Web weltweit zum ganz normalen Umgangston.

Der nach wie vor überwiegend junge Web-Native entpuppt sich am Laptop, PC oder Handy nicht selten als ein enger geistiger Verwandter des dröhnend lauten, wetternden Stammtischredners. Bei der digitalen Kommunikation allerdings ist das Publikum meist deutlich größer als in jedem Bierkeller – und der Protagonist bleibt oft genug auch noch anonym.

Der Mitbegründer der Hamburger Werbeagentur Jung von Matt, Jean-Remy von Matt, titulierte 2006 einmal Blogs sichtlich angewidert als „Klowände des Internets". Der renommierte Werbemann löste im Web einen Sturm der Empörung aus – dessen Ton ihn tief bestätigt haben musste, auch wenn er sich lieber für die pauschale Beleidigung der Web-Welt entschuldigte. (2)

Fanatismus, Bösartigkeit und Hass in der Politik sind wahrlich keine modernen Phänomene. „Es gibt keine Unehrenhaftigkeit, die ansonsten anständige Leute leichter und häufiger begehen, als die Beleidigung der Regierung" klagte schon vor über 200 Jahren Benjamin Franklin, einer der Gründungsväter der amerikanischen Demokratie. (3)

Extremisten sind noch keine Gefahr für Demokratien

Trotz mancher Terroranschläge, Attentate und manch militanter Proteste ist in der politischen Auseinandersetzung in den USA und Europa Gewalt eher eine Randerscheinung. Es gibt zwar überall Extremisten. In Deutschland, Italien, Frankreich oder Griechenland wird die grundsätzlich friedfertige Politikkultur immer wieder von gewalttätigen Aktionen der Rechts- und Linksradikalen oder von Anarchisten herausgefordert.

Noch sind die Aktionen von gewaltbereiten Systemgegnern die Ausnahme – trotz einer unübersehbaren Zunahme militanter Hassgruppen in den USA (4), trotz manch bürgerkriegsähnlicher Szenen in Pariser Vorstädten oder bei Demonstrationen in Athen. Pamphlete wie das zutiefst demokratie-feindliche Manifest aus Frankreich „Der kommende Aufstand" (5) sind dennoch beunruhigend.

In dieser europaweit viel beachteten Hetzschrift fordern die anonymen Autoren mit großer Wehleidigkeit über die Kälte der Gesellschaft und mit unverhohlenem Hass auf Demokratie, Rechtsstaat und Moderne zu einer Sabotage- und Gewaltoffensive auf. Kommunen, finanziert vor allem über die Ausnutzung des Sozialstaats und anderen illegalen Aktivitäten, sollen den Staat unterwandern und zu Fall bringen. „Plündern, kultivieren, fabrizieren", heißt es da. Frontale Konfrontation wollen die Radikalen vermeiden, ebenso jede politische Organisation. „Kein Anführer, keine Forderung, keine Organisation." Der Text ist ein neuer Aufruf zum Terrorismus. Der Anschlag auf die S-Bahn in Berlin im Mai 2011 erfolgte sichtlich im Geist dieser Kampfschrift, die aus einem krausen Mix aus links- und rechtsradikalen Versatzstücken von Karl Marx bis Carl Schmitt und Martin Heidegger reicht.

Aber politische Gewalt stellt zumindest derzeit in keiner westlichen Demokratie eine existenzielle Bedrohung dar. Die Zeiten, in denen paramilitärische Gruppen von Parteien – wie in Deutschland die SA der Nazis oder die Rote Front Kämpferbund der Kommunisten – Angst und Schrecken verbreiteten, sind lange vorbei. Wir sind über die Jahrzehnte trotz mancher Anläufe von Extremisten und Terroristen deutlich zivilisierter geworden. Die Friedfertigkeit im politischen Raum insgesamt ist eine der wunderbaren Errungenschaften moderner Demokratien. Was nicht bedeutet, dass Sachlichkeit dominiert. Im Gegenteil. Nicht Gewalt ist derzeit das wachsende Problem, sondern die Irrationalität und Emotionalität in der politischen Kultur von Gesellschaften, deren allgemeiner Bildungsstand vermutlich noch nie höher war als heute.

Schon allein die Frage nach „den Politikern“ löst normalerweise deutliche Zeichen von Widerwillen aus. Spricht man als ausländischer Besucher im Alltag Bürger in Frankreich oder Italien, in den USA oder Polen, in Belgien oder Griechenland auf ihre Regierung und ihre Volksvertreter an, sind die Reaktionen erstaunlich ähnlich: Stirnrunzeln, Mund verziehen, spöttisches Lächeln, abwehrende Handbewegungen, deutlicher Unmut.

Misstrauen, Zorn und Ablehnung

Die typische Haltung der Menschen zur Politik ist heute stark von Ablehnung, Misstrauen und Verachtung geprägt. Oft genug aber ist auch Zorn und Hass spürbar. Fast jeder Politiker kennt den aufgebrachten Bürger in Gemeinde- oder Parteiversammlungen oder auf öffentlichen Veranstaltungen. „Parteien- und Politikverachtung gehören in Deutschland (wie in vielen anderen etablierten Demokratien) zum guten Ton“, schreibt Hans-Peter Bartels (6). Die Pose der tiefen Empörung ist zu einer sehr populären Attitüde im Gespräch zwischen Politik und Bürger geworden. Oft sind es die Politiker selbst, die demokratiefeindliche Ressentiments schüren. Das Anprangern von „Parteienkungelei“ oder „alten Seilschaften“ kann auch als Deckmantel dienen, sich scheinbar moralisch abzuheben, als ob nicht jeder Politiker um Macht ringen und sich um Netzwerke bemühen muss.

Nicht nur im besonders verbissen geführten amerikanischen Wahlkampf versprechen Politiker immer wieder den großen „Wandel“, mehr „Ehrlichkeit“ und echte „Transparenz“. Sie suggerieren, anders zu sein, nicht dem Klischee des „machtbesessenen“ oder gar „verlogenen Politikers“ zu entsprechen.

Gefährliche Rhetorik

Aber diese Wahlkämpfer bestätigen mit dieser gefährlichen Rhetorik über die „schmutzige Politik“ nur Vorurteile einer ohnehin misstrauischen Wählerschaft. Dass die Wirklichkeit der Politik immer auch ein Ringen um Macht, Einfluss und Positionen ist, dass Diskretion, stille Diplomatie und Agieren hinter den Kulissen zu den Selbstverständlichkeiten des politischen Handelns auch in einer Demokratie ist, wird aus wenig ehrenwerten Motiven der politischen Schlammschlacht ausgeblendet.

Es gibt auch Politiker, die sich dieser Verlockung demonstrativ entziehen. Joachim Gauck, 2010 Kandidat der SPD und der Grünen für das Amt des Bundespräsidenten, wehrte sich entschieden dagegen, dass Bürger in ihm „einen ganz anderen Politiker“ sehen wollten, der mit den Parteien nichts zu tun habe. „Ohne die Parteien wird alles noch viel komplizierter“ warnte er und kritisierte die allgemeine „Parteienschelte“. (7)

Solch demonstrative Bekenntnisse zu dem natürlich unzulänglichen demokratischen System sind selten. Zwar befürwortet eine mehr oder minder große Mehrheit in allen westlichen Staaten grundsätzlich die Demokratie – aber es gibt eine besorgniserregende Diskrepanz zum Ansehen der Protagonisten dieses Systems. In den USA hatten zu Zeiten eines Eisenhower oder John F. Kennedy noch über 70 Prozent der Amerikaner eine positive Sicht auf ihre Führung. Seit Mitte der 60er Jahre nimmt die grundsätzliche Sicht auf die Politik in Washington von wenigen Ausschlägen abgesehen fast kontinuierlich ab. 72 Prozent der US-Bürger äußerten sich bei einer Umfrage im September 2010 mehr oder minder verächtlich über die Regierung. „Wir mögen politisch noch so polarisiert sein, wenn es um die Bundesregierung geht, sind wir vereint in unserem Widerwillen“, kommentierte das Harper's Magazine die Umfragewerte. (8)

Kein Respekt vor Politikern

In Deutschland ist das fast noch krasser: Kaum mehr als 6 Prozent haben repräsentativen Umfragen zufolge Respekt vor dem Berufsstand der Politik. Laut der „Allensbacher Berufsprestigeskala 2008“ genießen Ärzte das höchste Ansehen: 78 Prozent der Menschen sagen, dass sie vor Medizinern besondere Achtung haben, an zweiter Stelle kommt der Pfarrer, abgeschlagen mit 39 Prozent, dann kommt der Universitätsprofessor (34 Prozent) und der Grundschullehrer (33 Prozent). (9)

„Fortdauernder Prestigeverlust kennzeichnet den Beruf des Politikers“, schreibt Allensbach. Das Ansehen der Politiker sei in Deutschland zwar nie sehr groß gewesen. Einen Höhepunkt gab es demnach Anfang der 70er Jahre – es waren die Folgejahre der alles politisierenden 68er-Bewegung, dem Ende der konservativ-verkrusteten Adenauer-Ära, die Zeit der Triumphe eines Willy Brandt und seinem Versprechen von „Mehr Demokratie wagen“, von Reformen und der neuen Ostpolitik. Aber selbst damals gaben nur 27 Prozent der Bundesdeutschen an, einen besonderen Respekt vor dem Politikerberuf zu haben.

Der „Deutschlandtrend“ der ARD kam im Oktober 2010 – nach den Protesten gegen Stuttgart 21 – zu dem Schluss, dass sich die Politik von den Bürgern abgekoppelt habe. 98 Prozent der damals Befragten forderten, dass „die Politik wieder stärker den Kontakt zum Volk suchen muss“.

80 Prozent glaubten, dass wichtige politische Entscheidungen getroffen würden, „ohne die Interessen der Menschen zu berücksichtigen". Und 85 Prozent meinten: „Die meisten Politiker wissen nicht, was im wirklichen Leben los ist." Selbst wenn man berücksichtigt, dass die Fragen vielleicht etwas suggestiv formuliert waren, sind das drastische Ergebnisse. (10) Eine europaweite Umfrage von Reader's Digest hatte 2009 ergeben, dass es europaweit nicht viel anders aussieht als in Deutschland. (11)

„Diffuse Politikverdrossenheit"

Politikverdrossenheit gilt als verständliche Reaktion der Bürger auf die Übeltaten der Politik in unseren Demokratien. Paul Nolte spricht besorgt von einer „diffusen Politikverdrossenheit", die sich „zusehends in offene Zweifel an der Zukunftsfähigkeit der Demokratie wandelt". (12) Noch geht dieses Unbehagen über die politischen Protagonisten glücklicherweise kaum einher mit einer offenen Ablehnung der Demokratie. 76 Prozent der Deutschen sagen 2011, dass sie sich im demokratischen System wohlfühlen. Dies war das Ergebnis einer repräsentativen Umfrage des Instituts für Markt- und Politikforschung dimap (Bonn) im Auftrag der Konrad-Adenauer-Stiftung (Berlin). (13)

Ein ganzes Arsenal von Argumenten steht zur Verfügung, um den Widerwillen gegen Politiker – die immerhin frei gewählten Repräsentanten des Volkes – zu begründen. Zwar wird in jedem Land etwas anders argumentiert, was vor allem mit den Unterschieden der jeweiligen Systeme und der jeweiligen Geschichte zusammenhängt. Aber die Ähnlichkeiten der Anschuldigungen dominieren.

Die klassischen Vorwürfe: Die Politik ist nicht unabhängig, oft massiv beeinflusst und zuweilen gekauft. Die Politik hat keine Ahnung von der Lebenswirklichkeit der Menschen. Politiker brechen ihre Wahlversprechen. Politiker vor allem innerhalb der Parteien mauscheln in Hinterzimmern entsprechend ihrer jeweiligen Macht-, Klientel- oder Finanzinteressen.

Der ahnungslose Bürger

Zuweilen wünscht man sich einfach ein wenig Sozialkundeunterricht für die Bürger. Mehr Wissen über die allgemeinen Funktionsweisen von Demokratien. Mehr Respekt vor der legitimen Vertretung von Interessen. Mehr Verständnis für unterschiedliche Wertungen. Eine Vorstellung davon, wie soziale Marktwirtschaft, die grundsätzlich alle Demokratien im Westen praktizieren, funktioniert.

„Viele Deutsche verachten Politik und Politiker – weil sie ihr Regierungssystem nicht verstehen" schreibt der Politologe Professor Werner J.

Patzelt. (14) Quer durch alle Schichten gebe es ein bedrohliches Ausmaß an Unzufriedenheit mit dem Regierungssystem, ein brüchiges Vertrauen zu den politischen Institutionen und eine Verachtung der politischen Klasse insgesamt. Er verweist auf Umfragen, denen zufolge nur die Hälfte der Deutschen glaube, mit der Demokratie ließen sich die Probleme des Landes lösen, nur jeder Zweite traue dem Bundestag und nur jeder Vierte den Parteien. Jeder Zweite halte Politiker schlicht für „Lügner". Und eine Mehrheit habe einfach keine Ahnung, was demokratische Gewaltenteilung oder Föderalismus wirklich bedeute.

1 Über böse Lobbyisten und die wahren Interessen der Menschen

„Zehn Menschen, die sprechen, sind lauter als zehntausend, die schweigen."

Napoleon Bonaparte

Besonders gern wird überall der Lobbyisteneinfluss beklagt – sogar von den Regierenden selbst. Sie können sich des Beifalls des Publikums sicher sein. „Diejenigen, die entscheiden, sind nicht gewählt – diejenigen, die gewählt werden, haben nichts zu entscheiden", sagte sogar Bayerns Ministerpräsident Horst Seehofer (CSU). (1)

Zweifellos haben Lobbyisten in einer pluralistischen Demokratie einen enormen Einfluss. US-Außenministerin Hillary Clinton setzte sich einmal tief ins öffentliche Fettnäpfchen, als sie 2007 – damals noch demokratische Bewerberin für die Präsidentschaftskandidatur – in dem allgemeinen Wehklagen ihrer Konkurrenten über den Einfluss der Lobbyisten auf deren Existenzberechtigung pochte.

„Viele dieser Lobbyisten, ob Sie es mögen oder nicht, repräsentieren wirkliche Amerikaner, sie repräsentieren Krankenschwestern, sie repräsentieren Sozialarbeiter, ja sie repräsentieren auch Unternehmen, die viele Menschen beschäftigen." Schließlich seien nicht nur Gewerkschaften, sondern auch große Unternehmen und Branchenverbände legitime Vertreter gesellschaftlicher Interessen, natürlich müsse man auf sie hören.

Wissenschaftler verteidigen Lobbyisten

Staatsrechtler Hans-Jürgen Papier, Ex-Präsident des Bundesverfassungsgerichts, formuliert etwas wissenschaftlicher: „Die mitunter lautstarke Geltendmachung individueller und partikularer, auch egoistischer Interessen, die Bündelung solcher Interessen in möglichst durchsetzungsstarken Verbänden und das Herantragen dieser Interessen an die Abgeordneten des Deutschen Bundestages in vielfältiger Art und Weise gehören zu unserer parlamentarischen Demokratie ganz selbstverständlich dazu. Zu einer pauschalen Verteufelung der Tätigkeit von Lobbyisten, ganz gleich ob diese seitens der Wirtschaft, der Gewerkschaften oder anderer gesellschaftlicher Gruppen tätig werden, besteht deshalb ganz und gar kein Anlass." (2)

Besonders die großen Interessenverbände – wie die Autobranche, Versicherungswirtschaft oder Gewerkschaften – „bündeln häufig starke Ressourcen an Spezialwissen und Sachverstand, die sie der Politik in nicht geringem Umfang zur Verfügung stellen. Die diesbezügliche Unterstützung kann auch einmal bis zur Überlassung komplett ausgearbeiteter Gesetzentwürfe – auch und gerade in hochkomplexen rechtlichen Materien – reichen."

Hillary Clintons Wahlkampfmanager rieten ihr im Vorwahlkampf 2007, schnellstmöglich auf den Gebrauch dieses vernünftigen Arguments zu verzichten. Denn der Wähler verbindet mit dem Begriff des Lobbyisten ein klares Feindbild der Demokratie, hat das Zerrbild des finsteren Interessenvertreters solch unheilvoller und mächtiger Branchen wie die der Pharmaindustrie, der Waffenproduzenten oder der Ölkonzerne vor Augen. Die etwas naive Vorstellung in der Öffentlichkeit: Bei üppigen Gelagen in luxuriösen Restaurants oder an den Bars feiner Golfclubs würden Politiker mit Geld und guten Worten manipuliert und gekauft.

So etwas gibt es durchaus, in dem einen Land mehr, in dem anderen weniger. Aber wer die politische Wirklichkeit in den USA, Großbritannien oder Deutschland kennt, weiß, dass das eher die Ausnahme im demokratischen Alltag ist. Lobbyisten haben für Politiker, insbesondere aber für Parlamentarier, angesichts zunehmender Komplexität der Themen oft eine enorme Bedeutung, um die Probleme überhaupt zu verstehen. Das beginnt bei den wissenschaftlichen und ökonomischen Hintergründen und endet mit den Interessen der verschiedenen gesellschaftlichen Akteure.

Doch gerade die Bekämpfung des Lobbyismus, der Partikularinteressen, erscheint manchen Demokratiekritikern essentiell. Dabei wird – naiv oder schamlos – unterschieden zwischen den angeblich berechtigten und den als bedrohlich und finster dargestellten Interessen. Die Differenz besteht vor allem in der öffentlichen Wahrnehmung. Entscheidend ist, wie glaubwürdig Ansichten als Interesse des Gemeinwohls vertreten werden können. Das wird sicher immer von Standort und Zeitgeist abhängen – und davon, wie die Medien damit umgehen.

„Strippenzieher" Waffenlobby und Pharmaindustrie

Nicht nur Hollywoodfilme und Thriller lieben die Figur des bösartigen Strippenziehers im Interesse der Waffenlobby, der Zigarettenindustrie, der Pharmabranche oder der Atomlobby. Auch seriöse Medien erliegen oft der Versuchung, politische Sichtweisen zu kritisieren, bloß weil sie mit den Interessen der üblichen Verdächtigen übereinstimmen.

Ganz anders, wenn es um Arbeitsplätze geht, ein Aspekt, der gerne als Totschlagargument verwendet wird. Dann werden sogar Regierungen und Politiker zu „Lobbyisten", dann übernehmen sie die Rolle des „weißen Ritters", des Retters von Unternehmen, die vom Bankrott bedroht sind. Bei dem Baukonzern Holzmann AG setzte 1999 der damalige Bundeskanzler Gerhard Schröder in einer spektakulär anmutenden, sehr medienwirksamen, nächtlichen Aktion ein Rettungspaket durch. Dennoch scheiterte das Unternehmen später, musste 2002 Insolvenz anmelden. Eine massive Hilfe von Bundesregierung und Landesregierungen für die schwer angeschlagene Opel AG verhinderte 2010 vor allem der damalige Wirtschaftsminister Rainer Brüderle.

Um eine ganz andere Dimension staatlicher Eingriffe in die Wirtschaft ging es ab dem Herbst 2008, als weltweit Regierungen intervenierten, um den Zusammenbruch des Finanzwesens zu verhindern – mit insgesamt Hunderten Milliarden Euro für marode Banken und Finanzinstitute.

Das wird je nach politischem Lager unterschiedlich bewertet. Entscheidend ist die Akzeptanz der engen Verflechtung von Politik und Wirtschaft. Für radikale Linke aller Couleur ist diese symbiotische Verbindung des kapitalistischen Teufels. Staatliches Handeln in der Demokratie ist für Marxisten nur Beleg dafür, dass Politiker „Handlanger des Kapitals" sind. Die „bürgerliche" Demokratie sei ohnehin nichts weiter als der politische Rahmen für das Klassen- und Ausbeutungssystem.

Erstaunlich ist, dass in den politischen Auseinandersetzungen auch überzeugte Demokraten nur sehr selten bereit sind, öffentlich auf die positive Einstellung zur freien Wirtschaft zu verweisen. Zuweilen scheint es, als ob selbst „bürgerliche" Politiker unausgesprochen Zweifel am kapitalistischen System akzeptieren. Dabei sind alle Versuche des 20. Jahrhunderts, den Kapitalismus abzuschaffen zugunsten von Systemen, in denen die „antagonistischen Widersprüche" zwischen Kapital und Arbeit, Bourgeoisie und Proletariat in eine wahrhaftige „Herrschaft des Volkes" (was Demokratie ja wörtlich heißt) aufgehoben werden, erbärmlich gescheitert.

Feindbild Marktwirtschaft

In der Regel führten die marxistisch inspirierten Experimente in übelste Formen von Diktatur und Terror. Der Versuch der Kommunisten, eine überzeugende Alternative zur „bürgerlichen Demokratie" schaffen, ist von Kuba bis Nordkorea, von der Sowjetunion bis zur DDR mit grandiosen Fehlleistungen und schrecklichen Folgen gescheitert. Die wirtschaftlichen Erfolge Chinas sind da kein Gegenbeweis – dazu aber mehr in einem späteren Kapitel.

Für Demokraten der bürgerlichen Parteien in aller Welt sorgt der Staat lediglich für einen – mehr oder minder guten, mehr oder minder straffen – Ordnungs- und Rechtsrahmen. Dieser Rahmen erlaubt idealerweise das Spiel der Marktkräfte, den freien Lauf zur Entfaltung ihres segensreichen, weil Wohlstand fördernden Wirkens. Gesellschaften, die diesem freiheitlichen Prinzip in Reinkultur folgen, existieren nicht. Noch am ehesten gibt es starke radikal-liberale Stimmen in den USA und in Großbritannien, die den freien Markt vergöttern und dem staatlichen Handeln tief misstrauen – so wie das der Altvater der Liberalen, der österreichische Ökonom und Nobelpreisträger Friedrich August von Hayek (1899–1992) lehrte. In der politischen Wirklichkeit heute gelten solche Sichtweisen als kaum konsensfähig und dienen Linken als beliebtes Feindbild, das mit Begriffen wie Manchesterkapitalismus oder Neoliberalismus verdammt wird.

Die Akzeptanz der Rolle von Politik im Wirtschaftsleben gehört zu den Wesenselementen der modernen Demokratie. Zu Beginn des 21. Jahrhunderts scheinen die meisten westlichen Demokratien tief vom sozialdemokratischen Gedankengut geprägt: Kapitalismus soweit nötig, Staat soweit möglich. Selbst in den USA, wo der Gedanke der Freiheit und das Misstrauen gegenüber dem Staat besonders groß sind, greift der Staat spätestens seit dem „New Deal" von Franklin D. Roosevelt massiv in das Wirtschaftsgeschehen ein. Mal ganz abgesehen von den klassischen ökonomischen Instrumenten des Staates wie Steuern, Zölle, Subventionen, Zins- und Geldmengensteuerung oder Konjunkturprogramme, betreiben alle Demokratien mehr oder minder intensiv „social engineering". Sie versuchen, mit Gesetzen, Regeln und Vorschriften Frauen und Minderheiten, Benachteiligte und Randgruppen zu fördern – mit erheblichen Konsequenzen für Unternehmen und Betriebe.

Lobbyismus gehört zur Demokratie

In einem solchen System ist „Klientelismus" ein naturgemäßer Bestandteil der Demokratie. Die Politik kümmert sich intensiv um wirtschaftliche und soziale Belange. In diesen friedlichen Zeiten, die Europa seit Jahrzehnten genießen kann, wird das sogar oft als Kernaufgabe der Politik begriffen. Das vage Versprechen, „Arbeitsplätze zu schaffen", gehört zum Repertoire fast jeder Wahlkampfrede, jeder Regierungserklärung. Nicht nur Wirtschaftsliberale zweifeln, ob die Rolle des Staates, sein Anteil am Bruttoinlandsprodukt, in den meisten Demokratien nicht viel zu hoch ist.

Aber davon abgesehen: Es kann keinen Zweifel daran geben, dass es in einem solchen System für alle Beteiligten legitim ist, ihre Interessen zu vertreten. Aber eben an dieser Selbstverständlichkeit nähren Politiker wie Medien besonders gerne Zweifel. Es gibt auch bei dem Thema Interessenvertretung und Lobbyismus einen für die demokratische Kultur verheerenden Mangel an Respekt für andere und an Bescheidenheit. Viele Bürger tun so, als ob es für die komplexen Probleme in einer pluralistischen Gesellschaft inmitten einer zunehmend globalisierten Welt objektiv richtige Antworten und Konzepte geben könnte. Ausgeblendet wird, dass es höchst unterschiedliche Interessen gibt, dass zu Recht konkurrierende Konzepte existieren, dass jede Politik auch Verlierer kennt.

Fragwürdiges Misstrauen gegen die Wirtschaft

Der Spiegel-Autor Jan Fleischhauer (3) sieht den Grund für das tiefe Misstrauen der Bevölkerung gegenüber der Wirtschaft in einer herrschenden linken Gesinnung in Deutschland. Mit einer geschickten Aufteilung der Welt in Gut und Böse, in Opfer und Täter, werde schnell jede politische Differenz oder Widerspruch „als feindseliger Akt" interpretiert. Die Linken dominierten, so Fleischhauer, seit Jahrzehnten das gesellschaftspolitische Klima in Deutschland; selbst große Teile der Unionsparteien seien von den linken Denkvorgaben geprägt.

Als „Anwalt der Armen" und „Schutzmacht der Entrechteten", als Streiter für „Wahrheit und Gerechtigkeit" gibt es bei den Linken nach Ansicht Fleischhauers kaum Toleranz für Positionen der anderen. Den „Rechten" werde unterstellt, das „Geschäft der Reichen, der Mächtigen, der Blutsauger und Heuschrecken" zu betreiben.

Das Geflecht zwischen Politik und Wirtschaft ist aber nichts Anrüchiges, auch wenn es oft genug so dargestellt oder zumindest implizit suggeriert wird. Die Wirtschaft sucht bei der Vertretung ihrer Interessen die Unterstützung von Politikern auf allen Ebenen, seien es Steuern, Arbeitsgesetze, Subventionen, Staatsaufträge oder Bürgschaften. Und Politiker finden Unterstützung bei Unternehmern und Konzernen, ebenso wie bei Gewerkschaften und Berufsverbänden.

So etwas gab es immer und überall in der Geschichte, in allen Regierungsformen und in allen Gesellschaften. Der legitime Klientelismus ist aber auch ein „Kampfbegriff (geworden), den stets die Gegner verwenden", meint der Schweizer Wirtschaftswissenschaftler Charles Blankart. (4) „Wenn sie Steuergeschenke verteilen, rechtfertigen sie das als Dienst am Gemeinwohl", so Blankart.

Totschlagargument „Soziale Gerechtigkeit"

Die Öffentlichkeit stimmt Wohltaten der Politik für Interessengruppen meist zu, wenn es um „soziale Gerechtigkeit" geht – was immer man darunter verstehen mag –, um die Schaffung oder den Erhalt von Arbeitsplätzen, um eine bessere Umweltpolitik. Die Wirtschaftsjournalisten Rainer Hank und Georg Meck fassen es so zusammen:

„Die hohe Kunst des Lobbyismus besteht folglich darin, seine egoistischen Ziele als Arbeit am Gemeinwohl zu verkleiden (...) Es gibt gute und böse Klientel (...) Kinder, Familien, Rentner sind nie Klientel. Höchstens Zielgruppe (...) Ob ein Fall von Klientelismus (schlecht) oder von Gemeinwohlstärkung (gut) vorliegt – das ist eine Frage des kulturellen Wertehimmels einer Gesellschaft. Darüber richten die Wächter politischer Korrektheit und die Agenten der Demoskopie, die wissen, was die Leute gut finden." In der Debatte zwischen Grünen und der schwarz-gelben Regierung sei es der Opposition besonders gut gelungen, die „Bösen" immer als „Atombosse (oder: Atomlobbyisten)" zu bezeichnen, während niemand „die Guten" als „Öko-Lobby" beschrieb. Dabei seien die Grünen offensichtlich im Auftrag ihrer Klientel unterwegs, „nämlich für jene mit Subventionen hochgepäppelte Branche, die Windräder, Solarzellen und Biogasanlagen aufstellt." (5)

Unabhängig davon, welche politische Position man bei der Frage der Energiepolitik einnimmt, macht diese Diskussion besonders anschaulich, wie versucht wird, mit den Instrumenten der politischen Diffamierung und dem rigiden Moralisieren politisches Kapital zu machen – und wie dabei demokratisches Porzellan zerschlagen wird.

Übertriebenes Misstrauen gegenüber den Mächtigen ?

Dies scheint nicht unbedingt ein deutsches Phänomen zu sein. Allerdings finden diese versteckt klassenkämpferischen Töne nicht überall gleich viel Resonanz. In den USA sind es die „special interests", die Kommentatoren und Wahlkämpfer geheimnisvoll heraufbeschwören, wenn es darum geht, Regierungen oder Politiker zu diskreditieren. Das Weiße Haus veröffentlicht regelmäßig – bis auf ein paar Ausnahmen, die unter ein Sicherheitsgebot fallen – die Besucherlisten. Jeder, der ins Weiße Haus geht, findet sich darauf wieder. Ein ziemlich kläglicher Versuch, Transparenz in die Geflechte rund um den Präsidenten zu bringen. Schließlich müssen die engen Mitarbeiter des Präsidenten – und sein Stab umfasst eine Menge Leute – keineswegs veröffentlichen, wen sie wo treffen. Die Veröffentlichung der Listen ist nichts weiter als eine ziemlich sinnlose Symbolhandlung für eine Öffentlichkeit, die von abgrundtiefem Misstrauen beseelt ist.

Die Frage, die sich stellt, ist, wann dieses Misstrauen gegenüber der Macht, dem ja in Demokratien bereits institutionell durch Gewaltenteilung sinnvoll und wirkungsvoll Rechnung getragen wird, wann dieses überbordende Misstrauen kontraproduktiv wird. Das Prinzip des „check and balance", die gegenseitige Kontrolle der verschiedenen Verfassungsorgane, ist nicht nur im amerikanischen System tief verankert. In den USA zumindest gibt es trotz mancher Fehlentwicklungen kein unkontrolliertes Machtzentrum, nicht im Kapitol, nicht im Weißen Haus, nicht an der Wall Street.

Natürlich ist es sinnvoll, das Wirken der Lobbyisten in der Demokratie kritisch zu betrachten, in mancher Hinsicht Transparenz einzufordern und vor allem klare Regeln für Politiker im Umgang mit Lobbyisten aufzustellen. Aber die aktuelle Diskussion zielt kaum auf eine sinnvolle Auseinandersetzung mit dem Thema, sondern eher darauf, das Ansehen des Politikers zu diffamieren.

2 Eine fatale Streitkultur

„Die Wahrheit ist unwiderlegbar. Die Panik mag sie verachten, die Dummheit mag sie verspotten, die Bösartigkeit mag sie beugen, aber sie ist immer noch da."

Winston Churchill (1)

Die Reporter mit Mikrofon und Kameramann in Fußgängerzonen, Einkaufszentren oder Marktplätzen gehören in den westlichen Ländern fast schon zum Straßenbild. „Was halten Sie von ...?" – mit dieser Frage in tausend Varianten wird der Passant konfrontiert. Die krisengeschüttelten Medien möchten sich ebenso wie die verunsicherte Politik möglichst bürgernah zeigen. Wüsste man bei der Programmwahl nicht, ob es sich gerade um eine Nachrichtensendung oder aber einen Comedy-Beitrag handelt, wäre der Unterschied oft schwerlich auszumachen. Die Meinungen der Menschen sind oft bizarr – und immer wieder kommen Sichtweisen zutage, die, vom Medium durch Ausstrahlung geadelt, ein fatales Politikverständnis entlarven.

Ein besonders naives und dümmliches Argument gilt dem Streit in der Politik. „Die sind sich nicht einig, die streiten nur" gilt als eine ernst gemeinte Kritik an dem politischen Diskurs, der in jeder Partei, in jedem Ortsverein, in jedem Bundesland, in jeder Regierung, in jeder Institution einer freien Gesellschaft entsteht. Man muss nicht einmal unterstellen, dass sich hinter dem Beklagen von zu viel Streit („das geht ja zu wie im Kindergarten") die Sehnsucht nach dem starken Mann ausdrückt. Sicher entlarvt die Sehnsucht nach Harmonie in der Politik eine unreife und absurde politische Einstellung. Parteien und Parlamente sind geradezu die Heimstätten für politische Debatten. Was als Streit abgelehnt wird, ist im Idealfall die lebendige politische Kultur, der gesellschaftliche Diskurs. Die „Skandalisierung des Streits", der zum „Wesen der Demokratie" gehöre, sei eine „alltägliche und unausweichliche Normalität", formulierte der ehemalige Bundestagspräsident Wolfgang Thierse. (2)

Patzelt meint, das ein „Großteil des Grummelns aus tieferen Schichten der politischen Kultur" zu stammen scheint. „Es sind überkommene Bilder vom Staat, die Überholtes bewahren. Veraltetes politisches Denken wendet sich dann gegen moderne Institutionen". Die Mehrheit der Deutschen kenne das Regierungssystem schlecht, beurteile es „auch anhand von verfehlten Erwartungen (...) Es funktioniert einfach anders, als viele Bürger glauben – wo das Volk Unrat wittert, folgt die politische Klasse oft völlig systemadäquaten Regeln". (3)

Kern des Missverständnisses sei, dass die Bürger nicht das vom Grundgesetz so gewollte, enge Geflecht zwischen Parlamentsmehrheit und Regierung begreife. Das Parlament kontrolliere nicht nur klassisch die Exekutive, die Volksvertretung ist zumindest im deutschen System in starkem Maße auch in die Regierungspolitik involviert. „An die Stelle des ‚alten Dualismus' zwischen Regierung und Parlament tritt so ein ‚neuer Dualismus' zwischen der Regierung sowie ihrer Parlamentsmehrheit einerseits und den parlamentarischen Oppositionsparteien andererseits."

Falsches Bild von der Politik

Viele Bürger in Deutschland beklagen den Mangel an Durchsetzungsvermögen und Gestaltungskraft der Bundesregierung und des Kanzlers oder der Kanzlerin. Vermutlich haben sie präsidiale Regierungssysteme wie das in den USA oder Frankreich vor Augen. Nun ist aber das deutsche System völlig anders, die Väter des Grundgesetzes wollten so viele Sicherheitsmaßnahmen gegen Machtmissbrauch und andere Fehlentwicklungen wie möglich installieren.

Deshalb wird die politische Führung nicht direkt vom Volk gewählt – was sich in Deutschland wie in vielen anderen europäischen Ländern seit über einem halben Jahrhundert bestens bewährt hat. Übersehen wird, dass auch der angeblich „mächtigste Mann der Welt" im Weißen Haus – ebenso wie Frankreichs Präsident – enorme Probleme hat, seine Vorstellungen und Ziele, gar nicht zu sprechen von „Visionen", durchzusetzen.

Vieles spricht dafür, dass die Menschen in den meisten Staaten ohnehin ein falsches oder zumindest sehr schiefes Bild vom Leben ihrer Politiker haben. Politik ist in den meisten Ländern ein enorm aufreibendes, zuweilen bitteres Geschäft – mal ganz abgesehen vom parlamentarischen Alltag oder dem mühsamen Regierungsgeschäft.

Mangel an politischer Bildung

Volksvertreter müssen sich nicht nur ständig intensiv bei den wichtigsten Sachthemen, die immer komplizierter werden, auf dem Laufenden halten. In der Regel sind sie politisch auf Gedeih und Verderb darauf angewiesen, intensiv ihren Wahlkreis, den Ortsverein der Partei, die lokalen Firmen, Vereine und Organisationen aufwendig zu pflegen und zu hegen. Das gilt vielleicht etwas weniger für Politiker, die aufgrund ihrer Bedeutung oder Popularität auf den Parteilisten bei Wahlen abgesichert sind. Dafür müssen diese Parteigrößen angesichts der innerparteilichen Konkurrenz und Flügelkämpfe ständig Positionen sichern, Bündnisse schließen und Netzwerke pflegen.

Politiker in Demokratien halten in ihren Heimatorten Bürgersprechstunden ab, sie pflegen und aktualisieren ihre Website, sie reagieren auf Briefe und E-Mails, sie müssen sich den Medien stellen – selbst mit Hilfe von Assistenten sind das alles zusammen genommen aufreibende Tätigkeiten. Das gilt selbst für die hoch belasteten Frauen und Männer an den Spitzen von Ministerien und Regierungen. Das Wissen über den Alltag der Politiker ist in den meisten Gesellschaften dürftig, meist stehen die Kenntnisse in umgekehrter Proportion zu der Unzahl von weit verbreiteten Politiker-Stereotypen und grundsätzlichen Verdächtigungen.

Es gibt kein Land im Westen, in dem der Mangel an politischer Bildung der Menschen bitter beklagt wird. Allerdings vertraut nicht nur in Deutschland die Politik in fast sträflicher Weise den politischen Bildungsbemühungen der Schulen. Grundsätzlich lässt sich sagen, dass Quantität und Qualität des gesellschaftspolitischen oder sozialkundlichen Unterrichts traditionell von Experten und Fachverbänden heftig kritisiert werden.

Es muss aber auch die Frage gestellt werden, ob nicht oft schon an den Schulen, zumindest in Deutschland, die Keime für eine allgemeine Politikdistanz gelegt werden. Gerade unter Lehrern befinden sich scharenweise „kritische Geister", die, verkürzt formuliert, nicht das Vertrauen in das System fördern, sondern sich mit tiefem Misstrauen gegen „die da oben" und der Enthüllung aller Mängel der Demokratie profilieren. Das mag bei der 68er-Lehrergeneration, die derzeit allmählich in Pension geht, besonders krass gewesen sein. Diese Generation hat allerdings seit den 70er Jahren bis heute das Klima an Schulen stark geprägt. Die mehr oder minder demonstrativ antiautoritäre Attitüde gehörte sicher sehr lange zu dem Identitätsmuster von „kritischen Pädagogen", die ihre Berufswahl mit ihrem starken „aufklärerischen Impuls" begründet haben.

Erfüllen Schulen ihre Aufgaben bei der politischen Bildung?

Generalisierend kann man wohl feststellen, dass Schulen kaum begeisterte Demokraten entlassen. Trotzdem glaubt die Politik ganz offensichtlich, auf so etwas wie PR für das demokratische System selbst verzichten zu können. Es werden zuweilen aberwitzig hohe Summen für Wahlkämpfe ausgegeben, in den USA manchmal Milliardenbeträge, aber die Bürger sollen immer nur von den Qualitäten einer Partei oder eines Politikers überzeugt werden – die Protagonisten der politischen Aufführungen übersehen dabei, dass die Bühne, auf der sie spielen, einen besonders üblen Ruf hat.

Für jeden Mist – im wahrsten Sinne des Wortes – gibt es heute PR und Werbung, Imagekampagnen und Reputationsmanagement. Die Verpackungs-, Abfall- und Müllbranchen mögen dafür Beleg genug sein. Aber für die Überlegenheit des demokratischen Systems, für die Vorzüge der repräsentativen Demokratie und auch die Qualität von politischen Repräsentanten werden äußerst bescheidene Mittel aufgewendet.

Missverständnisse und schiefe Sichtweisen prägen oft den Blick auf die Politik. Umfragen in der ehemaligen DDR zeigten noch bis in die letzten Jahre, dass sehr viele Menschen als Bewährungsprobe für die Demokratie die Verbesserung ihrer sozialen Lage sahen. Die Schieflage beginnt schon in der Einschätzung, dass viele glauben, den Menschen sei es in der DDR besser gegangen als heute. Objektiv betrachtet ist das schwer vorstellbar, rein materiell betrachtet haben selbst Hartz IV-Empfänger in den neuen Bundesländern mehr Optionen, was Konsum und Freiheiten angeht, als der Durchschnittsverdiener in dem „ersten sozialistischen Staat auf deutschem Boden". Zorn und Bitterkeit der Menschen sind kaum finanziell begründet.

Kaum PR für die Demokratie nach der Wiedervereinigung

Das Klagen über die schmerzlich empfundene ökonomische Ungleichheit in einer kapitalistischen Gesellschaft und das Gefühl, sozial an den Rand gedrängt, nutzlos und ausgestoßen zu sein, müssen sicher ernst genommen werden. Mindestens so schwerwiegend sind aber die antidemokratischen Ressentiments, eine Verweigerungshaltung, die sich in besonders niedriger Wahlbeteiligung oder auch den Neigungen zu Extremismus ausdrückt. Zwar gibt es in fast allen westlichen Demokratien eine sehr große Minderheit, die sich an Wahlen und politischem Leben nicht beteiligt. Nichtsdestotrotz haben auch diese Bürger dezidierte, oft genug bösartige Sichtweisen auf die angeblich „schmutzige Politik".

In Deutschland wurden seit der Wiedervereinigung unendlich viel Energie und finanzielle Mittel aufgebracht, die Lebensverhältnisse in den neuen Bundesländern zu verbessern und an den Westen anzugleichen. Es ist hat offensichtlich zu wenig Anstrengungen gegeben, um eine größere Akzeptanz des demokratischen Systems und mehr Wissen über ihre Besonderheiten zu erreichen. Der Zugang zur Hochkultur der Musik und Kunst erfordert Wissen, nur wenn wir wissen, können wir richtig hören und sehen. Und ohne das Wissen gibt es auch nicht genug Wertschätzung für das allgemeine und gleiche Wahlrecht, für das Parteiensystem, für die freie Meinungsäußerung, für das Recht, Vereine zu bilden und sich politisch zu organisieren, oder für das Recht, unternehmerisch tätig zu werden. Nur wer weiß – und nicht nur ahnt –, was unveräußerliche Menschenrechte bedeuten, ist qualifiziert und sensibel genug, ein politisches System zu beurteilen.

Vor allem in politisch wenig zivilisierten Staaten – wie in manchen arabischen oder afrikanischen Autokratien – wird die kritische, oft genug skandalisierende Berichterstattung der freien Medien im Westen über das politische Leben in unseren Ländern als Beleg für essentielle Mängel der Demokratie interpretiert. Aber auch in unseren freien Gesellschaften selbst erliegen Bürger zuweilen dem Trugschluss, dass die Schlagzeilen über Skandale, Fehlleistungen und Krisen ein Zeichen für die Schwäche der Demokratie sind – dabei ist das Gegenteil der Fall.

Pleite des Sozialismus kaum genutzt

Die Gefahr, Fehlentwicklungen in Politik und Gesellschaft dem System der Demokratie anzulasten, scheint nicht in allen Ländern gleich groß. Demokratien mit einer langen Tradition wie die USA oder Großbritannien haben offensichtlich eine größere Immunität gegenüber Demagogen und Extremisten. Selbst Amerikaner oder Briten, die sich von dem politischen Geschehen zuweilen angewidert abwenden, würden jede Einschränkung der politischen Freiheiten weit von sich weisen.

Die offensichtlichen Defizite im politischen Bewusstsein vieler Menschen – besonders krass zuweilen in den neuen Bundesländern, aber auch in den meisten Demokratien der früheren Ostblockstaaten – bedeuten ein miserables Zeugnis für die jeweiligen politischen Führungen seit dem Zusammenbruch des Sowjet-Blocks. Dabei wäre es beispielsweise in Deutschland mit den positiven Erfahrungen der Bonner Republik ein Leichtes gewesen, massiv für Zustimmung zum demokratischen und marktwirtschaftlichen System zu werben.

3 Die Glaubwürdigkeitsfalle: Das Missverständnis mit der Moral in der Politik

„In Gibeon erschien der HERR dem Salomo in einem Traum bei Nacht. Und Gott sprach: Bitte, was ich dir geben soll! Und Salomo sagte: (...) gib denn deinem Knecht ein hörendes Herz, dein Volk zu richten, zu unterscheiden zwischen Gut und Böse (...) Und das Wort war gut in den Augen des HERRN. Und Gott sprach zu ihm: Weil du um diese Sache gebeten hast und nicht um ein langes Leben, Reichtum und den Tod deiner Feinde, so tue ich nach deinen Worten. Siehe, ich gebe dir ein weises und verständiges Herz, so wie es vor dir keinen wie dich gegeben hat und nach dir keinen wie dich geben wird."

1. Buch der Könige 3, 1–15

Was würden sich wohl ein Barack Obama, eine Angela Merkel oder ein Nicolas Sarkozy von Gott wünschen, würde der sich ihnen im Traum offenbaren und ihnen eine solche Offerte machen? Es darf vorsichtig bezweifelt werden, ob denn zumindest die studierte Physikerin und Kanzlerin oder der französische Jurist und Staatschef überhaupt bereit wären, den HERRN wirklich anzuhören. Sollten sie das Ganze aber nicht als völlig absurde Traumsequenz abtun, stellt sich immer noch die Frage, ob unsere politischen Führer wüssten, was sie sich denn eigentlich wünschen sollten. So wie der junge König Salomo ein „hörendes Herz", die moralische Weisheit?

Werden unsere Politiker wegen ihrer Weisheit und ihres Gerechtigkeitsgefühls unterstützt und wiedergewählt? Winston Churchill oder Willy Brandt, lebten sie noch, würden sicher heftig widersprechen. Würden sich Politiker heute einen Wirtschaftsboom und neue Jobs wünschen? Zumindest Angela Merkel weiß, dass die eigene Popularität trotz eines Rekordtiefs bei den Arbeitslosenzahlen abstürzen kann. Oder würde Obama den Allmächtigen darum bitten, dass seine historische Gesundheitsreform wirklich umgesetzt werden könnte? Der US-Präsident müsste allerdings fürchten, dafür vom Bürger an der Wahlurne abgestraft zu werden. (1)

Die Zeiten, in denen das Volk für die weise Herrschaft eines König Salomo dankbar war, der ihnen laut Bibel 40 Jahre Frieden und Wohlstand bescherte, sind in unseren Graden lange vorbei. Jahrhunderte lang galten die Gebete in den Kirchen auch der Weisheit der Herrschenden. Die Gläubigen baten den Schöpfer um den Segen für ihre Fürsten und Könige. Denn von ihrer Güte oder Bösartigkeit hing das Leben vieler ab. Unsere aufgeklärte Epoche der Demokratie kennt glücklicherweise keine allmächtigen Könige und Kaiser, Welteneroberer und

Päpste, Kalifen und Kirchenfürsten mehr, die über Krieg und Frieden, das Wohlergehen der Menschen und die Gerechtigkeit in der Gesellschaft entscheiden. Heute ist das Volk selbst der Souverän.

Die Ohnmacht der Bürger hat zumindest in unseren Breiten ein Ende gefunden. „Alle Macht geht vom Volke aus" heißt es im deutschen Grundgesetz. Doch fühlen sich viele Bürger ohnmächtig – trotz Wahlen, Gewaltenteilung und Meinungsfreiheit. Denn die Ausübung der Macht liegt in den Händen der gewählten Volksvertreter. Sie entscheiden über Gesetze und Gelder, über das Wohl und Wehe von vielen. Zuweilen sogar über das Schicksal der ganzen Nation. Wer Macht – als Stellvertreter der Bürger – ausübt, trägt Verantwortung. Also wird von ihnen erwartet, dass sie höchsten moralischen Ansprüchen gerecht werden. Von unseren Repräsentanten an den Schalthebeln der Macht verlangen wir moralische Integrität.

Politiker ohne Fehl und Tadel gesucht

Politiker in der Demokratie mit ihrer vom Volk auf Zeit geliehenen Macht sollen ohne Fehl und Tadel sein: ehrlich, aufrichtig und glaubwürdig. Dies scheint eine berechtigte Mindestanforderung zu sein. Zwar ist augenscheinlich, dass Politiker neben Überzeugungen und politischen Zielen auch eigene, persönliche Ambitionen haben. Schon Max Weber warnte davor, Politiker zu idealisieren. „Wer Politik treibt, erstrebt Macht." Es habe aber noch nie eine politische Schicht gegeben, die ihre „Herrschaft nicht auch für ihre privaten ökonomischen Interessen auszunutzen pflegte". (2) Dabei ist es in Webers Sicht völlig gleichgültig, ob jemand „von der Politik lebt" oder „für die Politik lebt", also ob jemand aufgrund seines Vermögens nicht auf die Einkünfte als Politiker angewiesen ist oder die Aufgaben im Staat für den Politiker die Existenzgrundlage bedeuten.

Schon in der Bibel geht es um Machtmissbrauch und Tyrannenwillkür. Moses wird von seiner Mutter in einem Korb auf dem Nil ausgesetzt. Er sollte dem Mordbefehl des ägyptischen Königs entkommen, der alle männlichen Neugeborenen töten lassen wollte. Die Wirklichkeit in den Herrscherhäusern des Altertums oder des Feudalismus folgte selten genug moralischen Geboten. Vom Alten Testament bis zu den Dramen von Shakespeare oder Friedrich Schiller werden uns Missetaten und Gewaltakte der Mächtigen geschildert, die menschlichen Abgründe hinter den Kulissen der Paläste und Schlösser. Die Namen von Herodes und Nero, Attila und Dschingis Khan, Richard III. und Lady Macbeth stehen für Verrat und Intrigen, Willkür und Völkermord, Verbrechen und Grausamkeit. Und auch die Moderne hat von Robespierre bis Hitler und Stalin, Pol Pot und Idi Amin keinen Mangel an Verbrechern in Staatsämtern.

Weder an den moralischen Ansprüchen noch an der Unvollkommenheit der Regenten hat sich im Weltmaßstab grundsätzlich viel geändert. Allerdings hat in den modernen Demokratien seit Jahrhunderten (USA, Großbritannien) oder zumindest seit Jahrzehnten (Deutschland, Spanien, Japan) zum Segen der Menschen die politische Zivilisation gesiegt, was manch üble Tat der Politik nicht ausschließt. Und um Moral geht es auch ohne Völkermord und Terror unvermindert und vehement.

Wer das Volk vertritt, wer höchste Ämter innehat, soll moralisch vorbildlich sein. Auch Politiker bejahen in ihrer Selbstdarstellung dieses Ideal. Den rechtlichen Rahmen gibt ohnehin die Verfassung vor. Parlament und Justiz kontrollieren die Exekutive, wachen über die Verfassungs- und Gesetzestreue der Regierenden. Mit großer Wirkung verfolgen und kommentieren auch die Medien, egal ob als „vierte Gewalt" überhöht oder nicht, das Treiben der Mächtigen. Aber die Ansprüche an die Qualität der Politiker gehen weit darüber hinaus, politisches Handeln nur zu bewerten und zu kritisieren. Politiker stehen mit ihrer ganzen Persönlichkeit und ihrem Lebenswandel auf dem Prüfstand der Öffentlichkeit.

Alltag der Skandalisierung

Nur noch in der Welt des Showbusiness gibt es ähnlich viele Skandale wie in der Politik. Stars wie Politikern ist gemein, dass sie auf der großen Bühne der Öffentlichkeit agieren – zwangsläufig, das ist das Wesen der Unterhaltungsbranche ebenso wie des demokratischen Prozesses. „Die Öffentlichkeit der Demokratie ist ihre Stärke und ihr wunder Punkt", schreibt der Staatsrechtler Christoph Möllers. (3) Skandale belegten zwar die Stärke der Demokratie, die Transparenz der Politik, sie seien aber auch eine Schwäche. „Denunzieren lässt sich nur, was öffentlich wird", schreibt er. Keine gesellschaftliche Gruppe, kein Berufsstand unterliegt in ähnlicher Weise dieser Transparenz – und ist auch nur annähernd so stark von ständiger Entlarvung oder Denunziation bedroht.

Skandale und Skandalisierung gehören zum Alltag moderner Demokratien. Binnen Jahrzehnten hat sich die öffentliche Moral jedoch dramatisch gewandelt. Bürgerrechts- und Frauenbewegungen, Säkularisierung und die 68er Rebellen haben in den USA und in Europa die Sichtweisen über Anstand und Sitte revolutioniert. Auch in der Politik.

Noch vor gar nicht langer Zeit wäre es unmöglich gewesen, dass ein konservativer Politiker wie Horst Seehofer (CSU) trotz Ehebruchs und unehelichen Kindes zum Ministerpräsidenten Bayerns hätte aufsteigen können. Die Affäre des verheirateten Familienvaters mit einer Sekretärin war nicht nur den Klatschblättern, sondern auch den seriösen Medien

Schlagzeilen wert. Welche Chancen hätten homosexuelle Politiker wie Ole von Beust oder Klaus Wowereit im Nachkriegsdeutschland mit seinem Paragraph 175 gehabt? Das berüchtigte Gesetz stellte noch bis in die 70er Jahre hinein „sexuelle Handlungen zwischen Personen männlichen Geschlechts" unter Strafe (4).

Im nationalbewussten Frankreich hätte früher wohl kaum der Sohn eines ungarischen Emigranten in den Champs-Élysées in Paris einziehen können. Auch wäre im katholischen Italien noch vor drei Jahrzehnten kein Mann mehrfach zum Regierungschef gewählt worden, der einen Playboy-Lifestyle wie Silvio Berlusconi pflegt.

Tabus sind verschwunden

Vielleicht hat sich die gelebte Moral der politischen Führer in den modernen Demokratien gar nicht so dramatisch verändert. John F. Kennedys Verschleiß von jungen Frauen inklusive Hollywoodstars wie Marilyn Monroe war legendär. Nur wusste die Öffentlichkeit davon nichts. Die informierten Korrespondenten des Weißen Hauses hatten einen eigenen Ehrenkodex. Demzufolge gehörten solche Geschichten unter den Teppich gekehrt. Auch in Bonn waren Hauptstadtjournalisten in den 70er Jahren zuweilen Zeugen der Affären und Eskapaden von Willy Brandt. Eine öffentliche Debatte über seine Vorlieben brauchte der SPD-Politiker nicht zu fürchten.

Heute steht das Privatleben der Politiker im Fokus der Öffentlichkeit. Dabei sind die Regeln fast überall sehr lax geworden. „Everything goes" scheint die geltende Devise in der multikulturellen, radikal-toleranten Gesellschaft von heute zu sein. Alte Tabus sind verschwunden. Viele Diskriminierungen gehören der Vergangenheit an. Puritanische Sittenstrenge wird kaum noch eingeklagt. Verlangt wird aber durchaus die Einhaltung der gerade gültigen gesellschaftlichen Konventionen. Ob private Ausschweifungen Politikern zum Verhängnis werden, hängt von vielen, kaum zu generalisierenden Faktoren ab. Eine Schlüsselrolle kommt natürlich den Medien zu. Es lohnt ein kurzer Blick auf die jüngsten Skandalgeschichten. Sie machen die Unwägbarkeit der öffentlichen Wahrnehmung deutlich.

Sexskandale gehören zur Geschichte der Macht

US-Präsident Bill Clinton überlebte Ende der 90er Jahre politisch sogar die ziemlich peinliche Lewinsky-Affäre. Zwar mokierte sich die halbe Welt über die befremdlichen Sexspiele des damals 50 Jahre alten Präsidenten mit einer 27 Jahre jüngeren Praktikantin im Oval Office. Aber der Demokrat blieb im Weißen Haus. Er überstand alle Peinlichkeiten, Anfeindungen und den Versuch eines Impeachment-Verfahrens. Heute ist er weltweit als „Elder Statesman“ mit hoher moralischer Integrität als Redner gefragt. Clinton organisiert die internationale Hilfe bei Katastrophen (Tsunami 2004, Haiti 2009/2010) und er vermittelt in heiklen Missionen (bei der Befreiung von US-Gefangenen in Nordkorea 2009).

Der US-Demokrat Gary Hart musste 1987 noch seine durchaus realistischen Träume von der Präsidentschaft begraben, nachdem die Presse seine Affäre mit dem Starlett Donna Rice enthüllt hatte. Auch der New Yorker Gouverneur Eliot Spitzer musste im März 2008 wegen einer Affäre mit einer Prostituierten zurücktreten. Dem damals 48-Jährigen war der Skandal – er sprach von „privaten Verfehlungen“ – auch deshalb zum Verhängnis geworden, weil er sich stets als ehrenwerter Saubermann und „Sheriff der Wall Street“ einen Namen gemacht hatte.

Die Karriere des Ex-Chefs des Internationalen Währungs-Fonds (IWF, Dominique Strauss-Kahn) schien im Sommer 2011 am Ende. Der 62-jährige Franzose war beschuldigt worden, in einem Hotel in New York eine Hotelangestellte sexuell missbraucht zu haben. Noch bevor irgendein Gericht über die wirklichen Vorgänge und die mögliche Schuld des Politikers entscheiden konnte, jubilierte Frankreichs Präsident Sarkozy. Denn allein die Verwicklung in den Sex-Skandal und die Bilder eines mit Handschellen abgeführten Strauss-Kahn sollten ausreichen, dass dieser alle Chancen auf Eroberung des Élysée-Palastes verloren hatte.

Manche Skandale bleiben folgenlos

Allerdings wird es immer seltener, dass ein Politiker wegen Affären oder sexueller Neigungen abdanken muss. Ganz anders verhält es sich, wenn es um die Verletzung der öffentlichen Moral geht. Beim Missbrauch von Macht und Staatsgeldern, bei Korruption und Gesetzesverstößen im Amt dürfte es nicht allzu viel Diskussionen geben. Politiker, die gegen geltende Gesetze verstoßen, müssen gehen. Aber auch hier drängt das Prinzip „everything goes“ immer mehr in den Vordergrund – manche Skandale killen eine Karriere, andere nicht.

Franz Josef Strauß musste 1962 als Verteidigungsminister wegen der Spiegel-Affäre demissionieren. Der CSU-Politiker hatte die polizeiliche Besetzung von Spiegel-Büros sowie die Verhaftung von mehreren Journalisten des Nachrichtenmagazins wegen angeblichen Landesverrats veranlasst. Strauß hatte den Justizminister nicht informiert. Später belog er dann auch noch den Bundestag und beteuerte, nichts gewusst zu haben. Er verließ verbittert die Hardthöhe. (1966 war der CSU-Chef wieder in der Regierung, als Finanzminister in der Großen Koalition unter Kurt Georg Kiesinger.)

Mutter aller Skandale in den USA: Watergate

1974 stand US-Präsident Richard Nixon im Zentrum des Watergate-Skandals. Mit seinem theatralischen Abgang aus dem Weißen Haus wurde der Republikaner ungewollt zum Symbol für den am Boden zerstörten, gescheiterten Staatsmann. Der Einbruch in das Hauptquartier der Demokratischen Partei im Juni 1972, bei dem Nixons Leute versuchten, Abhörwanzen zu installieren, gilt bis heute als Paradebeispiel für die „schmutzige Politik", die sich, einmal an der Macht, nicht um Gesetze und Demokratie schert.

Finanzminister Wolfgang Schäuble trat im Februar 2000 von seinen damaligen Ämtern als CDU-Partei- und Fraktionsvorsitzender zurück. Der Druck wegen der CDU-Parteispendenaffäre war zu groß geworden. Denn Schäuble musste zugeben, eine 100.000-Mark-Spende vom Waffenhändler Karlheinz Schreiber angenommen zu haben. Der Unionspolitiker erklärte seine Demission. (Heute ist er Bundesfinanzminister.)

Für den SPD-Mann Rudolf Scharping begann das Ende seiner politischen Karriere – er musste 2002 seinen Posten als Verteidigungsminister aufgeben – mit scheinbar harmlosen, privaten Fotos: Die Zeitschrift „Bunte" hatte den Minister auf Mallorca beim Planschen im Pool mit seiner damaligen Lebensgefährtin Kristina Gräfin Pilati fotografiert. Scharping hatte mit einer Bundeswehrmaschine auf dem Weg ins Bürgerkriegsgebiet in Mazedonien auf der Mittelmeerinsel Zwischenstation gemacht. Auf dem Balkan waren damals deutsche Soldaten im friedenssichernden Einsatz. Auch in der SPD war das Unbehagen an Scharpings Verhalten groß. Gehen musste der Minister, als später auch noch bekannt wurde, dass er sich vom PR-Experten Moritz Hunzinger mit feiner Kleidung hatte ausstaffieren lassen. Zudem hatte Scharping 140.000 Mark als angeblichen Vorschuss für Memoiren und Auftritte bekommen. Scharpings Vergehen mögen geschmacklos und ungeschickt gewesen sein, illegal oder Zeichen von Machtmissbrauch waren sie wohl nicht.

Karriereknick wegen Einkaufswagenchips

Der 2003 gestorbene FDP-Politiker Jürgen W. Möllemann stand für manche Unappetitlichkeiten im politischen Geschäft und fragwürdige Geschäftsbeziehungen. Die scharfe Kritik des Lobbyisten der deutsch-arabischen Beziehungen an Israel hatte oft einen Zungenschlag, der Möllemann den Vorwurf des Antisemitismus einbringen musste. Er war ein Mann, der das Spektakel, die Scheinwerfer und Schlagzeilen suchte. Aber der Grund seines Rücktritts als Bundeswirtschaftsminister und Vizekanzler am 3. Januar 1993 war vergleichsweise läppisch. Möllemann musste gehen, weil auf dem Briefpapier des Ministeriums an Handelsketten für Einkaufswagen-Chips geworben wurde. Die Chips wurden von der Firma eines angeheirateten Vetters vertrieben.

2002 musste der damalige Ministerpräsident Sachsens, Kurt Biedenkopf, zurücktreten. Auslöser war der Vorwurf, er habe an der Kasse eines Möbelhauses mit dem Hinweis auf sein Amt um einen Rabatt gefeilscht.

Oft überleben Politiker auch Skandale anderen Kalibers völlig ohne Folgen. In den Jahren der Präsidentschaft von Ronald Reagan (1981–1989) unterstützten die USA in Nicaragua massiv den verdeckten Krieg gegen die sandinistische Regierung. Die Aufständischen der Contras wurden weitgehend vom US-Geheimdienst CIA organisiert und finanziert. Zur Finanzierung des amerikanischen Kampfes gegen den kommunistischen Einfluss in Lateinamerika dienten US-Waffengeschäfte mit dem Iran. Dort herrschten die Ayatollahs, die auch für die Geiselnahme in der US-Botschaft verantwortlich waren. Zudem schmuggelten die Contras mit Wissen der CIA Tonnen von Kokain in die USA. Vor einer US-Untersuchungskommission zur „Irangate"-Affäre weigerte sich Reagan, irgendetwas zu dem vielschichtigen Skandal zu sagen. Der Ausschuss rügte zwar in seinem Bericht den Präsidenten, aber ansonsten blieb der populäre US-Präsident ungeschoren. Die offizielle Verantwortung für die illegalen Aktivitäten wurde Männern aus der dritten Reihe von Geheimdiensten und Regierung angelastet.

Hessens langjähriger Ministerpräsident Roland Koch überlebte 1999/2000 die Affäre um schwarze Kassen seines CDU-Landesverbands unbeschadet, obwohl er offensichtlich die Unwahrheit gesagt hatte. Lediglich sein damaliger Adlatus, der Chef der Staatskanzlei, Franz Josef Jung, musste Wiesbaden verlassen – später wurde er Verteidigungsminister. Auch Bundespräsident Johannes Rau (SPD) dachte 2000 nicht an Rücktritt. Dabei hatte der Spiegel über die unbestrittene Verwicklung von Rau in seiner Zeit als Ministerpräsident in illegale Finanzpraktiken zwischen der Westdeutschen Landesbank und der nordrhein-westfälischen Landesregierung berichtet.

Nachsicht mit Joschka Fischer

Der Grünen-Politiker Joschka Fischer und damalige Außenminister geriet 2000 in große Erklärungsnot. Peinliche Bilder von den Straßenschlachten im Frankfurter Häuserkampf warfen ein grelles Blitzlicht auf Fischers langjährige Phase als militanter Sponti und Mitglied der Splitterorganisation „Revolutionärer Kampf" in den 70er Jahren. (5) Gemeinsam mit anderen Vermummten hatte Fischer bei Krawallen brutal auf einen Polizisten eingeschlagen. Der Grünen-Politiker zeigte sich nach erstem Abwiegeln tief reumütig. Er bat den inzwischen pensionierten

Polizisten um Entschuldigung. Weder sein Amt als Vizekanzler und Außenminister noch seine Popularität in der Bevölkerung waren in Gefahr.

Verfehlungen von Politikern sind nach wie vor ein zentrales Thema in der öffentlichen Diskussion aller westlichen Demokratien. In Großbritannien ging es Anfang 2011 mit dem üblich schrillen Tönen der britischen Krawall-Blätter um angebliche Liebesnester von Abgeordneten, die vom Staat mit bezahlt wurden, oder um die Renovierung privater Pools mit öffentlichen Geldern. In Italien überlagern die Skandalgeschichten um Ministerpräsident Berlusconi schon seit Jahren jede andere politische Auseinandersetzung. Als ob die Frage, ob der schillernde Milliardär nun für die Dienste einer 17-jährigen Prostituierten bezahlt hat oder nicht, wichtiger sei als die Frage, wie Italien mit seinem gigantischen Schuldenberg umgeht oder die regionale Zerrissenheit der Nation beendet.

Keine Logik bei Skandalen

Wenn es um Fehler oder Fehltritte von Politikern geht, lässt sich kaum eine Regel aufstellen oder eine Logik erkennen, welche Konsequenzen sie jeweils haben, bei welchen Delikten jemand seinen Posten aufgeben muss und wann nicht. Willkür und Zufälligkeit scheinen zu dominieren. Schon vor vielen Jahren hat der Mainzer Publizistik-Professor Hans Mathias Kepplinger diese Irrationalität von Skandalen beschrieben. (6) Denn von Dutzenden potentieller Skandale schaffen es nur einige wenige tatsächlich in den öffentlichen Diskurs und in die Medien, wo sie die emotionale Wucht entfalten, politische Karrieren nachhaltig zu beschädigen oder gar zu beenden. Manche Schurkenstücke in der Politik werden nie als Skandale wahrgenommen, hingegen manch relativ harmlose politische Handlung erfolgreich skandalisiert.

Ein Beispiel für Maßlosigkeit in der Bewertung von „Skandalen“ mag die „Bonusmeilen-Affäre“ sein. Wie 2002 auf Grund einer Lufthansa-Indiskretion bekannt wurde, hatten mehrere Amtsträger ihre dienstlich angesammelten Bonusmeilen aus dem Vielfliegerprogramm Miles & More für Privatreisen benutzt. Manche Politiker wie der Grüne Rezzo Schlauch weigerten sich, politische Konsequenzen zu ziehen. Der Grünen-Politiker Cem Özdemir (Grüne) gab sein Bundestagsmandat auf. Der Linken-Politiker Gregor Gysi (PDS) trat als Berliner Wirtschaftssenator zurück. Der Medienexperte Wolfgang Donsbach sah damals in der Bonusmeilenaffäre einen Beleg für eine unangemessene Skandalberichterstattung der Medien. Die private Nutzung dienstlich erworbener Bonusmeilen sei „ein eher kleines Vergehen“.

Der Fehltritt des Publikumlieblings

Wie immer man auch den Skandal um die Doktorarbeit von Ex-Verteidigungsminister Karl-Theodor zu Guttenberg im Februar 2011 bewerten mag, so hat doch die Debatte jener Tage auch die Verunsicherung der Öffentlichkeit und die Relativität der Wertmaßstäbe in der Politik offenbart. Der CSU-Politiker wurde als Abschreiber und wissenschaftlicher Hochstapler enttarnt. Mit Leugnen und Arroganz verschlimmerte er dann seine akademischen Sünden Schritt für Schritt.

Der beliebteste Politiker Deutschlands, „die Lichtgestalt unter 600 Glühwürmchen" (Harald Schmidt), stand plötzlich am Pranger der Wissenschaftswelt und der meisten, auch eher konservativen Medien. Die Opposition schrie empört auf. Aber auch Bundestagspräsident Norbert Lammert (CDU) sprach wenig staatstragend von einem „Sargnagel für das Vertrauen in die Demokratie". Nur eine Minderheit der Kommentatoren empfahl Guttenberg, „sich nicht dem Kartell der Missgunst und des Mittelmaßes zu beugen" (Die Welt). Zur Kunst der Politik gehöre auch das Vermögen, klug durch Krisen und Skandale zu navigieren.

Die Unionsparteien versuchten vergeblich, sich solidarisch hinter den Missetäter zu stellen. Bundeskanzlerin Angela Merkel stützte zu Guttenberg mit der flapsigen Bemerkung, sie habe „einen Verteidigungsminister und keinen wissenschaftlichen Assistenten" engagiert. Auch viele Konservative erschraken über soviel realpolitische Chuzpe. Denn der Freiherr aus Franken hatte genau die Werte verletzt, die er aus Sicht vieler Menschen mehr als jeder andere deutsche Politiker verkörperte: Integrität, Verlässlichkeit, Ehrlichkeit. Guttenberg hatte selbst noch im Juni 2009 betont: „Aufrichtigkeit sollte die Grundlage jeder Politik sein." (7) Schließlich trat der CSU-Politiker dann doch zurück, sprach von dem „unerträglichen Druck". Er kritisierte die „enorme Wucht der medialen Betrachtung" seiner Person. Die „Mechanismen im medialen Geschäft" könnten zerstörerisch sein.

Zwei Wochen tobte im Februar 2011 im Bundestag, auf Parteiveranstaltungen, in Medien, und Talkshows, in Blogs und sozialen Netzwerken die leidenschaftlich geführte Debatte um die moralische Integrität Guttenbergs. Wenige Monate zuvor gab es einen noch heftigeren Disput in der Öffentlichkeit über die Thesen und die Person von Thilo Sarrazin und sein provozierendes Buch „Deutschland schafft sich ab". Auch wenn beide Fälle völlig unterschiedlich waren – der schrille Klang auf der öffentlichen Bühne war sehr ähnlich.

Private und politische Sünden

Bei dem Pro und Contra wurde bei beiden am liebsten die Saite der Moral angeschlagen. Im privaten Umfeld würde sich heute in Deutschland jeder hüten, offen zu „moralisieren". In unserer Gesellschaft löst das Wort „Sünde" kaum Ängste oder Schuldgefühle aus. Sünde ist meist mit Verführerischem und Reizvollem verbunden. Moral und Sünden in der Politik haben eine völlig andere Konnotation. Der Streit über Gut und Böse in der Politik führt in Talkshows, in sozialen Netzwerken oder an den Stammtischen schnurstracks zu einer aufgeregten, leidenschaftlich geführten Debatte. Die hat in der Tat dann meistens einen hohen Unterhaltungswert.

Der Skandal ist dabei ideal. Politiker stehen entblößt da. Persönliche Schwächen und Vergehen werden enthüllt. Aber das Moralisieren gelingt auch bei politischen Sachfragen. Auch wenn komplizierte Themen wie Steuer- oder Gesundheitsreform diskutiert werden, gibt es den Wettbewerb der Diskutanten, möglichst rasch auf die Ebene klarer Bewertungen zu gelangen. Politiker und Medien wollen komplexe Zusammenhänge dem Laien, also dem Bürger, verständlich machen. Das ist eine professionelle Pflichtaufgabe. Sie dient in der Praxis immer mehr als Rechtfertigung für eine unzulässige Simplifizierung, eine übertriebene Emotionalisierung oder gar fahrlässige Skandalisierung.

Im US-Fernsehen ist es zunehmend üblich, vor und nach Debatten das Publikum im Saal und an den Bildschirmen über die politischen Sichtweisen abstimmen zu lassen. Wer dabei gewinnt, strahlt. Kein Politiker käme auf die Idee, er müsse vielleicht ein schlechtes Gewissen dafür haben, dass es bei öffentlichen Debatten und in Talkshows oft weniger um Substanz und differenzierte Urteilskraft, sondern vor allem um „Performance" und Rhetorik geht. Schließlich funktionieren vor allem die Diskussionsrunden und insbesondere „Duelle" von Spitzenkandidaten wie Sportwettkämpfe. Wie beim Eiskunstlauf gibt es Noten für Haltung, Eleganz und Technik. Wie beim Boxen wird gezählt, wer wie viele und wie schwere Treffer beim Gegner erzielt. Üblicherweise beklagen nur die „Loser", die „Verlierer", die Realitäten des modernen Politainments.

Die beliebte Einbeziehung von Fernsehzuschauern und Publikum vor Ort geben TV-Diskussionen sicher besondere Brisanz. Für manche mag das sogar wie ein Beitrag zu mehr direkter Demokratie scheinen. Wer erlebt hat, wie emotional und kalkulierend, wie verkürzt und irreführend oft debattiert wird, wie zufällig oder gelenkt manche Publikumsbefragung scheint, wird sich vor einer solchen Politikkultur eher grausen.

Moral als Instrument der Diffamierung

Mit Moral lässt sich prima Politik machen. Schon Robespierre rechtfertigte in der französischen Revolution den Terror der Guillotine mit dem Ziel der Tugend und der „unmittelbaren, strengen, unbeugsamen Gerechtigkeit". Alle Verbrecher in der Geschichte beriefen sich bei ihren Schandtaten auf irgendein moralisches Prinzip im angeblichen Interesse des Volkes. Diese Zeiten sind glücklicherweise Geschichte.

Die Moralisierung der Politik ist heute für viele oft ein willkommenes Instrument, den politischen Gegner zu diffamieren. Es hilft, Einzelinteressen mit dem Mantel des Gemeinwohls zu umhüllen. Der Verkünder hehrer Ziele und Konzepte steht meist sehr viel besser da als der abwägende, skeptische Politiker. „Einer der größten Fehler in der Politik ist es, eine Politik von ihren Intentionen zu beurteilen und nicht von ihren Ergebnissen her, seien es beabsichtigte oder unbeabsichtigte", schrieb der „Spectator" (8) angesichts der Wirrungen in Folge der europäischen Förderung von angeblich umweltfreundlichen Bio-Brennstoffen mit all den negativen Nebeneffekten bezüglich Landwirtschaft, Lebensmittelpreisen und Energiekosten. Mit dem Stempel des moralisch überlegenen Konzepts für Klima- und Umweltschutz gerät dann ein sehr ernsthaftes Thema in den Sog des „Gut-Böse-Schemas".

Die Mediendemokratie belohnt vor allem die „Gesinnungsethik", weniger die „Verantwortungsethik", um diese Unterscheidung des großen Soziologen Max Weber aufzugreifen. Es ist nicht schwer, öffentlich großartige politische Grundsätze zu vertreten und ambitionierte Ziele zu propagieren. Gesinnungsethik gründet auf Weltanschauung und hehren Zielen. Verantwortungsethik dagegen wägt die realen Folgen des Tuns ab. Wer vor allem Resultate politischen Handelns als Maßstab nimmt, der hat in jeder Diskussion einen erheblichen Nachteil. Er muss entweder mühsame Vergangenheitsbewältigung betreiben oder über die Zukunft spekulieren: Das eine führt erfahrungsgemäß zu einem schwer durchschaubarem Hickhack der Kontrahenten über die Akkuratesse von Fakten und Ereignissen; das zweite zu zwangsläufig schwierig zu belegenden Prognosen und Mutmaßungen.

„Intellektuelle Windstille"

Für „Verantwortungsethik" ist die Hektik des politischen Betriebs in unseren Demokratien Gift. Nach Max Weber sollen Politiker eine Balance zwischen Gesinnungs- und Verantwortungsethik finden. Diese Aufgabe ist in der Realität dank des permanenten Einflusses der Öffentlichkeit schwerer denn je. Hat heute ein Politiker die Chance zu sagen: „Messt mich an meinen Taten und an den Ergebnissen und entscheidet dann."?

Die Publizistin Cora Stephan kritisierte heftig das „Moralisieren der öffentlichen Debatte", bei der es nur um „Konkurrenzvorteile auf dem Markt der Meinungen" gehe. Es sei „fast unmöglich, einem Argument etwas entgegenzuhalten, das die Moral für sich reklamiert". Sie schreibt: „Eine Kampagne für einen gesetzlich geregelten Mindestlohn verkauft man am besten als ‚Kampf für soziale Gerechtigkeit' – wer könnte schon dagegen sein? Und ein Herz für Banker, Zweifel an der ‚Klimakatastrophe' oder mangelnde Euphorie für Barack Obama sollte man sich schenken. Solches grenzt bereits an Verbrechen wider die Menschlichkeit oder gleich an Gotteslästerung. Keine Debatte kommt mehr ohne den Rekurs auf höchste Werte aus. Der Grund dafür ist schlicht: Ihnen kann man nicht widersprechen. Wen wundert da noch die intellektuelle Windstille hierzulande?" (9)

Aus Stephans Sicht zerstört das Moralisieren die Debattenkultur. Das Moralisieren in der Politik ist aber nur eine Schwester der allgemeinen Emotionalisierung in der Politik. Es ist nicht allzu schwer, Skeptiker der modernen Klimapolitik als Apologeten der Apokalypse zu diskreditieren. Noch verführerischer in der politischen Auseinandersetzung ist es, Politiker als charakterschwach und unzuverlässig zu entlarven. Früher hatte das Diffamieren des Gegners vor allem in Wahlkämpfen Hochkonjunktur. Seitdem zunehmend ein permanenter Wahlkampf herrscht, ist dies zum Dauerzustand geworden.

Entpolitisierung durch Moral

Mit der professionellen Akribie von Detektiven suchen Spin-Doktoren der Parteien und investigative Journalisten nach dem Fehltritt oder dem Regelverstoß von Politikern. Geforscht wir nach dunklen Flecken in Biografien oder im Privatleben. Reden und Äußerungen werden durchforstet nach missverständlichen oder unglücklichen Formulierungen. Die politischen Waffen von Skandalisieren und Moralisieren sind gleichermaßen wirksam, die Ergebnisse ihres Einsatzes oft ähnlich. Ein Resultat ist die Entpolitisierung der Politik.

Der Schriftsteller Martin Walser sah sich im Januar 2011 öffentlich zu einer Liebeserklärung für Außenminister Guido Westerwelle („Wie ich Westerwelle lieben lernte") veranlasst. (10) Walser war übel aufgestoßen, dass der FDP-Politiker von vielen Medien, insbesondere den öffentlich-rechtlichen Anstalten, regelrecht „niedergemacht" werde. „Der Zeitgeist mag ihn nicht" und „Der Zeitgeist – da wird keiner widersprechen – sind die Medien". Das erkläre auch die miesen Umfragewerte und Westerwelles geringes Ansehen. Tatsächlich boome Deutschlands Wirtschaft, die Arbeitslosenzahl habe sich von fünf auf drei Millionen reduziert, und das alles unter einer schwarz-gelben Regierung, einem liberalen Wirtschaftsminister.

Auch im Blog „Die Achse des Guten“ fragte Journalist Hansjörg Müller: „Warum hassen Deutschlands Journalisten die FDP?“ (11) Westerwelle werde so lange für unfähig erklärt, bis es amerikanische Diplomaten glauben und nach Washington kabeln – was dann wiederum Wikileaks aufdeckt. Der Spiegel-Kolumnist Jan Fleischhauer meinte, der FDP-Vorsitzende sei in einen „Verachtungsstrudel“ geraten. (12) Erst schreibe die Presse einen Politiker runter, dann werte man die sinkende Popularität als Bestätigung des eigenen Urteils.

Westerwelle stand im ersten Jahr als Chef des Auswärtigen Amtes vor allem aus drei Gründen in der Kritik. Die FDP hatte in der Koalitionsregierung mit der CDU/CSU eine Steuererleichterung für Hotelbesitzer durchgesetzt. Das wurde als Klientelpolitik kritisiert, zumal auch noch ein Hotelunternehmer der FPD 1,1 Million Euro als Parteispende überwiesen hatte. Selbst in der FDP wurde man über diese Steuererleichterung nicht recht froh.

Dann benutzte Westerwelle in einer emotionalen Rede über Fehlentwicklungen im Sozialstaat den nicht besonders sinnvollen Begriff der „spätrömischen Dekadenz“. Schließlich meinte er nicht, dass unsere Eliten zu exzessivem Treiben und hemmungslosen Intrigen neigten, während es für die verelendeten Massen „Brot und Spiele“ gebe. Westerwelle ging es um das besorgniserregende Wachstum der Bevölkerungsgruppe, deren Lebensunterhalt sich über immer mehr Jahre und inzwischen über Generationen hinweg aus Sozialtransfers speist.

Schließlich musste sich Westerwelle rechtfertigen, weil er auf einer Reise nach Südamerika seinen Lebensgefährten Michael Mronz mitgenommen hatte. Bei anderen Reisen befanden sich zudem in den Westerwelle begleitenden Wirtschaftsdelegation auch Unternehmer, die die FDP unterstützen.

Diese drei „Skandale“ – zumindest wurden sie medial so präsentiert – trugen wesentlich dazu bei, dass Westerwelles Popularität in den Keller rutschte. Ebenso wie die Umfragewerte seiner Partei. Klopft man die Substanz der Vorwürfe ab, so kann man sich nur wundern. Die Leistung Westerwelles als Minister und Vizekanzler, als Chef des kleinen Koalitionspartners spielte sichtlich keine Rolle. Denn die deutsche Wirtschaft boomte, nicht einmal die Opposition warf Westerwelle gravierende außenpolitische Fehler vor, die Regierung war stabil. Enttäuscht waren sicher liberale Wähler, die von einer schwarz-gelben Regierung in Berlin endlich die Modernisierung des Sozialstaates und den Abbau des Staatsanteils erhofft hatten. Aber das spielte in der öffentlichen Kritik kaum eine Rolle.

Obamas Kampf gegen Diffamierung

Präsident Barack Obama kennt seit seinem historischen Wahlkampf den Kampf gegen absurde Anschuldigungen und bösartige Unterstellungen. Noch im dritten Amtsjahr als Präsident sah sich der Demokrat mit den Vorwürfen konfrontiert, dass er unrechtmäßig im Weißen Haus sei. Bezweifelt wurde noch immer, dass er am 4. August 1961 in Honolulu auf Hawaii geboren wurde. Die sogenannten „Birthers" behaupten, Obama sei entgegen der offiziellen Darstellung nicht, wie die Verfassung für den Präsidenten zwingend vorschreibt, in den USA geboren. Obamas Geburtsort sei Kenia, die Heimat seines Vaters.

Andere unterstellen dem schwarzen Demokraten, er sei in Wirklichkeit ein Moslem. Er habe als kleiner Junge, als er nach der Scheidung der Eltern während der zweiten Ehe der Mutter mit einem Indonesier in Jakarta lebte, eine Madrassa, eine islamistische Religionsschule, besucht. Beide Behauptungen wurden vielfach widerlegt. Dennoch vertrauen laut Umfragen mehrere zehn Millionen Amerikaner den wirren Thesen der Verschwörungstheoretiker. Aber US-Politiker sind die Irrationalitäten Amerikas gewohnt – dazu gehört auch, dass vor allem im Wahlkampf jedes Politikerwort auf die Goldwaage gelegt wird.

Petitessen rücken ins Zentrum

Randerscheinungen des politischen Alltags überlagern das Politische. Petitessen rücken ins Zentrum. Dabei erschüttern Staatskrisen in Griechenland oder Irland die Fundamente der EU. Die demografische Entwicklung gefährdet in wachsendem Maße die sozialen Sicherungssysteme. Sollten die von Berlin und Brüssel verkündeten Klimaziele umgesetzt werden, kommen dramatische Weichenstellungen für die Wirtschaft auf uns zu. Und die weltweite Finanzkrise ist noch lange nicht vorbei. Über die Tatsache, dass auf diesen Feldern in der Politik meist nur gemanagt und „gewurstelt" wird, gibt es nicht viele Klagen. Als guter Politiker gilt schnell einer, der gute Absichten verkündet, sympathisch daherkommt und scheinbar alle Pfadfindertugenden mitbringt.

Auch die Moral scheint inzwischen wie Boulevardisierung und Personalisierung in der Politik zu einem der Instrumente geworden zu sein, um von den immer komplizierteren Themen der Politik abzulenken. Der wichtigste Rat von PR-Spezialisten und Spin-Doktoren an ihr politisches Klientel ist es, sich nicht angreifbar zu machen. Vor allem nicht auf dem weiten Feld möglicher persönlicher Verfehlungen. Natürlich brauchen Politiker heute auch griffige Antworten für die großen Themen des 21. Jahrhunderts. Aber selten wird ein Politiker wegen mangelnder Originalität oder bescheidenem Fachwissen von der Öffentlichkeit oder dem Wähler abgestraft.

Macht korrumpiert und Misstrauen lähmt

Das Thema Moral in der Politik hat in den westlichen Demokratien ein ungeheures Gewicht bekommen. Sind denn unsere Politiker besonders unmoralisch? Wohl kaum im historischen Vergleich. Und auch beim Blick über die Zäune moderner Demokratien scheinen die Repräsentanten und Regenten in Deutschland, Frankreich oder Kanada, in den Niederlanden oder den USA geradezu Waisenknaben zu sein. Machtmissbrauch und Korruption gehören in der Tat auch heute noch zum Alltag in den meisten Ländern der Welt – das beginnt schon im EU-Reich, blickt man in den Süden und Südosten Europas.

Aber dennoch ist unsere politische Kultur von tiefem Misstrauen geprägt. „Macht korrumpiert, absolute Macht korrumpiert absolut", diese böse Einsicht des britischen Historikers Lord Acton scheint in unseren Gesellschaften, wo es absolute Macht gar nicht mehr gibt, zuweilen als ehernes Gesetz begriffen zu werden. Aber der britische Publizist, der zu seinen Lebzeiten vor allem gegen die päpstliche Unfehlbarkeitsdoktrin stritt, hatte ohnehin eine besonders finstere Sicht auf die Herrschenden: „Große Männer sind fast immer schlechte Männer", meinte er. Wirklich? Trifft das auf einen Johannes Paul II. oder Nelson Mandela auch zu? Beschreibt das John F. Kennedy oder Helmut Kohl zutreffend? Wird das Michael Gorbatschow oder Gandhi, Katharina der Großen oder Friedrich II. gerecht?

Der Mensch ist nicht gut, der Mensch ist nicht schlecht. Ihm ist die gesamte Bandbreite dazwischen gegeben. Aber sind unsere Politiker wirklich mehr oder minder Personen, denen wir nicht trauen sollten, sind unter ihnen besonders viele zwielichtige und korrupte Figuren? Wer sich heute die Bundestagsabgeordneten, die Minister aus Berlin oder die Politiker aus den Bundesländern näher anschaut, kann kaum zu diesem Ergebnis kommen. „Die politischen Spitzenkräfte sind heute noch zum Teil hochintelligente, besonders fähige Menschen, und zwar quer durch alle Parteien", schreibt der Publizist Axel Hacke (13).

Gebrauchtwagen von Merkel, Gabriel oder Roth?

John F. Kennedy hatte im US-Wahlkampf 1960 seine Landsleute gefragt, ob sie von einem, wie seinem Konkurrenten Richard Nixon, denn einen Gebrauchtwagen erwerben würden. Mit diesem geflügelten Worte wollte Kennedy seinen republikanischen Gegner als Mann hinstellen, dem man nicht vertrauen würde. Den meisten der deutschen Politiker könnte man einen Gebrauchtwagen abkaufen, dem würden vermutlich auch sehr viele Bürger in Deutschland zustimmen. Schaut man sich die Politiker im Land näher an, könnte man vielleicht manchmal eine gewisse Biederkeit, einen Mangel an großer Ausstrahlung und zuweilen auch ein eher bescheidenes Wissen über internationale Politik beklagen. Aber sind das Männer und Frauen, denen man tief misstrauen sollte? Dazu gibt es kaum einen Grund.

Das Image der Politiker hat natürlich auch etwas damit zu tun, dass der politische Alltag insgesamt oft sehr wenig anziehend wirkt. Wer das Innenleben der Parteien – vor allem auch auf kommunaler Ebene – kennt, wendet sich zuweilen mit Grausen ab von all dem kleinlichen Gezänk, dem Postengeschacher und den Intrigen. Allerdings: Das ist in vielen Vereinen so, in Verbänden, eigentlich überall, wo sich Menschen zusammenfinden. Die unappetitlichen Seiten der Politik sind selten etwas spezifisch Politisches, sondern meist zutiefst Menschliches. Natürlich braucht unsere verkrustete Parteiendemokratie manche Korrekturen.

Politik fordert Opfer

Der politische Alltag erfordert Menschen, die zu vielen Opfern bereit sind. „Der Eintritt in die Politik ist der Abschied vom Leben, der Kuß des Todes", hatte es etwas melodramatisch der Schriftsteller Hans Magnus Enzensberger einmal formuliert. (14) Die Partei, der Wahlkampf, das Mandat oder das Amt, die Bürger und die Interessengruppen, die Sachprobleme und die Medien verlangen alle zusammen einen enormen Einsatz und Zeitaufwand. Politische Ämter seien „zuweilen mörderisch", meinte Horst Seehofer. (15) Die Arbeitstage gingen bis spät in die Nacht, das Wochenende gehöre dem Engagement in den Wahlkreisen. „Diese fast übermenschliche Terminfolge muss verringert werden", forderte er.

Das Leben eines Politikers ist so fordernd wie das mancher Manager oder Ärzte – allerdings meist mit geringerem Verdienst und weniger öffentlicher Anerkennung. Viele Politiker zahlen für ihr Engagement einen hohen gesundheitlichen Preis. Manche müssen ganz aufgeben, wie der ehemalige SPD-Vorsitzende Matthias Platzeck. CSU-Politiker Seehofer musste während des Bundestagswahlkampfs 2002 wegen einer Herzmuskelentzündung für drei Wochen auf die Intensivstation.

Deutschlands toller Ruf

Der Beruf des Politikers wird dennoch wenig geachtet. Es muss aber gute Gründe geben, warum ausgerechnet Deutschland in der Welt heute einen so hervorragenden Ruf genießt. Bei den jährlichen, weltweiten Umfragen des Instituts GlobeScan in 27 Staaten liegt Deutschland seit 2008 auf dem Spitzenplatz. 62 Prozent der mehr als 28.600 Befragten meinten, Deutschland habe einen positiven Einfluss in der Welt. Auf dem zweiten Platz landete Großbritannien (58 Prozent), danach Kanada, die EU als Ganzes und Japan (jeweils 57 Prozent) sowie Frankreich mit

52 Prozent und die USA mit 49 Prozent. Die hohe Reputation mag der Wirtschaftskraft und Kultur geschuldet sein – sicher aber spielt auch das hohe Ansehen der politischen Klasse, zumindest von außen gesehen, eine Rolle. Es ist augenfällig, dass besonders korrupte und diktatorische Staaten am Ende der Beliebtheitsliste stehen: 59 Prozent der Befragten werteten den Einfluss des Iran als negativ, Pakistan und Nordkorea landen mit 56 und 55 Prozent nur knapp dahinter. (16)

Es ist eine unspektakuläre Tatsache: Deutschlands Politiker sind im Wesentlichen anständige Leute. Es ist eine berechtigte Frage, ob sie den enormen Herausforderungen des 21. Jahrhunderts gewachsen sind, ob Parteien und Politiker unser Land ausreichend für eine erfolgreiche Zukunft gestalten. Aber die Aufgeregtheit der politischen Debatten, das allgemeine Lamento über die politische Klasse, der stille Groll auf „die da oben" können kaum mit dem moralischen Verfall der Politikerkaste gerechtfertigt werden.

II Politik 24/7

„Der Westen gerät in Gefahr, weil eine falsche Idee der Freiheit die Alltagsvernunft zerstört.“

Udo di Fabio, Staatsrechtler (1)

Politik ist eine Dauerveranstaltung. Das war sie immer. Aber jetzt ist sie es auf der Bühne der Öffentlichkeit. Sie kennt keine Pausen mehr. Fernsehen, Internet und Twitter spiegeln jede Bewegung auf dem politischen Spielfeld wider. In Ist-Zeit. Und wo nichts geschieht, setzt die Inszenierung ein. Politiker bitten zur Aufführung: in Parlamenten und Bierzelten, auf Pressekonferenzen und Veranstaltungen. Medien organisieren Duelle und Debatten. Es gibt Kampagnen und Demonstrationen. Und wenn nichts aufgeführt wird, lassen uns Medien und Blogger hinter die Kulissen schauen. In der Politik geht es rund. Ständig.

Traditionell sind Wahlkämpfe die Hochzeiten der Demokratien im Kampf um die Macht. Das Ringen um Zustimmung und Wählerstimmen kumuliert traditionell in den Wochen vor den Urnengängen. Die sogenannten heißen Phasen des Wahlkampfs ziehen sich über Monate hin. Oft ändert der Wähler seine Meinung im letzten Augenblick – was den erbitterten Kampf um die Meinungsführerschaft nur noch anheizt. Aber inzwischen gibt es längst den permanenten Wahlkampf.

Vor allem gilt das für Länder, in denen besonders viel gewählt wird. Die Deutschen geben ihre Stimme bei der Wahl des Bundestages, des Europaparlaments, der 16 Länderparlamente, der kommunalen Vertretungen sowie bei Bürgerentscheiden ab. In den USA werden die Abgeordneten des Repräsentantenhauses alle zwei Jahre gewählt. Zudem werden Richter und Staatsanwälte, Volksvertreter in Kommunen und Bundesstaaten sowie alle sechs Jahre die Senatoren für Washington bestimmt. Auch in den USA gibt es Volksbefragungen, Bürgerentscheide.

1.000 Befragte genügen schon

Eine wachsende Rolle in Wahlkämpfen spielt die Demoskopie. Politische Umfragen gibt es, seit der amerikanische Marketingexperte George Horace Gallup in den 30er Jahren die systematische politische Meinungsforschung erfand. Inzwischen wird – nicht nur in den USA – fast täglich das Meinungsbild der Bürger erfasst. Demoskopen messen seismografisch genau die Popularität der Spitzenpolitiker sowie alle Ansichten über Gott und die Welt. Wird ein Thema relevant oder auch nur in den aufgeregten Medien hoch gekocht, eilen die Institute zu den Bürgern, um „repräsentative“ Ergebnisse zu haben. Meistens reichen in Gesellschaften wie den USA oder Deutschland rund 1.000 Befragte, sofern sie denn vernünftig ausgewählt sind und professionell sauber gefragt wird. Wissenschaftliche Untersuchungen haben belegt, dass die Demoskopie nicht mehr als diese rund 1.000 Probanden braucht.

Die Medienpräsenz, die vielen Wahlkämpfe und die stetige Konfrontation mit der wechselhaften Volksmeinung bleiben nicht ohne Folge für die politische Klasse. Politik ist zu einer „24/7“-Veranstaltung geworden, „twentyfour/seven“, wie die Amerikaner sagen. Das heißt 24 Stunden an sieben Tagen in der Woche. Aber die ungeheure Beschleunigung, die Ängstlichkeit vor Stimmungen, die Bereitschaft, sich von außen lenken zu lassen, und die Häufigkeit der Wahltermine schaden dem demokratischen Prozess.

1 Die Geißel der Umfragen und Rankings

*„Wer die öffentliche Meinung nicht zu verachten versteht,
wird es nie zu Großem bringen."*

Georg Wilhelm Friedrich Hegel

„Ferdinand Tönnies hat aufgedeckt, dass die öffentliche Meinung in gesellschaftlichen Strukturbeziehungen jener regulierenden Kraft entspricht, die in gemeinschaftlichen Lebenszusammenhängen die Religion wahrnimmt. (...) Die öffentliche Meinung ist die Religion der Neuzeit."

Alexander Deichsel (1)

Silvio Berlusconi weiß, wie man ein Unternehmen erfolgreich aufbaut und führt. Der ehrgeizige Italiener musste in den 50er Jahren sein Jura-Studium noch als Sänger in Nachtclubs und Staubsaugervertreter finanzieren. Dann machte er im Immobilenhandel, mit seinen Baufirmen, Fernsehsendern, Handelsketten und Finanzgeschäften Milliarden. (In italienischen Lire waren das Billionen, 2002 wechselte Italien zum Euro.) Als sich Berlusconi 1993 entschied, in die Politik zu gehen, ging er das Projekt auf seine Weise professionell an, so wie seine vielen Unternehmen auch. Mit Experten und einer Marktanalyse.

Er holte sich aus seinen zahlreichen Firmen einige Spitzenmanager, Spezialisten für Organisation und Human Resources, für Markenaufbau und PR. Ein Meinungsforschungsinstitut wurde beauftragt, Befindlichkeiten und Sichtweisen der Italiener genau zu erforschen. Die neu gegründete „Forza Italia", auf Deutsch etwa „Vorwärts Italien", unterlief Marketingtests wie ein neues Haarwaschmittel. Die Thesen des Parteiprogramms ebenso wie Parteifarben und -logo waren Ergebnis von Marktforschung und Bedarfsprüfung – wenngleich auf Basis einer konservativen, marktliberalen Grunddisposition.

Das Kunstprodukt „Forza Italia" entstand aus der Sehnsucht der Italiener nach Glaubwürdigkeit. Eine Partei ohne Basis in der Gesellschaft, ohne Tradition und Erfahrung trat an gegen die von Skandalen gebeutelten, in sich zerstrittenen und oft korrupten alten Parteien. Die Italiener hatten genug von den abgehalfterten Christdemokraten unter Giulio Andreotti, den Sozialisten mit Bettino Craxi und den umbenannten Kommunisten unter Massimo D'Alema.

In den Thesen und Parolen der „Forza Italia" fanden sich viele Italiener wieder. Das war keine Zauberei, denn die Demoskopen hatten ganz genau hingehört. Mit Berlusconi an der Spitze der Partei stand ein charismatischer Macher. Er hatte sein Können auf vielfache Weise unter

Beweis gestellt: als Geschäftsmann mit einem Finanzimperium, als Medienmogul mit den populärsten Privatsendern, als Meistermacher des Fußballclubs AC Milan, als Lebemann, der stets umgeben ist von Luxus und schönen Frauen. Den Italienern gefiel das. Es beeindruckte sie. So gelang es Berlusconi, nach beachtlichen Wahlerfolgen und mit geschickt eingefädelten Koalitionen zwischen 1994 und 2008 viermal zum Regierungschef gewählt zu werden. Er hatte den politischen Markt Italiens erobert wie früher den Bausektor oder die Privatbranche der elektronischen Medien.

Berlusconi und die Postdemokratie

„Nach der Strategie des Politikmarketings reduziert sich das Verhältnis zwischen Produzenten und Konsumenten. (...) Berlusconis Kommunikationsstil stellt weniger Realitätsbezogenheit, politische Programme und Problemlösungskompetenz in den Mittelpunkt des öffentlichen Interesses, sondern vielmehr vage Versprechungen, die mittels Meinungsumfragen ermittelt der politischen Nachfrage entsprechen", schreibt die Sozialwissenschaftlerin Andrea Wolf (2). Für sie ist Berlusconi so etwas wie ein Pionier der „Postdemokratie".

Mit diesem Begriff beschreibt der britische Politikwissenschaftler Colin Crouch eine Deformation der Demokratie, den schleichenden Verfall der modernen Demokratie als Wohlfahrtsstaat. Zwar gibt es demnach noch Wahlen und demokratische Institutionen. Aber eine Allmacht des Marktes und der Wirtschaftslobbys, die Konkurrenz der regionalen und nationalen Märkte untereinander und eine zunehmende Apathie der Massen degradieren Mandatsträger und Regierende zu Erfüllungsgehilfen einer globalisierten, neoliberal geprägten Welt. Die wirklichen Weichenstellungen in der Politik erfolgen außerhalb demokratisch kontrollierter Gremien, die Entscheidungen entziehen sich der Kontrolle.

Für Colin Crouch ist die britische Labour Party, die „New Labour" von Tony Blair, die prototypische Partei der „Postdemokratie". Blair habe eine Revolution von oben initiiert, um die „Mitte der Gesellschaft" zu erobern. Dazu nutzte nach Crouchs Darstellung Labour vor allem die Instrumente der Marktforschung, den Rest besorgten dann PR-Experten und Spin-Doktoren. (3)

Wie wenig diese drastische Beschreibung der Postdemokratie insgesamt realitätsgerecht ist, belegt die britische Geschichte: Tony Blair unterstützte ungeachtet aller Ängste und Stimmungen seiner Landsleute den Irakkrieg von US-Präsident George W. Bush. Der Premier in der Downing Street Nr. 10 blieb selbst dann unbeirrt, als sich Ablehnung und Zorn der Briten wegen des Kriegsverlaufs und der fragwürdigen Begründung des

Waffengangs immer weiter steigerten. Markt- und demoskopieorientierte Politik sähe anders aus.

„Postdemokratie“ beschreibt voranschreitende Ökonomisierung

Crouch wiederholt im Grunde nur altmarxistische Positionen, indem er der Demokratie mit modernem Vokabular die bloße Funktion des Überbaus und der Legitimation der kapitalistischen Ordnung zuweist. Parteiprogramme und politische Zielvorgaben sind demzufolge die Verkleidungen privatwirtschaftlicher Interessen; Thesen und Parolen die Werbeslogans. Der Bürger ist im politischen Kontext als Wähler Konsument. Ziel der politischen Auseinandersetzung ist, den „Verbraucher“ zu beeindrucken und zu verführen. Politik in westlichen Demokratien ist komplex, viel komplexer als Neomarxisten das glauben.

Wie jede marxistisch geprägte Analyse und Argumentation führen solche Sichtweisen letztendlich in die Sackgassen freiheitsfeindlicher Gesellschaftsmodelle. Die politischen Perspektiven, die diese faszinierend radikale Analyse eröffnet, münden unserer historischen Erfahrung nach in Systeme mit autoritärer Herrschaft und ökonomischem Versagen – oft auch verknüpft mit gnadenlosem Terror gegenüber der eigenen Bevölkerung.

Dennoch diagnostiziert der linke Politologe nicht zu Unrecht eine Krise der westlichen Demokratie. Er beschreibt treffend das Phänomen von Ökonomisierungstendenzen in der Politik und die nationalen Auswirkungen eines globalisierten Marktes mit mächtigen, multinationalen Konzernen. Parteien und Politiker sind in vieler Hinsicht mit neuen Herausforderungen konfrontiert. Auch deshalb hat sich der Kampf um die Macht in den Demokratien ökonomisiert.

Wahlkämpfe immer aufwendiger

Die Wahlkämpfe in den USA werden schon sehr lange mit einem enormen Aufwand an Geld, Expertise und dem Einsatz von PR- und Marketingexperten geführt. In den westlichen Demokratien ist eine ganze Industrie von Politikberatern, Politikinstituten und auf Politik spezialisierte PR-Unternehmen entstanden. Demoskopische Ergebnisse sind ihr täglich' Brot. Der Berater von US-Präsident Bill Clinton, Dick Morris, ließ in Umfragen sogar herausfinden, wo Bill Clinton am besten seine Ferien verbringen sollte. Dennoch kommt Berlusconi wohl das zweifelhafte Verdienst zu, im Westen als Erster erfolgreich eine aus dem Boden gestampfte Partei wie ein Unternehmen zu führen und Politik fast wie einen Konsumartikel konzipiert zu haben.

Ist die deutsche Wirklichkeit davon ganz weit entfernt? Auch hier ist die Politikberatungsbranche ein blühender Industriezweig geworden, auch hier haben Demoskopen einen enormen Einfluss. 2010 wurde enthüllt, dass in Bayern und in Hessen offenbar über Jahrzehnte hinweg die jeweiligen Landesregierungen mit Steuermitteln Meinungs- und Popularitätsumfragen finanzierten.

Umfragen mit Steuergeldern

Die Bayerische Staatskanzlei wies allerdings weit von sich, dass die zwischen 2001 bis 2008 in Auftrag gegebenen demoskopischen Studien in irgendeiner Weise für die regierende CSU bestimmt gewesen seien. Die „Durchsetzungsfähigkeit" einer Regierung hänge entscheidend davon ab, dass sie wisse, wo aus Sicht der Bürger gehandelt werden müsse; zu diesem Zweck seien die Daten erhoben worden, betonte Staatskanzleiminister Siegfried Schneider (CSU) im Oktober 2010. (4)

Die SPD fragte zu Recht, wieso denn 2002, als der damalige Ministerpräsident Edmund Stoiber für das Amt des Bundeskanzlers kandidierte, eine für 140.000 Euro erstellte Studie fast ausschließlich bundespolitische Fragestellungen beinhaltete. Schließlich seien die Ergebnisse zu konkreten Empfehlungen für die CSU zur Vorbereitung der Bundestagswahl genutzt worden. Minister Schneider meinte, „zur Wahrnehmung bayerischer Interessen" sei es notwendig gewesen, auch bundespolitische Themen durch Umfragen klären zu lassen.

Mit Geld der Bürger finanzierte Meinungsumfragen der Landesregierung sind auch in Hessen seit Jahrzehnten üblich. Seit mindestens 30 Jahren, also schon zu Zeiten der SPD-Ministerpräsidenten Holger Börner und Hans Eichel, habe die Staatskanzlei solche Untersuchungen in Auftrag gegeben, ohne die Ergebnisse öffentlich zu machen, berichtete der Landesrechnungshof im Herbst 2010. Die Landesregierung in Wiesbaden bestellt demnach alle drei Monate Umfragen beim Meinungsforschungsinstitut Dimap. Die Untersuchungen „dienen ausschließlich der Meinungsbildung der Landesregierung", sagte der Leiter der Staatskanzlei in Wiesbaden, Axel Wintermeyer (CDU).

Die Opposition von SPD und Grünen kritisierten im Landtag heftig die mit Steuergeldern finanzierten Umfragen. Allerdings hinterfragten sie nicht, warum eine Regierung, die zahlreiche Instrumente nutzt, um „Bürgernähe" herzustellen, Demoskopen braucht. Warum „Volksparteien" Demoskopen zum ständigen Fiebermessen der Wähler benötigen. SPD und Grüne kritisierten nur die „eklatante Benachteiligung" der Opposition, so der parlamentarische Geschäftsführer der Grünen, Mathias Wagner. „Mit Steuergeldern bezahlte Umfragen müssen auch öffentlich gemacht werden", klagte SPD-Fraktionsgeschäftsführer

Günter Rudolph. Die Fragwürdigkeit von Demoskopie-Gläubigkeit war für niemanden ein Thema.

Regelmäßige Meinungsumfragen im Regierungsauftrag gab es in Hessen auch unter dem CDU-Politiker Roland Koch, der bis 2010 Hessens Ministerpräsident war. Dabei beklagte Koch selbst einen verhängnisvollen Einfluss der Demoskopie. „Es gibt eine Beschleunigung schon dadurch, dass es früher einmal im Quartal Meinungsumfragen gab und heute beinahe täglich. Ich persönlich glaube aber, dass nur eine Partei, die es schafft, sich eine gewisse Distanz dazu zu bewahren, eine gute Partei sein kann", sagte er im Dezember 2008 in einem Zeitungsinterview. (5)

Fragwürdige Demoskopiegläubigkeit

Auch der ehemalige SPD-Politiker und Ex-Wirtschaftsminister Wolfgang Clement und der CDU-Politiker Friedrich Merz kritisieren die Umfragegläubigkeit ihrer Zunft: „Wenn die Parteien immer nur ängstlich auf Umfragen blicken, statt selbst Themen zu besetzen und damit einen politischen Führungsanspruch zu verbinden, brauchen wir uns über weiter zurückgehende Wahlbeteiligung auf allen politischen Ebenen nicht zu wundern." (6)

Die Problematik der Demoskopie in der Politik geißelte der Philosoph Peter Sloterdijk schon 2005. Er forderte ein Gesetz zur Eindämmung der Meinungsforschung. Der enge Verbund zwischen Demoskopie und elektronischen Medien sei zu einer Art „außerparlamentarischen Herrschaftsinstanz" geworden, schimpfte Sloterdijk nach der Bundestagswahl 2005, als sämtliche Meinungsforschungsinstitute um rund 6 Prozent – zu Ungunsten der Unionsparteien – daneben gelegen hatten. Demoskopen hatten einen klaren Sieg für Merkel und die Union vorausgesagt – dann war es nur noch ein hauchdünner Vorsprung vor der SPD des damaligen Bundeskanzlers Gerhard Schröder. Der Verbund von Demoskopen und TV erzeuge eine „unlegitimierte Meinungsdiktatur", meinte Sloterdijk. Ein Gesetz zur Kontrolle von Meinungsforschung in Deutschland solle „besser heute noch als morgen" kommen, sagte der Philosoph der Rheinischen Post. (7)

Viele Kommentatoren sehen das ähnlich. Heribert Prantl von der Süddeutschen Zeitung prangerte vor der Bundestagswahl 2005 die „Umfrageritis" an. (8) Der „Gleichheitsgrundsatz der Wahl" sei gefährdet. „Wählerumfragen können Wohltat sein und Orientierung bieten. In der letzten Woche vor der Wahl wird aber aus der Wohltat Plage. Die Umfragehysterie kann gar gegen das Verbot unzulässiger Wahlbeeinflussung, also gegen die Wahlfreiheit, verstoßen."

Umfragen verändern Demokratie

„Es scheint, als habe die Demoskopie den Demokratiebegriff tief mit ihrem Durchschnitts- und Stichprobendenken eingefärbt", kommentierte in jenen Tagen auch „Die Welt". Die Ergebnisse der Meinungsforschung können tatsächlich zutiefst verwirren. Zahlen lassen sich interpretieren, mit scheinbar objektiven Daten kann manipuliert und mobilisiert, abgewiegelt und betäubt werden. Wichtig sind schließlich nur die Wählerstimmen in den Urnen.

„In früheren Zeiten befragten Denker, Religionsstifter und manchmal sogar Staatsmänner ihr Gewissen, bevor sie eine Entscheidung trafen. Heute rufen sie beim Markt- und Meinungsforschungsinstitut an – und beschweren sich dann, wenn der öffentliche Wirbelwind sein launiges Herbstspiel mit ihnen treibt", lästerte die Schriftstellerin Thea Dorn über die Umfragegläubigkeit der Politik. (9)

Ihr Kollege Rolf Schneider vertraut Umfragen grundsätzlich nicht und nennt sie „Orakel der Beliebigkeit". Der Autor beklagt den „wachsenden Wust von haltlosen Spekulationen" der Institute. (10) Es sei „mit der Demoskopie wie mit der Wettervorhersage: Mal stimmt sie, mal nicht". Schneider nennt eine lange Liste von demoskopischen Fehlprognosen in den vergangenen Jahren in den USA, in Österreich, in Frankreich, in Polen und in Deutschland. Der Autor bezweifelt die Seriosität und wissenschaftliche Verlässlichkeit der Umfragemethoden. Die Demoskopie könne kaum als empirische Sozialwissenschaft respektiert werden, dazu seien die Befragungsmethoden und Aussagen von Menschen zu unzuverlässig. Schon bei der Umfrage lasse sich trefflich mit Formulierungen manipulieren. Wer wisse schon, ob einer lüge oder täusche.

Umfrageergebnisse beeinflussen Wähler

Die Resultate aber beeinflussten massiv das Publikum, warnt Schneider. Damit produziere die Veröffentlichung genau das Resultat, das sie zuvor behauptet hat. „Wir haben es mit einer höchst zweifelhaften Form der sich selbst erfüllenden Redundanz zu tun." Allerdings mit enormen Folgen für Regierungsentscheidungen, Personalauswahl und Parteiprogramme.

Damit Umfragen über die Wahlabsichten die Wahlen nicht unmittelbar beeinflussen, gibt es mittlerweile in etwa 30 Staaten ein Veröffentlichungsverbot für Umfragen. In Luxemburg beispielsweise ist die Veröffentlichung von Wahlumfragen im Monat vor dem Wahltag untersagt. In Griechenland, Frankreich, Portugal, Spanien und Ungarn beträgt die Sperrfrist zwischen 15 und sieben Tagen. In Deutschland existiert ein solches Veröffentlichungsverbot nicht. Lediglich ARD und ZDF haben sich darauf verständigt, in der letzten Woche vor der Wahl nichts mehr an demoskopischen Daten zu publizieren. In den USA gibt es dagegen noch einen heftigen Disput, ob die Fernsehstationen Ergebnisse der „Exit Polls" an der Ostküste veröffentlichen dürfen, während die Wahl in US-Staaten in anderen Zeitzonen noch läuft. „Exit Polls" gelten als die zuverlässigste Form der Wahl-Umfragen, bei denen die Wähler über ihre Stimmenabgabe unmittelbar nach dem Verlassen des Wahllokals befragt werden.

Meinungen und Wertungen in allen Bereichen

Doch die unterschiedlichen Versuche, den Einfluss professioneller Demoskopie einzuschränken, scheinen wenig aussichtsreich. Denn inzwischen braucht es nicht mehr der Umfrageinstitute zur Meinungserhebung. Jede Zeitung und jeder Sender, Interessengruppen, Institutionen und Vereine, Parteien und Bewegungen lassen ständig auf ihren Webseiten abstimmen. In den sozialen Netzwerken gründen sich rasend schnell Fangruppen, Protestbewegungen oder Meinungsforen. Zu allem und zu jedem sollen und können die Web-User abstimmen. Dabei geht es keineswegs immer um Politik.

Wirtschaft und Gesellschaft werden ebenso erfasst. Unternehmen, Manager und Produkte sind wie Institutionen und Vereine längst Bestandteil des allgemeinen Abstimmungs- und Bewertungsrummels. Die Bürger sollen entscheiden: Ob der Trainer von Bayern München entlassen werden, die Kernkraft aufgegeben, die Rockgruppe U2 sich auflösen oder Genmanipulation erlaubt werden soll. Das alles ist dann meist wenig repräsentativ, aber unterhaltsam und ganz sicher nicht ohne Wirkung. Vor allem für die Wirtschaft.

Eine immer größere Beachtung finden in allen gesellschaftlichen Bereichen die Rankings. Seit langem gibt es für Bücher Bestsellerlisten, für Musiktitel die Charts, für Filme die Tabelle der Einspielquoten. Inzwischen hat die Begeisterung für Rankings fast unser gesamtes öffentliches Leben erfasst. Unendliche Listen werden erstellt, für alles und jedes. Vom beliebtesten Vogel bis zum Glanzstück der Autobahnraststätten, von den Lieblingsspeisen der Deutschen bis zu den populärsten Handfeuerwaffen der Amerikaner, von den besten Rechtsanwälten bis zu den gefährlichsten Terroristen. Es gibt eigene Webseiten, die sich nur mit Rankings beschäftigen. Das Informationsportal Wikio beispielsweise listet akribisch die Rangfolge der beliebtesten Web-Portale und Blogs auf. Die Bereiche reichen von der Politik und Mode bis hin zu Gastronomie, Kultur und Wissenschaft. Dank des Internets werden Politiker wie Showstars nach Klick-Zahlen, Facebook-Freunden, Youtube-Aufrufen oder

Twitter-Followern kategorisiert. Das geschieht über die Köpfe der Betroffenen hinweg, niemand muss zustimmen, dass er mitgezählt wird.

Machtgewinn für die Bürger?

Der moderne Mensch wird, lässt er es denn zu, ununterbrochen angesprochen und mit Fragen bombardiert. Wer will, kann darin einen Machtgewinn der Bürger sehen, einen wichtigen emanzipatorischen Schritt zu mehr Mitbestimmung und Selbstbestimmung. Schweigende Mehrheiten braucht es nicht mehr zu geben. Niemand kann sagen, er könne sich nicht Gehör verschaffen. Im Grunde also ein großartiger Schritt zu mehr Demokratie, zu mehr Herrschaft des Volkes, oder? Oder ist das Bombardement mit Umfrageergebnissen, Rankings und virtuellen Flashmobs nur eine Steigerungsform der von Alexis de Tocqueville vor 220 Jahren beschriebenen Gefahr einer „Tyrannei der Mehrheit"?

Auf die Politik in den westlichen Demokratien prasselt ein Dauer-Hagelsturm an Meinungen und Wertungen nieder. „Immer hektischer werden die Umfragen, Online-Votings und sonstige Mätzchen, die dem ‚User' einflüstern, seine Stimme würde gehört (...) Während der ‚User' das fragwürdige triumphale Gefühl genießt, Politiker, Verleger, Fernsehintendanten und andere ‚Meinungsmacher' mit seinen wöchentlichen, täglichen, stündlichen Abstimmungsergebnissen vor sich her zu treiben, beklagt er das kopflose Hickhack, das er selbst produziert", beschreibt die Schriftstellerin Thea Dorn die allgemeine Verunsicherung. (9)

Aus der zeitlichen Distanz betrachtet wird die Unbeständigkeit vieler Sichtweisen und Urteile der Bürger rasch deutlich, Stimmungsumschwünge kennzeichnen länderübergreifend den Volkssouverän. Allein die stark schwankenden Wahlergebnisse geben davon ein Zeugnis ab. Aber wer in diesem medialen und kommunikativen Gewittersturm mit ruhiger Hand und perspektivischem Blick agieren will, hat es schwer. Denn die Medien spiegeln die öffentliche Kakophonie nicht nur mit der Dramatik von Donnern und Blitzen wieder. Sie adeln mit ihrer Berichterstattung die unzähligen Luftblasen öffentlicher Meinungsäußerungen, geben ihnen Bedeutung und Wirkung. Umfrageergebnisse gelten vielen Journalisten als Vorgaben höherer Mächte, an deren Weisheit zu zweifeln ein Frevel wäre.

Umfragen als Argumente

Martin Walser prangerte in seiner „Liebeserklärung an Westerwelle" genau die Fragetechnik von TV-Moderatoren an, die dem FDP-Politiker die schlechten Umfrageergebnisse um die Ohren hauten, als ob diese eine falsche Politik und Westerwelles Verantwortung bewiesen. Fast alle

Fragen wurden mit demoskopischen Daten begründet – kaum eine mit konkreten politischen Entscheidungen und Äußerungen.

Eine völlig andere Situation entstand bei der Guttenberg-Affäre. Erstaunt stellten Politiker und Medien fest, dass in der Guttenberg-Affäre ausnahmsweise die meisten Menschen in Umfragen deutlich anders, nämlich viel positiver, reagierten als die Kommentatoren der Medien. Bis auf die Bild-Zeitung mahnten die meisten Zeitungen von links bis rechts in diesem Fall traditionelle Grundwerte einer demokratischen Gesellschaft an, wie Ehrlichkeit und die Verurteilung von Betrug und geistigem Diebstahl. Diese Werte würde auch kein Politiker des Parlaments grundsätzlich in Frage stellen. Am allerwenigsten die wirklich konservativen Köpfe in den Unionsparteien. Bei der Debatte um Guttenberg fiel es plötzlich Journalisten schwer, die demoskopierte Meinung der Bevölkerungsmehrheit zu akzeptieren.

Mehrheit definiert Moral?

Der ARD-Moderator Frank Plasberg fragte den Ratsvorsitzenden der Evangelischen Kirchen in Deutschland (EKD), Nikolaus Schneider, scheinbar allen Ernstes, was denn die Moral in unserer Gesellschaft bestimme, Mehrheiten oder Traditionen. (11) So, als ob diese Frage tatsächlich eine reine Ansichtssache sein könnte. Dass der Theologe natürlich auf die verbindlichen Werte von Demokratie und ihrer christlichen Wurzeln verwies, sollte selbstverständlich sein. Aber die Medienwirklichkeit lässt daran manchmal zweifeln.

In der hintergründigen Frage von Plasberg steckte mehr als nur ein Kern Wahrheit. Die Ergebnisse von Umfragen werden als Wertungen nicht nur ernst genommen, sondern sie werden regelmäßig überhöht. Besonders deutlich wird das bei hochkomplexen Fragen wie die nach Genmanipulation oder Embryonalforschung, Klimaerwärmung oder Finanzkrise. Medien billigen Umfrageergebnissen eine überragende Bedeutung zu. Auch seriöse Medien wie der Spiegel, Cicero, das Time Magazin oder der Economist räumen der Stimme des Volkes großen Raum ein. Bunte Grafikdiagramme mit demoskopischen Daten sind weit mehr als nur eine Auflockerung des Seitenlayouts.

Die Umfrage-Demokratie

Auch die ungewöhnliche Guttenberg-Affäre belegt letztendlich die Entwicklung zur Umfrage-Demokratie. „Die Bürger haben sich ein Bild gemacht, sie haben abgewogen, und die Mehrheit möchte, dass Karl-Theodor zu Guttenberg im Amt bleibt“, argumentierte Nikolaus Blome, Leiter des „Bild“-Hauptstadtbüros. An der Stimme des Volkes wolle man doch wohl nicht zweifeln, suggerierte seine Argumentation in der TV-

Diskussion. Das Publikum im Saal klatschte. Der CSU-Politiker war übrigens nach der Aufdeckung der Plagiatsaffäre und seinem Rücktritt noch beliebter als vorher. Der Ex-Verteidigungsminister blieb dem ARD-„Deutschlandtrend" von Anfang März 2011 zufolge an der Spitze der Beliebtheitsskala deutscher Politiker. 73 Prozent zeigten sich zufrieden mit seiner Arbeit, fünf Prozentpunkte mehr als im Februar.

Medien und Politik sehen in Umfrageergebnissen gerne einen moralischen Kompass, einen Beitrag zur Wahrheitsfindung. Prozentzahlen über Zustimmung oder Ablehnung dienen zur Orientierung oder als Handlungsanweisung. Dabei spiegeln die repräsentativen Zahlen oft nur Mutmaßungen und Befindlichkeiten wider, geben Aufschluss über Sichtweisen, die oft einen deutlichen Mangel an Sachlichkeit und Kompetenz erkennen lassen.

Welchen Erkenntniswert hat die Beurteilung des Euro-Finanzrettungsschirms oder der UN-Klimabeschlüsse bei einer „repräsentativen" Telefonbefragung? Der Spiegel ließ Anfang 2010 ermitteln, ob die Deutschen gerne die D-Mark wieder hätten und ob sie glaubten, dass noch mehr EU-Staaten wegen eines drohenden Bankrotts europäische Hilfsgelder brauchen werden. Die Umfrageergebnisse – nein, die Deutschen wollen den Euro behalten, ja, sagten sie, mehr Staaten brauchen den EU-Finanztropf – mögen vielleicht auf interessante Weise Stimmungen wiedergeben. Einen sachdienlichen Beitrag zu den Finanzproblemen europäischen Miteinanders lieferten sie kaum. Und wirklich schaudern müsste es einen, wenn Politiker die Demoskopie bei brisanten, hochkomplizierten Themen als Kompass für ihre Entscheidungen brauchen. Bei ethischen Fragen wäre eine solche Orientierung an Stichprobenbefragungen in der Bevölkerung einfach nur verwerflich.

Blindes Vertrauen in die Weisheit des Wählers ?

Es scheint zuweilen eine Manie der Medien zu sein, mit Umfrageergebnissen politische Sichtweisen zu bestätigen oder in Frage zu stellen. Dabei bezweifelt niemand die Bedeutung von Umfrageergebnissen. In der politischen Auseinandersetzung ist es wichtig, Sichtweisen zu kennen. Parteien und Politiker wollen natürlich wissen, wie sie beurteilt werden, wie populär sie sind. Das Problem beginnt in der Grauzone von Fragen, wo es nicht so einfach um ja oder nein, gut oder schlecht gehen kann. Kaum noch Sinn kann es haben, Bürger zu fragen, ob der Islam demokratiefähig, die Kernkraft sicher oder das Rentensystem zukunftsfähig ist. Was sagt uns das denn über die Sachthemen, wenn eine Mehrheit in diesen Fragen ja oder nein sagt? Die Umfrageergebnisse sagen ausschließlich etwas über die Bürger aus, nichts über die Themen selbst. Oft haben die Leute keine Ahnung, was sie da beantworten. Oft sind die Bürger einfach falsch informiert, voreingenommen oder inkompetent.

Aber längst ist es zur einvernehmlichen Selbstverständlichkeit geworden, Mehrheitsansichten gleichzeitig als einen Beleg für die Richtigkeit einer Position zu werten. Die Fixierung auf Umfragen ist eines der abstrusen Phänomene der modernen Mediendemokratie. Umfragen haben einen fast religiös unanfechtbaren Status erhalten, der ihnen in keiner Weise zustehen sollte.

Der Verdacht scheint berechtigt, dass die Entwicklung weniger einen Demokratiegewinn bedeutet als vielmehr einen Mangel an Führung offenbart. Wie verunsichert müssen Eliten sein, wenn sie auch ohne den Druck direkt bevorstehender Wahlen auf demoskopische Daten reagieren wie auf das Fieberthermometer bei einem Schwerkranken. Wie viel Orientierung können Politik und Medien geben, wenn Umfrageergebnisse fast wie gottgegebene Urteile empfangen werden. Wie können enorm schwankende Stimmungsbarometer und Momentaufnahmen bei den großen politischen Herausforderungen als Orientierung für Richtigkeit und Zukunftsfähigkeit akzeptiert werden?

Wahlen durch Umfragen ersetzen?

Demoskopie fordert die Demokratie in gefährlicher Weise heraus: „Wird nach Meinungsumfragen regiert, stellt sich die Frage, warum noch gewählt werden soll und wieso sich demokratische Verfahren mit den Zyklen der demokratischen Willensbildung so viel mehr Zeit lassen als die Demoskopie", betont Staatsrechtler Christoph Möllers. (12)

„Weniger Demokratie wagen" bedeutet auch, den Umfragen weniger Bedeutung beizumessen. Die Debatte um die Doktorarbeit von Ex-Verteidigungsminister zu Guttenberg zeigte auf dramatische Weise, wie verunsichert eine Gesellschaft insgesamt geworden ist, wenn es um Spielregeln, Prinzipien sowie Werte und Gesellschaft geht. Man muss von einer gewissen Schamlosigkeit jener sprechen, die aus machtpolitischen Erwägungen heraus die Stimmung in der Bevölkerung benutzen, um Täuschung und Lügen zu verharmlosen.

Nachsicht aus Kompetenz?

Manches müsste man anders betrachten, wenn die Bürger einem Sünder in der Politik verzeihen würden, weil sie den Politiker für unverzichtbar hielten. Wenn sie ihn ungeachtet mancher Missetaten unterstützten, weil er aus ihrer Sicht eine solch einzigartig große Fachkompetenz oder eine überragende Vision zur Lösung brennender Probleme in der Gesellschaft habe. Es ist ja vorstellbar, dass die Bürger moralische

Verfehlungen eines Politikers ignorieren wollten, weil sie seine Gestaltungsfähigkeiten unbedingt weiter nutzen wollen.

Das würde einen erstaunlichen Pragmatismus bedeuten, den man sicher ernst nehmen müsste. Es wäre so etwas wie eine innenpolitische „Realpolitik" – man arbeitet auch mit unerfreulichen Protagonisten zusammen, weil es der allgemeinen Sache dient. In der Außenpolitik erlaubt Realpolitik im nationalen Interesse Zweckbündnisse mit illegitimen Regimes oder fragwürdigen Diktatoren. Eine Parallele im Innern wäre es, einen politischen Windhund zu akzeptieren, weil ihm eine unvergleichliche und unersetzbare Lösungskompetenz zugeschrieben wird.

Die Logik könnte einleuchten: Schließlich fragt man ja auch in einem Gourmet-Restaurant nicht danach, ob der Koch seine Frau schlägt, sondern ob er gut kocht. Und wenn man zum Facharzt geht, will man auch nicht unbedingt wissen, ob er ein Steuerbetrüger ist. Jemand, der schwer krank ist, geht, sofern er es sich leisten kann, zu dem Arzt, der die Koryphäe auf seinem Gebiet ist.

Aber es ist mehr als zweifelhaft, dass dieser strenge, etwas zynische Sachblick wirklich das Urteil der Bürger beispielsweise über Guttenberg oder auch Berlusconi dominiert. Popularität hat in der Regel weniger mit Fachkompetenz als mit Sympathie zu tun. Politiker wie Westerwelle oder Dick Cheney tun sich da schwer. Ein Bill Clinton, ein zu Guttenberg oder eine Margot Käßmann sind vielen „irgendwie sympathisch". Und dazu haben die Vielen auch politisch „irgendwie" eine Meinung. Solche Phänomene beeinflussen natürlich auch Wahlen. Wer das ändern wollte, müsste an den demokratischen Grundwerten von gleichen Rechten der Bürger rütteln. Das sollte ein Tabu bleiben.

Weniger Demokratie wagen: Umfragen entwerten

Aber eine ganz andere Frage ist der tägliche Umgang mit Stimmungen und Meinungen, mit Umfragen und Hitlisten in der Politik. Ihre Überbewertung im politischen Alltag ist von Übel. Es gibt durchaus einen Spielraum für Politiker und Medien, die öffentlichen Akklamationen und Aufregungen, die Ergebnisse der Demoskopen zu relativieren und zu begrenzen. „Weniger Demokratie wagen" heißt hier, auch weniger den Umfrageresultaten hinterherlaufen.

2 Der permanente Wahlkampf

„Was die Amerikaner frustriert, ist, dass in Washington jeder Tag ein Wahltag ist. Wir können nicht ununterbrochen Wahlkampf führen, dessen einziges Ziel es ist, möglichst die peinlichsten Schlagzeilen für unsere politischen Gegner zu bekommen. Das ist der Glaube, dass, wenn Du verlierst, ich gewinne."

Barack Obama (1)

Am 10. Dezember 1976 überreichte der Politikberater Patrick H. Caddell dem damaligen US-Präsidenten Jimmy Carter ein 62 Seiten starkes Strategiepapier. Es warnte vor dem „alten Klischee", dass es sich im politischen Geschäft auszahle, politische Inhalte durch Form und Stil zu ersetzen. Wichtig sei, dass die Öffentlichkeit immer verstehe, was politisch geschieht. Caddell empfahl dem Präsidenten statt imperialem Glanz hemdsärmlige Volksnähe. Notwendig sei ein „permanenter Wahlkampf". Carter schrieb mit Filzstift an den Rand des Papiers: „Ausgezeichnet."

Seither hat sich die Präsidentschaft in den USA völlig verändert. Die tägliche Polit-PR aus dem Weißen Haus wurde rasch Normalität. Vorangetrieben wurde die Entwicklung durch die Etablierung von Nachrichtensendern, die rund um die Uhr berichteten – und ständig neues Material brauchten. 1980 wurde CNN gegründet, 1994 Bloomberg (vor allem als Wirtschaftsnachrichtensender), 1996 kamen dann die wichtigsten CNN-Konkurrenten MSNBC und Fox News dazu.

Das veränderte auch die Berichterstattung über Politik und Gesellschaft dramatisch. Es bedeutet eine Revolution in der Wahrnehmung der Welt. Denn bis 1980 hatten die abendlichen Nachrichtensendungen der großen US-Sender das Bild der Politik in Washington und der Welt in den riesigen USA im wahrsten Sinne des Wortes geprägt.

Bis 1981 zählte der Nachrichtenmoderator Walter Cronkite (CBS) zu den bekanntesten und einflussreichsten Männern Amerikas. Der ruhige, gelassene „Uncle Walter", so sein Spitzname, war der Inbegriff journalistischer Seriosität. Von 1962 bis 1981 war er ständiger Gast in Amerikas Wohnzimmern. Er galt als der Mann, „dem in Amerika am meisten vertraut wird" – der Mann, der sogar die Entwicklung der Vietnampolitik maßgeblich beeinflusste.1968 besuchte der CBS-Anchorman das vom Krieg gebeutelte Vietnam und brachte einen Bericht mit, den er selbst als sehr „persönlich" kennzeichnete. Geschockt von der Ausweglosigkeit der Lage in Vietnam nach der Tet-Offensive setzte er sich für Verhandlungen über den Rückzug der US-Truppen aus dem Land ein. Nach der Ausstrahlung der Sendung soll US-Präsident Lyndon B. Johnson gesagt haben: „Wenn ich Cronkite verloren habe, dann habe ich die amerikanische Mittelklasse verloren." In vielen US-Analysen wird der Bericht Cronkites als Wende in der öffentlichen Meinung zum Vietnam-Krieg gewertet.

Nachdenken nur im Urlaub

Mit der Ausbreitung der 24-Stunden-Nachrichtenkanäle ging die Ära zu Ende, in der die abendlichen Nachrichtensendungen mit nationaler Wirkung maßgeblich die öffentliche Wahrnehmung der Politik prägten. Die zweite Revolution für die politische Berichterstattung in den USA kam durch das Internet. Das Monopol der klassischen Medien fiel. Die neuen Medien im Web, die Blogs und die sozialen Netzwerke öffneten die Schleusen für eine neue Flut von Nachrichten, Berichten und Gerüchten aus der Welt der Politik. Damit ging nicht nur das Primat der etablierten Medienunternehmen zu Ende, sondern es entstand daraus eine neue Wahrnehmung der Politik.

Die Veränderungen sind überall spürbar, auch in Deutschland. „Selbst in den 20 Jahren, in denen ich selbst in der Politik aktiv bin, hat sich das politische Geschäft noch einmal erheblich beschleunigt," sagte Bundeskanzlerin Angela Merkel in einem Interview der Bunten im Juli 2010 (2). Über wichtige politische Fragen nachdenken könne sie nur noch im Urlaub, auf langen Flügen oder am Wochenende. Die Beschleunigung habe die Politik voll erfasst. Medienvielfalt verlange von Politikern „ein immer schnelleres Reagieren". Für Politiker sei es „schwerer geworden, alle Menschen, alle Generationen zu erreichen. Es gibt nicht mehr nur eine Öffentlichkeit, sondern viele Öffentlichkeiten, die ganz verschieden angesprochen werden müssen". Die Optionen, die ein Konrad Adenauer noch hatte, gibt es nicht mehr: Täglicher Mittagsschlaf und Rosenzüchten neben den Amtsgeschäften sind in den Machtzentren des Westens kaum noch vorstellbar.

Jeden Tag um Meinungsführung kämpfen

Erst die dramatische Veränderung der Medienlandschaft ermöglichte – oder erzwang – den „permanenten Wahlkampf", so wie er in den USA tobt, aber zunehmend auch die westeuropäischen Demokratien erfasst. In der amerikanischen Politik kann dem Druck des Dauerwahlkampfs, dem Streit um die tägliche Meinungsführerschaft, niemand mehr entrinnen.

Den Popularitätsverlust von Barack Obama 2010 führten viele US-Kommentatoren auch darauf zurück, dass sich der Präsident zu sehr dem Regieren und zu wenig dem Kampf gegen die Republikaner gewidmet habe. Während die Republikaner vom ersten Tag der Präsidentschaft Obamas im Kongress jede Initiative des Weißen Hauses zu torpedieren suchten, habe der Demokrat naiverweise den Brückenschlag zur Opposition gesucht, schrieb Bob Burnett in der Huffington Post. (3) „Obama hat die dogmatische Natur der republikanischen Opposition nicht verstanden." Der Verzicht auf einen „permanenten Wahlkampf" habe Obama und den Demokraten schwer geschadet.

Die Republikaner setzten laut Burnett erfolgreich „große Lügen" über die Schuld der Demokraten an der Rezession und ihre angebliche Willfährigkeit gegenüber der Wall Street in die Welt. Ihre Botschaft war simpel: „Stellt Freiheit wieder her!" und „Das Volk muss die Regierung wieder kontrollieren!". Die Opposition versprach mit niedrigen Steuern und weniger Regulierungen neue Jobs zu schaffen. Währenddessen stritten Demokraten über komplizierte politische Inhalte, die der Normalbürger oft nicht verstand. Die Botschaft der Demokraten sei gewesen: „Vertraut uns, wir sind nicht die Republikaner", schrieb der linksliberale Publizist.

Nichts geht ohne „politicking"

Der Kolumnist Eugene Joseph „E.J." Dionne kritisierte Obama im Sommer 2010 heftig wegen seiner Weigerung, „politicking" zu betreiben, was so viel heißt, dass sich Obama nicht in die Niederungen der harten politischen Auseinandersetzungen begeben habe. (4) Obama habe „erstaunliche Erfolge" zu verzeichnen: Die US-Kampftruppen wurden aus dem Irak abgezogen, Washington bewahrte die US-Autoindustrie vor dem Bankrott, eine Krankenversicherung wurde auf den Weg gebracht und die Finanzmärkte reguliert. Dennoch sei die Präsidentschaft von Agonie geprägt. Obama habe es nicht geschafft, „die Nation in einen ausführlichen Dialog" über die Erfolge einzubinden. Er sei stolz darauf, sich nicht in die politische Schlammschlacht begeben zu haben, die die Republikaner und die Tea Party veranstalten.

Anfang August 2010 erzählte Obama in Texas mit Blick auf die anstehende Kongresswahl einem Saal voller Spendensammler der Demokraten: „Wir können nun drei Monate ‚politicking' betreiben, sie (die Republikaner) haben vergessen, wie gut wir das können", so der Präsident in Anspielung auf den spektakulären Obama-Wahlkampf 2008. Dionne spottete kurz darauf über so viel Naivität. „In einer Demokratie lässt sich Regieren und ‚politicking' nicht trennen". Der Bürger müsse ständig überzeugt werden von den Ideen, dem Erfolg, der Vision. Weil Obama zu zurückhaltend sei, dominierten die hetzerischen Reden eines Glenn Beck (Fox News) und der Tea Party die öffentliche Wahrnehmung.

Der Kolumnist der Washington Post behielt Recht. Am 2. November wurde Obama die Rechnung präsentiert. Seine Partei erlitt bei den Wahlen eine herbe Schlappe. Im Repräsentantenhaus verloren die

Demokraten die Mehrheit. Im Senat büßten sie vier Sitze ein, allerdings war nur ein Drittel der 100 Senatoren neu gewählt worden.

Regieren wird immer schwieriger

Es muss gefragt werden, wie unter solchen Umständen die größte militärische und wirtschaftliche Macht der Welt überhaupt noch regiert werden kann. „Der Druck zum ‚Sieg' im täglichen Nachrichtenzyklus überlagert die nachdenklich-reflektierenden, staatsmännischen Aspekte des Amtes", schrieb der Publizist Joe Klein im Time-Magazin. (5) Daran trügen auch „überdrehte, oberflächliche Medien" eine gehörige Mitschuld. Politik gleiche einem Pferderennen, bei dem nur zählt, wer die Sieglinie zuerst passiert. Politische Ergebnisse würden täglich und wöchentlich gemessen und eingeklagt, nicht mehr über Monate und Jahre. „Das ist eine schreckliche Sache", klagte Klein.

Was er beklagt, gehört zu den Grundregeln moderner Polit-PR. Das Lehrbuch der klassischen Polit-PR kennt aber heute so viele, zum Teil sogar widersprüchliche Gebote, dass ihnen kaum jemand gerecht werden kann. Auch nicht der US-Präsident.

„Rapid Response" oder „Immediate Response" heißt eines der Prinzipien. Gefordert sind die schnelle, unmittelbare Reaktion, professionell zugeschnitten auf die unterschiedlichen Medien und Zielgruppen. Spitzenpolitiker wie Obama haben dafür ganze Stäbe – was keinen Erfolg garantiert. Allerdings gibt es auch politische Szenarien, wo das Aussitzen weit erfolgreicher ist als ein hektisches Reagieren.

Nichts geht ohne „Storytelling"

Als weiterer wichtiger Schlüssel des PR-Erfolgs im permanenten Wahlkampf gilt das sogenannte „Storytelling", die Kunst des Geschichtenerzählens. Die schlüssige, anschauliche Geschichte soll jedes politische Thema konsumierbar machen, sie der Öffentlichkeit plausibel erklären können. Was nicht ganz leicht ist, wenn man das Für und Wider der Embryonalforschung erörtert. Ebenso schwer ist es, die Komplikationen einer effizienten Regulierung nationaler Finanzmärkte in einer globalisierten Finanzwelt zu beschreiben.

Aber an „Storytelling" kommt niemand vorbei. Das beginnt in den USA vor allem bei der persönlichen Geschichte von Kandidaten, die möglichst stimmig und faszinierend sein sollte. Die Attraktivität einer Biografie wie der von Barack Obama, des schwarzen Außenseiters im Kampf um das Weiße Haus, lässt sich kaum übertreffen. Aber auch der Lebenslauf von Angela Merkel ist schillernd und beeindruckend: Eine in der ehemaligen DDR aufgewachsene Naturwissenschaftlerin, eher nüchtern und leise, kämpft sich politisch klug und mutig an die Spitze der CDU und wird Kanzlerin im wiedervereinigten Deutschland. Allerdings ist es wohl kaum der Stil Merkels, sich öffentlich heroisieren zu lassen. Zudem passt es nicht in die relativ nüchterne politische Landschaft Deutschlands, einen Politiker so zu idealisieren und zu verehren wie einen Obama in den USA.

Langeweile ist Gift für Wahlkämpfe

Aber auch im Wahlkampf in Europa ist Geschichtenerzählung Pflicht: „Der mit Fernsehserien und Computerspielen überfütterte Medienkonsument hat wenig Lust auf Debatten zwischen nörgelnden Intellektuellen oder streitsüchtigen Politikern. Ihn interessiert eine gute Story, möglichst eine, die mehr oder weniger seine eigenen Fantasien abdeckt", schreibt der französische Journalist Jacques Pilet. (6) „Niemand kann ein Land verändern, der nicht die Fähigkeit besitzt, eine Geschichte zu schreiben und zu erzählen", zitiert Pilet den Schriftsteller Henri Guaino. Der Berater des französischen Präsidenten Nicolas Sarkozy habe dafür gesorgt, dass das Privatleben des Hausherrn im Élysée-Palast „zum Fortsetzungsroman eines People-Magazins" geworden ist

„Storytelling ist aus meiner Sicht ein unverzichtbares Mittel der Politik von heute, weil es der einzige Weg oder fast der einzige Weg ist, mit dem man die Wähler noch erreichen kann", meinte auch Michael Spreng, Politikberater und Ex-Chefredakteur der Bild am Sonntag. (7) Er glaubt, dass diese Erkenntnis in Deutschland noch nicht richtig angekommen ist. Spreng erklärt den Mangel an plausiblen Geschichten als eine Ursache für die wachsende Zahl von Nichtwählern. Langweilige und routinierte Wahlkämpfe seien „auf Dauer der Tod der parlamentarischen Demokratie".

Sachlichkeit schreckt ab

Sprengs Sicht kann man nachvollziehen, es ist der Blick des Öffentlichkeitsarbeiters, der seinen Markt kennt. Allerdings stellt sich die Frage, ob Geschichtenerzählen nicht genau die Simplifizierung und Emotionalisierung der Politik bedeutet, die diese in der Substanz aushöhlt. Es scheint zuweilen ein Teufelskreis: Nüchternheit, Sachlichkeit und Differenziertheit scheinen viele Wähler abzuschrecken. Denn die ernsthafte Beschäftigung mit Politik ist mühsam und fordernd. Wer den Bürger aber mit „Geschichten" und Vereinfachungen „abholt", wie das heute heißt, begibt sich auf eine Ebene, die letztendlich der weiteren Entpolitisierung der Politik dient.

Spreng kritisiert Angela Merkel, die eine nüchterne, sachliche Politik betreibe. „Sie fährt auf Sicht, wie sie sagt. Problem ist, auf Sicht fährt man normalerweise im Nebel. Und es entsteht dann häufig auch der Eindruck, als fahre die Regierung im Nebel und wisse selbst nicht, was das Ziel ist. Es fehlt alles Visionäre. Es fehlt der große Wurf, der Plan für die Zukunft, es wird auch nie das Ziel definiert, wohin die Reise gehen soll. Ich glaube, man kann politisch erfolgreich auf Dauer nur arbeiten, wenn man die einzelnen Schritte an einem Ziel orientiert, das vielleicht in zwei, in fünf oder in zehn Jahren liegt."

Der Politikberater übersieht, dass Merkel im Dezember 2003 auf dem Leipziger Parteitag ihren „großen Wurf" präsentierte, nämlich eine nüchterne Bestandsaufnahme Deutschlands und die Vision eines reformierten, deregulierten Sozialstaats, der sich nicht übernimmt und die Zukunftsfähigkeit Deutschlands sicherstellt. Vor der Bundestagswahl 2005 nahm sie den Verfassungs- und Steuerrechtler Paul Kirchhof ins Team, der das Steuersystem revolutionieren wollte. Das Ergebnis der Visionen Merkels war letztendlich zutiefst frustrierend: Statt des vorhergesagten Wahltriumphs schafften sie und die Union mit Ach und Krach einen hauchdünnen Vorsprung vor den politisch schwer angeschlagenen, untereinander zerstrittenen Sozialdemokraten. CDU und CSU mussten mit den selbstbewussten Sozialdemokraten eine große Koalition bilden.

Politikberater irren nicht

Wer sich mit den Analysen der Politikberater intensiver beschäftigt, stößt auf das interessante Phänomen, dass ihre größte Gemeinsamkeit in der schlüssigen Entlarvung kardinaler Fehler beruht. Irritierend ist allerdings, dass offenbar alles möglich und zugleich zutreffend ist: Mal fehlt es an gescheiter PR, mal an Substanz. Mal war die Politik zu forsch, mal zu defensiv. Der einzige Maßstab scheint der Erfolg zu sein. Und da ist es, ganz postdemokratisch (Colin Crouch), völlig gleichgültig, wie das Produkt beschaffen ist, wie vernünftig der Konsument ist, es geht nur um den Verkaufserfolg. Eine solche Denkart ist durchaus in sich stimmig und nachvollziehbar – aber kaum ein Politiker, zumindest nicht in Deutschland, würde sich als Marktstratege ohne politische Grundsätze und Ziele definieren.

Der US-Publizist Klein nahm 2005 im Time Magazin besonders die Politik des Weißen Hauses ins Visier. Unter dem damaligen Präsidenten George W. Bush sei das Weiße Haus zu einer Bastion der Polit-PR und damit zutiefst zynisch geworden, analysierte der renommierte Autor. Im Grunde gehe es nicht mehr um die von Bush verkündeten hehren Ziele, nicht um die Neuordnung der Welt und vor allem des Nahen Ostens, um Reform der Sozialversicherungen oder der Staatsbürokratie. Ursache für dilettantisches Handeln oder Tatenlosigkeit, auch für den Mangel an

Sachkompetenz und Ernsthaftigkeit im Weißen Haus sei wesentlich der Zwang zum permanenten Wahlkampf, schrieb Klein, der Bush einmal wegen seiner aufrechten Persönlichkeit bewundert hatte.

In den USA gibt es heute nur wenige, die den Verlauf des Irakkriegs nicht als ein Desaster ansehen. Nach dem Sturz von Saddam Hussein wurde schnell klar, dass im Weißen Haus nicht oder sehr schlecht eine realistische Perspektive für einen Irak ohne den Diktator konzipiert worden war. Über die Begründung des Irakkriegs kann man streiten. Die Behauptung, Saddam habe Massenvernichtungswaffen gehortet, wurde aus vielen, auch nichtamerikanischen Quellen gespeist. Aber das politische Chaos nach dem Sieg der USA und ihren Verbündeten ist die historische Schuld der Bush-Präsidentschaft.

Wenn PR wichtiger als Politik wird

Verantwortlich für die politischen Pannen der Bush-Regierung machen viele den Mann, der den Aufstieg des Texaners erst möglich gemacht hatte: der republikanische Wahlkampf-Guru Karl Rove. Die Demokraten hatten seine Wahlkampfmethoden fürchten gelernt. Die Republikaner sahen in ihm einen genialen PR-Strategen und Wahlkampfexperten, einen effizienten Strippenzieher und Spin-Doktor. Auch im Weißen Haus galt Rove, bis 2007 stellvertretender Stabschef, als die graue Eminenz. Viele meinen, dass das Primat der Selbstdarstellung und des Polit-Marketing im Weißen Haus wesentliche Ursache für die Fehlleistungen der Bush-Regierung war.

Auch der ehemalige Pressesprecher von Bush, Scott McClellan, beklagte in einer als Buch erschienenen Abrechnung mit der umstrittenen Präsidentschaft den Zwang zum permanenten Wahlkampf. (8) „Eine endlose Wahlschlacht hat das Regieren abgelöst", schrieb er. Die Folge sei eine „Kultur der Täuschung". Der Ex-Sprecher des Präsidenten beschrieb die fatale Abhängigkeit im Weißen Haus von den jeweiligen Meinungsumfragen, die Ausrichtung der Politik an die Medienwirksamkeit und die Konzentration auf Beeinflussung oder Diffamierung des Gegners.

Die naturgemäß rauen Sitten des Wahlkampfs werden Regierungsstil. Mit üblen Folgen für die Chancen, brennende Probleme zu lösen und die Zukunftsfähigkeit eines Landes langfristig zu sichern. Gehörigen Anteil allerdings hätte die Gier der Medien nach Siegern und Verlierern, Angreifern und Verteidigern, schreibt McClellan. Komplexe Zusammenhänge ließen sich den Wählern kaum noch vermitteln, also gehe es um griffige Formulierungen, um einfache Begründungen. Die Mediendemokratie belohne Politiker, die dem Wahlkampf deutlich mehr Gewicht geben als dem Regieren. Das Buch McClellans sei deshalb so besonders lesenswert, weil es „einen politisch-medialen Mechanismus sichtbar macht, der nicht nur in Washington die Qualität der Regierungsarbeit am Beginn des 21. Jahrhunderts nachhaltig verschlechtert", schrieb nachdenklich der Kolumnist der Wiener Zeitung, Christian Ortner. (9)

Keine PR kommt gegen Medien an

Obama und Bush sind gegensätzlich. Der schwarze Demokrat, Sohn einer Frau aus Idaho und eines Mannes aus Kenia, wäre wahrscheinlich nicht so überzeugend zum Präsidenten gewählt worden, wäre er nicht die Verkörperung eines „Anti-Bush". Obama ist ein Menschenfänger, einer, der Massen mitreißen kann, ein Popstar und inzwischen glänzender Redner. Bush machte öffentlich oft genug eine eher unglücklich-unbeholfene Figur. Allerdings ähneln sich ihre Präsidentschaften mehr, als den vielen Obama-Bewunderern lieb sein kann.

Neben dem dramatischen Verlust an Popularität in ihrer ersten Amtsperiode verbindet sie das Leid mit den Medien. Obama nutzt wie kein Präsident vor ihm alle Instrumente der modernen Medien- und Internetwelt. Er twittert und bloggt, er ist auf Facebook und auf flickr. Und dennoch: Der angeblich mächtigste Mann der Welt mit einem riesigen Apparat an Experten und PR-Leuten fühlt sich von den Amerikanern nicht verstanden – wie Bush auch. Führung in den USA bedeutet immer stärker die Konzentration auf die Darstellung und die Inszenierung – die oft genug völlig misslingt.

Zwar hatte Bush mit Rove vielleicht ein PR-Genie an seiner Seite, trotzdem gab es immer wieder schlimme Pannen. Für immer haften Bush die peinlichen Bilder vom 1. Mai 2003 auf dem Flugzeugträger USS Abraham Lincoln an. Obwohl die Invasion des Iraks schließlich zu einem schier endlosen, blutigen Krieg wurde, hielt Bush nach dem Einmarsch im Irak auf dem Schiff eine Rede unter dem Banner „Mission accomplished" (Mission erfüllt), in der er völlig unzutreffend von einem raschen Sieg sprach.

Präsidenten als Don Quijote gegen Windmühlen der Medien

Das Weiße Haus verhinderte auch nicht, dass ein Bild veröffentlicht wurde, wie Bush 2005 aus dem Fenster seiner Air Force One interessiert auf das zerstörte und überflutete New Orleans nach dem Hurrikan Kathrina schaut. Das Bild wurde angesichts der unfassbaren Katastrophenbilder mit verzweifelten, dürstenden und hungrigen Menschen in einem der reichsten Länder der Welt zum Symbol für die Inkompetenz von Bush.

Von der Lichtgestalt Obama wurde nach seinem Triumph bei den Wahlen 2008 erwartet, dass er als Präsident mit seinem Charisma, seiner sympathischen Frau und seinen reizenden Kindern Liebling der Amerikaner bleiben würde. Auch mit dem Demokraten im Weißen Haus wurde der PR höchste Priorität beigemessen, insbesondere das Menschelnde, das Bunte erhielt Gewicht. Die Obamas brachten mit rauschenden Festen und Auftritten von berühmten Künstlern und Popstars Glanz in die Residenz an der 1600 Pennsylvania Avenue. Michelle Obama pflanzte mit Kindern im Garten Gemüse an, pries gesunde Kost für die Kleinen. Der Einzug des Hundes Bo, eines portugiesischen Wasserhundes, ins Weiße Haus beschäftigte die Öffentlichkeit über Monate. Die Sympathiewerte gingen dennoch zurück.

„Im Comic geht Clark Kent in eine Telefonzelle und heraus kommt Superman. 2009 ging Barack Obama in das Weiße Haus und heraus kam Clark Kent“, lästerte Bob Barnett über die Entzauberung des ersten schwarzen Präsidenten der USA.

Aber ob harte Politik oder Boulevardgeschichten, ob Bush oder Obama, letztendlich scheinen alle PR-Bemühungen ein Kampf gegen die Windmühlen der Mediengesellschaft zu sein, in der der Verlierer schon von vornherein feststeht.: der Mann – oder auch die Frau – an der Spitze. Präsidenten, Ministerpräsidenten und Kanzler ähneln zunehmend Don Quichotte, der unverdrossen kämpft und nie gewinnen kann.

Neue Macht der US-Unternehmer

In den USA hat noch ein weiteres Element den permanenten Wahlkampf befördert. Das Oberste Verfassungsgericht der USA entschied Anfang 2010, dass alte gesetzliche Beschränkungen zur Begrenzung der Wahlkampfspenden von Firmen verfassungswidrig seien. Auch geheime und unbegrenzte Wahlkampfspenden seien legal. Diese sogenannte „Citizens United“-Entscheidung des Supreme Court in Washington öffnete die Schleusen für alle Geldströme zur Finanzierung der ohnehin schon enorm aufwendigen US-Wahlkämpfe. Es war nicht verwunderlich, dass allein der Wahlkampf 2010, bei dem es nicht um das Präsidentenamt ging, über 3,5 Milliarden US-Dollar gekostet hat.

Obama hatte das Urteil des Obersten Gerichts scharf angegriffen und Widerstand angekündigt. „Dieses Urteil ist ein Schlag gegen die Demokratie. Ich kann mir nichts vorstellen, was für das öffentliche Interesse verheerender wäre“, sagte er. Der Supreme Court habe den Sonderinteressen und ihren Lobbyisten einen „riesigen Sieg“ beschert. Die Republikaner begrüßten den Richterspruch als „Wiederherstellung der Redefreiheit“.

„Eine neue Waffe für die Lobbyisten“, nannte die New York Times das Grundsatzurteil. Lobbyisten könnten nun jeden Volksvertreter leicht erpressen. „Wenn Sie falsch abstimmen, finanziert mein Unternehmen, meine Gewerkschaft oder Interessengruppe in unbegrenzter Höhe eine Kampagne gegen Ihre Wiederwahl“, könnte die Drohung von nun an lauten. (10)

3 Der Fluch der Wahltermine

„Die Zukunftsfähigkeit der Demokratie zeigt sich nicht in den Finten und Finessen, mit denen sie die Scharmützel der Tagesquerelen besteht oder das nächste Wahlgefecht zu gewinnen hofft. Zukunftsfähigkeit verlangt die weit größere Planungs- und Gestaltungsfähigkeit echter Strategien, die die Zukunft gestalten. Die Frage nach der Zukunftsfähigkeit einer Demokratie entscheidet sich an der Fähigkeit zu derartigen Strategien.“

Otfried Höffe, Professor für politische Philosophie Tübingen (1)

Am Abend des 27. September 2009 konnte Kanzlerin Angela Merkel aufatmen. Die Unionsparteien hatten zwar leicht verloren. Aber mit 33,8 Prozent der Stimmen blieben sie deutlich stärkste Partei. Die FDP erzielte sensationelle 14,6 Prozent. Erstmals nach 15 Jahren gab es im Bundestag wieder eine „bürgerliche Mehrheit“. Einer schwarz-gelben Regierung stand nichts mehr im Weg. Merkel konnte die ungeliebte große Koalition mit den Sozialdemokraten abhaken. Ihr Wunschpartner, die triumphierende FDP von Guido Westerwelle, stand bereit.

Konservative und Liberale in Deutschland hofften nach sieben Jahren rot-grüner Herrschaft und vier Jahren der Kompromiss-Politik in der großen Koalition auf einen deutlichen Kurswechsel in Deutschland. Reformiert werden sollte der überbordende Sozialstaat und das Gesundheitswesen, saniert werden sollte das defizitäre Rentensystem. Versprochen waren eine Senkung der Steuern und Vereinfachung der Steuergesetze, der Abbau von Bürokratie, Subventionen und Staatsverschuldung und die Reduzierung des Staatsanteils.

Was aber nach dem Wahlabend Ende September folgte, hat das Bild von Angela Merkel bei vielen Wählern von Union und FDP geändert.

Die Furcht vor dem Wahltermin in NRW

Schon nach 100 Tagen der Regierungsarbeit hatte eine – nicht repräsentative – Bild.de-Umfrage ein vernichtendes Ergebnis zu Tage gebracht: 66 Prozent von knapp 110.000 Umfrage-Teilnehmern kreuzten bei der Frage nach dem Abschneiden der Regierung die Antwort an: „Schwarz-Gelb ist ein Desaster“.

Das erste halbe Jahr der Koalition geriet zum üblen Holperstart – das bestritten nicht einmal Unionspolitiker. Jede Begeisterung im konservativ-liberalen Lager verflog im Nu. Das erste schwarz-gelbe Jahr geriet Merkel zum „Annus horribilis“, kommentierte ZDF-Chefredakteur Peter Frey.

In der Berliner Koalition selbst hatte man den verhaltenen Start mit der Landtagswahl in Nordrhein-Westfalen im Mai 2010 begründet. Den Bürgern sollten weder Sparmaßnahmen noch soziale Einschnitte, die als unabwendbar betrachtet wurden, vor der wichtigen Weichenstellung in Düsseldorf zugemutet werden. Schließlich stand auch die Mehrheit im Bundesrat auf dem Spiel. Die vermeintlich schlaue Taktik ging nicht auf. (2)

Zum einen rissen die schlechten Umfragewerte für die Berliner Koalition auch die CDU in NRW mit. Dann musste die Regierung von Jürgen Rüttgers noch mit der „Sponsoring-Affäre" fertig werden. Der Vorwurf lautete, Unternehmen hätten auf Messen und Veranstaltungen Gesprächstermine mit dem Ministerpräsidenten kaufen können. Und ausgerechnet in der Woche vor der Wahl wurde im Bundestag das spektakuläre Hilfspaket für Griechenland durchgeboxt. Viele Milliarden Euro auch aus Deutschland sollten das fast bankrotte Griechenland retten. Das war nicht sehr populär. Vor allem aber hatte die Kanzlerin in der Frage eine Kehrtwende vollzogen, hatte sie sich doch lange sehr skeptisch über eine solche Finanzhilfe gezeigt. Kurz: Die Regierung in Berlin bot ein eher lausiges Bild.

Der „Irrtum Angela Merkel"

Dieses erste Merkel-Jahr in der schwarz-gelben Koalition ließ vermutlich der Schriftstellerin Cora Stephan das Fass ihres Frustes über die Unionspolitikerin überlaufen. In ihrem 2011 erschienen Buch „Angela Merkel – Ein Irrtum" rechnet sie kühl analysierend und amüsant lästernd mit der ersten Frau im Kanzleramt ab. (3)

„Ja, ich habe Angela Merkel gewählt, damals, 2005. Die Frau mit dem ‚neuen Anfang'. Mit dem Aufbruch. Die ohne ‚Basta', Cohiba und schwere Rotweine. Und das habe ich nun davon. Statt Angie habe ich mir Tina eingehandelt – ‚There is no alternative'. Eine Frau, die ihre Entscheidungen alternativlos nennt." So beginnt eine ziemlich vernichtende Abrechnung mit Merkel. Die Kanzlerin, sollte sie das Buch denn gelesen haben, wird sich kaum wohlgefühlt haben können in ihrer Haut. Zu klar ist die Diskrepanz zwischen den in sie gesetzten Erwartungen und den Ergebnissen von inzwischen fast sechs Jahren unionsgeführten Regierungen.

Die Schriftstellerin Thea Dorn formulierte, was viele Intellektuelle denken. „Es gab einen Moment in Angela Merkels Kanzlerschaft, da habe ich sie bewundert. Es war jener Moment, in dem sie sich traute, Deutschland endlich als das zu bezeichnen, was es ist: ein Sanierungsfall." (4) Bitter enttäuscht sei sie gewesen, als Merkel erschreckt über die heftigen öffentlichen Reaktionen zurückgerudert sei.

Politiker an der Macht enttäuschen fast immer

Und doch ist die Kritik von Stephan und Dorn nicht ganz fair. Mal ganz abgesehen davon, dass sich die Intellektuellen in Deutschland nur sehr selten trauen, sich persönlich in der Öffentlichkeit für die „bürgerlichen" Parteien einzusetzen. Da mag noch viel 68er-Prägung eine Rolle spielen, selbst bei solchen, die sich von dieser Denkwelt deutlich distanziert haben. Aber die Kritik an der Unionspolitikerin ist vor allem aus einem anderen Grund „leichtfertig" im wahrsten Sinne des Wortes. Denn Merkel geht es wie Obama. Und Obama wie Blair. Und Blair wie Schröder. Und Schröder wie jedem anderen Mann und jeder anderen Frau an der Spitze von demokratischen Regierungen im beginnenden 21. Jahrhundert. Sie haben nicht sehr viele Chancen, Politik zu gestalten. Sie managen von Krise zu Krise. Und wenn sie dann doch gestalten – wie Schröder mit der Agenda 2010 –, werden sie vom Wähler umgehend bestraft.

Die schwarz-gelbe Koalition von Angela Merkel hatte sich im Herbst 2009 nicht getraut, mit Volldampf voraus Politik zu machen. Das gelingt in einer Koalitionsregierung ohnehin selten. Es müssen Kompromisse gemacht werden. Abstriche an klaren Parteiprogrammen und Wahlversprechen gehören zu einem Koalitionsabkommen. Aber selbst das, was möglich gewesen wäre, wurde in Berlin erst einmal liegen gelassen. Denn alles starrte auf die bevorstehende NRW-Wahl. Die Erwartung der Wahl dominierte den Alltag der Regierung. Wie so oft und überall in den westlichen Demokratien. Denn es wird überall und ständig gewählt.

Superwahljahr 2011

In Deutschland standen 2011 insgesamt sechs Landtagswahlen und zwei Kommunalwahlen an. In Hamburg, Sachsen-Anhalt, Rheinland-Pfalz, Baden-Württemberg, Bremen, Mecklenburg-Vorpommern sowie Berlin waren die Wähler aufgerufen, die Landesparlamente neu zu bestimmen. In Hessen und Niedersachsen standen Kommunalwahlen an. Bei den Landtagswahlen in Bremen, Mecklenburg-Vorpommern und Berlin sollte über die kommunalen Vertretungen abgestimmt werden. Hinzu kamen Volks- und Bürgerbegehren sowie Volksentscheide – für die alle mehr oder minder heftig Wahlkampf betrieben wird.

Im Jahr 2010 waren 16 direktdemokratische Verfahren auf Landesebene neu eingeleitet worden, fünf mehr als im Vorjahr, berichtete der Verein „Mehr Demokratie" im März 2011. Es habe 2010 insgesamt 30 laufende Verfahren gegeben als Initiativen, die in irgendeine Form von Volksbefragungen münden sollten. 2009 waren es demnach sogar noch fünf mehr. Regionale Schwerpunkte der Initiativen zu Volksbegehren waren Hamburg (sieben Initiativen) und Berlin (drei). Im Schnitt findet nach

Angaben der Initiative in Hamburg alle 1,3 Jahre ein Volksbegehren statt, alle 2,5 Jahre ein Volksentscheid. In Berlin habe es allein in den vergangenen vier Jahren drei Volksentscheide gegeben. (5)

Inzwischen gehen auch Politiker in Ämtern daran, Bürgerbegehren zu initiieren, um andere Bürgerbegehren zu konterkarieren. Münchens Oberbürgermeister Christian Ude wollte Anfang 2011 ein solches Bürgerbegehren für die Ausrichtung der Olympischen Winterspiele 2018 in München und Garmisch-Patenkirchen starten. Ein Bürgervotum pro Olympia soll die Initiative der Olympia-Gegner schwächen, die ihrerseits ein Bürgerbegehren anstrebt. „Wir müssen was machen und agieren. Die Gegenseite will einfach erreichen, dass ein Damoklesschwert über der Bewerbung schwebt, und dagegen wollen wir was tun", begründete SPD-Politiker Ude die ungewöhnliche Aktion. Er wollte verhindern, dass die Opposition gegen die Olympischen Spiele mit ihrer Aktion die Chancen Münchens bei der IOC-Abstimmung am 6. Juli in Durban (Südafrika) schmälert. Denn nach dem Konzept der Gegner würde zum Zeitpunkt der IOC-Entscheidung ein offenes Verfahren über der Kandidatur aus Bayern schweben. Udes Vorgehen ist nachvollziehbar. Es macht aber auch die Gefahr deutlich: Die Zahl der Bürgerbefragungen droht immer weiter zuzunehmen.

Es wird immer mehr Demokratie gewagt

Positiv wertete der Verein „Mehr Demokratie", dass in Nordrhein-Westfalen, Brandenburg und im Saarland größere Reformen für mehr direkte Demokratie diskutiert werden. In den vergangenen zehn Jahren haben sieben Bundesländer die Unterschriften-Hürden für Volksbegehren gesenkt.

Die Befürworter von mehr direkter Demokratie in Deutschland können in der Tat zufrieden sein. Zwischen 1946 und 1989 gab es dem Verein „Mehr Demokratie" zufolge insgesamt 28 „direktdemokratische Verfahren" auf Landesebene. Zwischen 1990 und 2010, also einem wesentlich kürzeren Zeitraum, waren es schon 269 – fast zehn Mal so viele. „Die direkte Demokratie ist in Deutschland seit '89 aufgeblüht" lobte Vereinssprecher Ralf-Uwe Beck. Hintergrund dieser Entwicklung ist, dass nach der Wiedervereinigung das Recht auf Volksbegehren und Volksentscheide in den Landesverfassungen reformiert wurde. Das Ziel müsse nun sein, auch bundesweit Volksabstimmungen zu ermöglichen, forderte Beck.

Quer durch die Parteien und die Bevölkerung in Deutschland gibt es die Sichtweise, dass eine direkte Einbindung der Bürger in den politischen Entscheidungsprozess einen demokratischen Fortschritt mit sich bringen würde. Je häufiger man abstimmt, je öfter man wählt, umso mehr verwirklicht sich der Gedanke des Volkes als Souverän, von dem alle Macht ausgeht. Man kann das auch anders sehen.

Aber ein gewichtiges Argument gegen Volks- und Bürgerbegehren ist die Gefahr ewiger Wahlkämpfe. Schon der Ist-Zustand in Deutschland beschert uns seit langem den strukturellen Dauerwahlkampf. Damit wird die Fehlentwicklung der Mediendemokratie, der permanente Wahlkampf, das tägliche Ringen um Zustimmung und Meinungsführerschaft noch einmal perpetuiert. Mit richtigen Instinkten verabscheuen viele Bürger Grabenkriege und Scheingefechte oder die wahltaktischen Manöver und gewundenen Stellungnahmen in der Politik. Je häufiger sich die Politiker dem Wählervotum ausgesetzt fühlen, desto mehr rückt der politische Überlebenskampf in den Vordergrund. Ganz sicher dient es nicht der Wahrheitsfindung für die gemeinsame Sache, was der Auftrag der Politik ist, oder wenigstens langfristigen Perspektiven dazu.

Amerikanische Abgeordnete müssen sich alle zwei Jahre stellen

Das ist in den USA nicht viel anders. Dort müssen laut Verfassung alle zwei Jahre die 435 Abgeordneten des Repräsentantenhauses neu gewählt werden. Jeweils zur Mitte der präsidialen Amtszeit stimmen die Wähler über Abgeordnete und 33 oder 34 der 100 Senatorensitze ab. „Zwei Jahre sind natürlich oft zu kurz, um ernsthafte Politik zu betreiben. Kaum ist man gewählt, geht es schon wieder um die Wiederwahl", meint der Politologe Stephen Szabo, Direktor der „Transatlantic Academy" in Washington. Allerdings traue sich kaum ein US-Politiker über die zu kurze Amtszeit zu klagen.

Die Amerikaner sind ohnehin von tiefem Misstrauen gegenüber Staat und Amsträgern beseelt. Politiker, die nach längeren Legislaturperioden fragen würden, könnten sich wütender und hämischer Attacken gewiss sein. Allerdings muss die Sinnhaftigkeit des Zwei-Jahres-Rhythmus für das Parlament bezweifelt werden. Es gibt durchaus Grund, auch in diesem System eine Ursache zu sehen, warum Washington „kaputt" ist. Diese Einschätzung ist in den USA weit verbreitet, insgeheim geben das viele Politiker auch zu.

In den USA kommt hinzu, dass es auf Staats- und Kommunalebene ständig Wahlen gibt. Abgestimmt wird nicht nur über die Volksvertreter für die Staats-Hauptstadt (so wie in Deutschland die Bundesländer) und die Gemeinderäte (unsere Kommunalparlamente). In den USA entscheiden die Bürger in vielen Staaten auch über Richter, Staatsanwälte und Sheriffs, die Chefs von Aufsichtsbehörden, Schulräte und Gremien aller Art. Dazu dürfen in manchen Staaten wie Kalifornien ständig Sachthemen vom Volk entschieden werden: Das reicht von der gleichgeschlechtlichen Ehe und dem Konsum von Marihuana über die Steuerlast bis hin zu Detailfragen, beispielsweise, ob Versicherungen mit besonderen Rabatten werben dürfen oder nicht.

„Orgie von Abstimmungen"

„Was bringt uns diese Orgie von Abstimmungen? Eine Lähmung der Regierungstätigkeiten", schrieb der Republikaner David Hadley zornig (6). Das Ergebnis seien ständig sinkende Abstimmungs- und Wahlbeteiligung. In der kalifornischen Stadt Salina wurden die Bürger 2010 innerhalb von neun Monaten viermal zum Urnengang aufgerufen. Bei manchen kommunalen Entscheidungen – über die Zustimmung zur Besetzung städtischer Ämter beispielsweise – raffen sich nicht viel mehr als 10 Prozent der Wahlberechtigten dazu auf, abzustimmen. „Eine Ursache, warum Amerikaner sich nicht (an Wahlen) beteiligen, vor allem auf lokaler Ebene, ist, dass wir zu viele Wahlen haben", so Politologe Joe Aistrup (Universität Kansas). (7)

Manche politischen Themen sind weniger kompliziert. Über Glaubwürdigkeit und Qualität der politischen Klasse in unseren Demokratien kann man viele Sichtweisen haben. Wenig Zweifel kann es aber daran geben, dass die Dichte der Wahltermine eine Gefahr für die Effizienz und Praktikabilität in der Politik birgt. Drohen nicht ständige Wahlen die Volksvertreter zu lähmen? Denn für den politischen Überlebenskampf – sprich Wiederwahl – müssen sie enorm viel Zeit und Mittel aufwenden. Wie viel Kapazität bleibt da für die eigentliche politische Arbeit, für das Ringen mit den Komplexitäten aktueller Herausforderungen und politischer Fragen und der Notwendigkeit perspektivischer Weichenstellungen übrig?

Wahlen hemmen Reformbereitschaft

Dem Mut zu Reformen scheint es nirgendwo förderlich zu sein, dass ständig Wahltermine anstehen. Nicht nur in Deutschland und den USA wird es als unabänderliche Gegebenheit betracht, dass es derzeit für die Umsetzung von Reformen nur ein schmales Zeitfenster innerhalb der Wahlperioden gibt. Wie bei so vielen grundsätzlichen Problemen der Politikgestaltung in der zunehmend schwierigen Gemengelage von Beschleunigung, Vernetzung, Komplexität, Globalisierung, Transparenz und Mediendruck gibt es hier kaum Interessenunterschiede zwischen links und rechts, zwischen Liberalen, Sozialdemokraten und Konservativen, zwischen den konkurrierenden Parteien: Es läge im Interesse aller, den zuweilen unerträglichen Alltagsdruck auf die Politik angemessen zu mildern.

Wer sein Auto mit schwerem Motorschaden in die Reparaturwerkstatt gibt, würde auch nicht auf die Idee kommen, sich jede Stunde über den

Stand der Arbeiten zu informieren – und dann womöglich neue Anweisungen geben. Die Autowerkstatt, hat sie einmal den Auftrag, genießt in der Regel so viel Vertrauen, dass der Besitzer des Wagens erst nach erfolgten Arbeiten das Ergebnis begutachtet. Dann urteilt er über Reparaturdauer, über den Zustand des Wagens und die Kosten.

Mag der Streit über Finanzhilfen für vom Bankrott bedrohte Banken oder der Konflikt um Subventionen für Landwirtschaft und Kohlebergbau schwer mit der Reparatur eines Automotors vergleichbar sein, so dürfte doch deutlich werden, dass Lösungen komplexer Probleme Zeit, Sachverstand und eine gewisse Ungestörtheit bedürfen. Obgleich es einem so vorkommen möchte, dass der normale Bürger ein geborener Autospezialist und Bankenfachmann sei, versteht er doch von beiden Themen in der Regel recht wenig. „Wenn wir zu häufig wählen, werden unsere Entscheidungen kurzatmig, weil unsere Maßstäbe immer schon auf die nächste Wahl hin begrenzt sind und weil wir weder Zeit haben, uns eine Meinung zu bilden, noch die Gelegenheit, die Folgen der letzten Wahl zu beurteilen“, schreibt der Staatsrechtler Christoph Möllers (8).

Politikern Vertrauen schenken – und sie verantwortlich machen

Schon oft wurde in Deutschland diskutiert, die Landtagswahlen aller Bundesländer auf einen Termin zusammenzulegen. Es müssten dafür praktische Probleme gelöst werden: Noch gibt es unterschiedlich lange Legislaturperioden in den einzelnen Ländern. Dann stellt sich die Frage, was bei einer vorzeitigen Auflösung der Parlamente geschehen würde. Aber letztendlich sind das alles lösbare Probleme. Es fehlt der politische Wille, eine nachhaltige Wahlreform, die mehr Ruhe in die Politik bringen würde, umzusetzen.

Auch für eine Verlängerung der Wahlperiode auf Bundesebene auf fünf oder sechs Jahre gäbe es gute Gründe – vielleicht sogar mit einigen wenigen zusätzlichen Elementen von direkter Demokratie. Es muss garantiert sein, dass sich großes Unbehagen in der Bevölkerung über politische Entscheidungen und Entwicklungen politisch Ausdruck verschaffen kann – in Ausnahmefällen auch außerhalb von Wahlterminen. Denkbar wäre bei einer längeren Legislaturperiode des Bundestages die Möglichkeit von bundesweiten Volksbegehren. Allerdings müsste es hohe Hürden geben: Unterschriften von mindestens 10 Prozent der Wähler könnten eine solch notwendige Bedingung sein. Aber bei diesem Thema ist es in Deutschland so wie in den USA mit der Frage der Wahltermine fürs Repräsentantenhaus: Es gibt keinen Politiker, der sich traut, für solche, zunächst unpopuläre und leicht angreifbare Vorschläge zu werben. Längere Wahlperioden müssten sicher auch eng damit verknüpft werden, dass Politiker mehr Verantwortung für die Resultate ihrer Politik übernehmen. Dazu braucht es deutlich mehr externe Kontrollen, als es bisher Medien und Institute leisten.

III Die Hysterie der Medien

„Es liegt nicht daran, dass die Welt so viel schlechter geworden ist. Vielmehr ist die Berichterstattung jetzt sehr viel besser.“

Gilbert Keith Chesterton (1874–1936), englischer Kriminalschriftsteller

„Ich finde die Hysterie der Medien hoch abenteuerlich.
Es wird übrigens auch in keinem Gewerbe so hochneurotisch
auf das Chaos dieser Monate reagiert.
Diese heiße Sehnsucht des Meinungsgewerbes
entweder nach dem Himmelreich – oder eben nach dem Untergang.“

Konrad Boehmer, Komponist, nach dem Finanzcrash im Herbst 2008

Die „Hysterie der Medien“ ist ein weltweites Phänomen. Die Kritik daran auch. Über den Globus donnert täglich ein gewaltiger Chor von Klagegesängen und Wutausbrüchen über die Schandtaten der Medien. Die zornigen Tiraden kommen von links und rechts, von oben und unten, von vorne und von hinten: Der tiefe Unmut über „die Medien“ eint Sozialisten und Konservative, den Vatikan und Mafiabosse, die Politik und das Volk. Ganz besonders scharf aber werden die Medien von Medien attackiert.

In den USA gehört die Warnung vor der „Hysterie der Medien“ zum Alltag. Denn seit Jahren beschäftigen sich kritische Journalisten mit der Frage nach der Geburtsurkunde von Präsident Obama. Dauerthema in der Presse ist das uneheliche Kind und das Liebesleben von Bristol Palin, Tochter der republikanischen Spitzenpolitikerin Sarah Palin. Oder es geht in schrillen Tönen um Pannen bei Toyota, die Gefahr durch Islamisten, die Bedrohung durch die Schweinegrippe oder das Lotterleben von Hollywood-Stars. Als hysterisch empfinden in Deutschland viele die Schlagzeilen über eine drohende Klimakatastrophe, das Elend von Hartz-IV-Empfängern, die Pannen der Bahn oder die Dramen um Eisbär Knut.

Empört war Peer Steinbrück über ein Berliner Boulevardblatt, das titelte: „Steinbrück beleidigt die Rentner“, als er in einer Rede gesagt hatte, noch nie sei es in Deutschland einer Rentnergeneration so gut gegangen wie heute. (1) Sein Parteifreund Christian Ude beklagte sich, dass Medien versuchten, „Politiker dem allgemeinen Gespött auszuliefern, als Volltrottel, die alles falsch machen“. Journalisten hielten sich für „unfehlbar“. (2)

Schimpfen auf die „schamlose" Presse

In Italien fühlt sich ausgerechnet Medienmogul Berlusconi von „verrückt gewordenen" Medien verfolgt. In Frankreich fürchtet Präsidentengattin Carla Bruni die enervierende Schnüffelei einer „schamlosen" Presse. Das britische Königshaus macht aus seiner Abscheu über die Klatschberichte der Boulevardblätter keinen Hehl. Viele Österreicher bedauern den Medienhype um das Entführungsopfer Natascha Kampusch.

Politiker hüten sich in der Regel vor offener Medienschelte. Wenn sie sich beschweren, dann möglichst abstrakt und zurückhaltend. Sie verhalten sich wie Bundesliga-Fußballer und Trainer nach einem Spiel, die sich ebenfalls nur sehr vorsichtig über Schiedsrichterleistungen äußern. Der deutsche Fußballverband verhängt bei harscher Schiedsrichterkritik sehr schnell Sanktionen. Medien reagieren ähnlich. Sie könnten austeilen wie ein Boxer, hätten aber, um in der Boxersprache zu bleiben, selbst so etwas wie ein „Glaskinn", meinte einmal der streitbare Sozialdemokrat Steinbrück. Der klagt auch schon einmal über die „Banalisierung der Politik" und den „Mangel an Fachkompetenz" der Journalisten.

Mutige Kirche

Mutiger als die meisten Politiker ist die natürliche Gralshüterin konservativen Denkens, die katholische Kirche. Medien haben die Macht, „die gesamte menschliche Gesellschaft zu beeinflussen", sagte Benedikt XVI. in seiner Botschaft zum Welttag der Kommunikationsmittel im Januar 2006. Und mahnte: „Im Interesse der ganzen Menschheit" müsse jede Macht gezügelt werden. Zwei Jahre später attackierte der Papst die Medien noch schärfer: Medien prägten zunehmend die Wahrnehmung der Menschen von der Wirklichkeit, aber oft genug „missachten sie die Menschenwürde und manipulieren die öffentliche Meinung." (3)

Medienkritik hat eine lange Tradition. Eine Flut von wissenschaftlichen Arbeiten, Büchern und Artikeln beschäftigt sich kritisch mit der Rolle der Medien. Der Tenor der Vorwürfe hat sich nicht besonders verändert: Journalisten berichten oberflächlich und verkürzend, aufbauschend und mit Vorliebe negativ. Medien manipulieren und lassen sich von allen möglichen Kräften der Politik und Wirtschaft bestechen und instrumentalisieren.

Tatsache ist natürlich, dass schlechte Nachrichten eher gedruckt werden als gute. „Only bad news are good news", heißt es nicht nur im angloamerikanischen Journalismus. „Nattering nabobs of Negativism", lautet eine der berühmten Beschimpfungen des Journalismus, formuliert von dem verstorbenen US-Starjournalisten William Safire, der vor allem für die New York Times schrieb. Es wird zuweilen übersetzt als „schnatternde Sultane des Schlechtredens“ oder „meckernde Mogule der Miesmacherei“. Bild-Berlin-Chef Nikolaus Blome übersetzte es mal frei und einleuchtend mit „Nörgler, Neider und Niederschreiber“.

„Journalismus in Vertrauenskrise“

Medien haben viel mit Politik gemeinsam. Einfluss und Macht zum Beispiel. Mit Nachrichten lässt sich ebenso wie mit Politik viel Geld machen. Politik und Medien leiden auch gleichermaßen unter der Geringschätzung der Bürger. Das Ansehen von Journalisten ist ähnlich niedrig wie das der Politiker. Der Journalist Jürgen Leinemann sagte einmal, sowohl Politiker als auch Journalisten würden als „Schurken“ wahrgenommen. „Der Journalismus befindet sich in Deutschland in einer Vertrauenskrise“, betonte der Medienwissenschaftler Wolfgang Donsbach (TU Dresden).

Lediglich 35 Prozent der Bürger vertrauen einer 2009 veröffentlichten Studie (4) zufolge den Journalisten. „Unsere Untersuchung zeigt, dass wir es heute nicht nur mit einer zunehmenden Politikverdrossenheit zu tun haben, sondern auch mit einer Journalismusverdrossenheit“, sagt Donsbach. Der Mangel an Vertrauen in die Medien sei eine Gefahr: Er bedeute wie der Überdruss an der Politik eine Aushöhlung der Demokratie. „So viel Unsinn, so viel Beleidigung der Intelligenz, so viel Zynismus und so viel Verklärung der wirklichen Welt hat es historisch gesehen nie zuvor gegeben“, kritisierte der österreichische Medienanwalt Alfred Noll. (5)

Aber die Politik braucht die Medien, so wie die Medien die Politik brauchen. Ohne Öffentlichkeit gibt es keine politische Wahrnehmung. Und trotz der von Politikern zunehmend genutzten neuen Internet-Optionen wie eigene Webseiten, Präsenz in sozialen Netzwerken, trotz aller Foren, Blogs und Vernetzung sowie neuer interaktiver Möglichkeiten bleiben die traditionellen Medien wichtigste Quelle von Information. Auch im Internet.

Wenn es um Aufstände in Arabien, Katastrophen in Japan oder den Krieg in Afghanistan, um die Bundestagswahl, die Bundesliga oder die Berlinale geht: Die Menschen informieren sich, in welcher Form auch immer, vor allem bei den klassischen Medien. Twitter, Blogs und Netzwerke sind letztendlich nur Ergänzung und Beiwerk für das Nachrichtenbild, das sich der Bürger macht. Reputation und Glaubwürdigkeit von Quellen definieren nach wie vor die Qualität, Akzeptanz und Wirkung von Nachrichten und Berichten.

Glaubwürdigkeit der traditionellen Medien

Sobald es wichtig wird, schalten die meisten Deutschen zu den seriösen Nachrichten von Tagesschau und Heute. Sie kaufen Zeitungen. Selbst die von Intellektuellen verfemten Boulevardblätter informieren letztendlich in erstaunlicher Qualität – was denen entgeht, die eine Bild-Zeitung sowieso nicht in die Hand nehmen würden. Was für Deutschland gilt, stimmt auch für die anderen westlichen Demokratien. Trotz aller Kritik genießt keine Informationsquelle mehr Vertrauen als die der traditionellen Medien. Ihre Existenz ist nicht bedroht, weil ihnen niemand mehr glaubt, sondern weil sie nicht mehr genug Geld einbringen. Es sieht dennoch nicht so aus, als ob sich in den kommenden Jahren an der Informations- und Deutungshoheit von Fernsehen, Radio, Zeitungen und Zeitschriften grundsätzlich etwas ändern wird.

Medien haben mit den Jahren einen solchen Bedeutungsgewinn bekommen, dass der Begriff der Mediendemokratie angemessen ist. Politiker und Parteien agieren gemäß einer bewussten „Medienlogik". Als wesentlicher Maßstab politischen Handelns gilt die öffentliche Wahrnehmung. Sie wird im starken Maße von den Medien bestimmt. Im Kampf um die Aufmerksamkeit der Öffentlichkeit benötigt die Politik die Akzeptanz der Medien. Die erste, vielleicht größte Sorge jedes Politikers in Berlin, Washington oder Paris ist: Werden die Medien berichten? Auch bei politischen Inhalten gilt Ähnliches. Programme, Konzepte, Gesetzesvorstöße, Forderungen und Stellungnahmen werden penibel darauf abgeklopft, wie die Resonanz von Medien und Öffentlichkeit sein wird – nicht selten prägen Nachrichtenwert und die mutmaßlichen Reaktionen die politischen Positionen entscheidend mit.

Die größte Herausforderung der Politik ist es, die Bürger zu erreichen. Um in der Mediendemokratie wahrgenommen zu werden, gibt es eine Fülle von Methoden und Instrumenten: mit Personalisierung und Visualisierung, mit Inszenierungen und Symbolpolitik, vor allem aber mit Vereinfachung. Diese Entwicklung ist nichts völlig Neues, schon gar nichts Verborgenes und Geheimnisvolles. Neu ist die Radikalität und Qualität dieser Tendenzen zur wachsenden Oberflächlichkeit und der zunehmende Unterhaltungscharakter der politischen Selbstdarstellung in den Medien. Die Entwicklung scheint mit der Wucht eines Tsunamis fortzuschreiten. Mit gravierenden Folgen für die Demokratie.

Handlungsfähigkeit der Politik in Frage gestellt

Die Abhängigkeit der Politik von der Medienwirklichkeit sei „an einem Punkt angekommen, an dem Handlungsfähigkeit und Steuerbarkeit der Politik in Frage gestellt werden", schreibt der Sozialwissenschaftler

Robert Grünewald. (6) Er beklagt die „Reduzierung von Politik auf eine Marke", eine von den Medien eingeforderte Realitätsverkürzung, die politische Identitäten, Programme oder Maßnahmen auf einen „Markenkern" zusammenpresst.

Politiker haben gelernt, mit Medienrealität umzugehen. Sie wissen, dass Radio und Fernsehen vor allem kurze Statements brauchen, dass die Printmedien nach exklusiven Geschichten gieren, dass alle Medien stets auf der Suche nach Sensationen und Skandalen, nach interessanten Storys und politischen Konflikten sind. Bei den großen politischen Sachthemen sind Politiker wie Medien auf Darstellbarkeit und mithin auf Verkürzung angewiesen. Differenzierte Sichten, nuancierte Wertungen oder nachdenkliche Äußerungen können auf mehrfache Weise bestraft werden. Entweder sie schaffen es gar nicht in die Programme und Sendungen. Oder sie werden völlig verkürzt und falsch wiedergegeben. Manchmal werden sie einfach als Politikerfloskeln abgetan. Unterdessen glänzt der politische Konkurrent auf der Medienbühne mit griffigen Formulierungen, simplen, geraden Aussagen.

Vereinfachungsdruck im Wahlkampf

Ganz besonders gravierend wirkt der Vereinfachungsdruck im Wahlkampf. Der Wettbewerb um Aufmerksamkeit und Zustimmung zwingt zu griffigen Slogans, verständlichen Erklärungen und positiven Botschaften. Das war früher nicht anders, nur traten die Protagonisten auf einigen wenigen Bühnen auf: im Parlament, auf Parteitagen und Veranstaltungen, im Wahlkreis und bei Bürgertreffen. Die seriösen Medien begleiteten das politische Geschäft mehr oder minder kritisch, aber meist mit Distanz, oft auch Respekt und Nüchternheit. Diese goldenen Zeiten relativ friedlicher politischer Arbeit sind lange vorbei.

Politiker stehen ständig und immer auf den realen und virtuellen Bühnen der Mediengesellschaft und müssen mit dem Druck zur permanenten Kommunikation fertig werden. Die Medien fordern ständig News und Storys. Auch Politiker wollen nichts lieber als in den Medien präsent sein. Unglücklicherweise haben die beiden Seiten sehr unterschiedliche Interessen daran, was, wann und wie veröffentlicht wird. Von der Distanz zwischen Politik und Medien, auch von dem Respekt gegenüber den Volksvertretern ist nicht allzu viel übrig geblieben. Das Web 2.0 hat der Politik manche neuen Möglichkeiten eröffnet, vor allem die Chance zu mehr Nähe und mehr direkter Kommunikation mit dem Bürger. All diese Entwicklungen haben aber zur Folge, dass die Belastungen der Politiker enorm zugenommen haben.

Medienkrise und Medienboom

Politiker sind auf die Medien angewiesen. Aber die Medien befinden sich seit vielen Jahren gleichzeitig in einem Dauerboom und einer Dauerkrise. Auf der einen Seite gibt es eine immer üppiger blühende Medienlandschaft. Der Medienkonsum der Menschen nimmt ungebrochen zu, auf mehr als acht Stunden Medienkonsum kommt der Durchschnittsamerikaner heute, bei den Deutschen ist das nicht viel weniger. Das Radiohören im Auto, das Surfen im Internet oder der Fernseher, der nebenbei in der Küche läuft – Medien sind bei den meisten Menschen im Alltag ständig präsent.

Andererseits bangen viele Medien – nicht nur die klassischen – um ihre Existenz. Längst schon haben auch neue Medien aufgeben müssen – beispielsweise die Net-Zeitung, die erste rein im Internet basierte Zeitung. Vor allem aber in den traditionellen Medien geht die Überlebensangst um. Niemand weiß so recht, was die Medienzukunft bringt und welche Medien auf der Strecke bleiben werden: Das Zeitungsgeschäft steckt fast überall in der Welt in der Krise. Die Auflagen sinken kontinuierlich. Wie werden die Blätter der Zukunft aussehen? In Deutschland gibt es inzwischen Zeitungen, die haben auf ihren Titelseiten vor allem Lokales, bei anderen dominieren immer mehr Sex and Crime, Show-Business und Sensationen. Wird es Qualitätsblätter künftig nur noch für eine kleine Informationselite geben? Oder überleben anspruchsvolle Regionalzeitungen? In den USA berichten fast nur noch die ganz großen Zeitungen über das Weltgeschehen.

Wie werden die Fernsehanstalten mit sinkenden Quoten fertig, insbesondere bei ihren Informationsprogrammen? In den USA ringen die großen „Network“-Sender wie NBC und ABC inzwischen ums Überleben. Was bringt die allgemeine Konvergenz, eine der wichtigsten Phänomene der Moderne, für die Medien? Schon jetzt vereinen viele Medienhäuser nicht nur Zeitungen, Zeitschriften, Radio- und Fernsehsender und neue Medien, sondern agieren auch als Wein- und Buchhändler, Reise- und Konzertveranstalter usw. Viele Unternehmen und Institutionen sind längst schon Medienanbieter mit einer Fülle von eigenen Zeitschriften, Fernsehprogrammen und Informationskanälen. Welchen Einfluss haben die sozialen Netzwerke auf die politische Wirklichkeit? Bei der Guttenberg-Affäre fanden sich binnen Tagen mehr als 1,5 Millionen Unterstützer für den Baron im Verteidigungsministerium.

Verlockung zur Skandalisierung

Die dramatischen Veränderungen in der Medienlandschaft – strukturell wie ökonomisch – haben auch die politische Berichterstattung und den Alltag in der Politik nachhaltig verändert. Die Zunahme der Medienvielfalt, die wachsende Konkurrenz der Medien untereinander und der Überlebenskampf vieler Medien haben die Jagd nach Sensationen, Enthüllungen und Skandalen noch einmal deutlich intensiviert. Die Bedeutung der journalistischen Qualität als Maßstab für die Berichterstattung wird geringer im Vergleich zu den Parametern von Auflage, Quote und Werbeeinnahmen. Damit nehmen die Verlockungen von Boulevardisierung, Skandalisierung und Diffamierung weiter zu. Oft firmieren inzwischen fragwürdige Geschichten unter dem beliebten Signum der „Enthüllung" – wobei es sich oft um die Schilderung von Banalitäten handelt.

Der Arbeitsdruck für Journalisten hat fast überall stark zugenommen. Es gibt weniger Zeit zum Recherchieren und Lesen, für Hintergrundgespräche und Veranstaltungen, für die Sichtung vieler Quellen, kurz für die Basis guter und seriöser journalistische Arbeit. Mit „Journalismus im Notstand" beschrieb der Publizist Sean Condon im „Economist" schon 2006 die Lage der US-Medienbranche. Die Rolle der Qualitätsmedien als öffentlicher „Wachhund gegen die Macht" schwinde.

Was auf den ersten Blick wie ein Freibrief für die Politik aussieht, eine Erleichterung der politischen Arbeit, weil die mediale Kontrolle abnimmt, ist in Wirklichkeit genau das Gegenteil. Der Verlust der seriösen Wächterrolle der Medien geht einher mit einer zunehmenden Unberechenbarkeit der veröffentlichten Meinung. Die Medien mögen idealerweise ein „Wachhund" in der Demokratie sein. Inzwischen ähneln sie oft mehr einem verletzten Tier, das mal jault und mal bellt, mal aggressiv zubeißt und ein anderes Mal apathisch herumliegt – auf jeden Fall irrational, unkalkulierbar, gefährlich ist.

1 Wenn Medien dem Volk aufs Maul schauen

„Fernsehen ist die wahre demokratische Bildung; die erste, die jedem offen steht und die bestimmt ist von dem, was die Leute wollen. Doch was die Leute wollen, kann einem schon einen Schrecken einjagen.“

Clive Barnes (*1927), britisch-amerikanischer Theaterkritiker

„Die kriechende Mittelmäßigkeit kommt weiter als das geflügelte Talent. Der Schein regiert die Welt, und die Gerechtigkeit ist nur auf der Bühne“.

Friedrich von Schiller (aus: Der Parasit)

Michelle Obama widmet sich wie alle First Ladies hehren humanitären Projekten. Ihre Vorgängerinnen im Weißen Haus unterstützen mit ihren Initiativen Krebsforschung und Waisenkinder, Flüchtlingsfamilien und Tierschutz, geistig Behinderte und Alkoholkranke. Die Frau des ersten schwarzen Präsidenten der USA setzt sich vor allem für gesunde Ernährung von Kindern und Fitness ihrer Landsleute ein. Das trug ihr nun den Vorwurf ein, sie schicke die Amerikaner in den Tod. „Die Kampagne der First Lady für mehr Sport im Freien könnte ein Faktor sein, dass die Zahl der Unfallopfer unter Fußgängern im ersten Halbjahr 2010 gestiegen ist“, zitierte der konservative „Examiner“ (1) den Gouverneurs-Verband für Autobahnsicherheit. Als die First Lady fotografiert wurde, wie sie genüsslich an Spareribs knabberte, lästerte der erzkonservative Radio-Talkmaster Rush Limbaugh, sie sei nun wirklich kein Vorbild für Amerika. „Wenn wir Wurzeln, Beeren und Baumrinde essen sollen, dann machen Sie uns das doch vor!“, forderte er Michelle Obama auf.

Es herrscht ein rauer Ton in der politischen Landschaft der USA. Viele geben den Medien einen Großteil der Schuld daran, in erster Linie dem erfolgreichsten Nachrichtensender der Welt, dem Sender Fox News. Er gehört dem Medien-Tycoon Rupert Murdoch. Aber der Mann, der Fox News zu dem gemacht hat, was es ist, heißt Roger Ailes.

Der umstrittene Medienboss weiß, wie er gesehen wird. „Paranoid, rechtslastig, fett“ werde die Beschreibung sicher sein, meinte der Chef des US-Fernsehsender Fox News zu dem Reporter der Zeitschrift „Esquire“ Ende 2010. (2) Der 70 Jahre alte Fernsehmann kokettiert lässig mit seinem üblen Image. Schließlich ist er einer der erfolgreichsten Medienmacher der US-Geschichte: Er hat ein Jahreseinkommen von über 23 Millionen Dollar. Er wird verehrt und gefürchtet. „Er versteht mehr von Medien, Politik und dem amerikanischen Volk als jeder andere", meinte respektvoll der republikanische Politiker Newt Gingrich, möglicher Präsidentschaftskandidat für 2012. (3)

Ailes kokettiert gerne damit, dass ihn der linke Fernsehmoderator Keith Olbermann als den „schlechtesten Menschen der Welt" beschimpft hat. „Warum hassen Sie Amerika?" überschrieb „Esquire" die Reportage über den Mann, den sie beschuldigt, die politische Polarisierung der USA zur beruflichen Existenzgrundlage gemacht zu haben. Denn sein Sender Fox News steht für ein Nachrichtenprogramm, das nicht nur nach Ansicht der Liberalen sein hochprofitables Geschäft mit parteiischem Journalismus, rechter Hetze und übler Demagogie macht.

Ein Mann im Hintergrund

Auch den mächtigsten Mann der Welt, den US-Präsidenten, hat Ailes das Fürchten gelehrt. Drei Prozentpunkte Stimmeneinbußen bei den Wahlumfragen seien den wilden Attacken von Fox News gegen ihn zu verdanken, klagte Obama im Herbst 2008. Ailes ist ein alter Fahrensmann, wenn es um Wahlkampf geht. Vor seiner Zeit bei Fox News hatte er als Medienexperte drei Republikanern geholfen, das Weiße Haus zu erobern oder zu halten. Der TV-Profi war es, der dem spröden, ungelenken Nixon die Bedeutung von Schminke und Körpersprache, menschelnden Auftritten und einfach zu erzählenden Geschichten beibrachte. „Wenn Sie das nicht verstehen, dann haben Sie schon verloren", sagte er Nixon, als er ihm zum ersten Mal in einem Studio begegnete. Wenige Tage später bot der Republikaner dem Mann aus Ohio einen hochdotierten Beraterjob an.

Ailes ist stolz darauf, uramerikanische, konservative Werte von Familie, Nation und Freiheit zu vertreten. Der TV-Boss, der unter der Bluterkrankheit leidet und mehrfach nur knapp dem Tod entrann, sieht sich als „typischen Amerikaner": ehrlich, gerade heraus, kämpferisch. Er will immer gewinnen, sagt er. Von seinem Vater habe er gelernt, dass im Kampf nur der Sieg zähle.

Für einen Mann wie Ailes ist ein Demokrat wie Barack Obama, Absolvent einer Elite-Universität und liberaler Intellektueller, mehr als fremd. Man könnte auch sagen, dass Ailes wenig Sympathien für einen Afro-Amerikaner und Demokraten mit einer so ungewöhnlichen Biografie hat. Schließlich wuchs Barack Obama ohne seinen leiblichen Vater auf, lebte zeitweise mit Mutter und muslimischem Stiefvater in Indonesien und war dann später meist bei seinen Großeltern auf Hawaii. In Chicago arbeitete er als Sozialarbeiter und Anwalt für Bürgerrechte.

Ailes war es, der im Vorwahlkampf 2007 einen Witz riss, der Obama und Osama (bin Laden) verwechselte. Damit setzte er den Ton für eine offene

Diffamierungskampagne des Senders gegen Barack Obama. Seit er Präsident ist, befindet sich das Weiße Haus im Dauerclinch mit dem Ailes-Sender Fox News. Auf der Website des Weißen Hauses wird kaum verhohlen gegen „Lügen und Schmierkampagnen" gewettert.

Präsident hilflos

Aber der US-Präsident hat sich im Kampf gegen den oft genug geradezu bösartigen Sender als recht hilflos erwiesen. Man werde Fox News künftig „wie einen Gegner behandeln", sagte Obamas Kommunikationschefin Anita Dunn im Herbst 2009 erbost nach dem Dauerbombardemant an Negativnachrichten aus der Fox-Sendezentrale in der Avenue of the Americas in Manhattan. „Wenn Fox gegen Barack Obama und das Weiße Haus Krieg führt, müssen wir nicht so tun, als verhielten sie sich wie legitime Nachrichtensender." Als Obama dann allen wichtigen US-Sendern Interviews gewährte oder Talkshows besuchte, wurde Fox News demonstrativ übergangen.. Was für den Demokraten zum medialen Rohrkrepierer wurde.

Fox News griff begierig den Affront auf und machte ihn in den Sendungen tagelang zum willkommenen Skandalthema. Die Regierung Obama sei „die größte Ansammlung von Heulsusen, die ich in meiner 30-jährigen Arbeit in Washington erlebt habe", lästerte der Fox-Nachrichtenmann Chris Wallace. Der Konflikt endete mit einem klaren Punktsieg für Fox in der Öffentlichkeit. Der Sender dachte gar nicht daran, sich zu ändern – dennoch gewährten sowohl Barack als auch Michelle Obama Fox News später Interviews.

Fox News kein Parteisender

Die Demokraten beschimpfen den Sender schon seit langem als einen verlängerten Arm der Republikaner. Aber das greift viel zu kurz. Zwar haben die konservativen Spitzenpolitiker Sarah Palin und Mike Huckabee sogar eigene Sendeformate bei Fox. Aber sie können sich ebenso wenig wie Robert Giuliani, Mitt Romney oder Michael Bloomberg auf den Sender als natürlichen Alliierten verlassen. Fox News fühlt sich viel eher der tief konservativen, von schwerreichen Amerikanern mitfinanzierten Basisbewegung der Tea Party verbunden. Der Sender unter der Führung von Ailes hat einen wesentlichen Beitrag dazu geleistet, dass die Tea Party praktisch aus dem Nichts heraus zu einem Machtfaktor in den USA geworden ist.

Fox-Moderatoren entsprechen kaum dem landläufigen Bild eines Journalisten. Sie wirken in ihren Sendungen eher wie aufgedrehte Motivationstrainer oder politische Einpeitscher. Ihre Wirkung ist ungeheuer: Die Fernsehstars des Senders sind bei den Rechten in den USA oft populärer als viele republikanische Politiker. Kein Wunder, dass immer wieder darüber spekuliert wird, einer der Fox-Frontmänner könnte sich um eine Kandidatur für die US-Präsidentschaft bewerben.

Seriöser Journalismus hilft CNN kaum

Sechs Jahre, nachdem Ailes für Murdoch den Sender aus dem Boden stampfte, überholte Fox News die Mutter aller Nachrichtensender, CNN. Seit 2002 ist Fox News unumstrittener Marktführer unter den amerikanischen Nachrichtensendern. Täglich verfolgen einige Millionen Zuschauer das Fox-Programm. Der Murdoch-Sender fuhr mit seinem schrillen Politikprogramm in den vergangenen Jahren mehr Gewinn ein als alle anderen US-Nachrichtenprogramme zusammen.

CNN sieht sich als eine letzte Oase des neutralen Journalismus. Tatsächlich ist die Berichterstattung bei CNN im Vergleich zu Fox News erfrischend vielschichtig und nüchtern. Schwere Einbußen bei den Einschaltquoten hat das nicht verhindert. Der Nachrichtensender MSNBC, eine Tochter von NBC, suchte sich als medialer Gegenpol zum rechten Fox-Sender (nach amerikanischen Maßstäben) links zu positionieren. Mehr als Achtungserfolge konnten liberale Moderatoren wie Rachel Maddow oder Keith Olbermann mit ihrem linksgestrickten Meinungsjournalismus auch nicht erzielen. Dabei setzten sie genau wie die Fox-Macher auf viel Show und persönliche Angriffe, auf Emotion und Konfrontation.

Aber das liberale und links-gerichtete Publikum braucht offenbar deutlich weniger Selbstbestätigung als das rechte Amerika. Denn das ist es, was Fox täglich macht. Es bestätigt die Meinung von „Average Joe", des kleinen Mannes in den USA, es spielt brillant auf der Klaviatur von Ängsten, Sehnsüchten und Vorurteilen einfacher Bürger. Bei Fox News wird ausgesprochen oder zumindest angedeutet, was viele Amerikaner denken. Der Sender ist wie ein verzauberter Spiegel, der der schweigenden Mehrheit einflüstert: „Du hast ja so recht!"

Der sogenannte affirmative (bestätigende) Journalismus konzentriert sich nicht auf Berichterstattung, sondern auf die Würdigung der Meinungen des Publikums", schreiben die US-Autoren Bill Kovach und Tom Rosenstiel in ihrem medienkritischen Buch „Blur" (Unklarheit). (5) Ein Großteil der Leser, Hörer und Zuschauer suchte nicht „neutrale Informationen, sondern Führung und Unterstützung in den Dingen, an die sie glauben".

Obama wird als Rassist beschimpft

Bei Fox kann Glenn Beck schwadronieren, dass der schwarze Präsident einen „tiefsitzenden Hass auf Weiße und auf weiße Kultur" habe, dass er ein „Rassist" sei und die USA in eine kommunistische Diktatur führen würde. Oder dass die Demokraten ihr Land nicht wirklich liebten. Besonders gerne werden in Fox-Sendungen politische Gegner als „faschistisch" oder „kommunistisch" gebrandmarkt – meist ist es nicht mehr als der Gebrauch sinnentleerter Diffamierungen. Becks Gebaren erinnere an „Satans geistig behinderten Bruder", schrieb der Horror-Schriftsteller Stephen King. (6)

Die Ausfälle der Fox-News-Moderatoren sind mit den Jahren immer übler geworden. Schließlich nahm der Sender sogar mit deutlich antisemitischen Untertönen den liberalen Geschäftsmann und Milliardär George Soros ins Visier. Der gebürtige Ungar und Jude unterstützt seit vielen Jahren die amerikanische Linke – ebenso wie demokratische Bewegungen in Mittel- und Osteuropa. Für Fox News ist Soros der schwerreiche Strippenzieher einer linken Verschwörung gegen Amerika.

Der traurige Höhepunkt der Attacken gegen Soros war erreicht, als Glenn Beck ihn der Mitschuld an der Ermordung ungarischer Juden beschuldigte. Mit einer abenteuerlichen Argumentation unterstellte er, dass Soros als Junge in Ungarn während seines Unterschlupfs bei einer christlichen Familie geholfen habe, Juden in die Konzentrationslager der Nazis zu schicken.

Die jüdische Organisation „Jewish Funds for Justice" forderte im November 2010 in einer ganzseitigen Anzeige im „Wall Street Journal" Konzernchef Murdoch auf, Glenn Beck und Roger Ailes endlich wegen ihrer Nazi- und Juden-Obsession zu disziplinieren. Was natürlich nicht geschah. Fox ist eine rechtsgerichtete Großmacht in der amerikanischen Innenpolitik geworden.

Erfolg mit miesem Journalismus

Das Erfolgsrezept des „Nachrichtensenders" ist die Verletzung von klassischen Prinzipien des Journalismus: Emotion statt Nüchternheit, Parteinahme statt Neutralität, Einmischung statt Distanz. Die Entwicklung der letzten Jahre scheint zu belegen, dass zumindest in den USA Objektivität im Fernsehen wenig profitabel ist. Wenn der Italiener Berlusconi der Erste war, der mit einem Konzept vom Business-Reißbrett die politische Macht eroberte, dann war Roger Ailes der Erste, der mit der Politisierung eines Nachrichtensenders Milliardengewinne machte.

Er hatte den Markt offensichtlich richtig analysiert. Für die Stimmungen der amerikanischen Durchschnittsbürger ist er Experte, schließlich zählt er sich selbst dazu – auch wenn Zweifel daran berechtigt scheinen.

Vor allem aber stellt Fox News Zusammenhänge her. Übliche TV-Nachrichtensendungen von seriösen Redaktionen wie NBC oder CBS reihen ein Ereignis an das andere: Kriege und Verbrechen, Gesundheitsreformen und Wahlkampf, Regierungskrisen in Europa und Filmpremieren, Entdeckungen der Wissenschaft und Kuriositäten. Aber solche Programme bieten keinen Kontext, keinen Sinnzusammenhang.

„Was die Heerscharen von Fox-Zuschauern zeigen, ist nicht ein rückwärts gewandter Konservativismus, sondern eine Sehnsucht nach einem schlüssigen, interpretierenden Rahmen, der sie verstehen lässt, was in der Welt wirklich geschieht", schrieb der US-Publizist Stephan Richter. (7) Das Prinzip des Nachrichtenjournalismus, in erster Linie Fakten zu präsentieren, um dann Zusammenhänge zu erklären, wird in den USA zunehmend in Frage gestellt. Auch in Deutschland gewinnt die einordnende Darstellung; das Bedürfnis nach Erklärung und Orientierung ist angesichts der Nachrichtenfluten und der wachsenden Komplexität groß. Problematisch wird es, wenn die tägliche Berichterstattung immer weniger nüchterne Einordnung bietet, sondern immer stärker von einer interpretierenden und wertenden Darstellung geprägt ist.

Populismus der Medien

Fox News badet in der Zustimmung des Volkes, zumindest eines wichtigen Teils. Das macht niemanden neidischer als den Konkurrenten CNN. Inzwischen sucht der liberale Sender – noch immer ein Hort sauberen Journalismus – nach einem eigenen populären Erfolgsrezept. Die Programmmacher wollen näher zum Zuschauer, er soll stärker einbezogen werden, mitbestimmen können.

Bürgerpartizipation im Sender sieht dann so aus: Die Moderatorin verkündet mit breitem Lächeln, dass es nun zu „Choose the news" („Wähl' die Nachricht aus") geht. Per SMS können die Zuschauer abstimmen, welchen Beitrag sie sehen möchten: Über die drohende Übernahme von Frauen-Notunterkünften in Afghanistan durch die Regierung. Oder einen Film über die größte Waffenshow im Nahen Osten in Abu Dhabi. Oder einen Report über obdachlose weibliche Veteranen des Irakkriegs in den USA. „Stimmen Sie ab", fordert die CNN-Moderatorin freundlich auf. Basisdemokratie in der Nachrichtensendung soll das wohl sein. Es wirkt zutiefst befremdlich, so als ob die Journalisten nicht wüssten, was wichtig ist und was nicht. Die Macher von Fox News werden sich über so viel Unbeholfenheit ins Fäustchen lachen. Ihre Volksnähe, die Orientierung, die sie offerieren, sieht ganz anders aus – nämlich souverän und eindeutig.

Das Erfolgsrezept des erzkonservativen Senders liegt in der direkten und umstandslosen Befriedigung der Kundenwünsche, es ist die Umsetzung der simplen marktwirtschaftlichen Spielregel von Angebot und Nachfrage. Wer den Triumph des Murdoch-Fernsehens in den USA als geglückten Versuch politischer Manipulation eines mächtigen Medienunternehmens erklärt, greift nicht nur viel zu kurz, es könnte sogar sein, dass eine solche Analyse einfach falsch ist. Nachfrage-Orientierung und das Primat des Profits begründen den Siegeszug von Fox sehr viel besser als die Unterstellung einer politischen Strategie. Fox News orientiert sich mehr an Publikumswünschen als jeder andere Sender. Der amerikanische Zuschauer stimmt schließlich mit der Fernbedienung täglich darüber ab, was er sehen und hören möchte. Das mag manchem zu naiv klingen, aber es ist ebenso legitim wie die Aussage, der Bürger habe in einer Demokratie die freie Wahl. In den USA entscheiden sich von denen, die sich irgendwie für Politik interessieren, mehr Bürger für die provokanten Sendungen im Herrschaftsbereich von Ailes als für CNN, MSNBC oder Bloomberg.

Fox News hat ein Programm entwickelt, dass aus den politischen Gegensätzen ein Geschäft macht. Gerne auch auf dem Niveau von Stammtischdiskussionen, bei denen auch mal mit der Faust auf den Tisch geknallt wird. Mit den radikalen und hochemotionalen Sprüchen trägt der Sender dazu bei, die Polarisierung in den USA zu vertiefen. Wer die Sendungen verfolgt, versteht, warum die Obama-Berater Fox News schlicht als bösartig empfinden. Zwar boykottieren über 200 US-Unternehmen den Sender und kaufen keine Werbeminuten für ihre Produkte. Dennoch läuft das Geschäft mit der Polarisierung bestens. „Murdoch ist von Fox News zunehmend peinlich berührt. Aber er macht damit eine Menge Geld, und das ist seine Priorität“, erläuterte der Biograf von Murdoch, Michael Wolff, den Hintergrund. (8)

Kampf Gut gegen Böse

Der Versuch Obamas, die Gräben der Politik in Washington zu überbrücken, ist für das Fox-Konzept Gift. Das Freund-Feind-Schema, der Kampf Gut gegen Böse, die Auseinandersetzung zwischen „Uns“ und den „Anderen“ ist der fruchtbare Boden für den Journalismus, wie ihn Fox betreibt. „Nachrichten für wütende weiße Männer“, beschrieb CNN-Chef Jon Klein die Strategie des Konkurrenzsenders. „Der Aufstieg von Fox News symbolisiert den Niedergang des Journalismus“, meint Sanford Ungar, Ex-Präsident von „Voice of Amerika“. Der Sender fungiere inzwischen „wie eine politische Partei“.

Das Programmkonzept von Fox News ist nicht gänzlich neu: Vorgemacht hatten es amerikanische Radiostationen mit ihrem „Talk Radio“. Sie sind nach wie vor äußerst populär. Täglich schalten zig Millionen Amerikaner ein, wenn die Starmoderatoren vom Leder ziehen. Hier geht es womöglich noch ein Stück unzivilisierter zu als bei Fox: Im Radio wird geflucht oder gehetzt, gnadenlos hergezogen über die angebliche Niedertracht in der Welt, oder besser in Washington.

Habitus eines Wanderpredigers

Der erfolgreichste und berüchtigste Rechts-außen am Mikrofon, Rush Limbaugh, durfte 2010 einem Achtjahresvertrag im Wert von fünfhundert Millionen Dollar beim Syndikationssender Premiere Radio Networks unterzeichnen. Die Sender belohnen die bekanntesten „Shock Jocks", wie die Großmäuler der Rundfunkstudios genannt werden, mit gigantischen Gagen. Denn ihnen gelingt es täglich, eine in die Millionen gehende Hörerschaft zu fesseln. Entsprechend hoch sind die Werbeeinnahmen und die Gebühreneinnahmen der kostenpflichtigen Satellitensender.

Limbaugh war der erste, der den Hörern ohne Wenn und Aber täglich die Welt erklärte, der mit dem Habitus eines Wanderpredigers glasklar und simpel zwischen Gut und Böse, Richtig und Falsch trennte. 14 bis 20 Millionen Amerikaner lauschen täglich den Tiraden dieses Radiomanns. Der bullige Mann aus Missouri hat die politische Kultur in den USA verändert. Ailes und Fox News setzten dann im Fernsehen fort, was Limbaugh im Äther begonnen hatte.

Nicht alle Entwicklungen und Neuerungen in Amerika gelangen auch nach Europa. Aber vieles davon – oft in abgewandelter Form, gemildert oder angelehnt, mit den jeweiligen nationalen Besonderheiten. Das gilt für viele gesellschaftliche Bereiche, ganz sicher für Medien und Politik – trotz aller Unterschiede im politischen System und der Geschichte. Talkshows und Kandidatenduelle, der Einzug des Privaten ins Politische, die Professionalisierung der Wahlkämpfe, die mediale Dauerberieselung mit Politik und Nachrichten, die Boulevardisierung und Personalisierung, die Skandalisierung und Sensationslust sind nur einige der vielen Aspekte und Phänomene, die von den USA aus den Weg nach Europa fanden.

In Deutschland, wo die Sehnsucht nach Konsens und Harmonie in der Politik besonders groß ist, hätte ein Format wie Fox News derzeit keine Chance. Dass die abgründigen Bedürfnisse der Zuschauerwünsche in den USA und in Deutschland sowie dem übrigen Europa sich aber wenig unterscheiden, zeigen die Reality Shows zu beiden Seiten des Atlantiks. Bei der Gnadenlosigkeit im Umgang mit einfachen Leuten, dem zutiefst zynischen Menschenbild, das sich in Doku-Soaps, Castingshows und unpolitischen Talkshows entlarvt, der Freude, „Loser" und Opfer vor die Kameras zu zerren, gibt es wenig Unterschiede.

Vergiftung der politischen Auseinandersetzung

Der große Erfolg von Fox News und die enormen politischen Folgen für die USA bergen auch eine mahnende Botschaft an die anderen westlichen Gesellschaften. Auch bei uns gibt es manche Anzeichen für eine nachhaltige Vergiftung der politischen Auseinandersetzung. Ein Blick in die Lesekommentar-Spalten der Online-Ausgaben großer deutscher Medien bestätigt das auf irritierende Weise. Dabei sind diese Seiten für Meinungen der Leser in der Regel schon zensiert und von den schlimmsten Ausfällen befreit.

Die zunehmend schrillen Töne der politischen Auseinandersetzung in vielen westlichen Demokratien erschweren massiv die Arbeit der Regierungen. Oppositionspolitiker mögen über die Lähmung der Regierung frohlocken. Spätestens wenn sie selbst wieder am Ruder sind, müssen sie in dem vergifteten Klima arbeiten und handeln. Die Kritik an der politischen Umweltverschmutzung verhallt in der gesellschaftlichen Wirklichkeit ohne große Resonanz und bleibt ohne Konsequenzen.

Die mittel- und langfristigen Folgen der emotionalen Aufheizung im politischen Raum bedrohen aber die Funktionsfähigkeit des demokratischen Systems und die Effizienz der Regierungsarbeit – völlig unabhängig davon, wer regiert. Letztendlich profitiert außer professionellen Hetzern in den Medien und den PR-Apparaten der Politik langfristig niemand wirklich von dem versprühten Gift.

Macht der Comedy

Neben Fox News beeinflusst auch die Comedy die politische Kultur Amerikas nachhaltig, vor allem die „Daily Show“ mit Jon Stewart. Comedy treibt das Prinzip Politik als Unterhaltung auf die Spitze. Politik zum Kaputtlachen könnte die Devise lauten – in der Regel aber von einem linken, liberalen Standpunkt aus. Stewart lockt mit bissigem Humor, böser, aber eben nicht bösartiger Ironie vor allem ein junges Publikum an. Seine zuweilen grotesk komische Show ist meist auch eine kritisch informierende Politiksendung – und damit ein Glücksfall für das politische Leben in den USA.

Die Stars von Fox News und den Comedy-Shows sind längst wichtige Protagonisten auf der politischen Bühne geworden. Es belegt auch die weiter wachsende Konvergenz von Politik und Showbusiness. Politiker und „Celebrities“, die Prominenten aus Wirtschaft und Film, Kultur und Sport tummeln sich zunehmend auf den Spielfeldern der jeweils anderen. Politikerauftritte in Fernsehserien und Filmen sind schon längst keine Sensation mehr. Hollywoodstars wie Ronald Reagan oder Arnold Schwarzenegger haben es in höchste Ämter geschafft.

2 Talkshows

„Wenn alle Leute nur von dem redeten,
von dem sie etwas verstehen,
dann gäbe es keine Fernsehdiskussionen."

Werner Höfer (1913–1997), deutscher Journalist

Jürgen Trittin pflegte seine „Clippings" morgens am Kabinettstisch zu sichten. Von der Pressestelle seines Hauses ließ der Umweltminister (1998–2005) sich jeden Tag zusammenstellen, was die Zeitungen und Zeitschriften so über ihn berichteten. Vermutlich handeln die meisten anderen Regierungsmitglieder ebenso wie der medienbewusste Grünen-Politiker. Allerdings ließen sie sich dabei kaum über die Schulter schauen, so wie das der damalige Kulturstaatsminister Michael Naumann bei Trittin tat. Und später im Fernsehsender 3sat darüber lästerte.

Dabei weiß auch der SPD-Mann, dass Medienpräsenz der Schlüssel für politischen Erfolg ist. Die Bedeutung der Printmedien für die Wahrnehmung von Medienpräsenz hat zwar sicher zugunsten der unzähligen Talkshows und Politikerrunden im Fernsehen abgenommen. „Aus den Analysen zur Fernsehpräsenz bei Bundestagswahlen kann man (...) mit einiger Wahrscheinlichkeit den Wahlerfolg der konkurrierenden Spitzenkandidaten vorhersagen", behauptet der Medienwissenschaftler Winfried Schulz. (1) Das Fernsehen ist zum wichtigsten Schauplatz der öffentlichen Auseinandersetzung in der Politik geworden. Diese Entwicklung hat viele widersprüchliche Facetten.

Sicher haben heute weit mehr Bürger als früher Zugang zu den wichtigen Themen der Politik. Millionen können abends gemütlich im Fernsehsessel sitzend den Disput der politischen Kontrahenten verfolgen. Politische Talkshows dürfen für sich in Anspruch nehmen, zu informieren und aufzuklären. Auch Bürger, die aus Desinteresse oder Politikverdrossenheit weder eine politische Veranstaltung besuchen noch eine Parlamentsübertragung oder politische Informationssendung ansehen würden, werden mit diesen unterhaltenden Programmen erreicht.

Der Unterhaltungscharakter der Talkshows macht die politische Welt besser verstehbar – auch wenn Wissenschaft und Politik eine „Komplexitätsreduktion", Medienkritiker eine „neue Hysteriestufe in der Mediendemokratie" und weiteren Vertrauensverlust in die Demokratie beklagen. (2) Aber in einer verwirrenden, sich rasch verändernden und unübersichtlich gewordenen Welt können diese TV-Sendungen durchaus dazu beitragen, Politik besser zu begreifen. Die Frage ist nur, wie gut das die Politiker in den Sendungen machen – oder wie gut sie es in den gegebenen Sendeformaten und mit den verschiedenen Moderatoren machen können.

Menscheln und Unterhalten

Fast alle Politiker versuchen, die Zuschauer mit einer Mischung von schlagenden Argumenten und wichtigen Fakten, eingängigen Anekdoten oder historischen Brückenschlägen zu gewinnen. Hinzu kommt aber viel Persönliches: Amüsante Episoden aus dem Alltag, kleine Histörchen aus der eigenen Biografie, unerwartete Bekenntnisse und witzige Begebenheiten, heimliche Vorlieben und ungewöhnliche Interessen. Im Fernsehen wird gemenschelt, was das Zeug hält. Der Politikwissenschaftler Richard Lau wunderte sich Anfang der 90er Jahre darüber, dass nur rund 10 Prozent der amerikanischen Wähler wussten, welche Meinung US-Präsident George H. W. Bush zur Todesstrafe vertrat. 99 Prozent der Wähler konnten aber berichten, dass der Republikaner aus Texas Broccoli nicht ausstehen konnte. (3)

Politiker wollen vor der Kamera und einem Millionenpublikum als glaubwürdige, sympathische Zeitgenossen punkten. Und alle Beteiligten wissen: Politik wird in Talkshows zwangsläufig zu einer Unterhaltungssendung, zum „Politainment". Denn erfolgreich können die politischen Programme nur sein, wenn sie den verwöhnten Zuschauer bestens unterhalten. „Lieber interessant geschwindelt als langweilig erzählt", benennt SPD-Mann Steinbrück das fragwürdige Motto von Fernsehauftritten. „Selbstmedialisierung wird zu einer zentralen Strategie politischen Handelns in der Mediengesellschaft", so der Wissenschaftler Thomas Meyer.

Faszinierende Duelle sind die Ausnahme

Völlig unterschiedliche Dramaturgien locken die Zuschauer. Natürlich kann auch ein heftiger, politischer Schlagabtausch faszinieren. Manche der traditionellen Rededuelle der US-Präsidentschaftskandidaten sind in die Geschichte eingegangen, beispielsweise Kennedy gegen Nixon (1960) oder Reagan gegen Carter (1980). Berühmt geworden ist auch der hochemotionale Auftritt des ehemaligen Kanzlers Gerhard Schröder am Wahlabend des 27. September 2005. Er sprach in der sogenannten „Elefantenrunde" Angela Merkel ab, die Regierung führen zu können. „Niemand außer mir ist in der Lage, eine stabile Regierung zu stellen. Niemand außer mir", giftete er gegen die Unionspolitikerin. Die CDU/CSU mit Merkel an der Spitze hatte gerade gegen die SPD gewonnen, wenn auch nur hauchdünn.

Unterhaltend ist es natürlich auch, wenn Spitzenpolitiker vor den Kameras versagen. Der ehemalige Präsident George W. Bush war immer für verbale Patzer gut, die sogenannten „Bushism“ füllten kleine Bücher. Auch die Auftritte des früheren Ministerpräsidenten Bayerns, Edmund Stoiber, hatten eine eigene Spannung, war der CSU-Politiker doch auch berühmt für abenteuerliche Wortkaskaden, Stammeln und Versprecher. Legendär und auf Youtube millionenfach abgerufen: Stoibers Auftritt im Januar 2002 bei Sabine Christiansen. (4) Auch mit der Hoffnung auf Mitleid mit Mächtigen oder Schadenfreude über Promis lässt sich Quote machen. Und ewig locken die persönlichen Geständnisse der Politiker, die Einblicke ins Familienleben und den Alltag – Themen, bei denen sich der Bürger dem Politiker ganz nahe fühlen kann.

Um der Medienlogik zu genügen, akzeptieren Politiker Spielregeln und Besonderheiten des Fernsehens. Denn Fernsehauftritte können tückisch sein. Also lernen Politiker Körpersprache und Haltung, Atemtechnik und Mimik, lassen sich zeigen, was man mit den Händen macht, wie man Gesten und Redepausen einsetzt. Bei Rhetorik- und Medientrainern üben Politiker den gelungenen Auftritt, die überzeugende Argumentation, auch die Kunst, den politischen Kontrahenten im richtigen Moment zu unterbrechen. Gelehrt werden auch die vielen Don'ts: hektische Bewegungen, Grimassieren, viele „Ähs“ oder grelle Kleiderfarben. Obwohl viele Politiker sich inzwischen von Spezialisten haben schulen lassen, wird kaum einer zugeben, dass er Talkshow-Einsätze wie ein Schauspielschüler den Bühnenauftritt einstudiert hat. Aber kaum einer ignoriert, dass die „Performance“ für die Wirkung im Fernsehen meist sehr viel wichtiger ist als alle politischen Inhalte.

Gefahren des Politainments

Der Politologe Thomas Mayer spricht von einem „folgenreichen Rollenwechsel“ zwischen Politik und Medien. „Während in der pluralistischen Parteiendemokratie – ihrem Modell nach zur Gänze und in ihrer Praxis doch in ausschlaggebendem Maße – die Medien die Politik beobachten sollten, damit sich die Staatsbürger eine vernünftige Meinung von ihr bilden können, beobachten in der Mediendemokratie die politischen Akteure das Mediensystem, um von ihm zu lernen, was sie und wie sie sich präsentieren müssen, um auf der Medienbühne einen sicheren Platz zu gewinnen. Solches „politainment“ – so die Annahme – vertreibt die Langeweile und erweitert das Publikum. (5) Die Frage ist nur, ob das, was es dabei zu besichtigen gibt, noch in hinreichendem Maße Informationen über Politik, einen Einblick in ihr tatsächliches Geschehen erlaubt und auf diesem Wege mündige Entscheidungen über sie möglich macht.

Bundestagspräsident Norbert Lammert kritisierte Anfang 2011 heftig die Flut der Talkshows. „Sie simulieren nur politische Debatten. In Wahrheit benutzen sie Politik zu Unterhaltungszwecken“, klagte der CDU-Politiker (6) mit einer sympathischen Weltfremdheit. „Mich stört die Abstinenz bei authentischer und der Übereifer bei simulierter politischer Auseinandersetzung.“ Talkshows hätten insgesamt mehr Sendezeit als die im Sonderkanal Phoenix ausgestrahlten Übertragungen aus dem Parlament. Dabei übersah Lammert, dass bei den Übertragungen aus dem Bundestag in der Regel nur ein Bruchteil der Zuschauerzahlen erzielt wird wie bei den populären Talkshows von Anne Will oder Maybrit Illner oder bei den sogenannten Personality Talks wie bei Reinhold Beckmann oder Johannes B. Kerner.

Die gute Show entscheidet

Wegen einer zunehmenden Verlagerung der politischen Debatten vom Parlament in die Talkshows des Fernsehens „wächst der Zwang zur Anpassung der Politik an die Unterhaltungskriterien des Fernsehens“, wie es in einer Studie der Konrad-Adenauer-Stiftung über politische Kommunikation heißt. „Es geht also um nichts anderes als um die Ablösung des ergebnisorientierten politischen Problemlösungserfolgs durch den medialen Darstellungseffekt als Quelle politischer Legitimation“, schreibt Robert Grünewald. (7) Das bedeutet auf Deutsch: Politik ist erfolgreich, wenn sie in den Medien als Erfolg vermittelt werden kann – völlig gleichgültig, ob das mit der Wirklichkeit übereinstimmt. Die Show ist entscheidend, nicht die Substanz.

„Politik (...) ist zur Dauerwerbesendung geworden. Und geworben wird, wie auf Produktmärkten auch, immer weniger mit Produkteigenschaften – übersetzt: mit politischen Programmen und Argumenten –, sondern mit Lifestyle, mit Emotionen, mit ästhetisierten Showeffekten, Geschichten und Pointen“, so die Studie der Konrad-Adenauer-Stiftung (KAS).

Fernsehen fördert die direkte Demokratie

Politik wird im Fernsehen zunehmend wie ein Sportereignis inszeniert. Es gibt Außenseiter und Favoriten, Spitzenduelle und Vorberichte, Sieger und Verlierer. Nach den Sendungen analysieren und kommentieren Wissenschaftler und Journalisten den Schlagabtausch. Inzwischen hat auch in Deutschland das Instrument der Publikumsabstimmung nach dem Muster „vorher/nachher“ Einzug gehalten. Wie in US-Sendungen oder bei BBC-Debatten dürfen auch die Zuschauer der Sendung von Claus Strunz im Privatsender Sat1 zu Beginn und dann am Ende der Diskussionsrunde ihre Meinung zu dem anstehenden Thema äußern.

Manche begrüßen diese Entwicklung als einen Schritt zu mehr Demokratie: „Die erbarmungslose Klammer aus Talk und Demoskopie, aus Dauerbeobachtung und Umfragewerten zwingt den Politikern heute in einem Maße die Berücksichtigung des Wählerwillens auf, wie sie im klassischen Modell der repräsentativen Demokratie kaum denkbar schien“, schreibt der Medienwissenschaftler Andreas Dörner. (8) Für ihn verbindet sich „das „Plebiszit“ des applaudierenden TV-Studiopublikums mit dem „Plebiszit“ der Meinungsumfragen. Ist das wirklich ein begrüßenswerter Beitrag für die Demokratie? Dörner betrachtet durchaus nachvollziehbar die Talkshows als eine Art Steigerungsform der Umfragen. In der „populistischen Kurzatmigkeit“ liege keine große Gefahr. Wirklich nicht?

Hat nicht diese Entwicklung zur Fernsehdemokratie dazu beigetragen, dass sich Regierungen in den vergangenen Jahren in einer Dauerkrise zu befinden scheinen? Ist es hilfreich, dass der politische Alltag nicht nur mit den aktuellen Herausforderungen fertig werden muss, sondern auch mit den in Umfragen und Talkshows auf sie niederprasselnden Befürchtungen und Mutmaßungen? Denn im Politainment-Alltag geht es um allerlei spannende, spekulative Aspekte: Wann steht die nächste politische Krise ins Haus, wie geht die anstehende Wahl aus, was haben die Krisenherde in der Welt für uns zu bedeuten, oder droht in Kürze wieder ein dramatischer Konjunktureinbruch? Zumindest in den USA und Deutschland ist der politische Alltag von einer demoskopisch und medial konstruierten Aufgeregtheit geprägt.

Politainment verstärkt Ratlosigkeit

Die politische Arena ist von hysterischem Geschnatter und rhetorischem Kampfeslärm erfüllt – der eigentlich in keinem Verhältnis zu den soliden, friedlichen und stabilen Verhältnissen beispielsweise in Deutschland steht. Noch nie ging es dem Land materiell besser als heute. Noch nie war das Ansehen Deutschlands größer. Noch nie wurde der Einfluss Deutschlands in der Welt mehr begrüßt als heute. Noch nie hatte Deutschland weniger Feinde.

Und doch leben wir gefühlt in unsicheren Zeiten. Was oft sehr viel mehr mit Befürchtungen und Ängsten zu tun hat als mit der Wirklichkeit. Dennoch müssen die Sorgen und natürlich auch die realen Gefahren ernst genommen werden. Aber es ist von Übel, wenn Politiker auf Verunsicherungen und Ängste der Menschen mit Wankelmut und Orientierungslosigkeit reagieren. Manche erkennen, andere spüren nur den eklatanten Mangel an Souveränität und Führungsanspruch.

Die moderne Demokratie kommt ohne Politainment nicht aus. Bejubeln muss man das nicht. Man mag es allerdings noch so sehr beklagen, umkehren lässt sich die Entwicklung auch nicht. Eine größere Zurückhaltung der Politiker, sich jeden Tag in den Ring der Talkshows und auf das Medienkarussell zu begeben, würde einen partei-übergreifenden Konsens erfordern. Der ist in keinem westlichen Land vorstellbar. Also geht es nicht mehr um die Frage, ob sich Politainment verdrängen oder zumindest reduzieren lässt, sondern vielmehr, wie Demokraten angemessen und sinnvoll mit dieser neuen Realität umgehen.

Für die Politik steht bei diesem Thema verständlicherweise vor allem das Kriterium des Erfolgs an erster Stelle. An der Resonanz der Bürger wird alles gemessen. Medienpräsenz ist ein unabänderliches Gebot für den Politiker. Auch der geschickte Umgang mit dem Medium, das Bemühen um ein professionelles und sympathisches Auftreten, das Werben mit emotionalen und anschaulichen Geschichten sind essentiell. Keinen Zwang gibt es allerdings, dem Wähler und Zuschauer auf alles eine Antwort geben zu müssen. Wieso kann ein Politiker nicht sagen, dass manche Themen noch intensiv erörtert werden müssen, bevor man eindeutig Stellung beziehen kann? Warum kann ein Parteivertreter nicht zugeben, dass er manches nicht weiß? Müssen Wahlversprechen eine Welt vorgaukeln, in der es für alles Lösungen gibt? Sind Volksvertreter wirklich gezwungen, zu allem eine klare Position beziehen zu können? Was würde passieren, wenn in einer Talkshow ein Politiker von vorneherein sagt, dass manche Themen so vielschichtig und schwierig sind, dass man für Antworten einfach noch Zeit braucht?

Politiker fürchten Reaktionen in der Partei und Fraktion

Politiker sind vorsichtig. Sie wissen um anstehende Wahlen, fürchten auch die eigene Partei und Fraktion, in denen zuweilen hysterisch auf die täglichen Umfrageergebnisse reagiert wird. Schließlich würde auch der politische Gegner jedes Zeichen von Schwäche ausnutzen wollen und griffige Rezepte anbieten, wo man selbst ganz bewusst zunächst eine klare Antwort verweigert hatte.

Ist es realistisch, den Druck des Politainments auf Politiker mindern zu können? Solche Entwicklungen lassen sich nicht mehr völlig umkehren, aber vielleicht die Rahmenbedingungen verbessern, damit die Rückkehr zu etwas mehr Ruhe und Sachlichkeit eine Chance hat. Ein Element wäre, die Last des permanenten Wahlkampfs zu verringern. In Deutschland würde da sicher die Reduzierung der Wahltermine gehören. Der politischen Kultur täte es sicher gut, Politiker würden zuweilen mutiger sein und gefällige Antworten verweigern – und damit den Bürger tatsächlich ein Stück ernster nehmen.

Es geht um die kaum zu klärende Frage, wie viel man dem Wähler zumuten darf, ohne von ihm bestraft zu werden. Zweifellos geht es hier um Glaubwürdigkeit und Führungsanspruch, um Persönlichkeiten, die auch mit unbequemen Thesen und unerfreulichen Analysen überzeugen und gewinnen können. Die beste Chance, Bürger auch ohne großspurige Versprechungen für sich einzunehmen, haben Politiker mit Charisma und Charakter. Beides sind Wesensmerkmale von Menschen, die sich trauen, unangenehme Wahrheiten auszusprechen.

Mit Politainment müssen wir leben. Wir müssen nur aufpassen, dass es mit seiner Emotionalisierung und der Tendenz zu Polarisierung nicht dazu beiträgt, das politische Geschäft zu lähmen. Die Bürger tragen dabei als willige Konsumenten der unterhaltsamen Politikveranstaltungen durchaus eine Mitverantwortung. Erst wenn sie entdecken, dass Politik zu bloßem Politainment verkommt, reagieren sie ungehalten und zornig auf das Ausbleiben von politischem Handeln und von Führungskraft. Es entsteht leicht ein Teufelskreis von Erwartungen, Enttäuschung und Ablehnung.

Politainment ist unseren modernen Gesellschaften nicht aufgedrängt worden. Es ist so überaus erfolgreich, weil es den Bedürfnissen und den Konsumgewohnheiten der Bürger folgt. Auf eine bequeme und unterhaltsame Weise bekommt der Fernsehbürger den Eindruck, an der politischen Realität teilzuhaben – zumindest so, wie sich diese Realität in Talkshows präsentiert. Man kann darin ein Stück „Mehr Demokratie" sehen. Allerdings scheint trotz der ständig wachsenden Präsenz der Politiker in den Wohnzimmern der Bürger der Respekt vor den Regierenden und das Verständnis für Politik nicht wesentlich gewachsen zu sein, eher im Gegenteil. Es ist ein Beleg für die Einsicht, dass die bloße Einbeziehung von möglichst vielen Menschen angesichts der Komplexität der Politik wenig bringt – vielleicht sogar kontraproduktiv ist.

3 Das Internet beschert Boom für Protestkultur

*„Don't criticizes what you can't understand.
Your sons and your daughters are beyond your command.
Your old road is rapidly agin'."*

*„Kritisier' nicht, was Du nicht verstehen kannst.
Deine Söhne und Deine Töchter sind außerhalb Deiner Kontrolle.
Dein alter Weg altert schnell."*

Bob Dylan, The Times They Are A-Changing

Am 8. August 2003 stürmten kurz vor Ladenschluss fast 300 junge Leute in das Möbelgeschäft „Sofas UK" in der City von London. Sie versammelten sich um eines der großen Polstermöbel, riefen immer wieder entzückt „Was für ein Sofa!", brachen schließlich in Beifall aus – und verschwanden so schnell, wie sie gekommen waren. Wenige Wochen zuvor war in Macy's Warenhaus in Manhattan Ähnliches geschehen: Wie aus heiterem Himmel bevölkerten plötzlich etwa 150 Personen die Möbelabteilung des berühmten Kaufhauses in New York. Sie bedrängten freundlich die irritierten Verkäufer mit der Frage nach einem Liebesteppich für ihre Vorstadt-Kommune. In Rom besuchten an einem Sommernachmittag des gleichen Jahres mehr als 300 Leute ein Buchgeschäft und fragten alle bei den verblüfften Verkäufern nach einem fiktiven Buch.

All diese kuriosen Vorfälle waren Ergebnisse von „Flashmobs". Das sind mehr oder minder spontane Aktionen und Happenings – eine Art Guerrilla-Straßentheater. Sie werden oft in Windeseile über das Internet, über SMS, Mund-zu-Mund-Propaganda und Telefonketten organisiert. Die meist sinnfreien, überwiegend albernen Aktionen des Jahres 2003 waren der Beginn einer neuen Ära für alle Arten von ziviler Mobilisierung.

Flashmobs gibt es inzwischen weltweit. Meist geht es bei den dadaistischen Events um Party, Spaß und Happening. Beispielsweise als sich am 4. April 2009 mehrere tausend Jugendliche am Nachmittag fröhlich zu einer Kissenschlacht vor dem Kölner Dom trafen. Oder beim jährlichen „Dinner in Weiß" in Paris, dessen Termin bis zuletzt geheim gehalten wird. Urplötzlich strömen Tausende weiß gekleideter Pariser zum Triumphbogen und die umliegenden Straßen. Rasch werden Klappmöbel aufgestellt. An den weiß gedeckten Tischchen mit Kerzen zelebrieren die Teilnehmer stilvoll ein Drei-Gänge-Menü auf Porzellantellern, begleitet von Champagner und Wein.

Aber auch Performance-Künstler nutzen Flashmobs. Zuweilen organisieren sich sogar Gläubige – in den USA oder in England – in einem Einkaufszentrum mit einem Flashmob spontan zu einer Andacht. Inzwischen gibt es sogenannte „Carrotmobs", bei denen man sich zum gemeinsamen Einkaufen trifft. Damit sollen Läden belohnt werden, die als besonders umweltbewusst gelten oder einen Teil ihrer Einnahmen für einen guten Zweck spenden.

Sanfte Sabotage und symbiotische Intelligenz

Wie man Flashmob geschickt als neues Instrument im Arbeitskampf einsetzt, demonstrierte die Gewerkschaft Verdi Anfang 2008 in Berlin. Nach einem Flashmob-Aufruf strömten Hunderte von Gewerkschaftern in Filialen, in denen Streikbrecher tätig waren. Die Aktivisten erwarben, wie von der Gewerkschaft angeregt, Artikel im Pfennigbereich. Was letztendlich den Geschäftsbetrieb lahmlegte.

Andere Gewerkschaftsmitglieder packten große Einkaufswagen voller Waren und ließen sie dann einfach stehen. Entsprechend der Verdi-Taktik riefen zudem Arbeitnehmer massenhaft die Leiter von Filialen an und löcherten sie nach Details der Sonderaktionen – beispielsweise dem „Frischen Dorade Royal, grillfertig mit Rosmarin, Salbei und Melisse mariniert". Nur diese Aktion wurde schließlich vom Berliner Landgericht verboten. Die anderen Flashmob-Aktionen seien zwar geschmacklos und lästig, aber eben nicht rechtswidrig, so die Richter. (5)

Die Gewerkschaftsfunktionäre jubelten über den Erfolg ihrer neuen Aktionen. Denn normale Streiks im Einzelhandel zu organisieren ist erfahrungsgemäß ein mühsames Geschäft. Den Arbeitgebern genügen oft wenige Streikbrecher und Aushilfskräfte, um Streikaufrufe ins Leere laufen zu lassen. Auch die Arbeitnehmer selbst fanden Flashmobs interessant: Es war deutlich amüsanter als mit Fahnen, Parolen und Trillerpfeifen auf einem Platz rumzustehen.

Flashmob ist nur eines der vielen neuen Phänomene der digitalisierten Zeit, die alte Privilegien von Information, Organisation und Mobilisierung verdrängen. Die Welt der neuen Medien, Blogs, sozialer Netzwerke und diverser Web-Plattformen befindet sich noch längst nicht auf gesellschaftlicher Augenhöhe mit den traditionellen Medien. Die sind ja auch schon längst selbst im Web, auf Handys und iPods präsent. Noch liegt vor allem die politische Deutungshoheit bei den traditionellen Institutionen und Leitmedien in den verschiedenen Ländern, wenngleich es da manche massiven Einbrüche gibt.

Flashmobs sind in der Regel ein schönes, neues Gesellschaftsspiel und für die Beteiligten meist ein Riesenspaß. Andere sehen in der Methode angesichts der Möglichkeiten zur breiten und spontanen Mobilisierung aber ein fast revolutionäres Potential. Flashmobs haben längst schon Politik und Wirtschaft erreicht. Häufig heißt es dann „Smartmob“, ein Begriff, den der US-Medientheoretiker Howard Rheingold prägte. „Smartmobs bestehen aus Menschen, die zusammen handeln können, selbst wenn sie sich nicht kennen,“ schrieb der Wissenschaftler. (1)

Smartmobs gelten als die Väter der Revolution auf den Philippinen. Im Januar 2001 gingen Hunderttausende von Bürgern auf die Straße. Der Aufstand zwang den korrupten Präsidenten Estrada aus dem Amt, nachdem – mittels Internet und SMS – über Nacht zu einer machtvollen Anti-Estrada-Demonstration mobilisiert worden war. Amerikanische Soziologen sprachen von „Adhocracy“ (Ad-hoc-Demokratie) oder „Pager Revolution“. Die Demonstranten wurden als kluge Thumb Tribes („Daumen-Stämme“, denn SMS-Botschaften werden zumindest von den Profis mit den Daumen geschrieben) gewürdigt. Die Ereignisse von Manila stellten einen verblüffenden Ausbruch „symbiotischer Intelligenz“ dar (2).

Rheingold sagte schon in den 1990er Jahren voraus, dass die modernen Kommunikationstechniken sozialrevolutionäres Potential haben. „Die Möglichkeiten für gesellschaftliches Handeln steigen, und die Schwelle, kollektive Aktionen zu organisieren, sinkt kontinuierlich“, so der Wissenschaftler über die neuen technischen Optionen. Die Zukunft werde dem „intelligenten Pöbel“ gehören. Niemand könne mehr eine Gesellschaft oder gar die Welt zentral kontrollieren.

Die Entwicklung scheint ihm recht gegeben zu haben. Dabei ist Flashmob natürlich nur ein Phänomen im Zuge der digitalen Revolution. Als Barack Obama 2007/2008 im Kampf um die Präsidentschaftskandidatur seiner Partei und später um das Weiße Haus aus einer Außenseiterposition die Macht eroberte, meinten manche, dies wäre der erste Internet-Wahlkampf gewesen. Als sich im Iran 2009, dann in Tunesien und Ägypten 2011 die Menschen gegen ihre Präsidenten und das autokratische Regime erhoben, jubelten viele über eine „Facebook“- oder „Twitter“-Revolution.

Über den Anteil der Web 2.0-Welt an den Erfolgen im US-Präsidentschaftswahlkampf und den Rebellionen und Revolutionen in der islamischen Welt kann man unterschiedlicher Meinung sein. Schließlich investierte Obama das meiste Geld seines Wahlkampfs in klassische Fernsehwerbung. Erfolgreiche Aufstände und Revolutionen hat es in den vergangenen zwei Jahrzehnten weltweit auch ohne soziale Netzwerke im Internet, ohne viel SMS und Twitter gegeben.

SMS und Twitter helfen – aber es geht auch ohne

Beim Zusammenbruch des Sowjet-Imperiums, bei der „Rosenrevolution" 2003 in Georgien, der „orangen" Revolution 2004 in der Ukraine, der „Zedernrevolution" 2005 im Libanon und der „Tulpenrevolution" im selben Jahr in Kirgisistan spielten die neuen technischen Möglichkeiten durchaus eine Rolle, aber eine wohl auch überschätzte. Als in Ägypten im Februar 2011 der damalige Präsident Hosni Mubarak erfolgreich das Internet und die drahtlosen Telefonnetze im Land tagelang lahmlegen ließ, kämpften die Aufständischen ungehindert weiter am Sturz des Regimes.

Die neuen technischen Möglichkeiten der Kommunikation und die neuen sozialen Netzwerke haben aber zweifellos in der ganzen Welt eine neue Dimension von Mobilisierung und Organisation eröffnet. Selbst autoritäre Systeme wie im Iran oder in China können die Informationsfluten, die sich auf vielen Weisen ihren Weg bahnen, trotz aller Zensur nicht völlig eindämmen. Sogar in Nordkorea soll es einen lebhaften Schmuggel mit Handys geben. Vor allem die USA hoffen auf die freiheitsfördernde Wirkung des World Wide Web.

US-Außenministerin Hillary Clinton erklärte im Januar 2010 die Freiheit des Internets zu einer neuen Priorität der amerikanischen Außenpolitik: Es diene in vielen Ländern dem Kampf für Demokratie und Menschenrechte. (3) Viele glauben an die Idee einer Revolution mit digitalen Mitteln.

Allerdings nutzen Diktatoren und Geheimdienste die Möglichkeiten der Technik und der virtuellen Welten auch, um die Bevölkerung zu kontrollieren und zu unterdrücken, Oppositionelle und Kritiker zu verfolgen. Der weißrussische Regimegegner Evgeny Morozov warnt „Cyber-Utopisten" vor dem blinden Glauben an die befreiende Wirkung des Netzes. Es werde in Staaten wie in China auch eingesetzt, um die Opposition zu spalten und zu verwirren, die Menschen abzulenken und in scheinbar kritischen, in Wirklichkeit von Peking kontrollierten Netzwerken einzubinden. (4)

Ähnliches geschieht nach den Schilderungen Morozovs auch in seiner weißrussischen Heimat. Der Geheimdienst KGB habe das Flashmob-System ausgenutzt, Demonstranten und Regimegegner zu identifizieren und festzunehmen. „Ihre Netzwerke wurden von einer hoffnungslos überlegenen Staatsmacht infiltriert und verbreiteten nun öffentliche Angst." Letztendlich helfen die sozialen Netzwerke in Diktaturen den Behörden, die Opposition zu identifizieren und auszuschalten.

Kultur der Diffamierung

Die Janusköpfigkeit des Internets gilt natürlich auch für die freie Welt. Bürgerinitiativen hilft das Web ebenso wie Pädophilen, der Bildung dient das Netz genauso wie der Verbreitung von Pornografie, die Meinungsvielfalt wächst ebenso wie die Diffamierungskultur, Hilfsorganisationen kommunizieren hier wie Terrorgruppen. Unbestritten aber sind die enormen Auswirkungen der digitalen Revolution auf alle gesellschaftlichen Bereiche, auf Politik, Wirtschaft, Kultur, Wissenschaft, Familie, Sport und Unterhaltung.

Seit Jahrzehnten beklagen die traditionellen Institutionen wie Kirchen, Gewerkschaften, Parteien und Verbände den kontinuierlichen Verlust an Mitgliedern. Die Massenorganisationen haben in der westlichen Gesellschaft enorm an Bindungskraft eingebüßt. Auch das soziale Zusammengehörigkeitsgefühl von Arbeitern, Angestellten oder Beamten ist einer Tribalisierung der Gesellschaft gewichen. Die Menschen definieren sich in ihrer Identität, mit ihren Moden und Vorlieben, ihrem Lebensstil und ihren Werten weit vielschichtiger und differenzierter als in früheren Zeiten.

Inzwischen zeichnet sich ab, wie sich die Gesellschaft der Zukunft konstituiert: unendlich vielfältig und grenzenlos, flüchtig und unbeständig. Die Destabilisierung der Gesellschaft lässt sich im Internet greifen. Entstanden ist eine neue Welt der „Virtual Communities“ mit eigenen Netzwerken und Foren, Blogs und Newslettern, eigenen Regeln und Ritualen.

Gemeinde für Minuten

Der Flashmob ist eine solche „Gemeinde“ für ein paar Minuten oder Stunden. (5) Aber die meisten Communities, von denen es sicher Hunderttausende gibt, haben mehr oder minder dauerhaften Charakter. Es finden sich riesige Gemeinden zusammen, wie in den Netzwerken von Twitter, Facebook oder Youtube oder auf den Fan-Webseiten von Michael Jackson, Real Madrid oder Barack Obama. Und es gibt das Meer der Internetadressen, wo Menschen eine virtuelle Heimat für die absonderlichsten Interessen und die absurdesten Neigungen finden: Das reicht von der Begeisterung für einen litauischen Dichter aus dem 18. Jahrhundert bis zu den Freunden indischen Weins oder dem Hang zur Gewalt gegen Frauen. Manche Gruppen schließen sich zeitlich begrenzt für ein konkretes Anliegen oder wegen eines gemeinsamen Schicksals zusammen: Die Gegner eines kommunalen Bauvorhabens, die Mitarbeiter der US-Handelskette Wal-Mart, die Überlebenden einer Schiffskatastrophe oder die Kritiker der katholischen Kirche.

Tribalisierung der Gesellschaft

In der virtuellen Welt des Web 2.0 wird die Tribalisierung der Gesellschaft besonders deutlich: Es gibt unzählige Stämme und Szenen, Clans und Clubs, Bewegungen und Gruppen. Sie wachsen und sie verschwinden, sie verändern sich, schließen sich zusammen, spalten sich. Oft münden sie auch in Bewegungen und Gruppen der realen Welt. Und nicht zu vergessen: So gut wie alle der traditionellen Organisationen und Institutionen tummeln sich – oft mit erstaunlicher Kreativität und enormem Engagement – im Web. Die Unübersichtlichkeit der modernen Gesellschaft wächst immer weiter.

Denn die virtuellen Communities zeichnen sich meist dadurch aus, dass sich die Teilnehmer selbst organisieren, oft keine Hierarchien haben und jeder mit jedem kommunizieren kann. Zudem sind viele „Netizen" beseelt von tiefem Misstrauen gegenüber tradierten Strukturen, der etablierten Politik und Wirtschaft. Der Traum der Cyber-Apologeten ist eine neue Kultur von Offenheit, basisdemokratischen Prinzipien und vagen Vorstellungen von einer besseren, friedlicheren und harmonischeren Welt. Für was immer sich die Gruppen engagieren: Sie können dank des Web eine enorme Schlagkraft entwickeln.

Vor allem Nicht-Regierungs-Organisationen, die Grünen-Bewegungen und Globalisierungsgegner haben das früh erkannt. Die Kampagnen gegen die G8- und G20-Gipfeltreffen wurden in den vergangenen Jahren effizient im Internet abgestimmt und organisiert – von solchen Möglichkeiten konnte die Friedensbewegung der 60er- und 70er Jahre des vergangenen Jahrhunderts nur träumen.

Gerüchte können auch für Bürger gefährlich sein

Aber für Politiker und Unternehmer, Kirchen, Gewerkschaften und Verbände, aber auch Vereine, Gemeinden und Geschäfte stellt das Internet in vielerlei Hinsicht eine Herausforderung dar. Da sind die bekannten Vorteile der direkten, kostengünstigen und interaktiven Kommunikation, die Chancen für Werbung und PR, die Möglichkeiten, Grenzen und Barrieren aller Art zu überwinden.

Aber die Optionen der Gegner und Konkurrenten all dieser Organisationen, sich Gehör zu verschaffen, sind mindestens ebenso groß. Das Internet gibt vor allem jenen neue Chancen, die bisher aus den verschiedensten Gründen, oft aber aus Mangel an finanziellen Mitteln und Organisationsstrukturen, sich öffentlich wenig bemerkbar machen konnten. Eine besondere Verlockung: Im Web ist es möglich, sich anonym zu äußern und für den Normalsterblichen unauffindbar zu bleiben. Das Internet spielt auch deshalb eine besonders fatale

Rolle als Distributor von Verleumdung und Häme, auch von Niedertracht und Hass.

Der Website iShareGossip, die Anfang 2011 startete, diente Diffamierung sogar als Geschäftsmodell. Die Betreiber boten Schülern ein Forum für anonyme Beschimpfungen an, das so attraktiv war, dass die Nutzerzahlen sprunghaft anstiegen. Staatsanwälte gingen allerdings gegen die Macher von iShareGossip vor, nachdem es im März in Berlin aufgrund eines Eintrags über ein Mädchen zu einer Schlägerei gekommen war, bei der ein 17-Jähriger schwer verletzt wurde. Die Seite wurde von der Bundesprüfstelle für jugendgefährdende Medien auf den Index gesetzt. Allerdings ist dieser Fall nur die Spitze des Eisbergs.

Auch Neonazis nutzen in Deutschland mit Geschick und professionell das Internet für Propaganda. Sie finden sich bei Facebook und SchülerVZ, rechtsradikale Videoclips sind auf Youtube und Myspace. Jugendschützer fanden 2010 etwa 1700 rechtsextreme Internetseiten und mehr als 1500 Videos und Profilseiten mit unzulässigen Inhalten, mehr als doppelt so viele wie 2007. (6)

Es wäre ein Wunder, wenn die großartige, neue Webwelt nicht auch eine düstere Seite hätte. Aber vor allem bedeutet sie für unsere freien Gesellschaften so etwas wie die Entdeckung Amerikas für Europa. Es eröffnen sich völlig neue Perspektiven und Chancen, Reichtümer und Fortschritt locken. Mit Blick auf die Partizipationsmöglichkeiten der Bürger tun sich in der digitalen Ära ungeahnte Möglichkeiten auf.

Web 2.0 hat allen mehr Macht gebracht

Es ist ja nicht neu, dass Menschen aus gemeinsamen Interessen, wegen gleicher Ziele oder Überzeugungen kooperieren und sich organisieren. Neu aber ist die Unkompliziertheit, mit der das heute möglich ist. Neu ist die Geschwindigkeit, mit der sich Gleichgesinnte zusammenschließen können. Neu ist die mögliche Transparenz neuer Bewegungen. Neu sind die Chancen, für alles und jedes erfolgreich zu mobilisieren. Neu ist die Effizienz, mit der sich dank der digitalen Möglichkeiten Absichten und Vorstellungen materialisieren lassen. Die Entwicklung lässt sich verkürzt auf einen Nenner bringen: Die Welt des Web 2.0 hat den Menschen grundsätzlich einen enormen Gewinn an Macht und Einfluss beschert.

Das World Wide Web ist mehr als nur ein wunderbares, natürliches Aphrodisiakum für die Demokratie. Wo keine oder wenig Demokratie herrscht, da macht das Internet die Schwachen und Unterdrückten stärker. Wo Demokratie ist, kommt mehr Demokratie. Ohne, dass jemand etwas will oder wagt. Einfach so.

IV Die Last der Transparenz

„Alles, was du sagst, sollte wahr sein.
Aber nicht alles, was wahr ist, solltest du auch sagen."

Voltaire

„Nichts ist trügerischer als eine offenkundige Tatsache."

Sir Arthur Conan Doyle

„Dem Staat ist es nie an der Wahrheit gelegen, sondern immer nur an der ihm nützlichen Wahrheit, noch genauer gesagt, überhaupt an allem ihm Nützlichen, sei dies nun Wahrheit, Halbwahrheit oder Irrtum."

Friedrich Nietzsche

Transparenz ist ein Zauberwort der modernen Demokratie. Präsident Obama verspricht sie ebenso wie Kanzlerin Merkel oder Premierminister Cameron. Sie verstehen darunter allerdings jeweils etwas anderes. Auf die Idee, die Besucherlisten im Kanzleramt zu veröffentlichen, so wie es das Weiße Haus tut, käme in Berlin kaum jemand.

Die radikalen Verfechter der völligen Informationsfreiheit und eines transparenten Staates gehen viel weiter. Der Bürger brauche grundsätzlich den Zugang zu allen Informationen und Vorgängen, zu allen Akten und Daten, Papieren und Protokollen. Das zwinge die Regierenden, die ihre Macht vom Souverän, dem Volk, nur auf Zeit geliehen haben, verantwortungsbewusst und im Interesse der Bürger zu handeln. Transparenz statt Machenschaften und Mauscheleien, Offenheit statt geheimer Netzwerke und stiller Absprachen. Transparenz garantiere die Kontrollierbarkeit der Macht. Schön und gut, aber realistisch und praktikabel?

Blair schimpft auf sich selbst

„Ich Idiot. Ich naiver, dummer, verantwortungsloser Einfaltspinsel. Meine Dummheit spottet wirklich jeder Beschreibung." Mit diesen Worten beschimpfte sich der ehemalige britische Premier Tony Blair selbst in seinen 2010 erschienenen Memoiren. Er verfluchte den Tag, an dem er den Briten ein Recht auf Informationsfreiheit versprach und dies dann gesetzlich auch im „freedom of information act" umsetzte.

Denn seither muss die britische Regierung und ihre Bürokratie ähnlich wie in den USA jedem Bürger auf Wunsch Auskunft und Akteneinsicht geben. Das Volk nutze das Gesetz gar nicht, schreibt Blair, das täten nur die Journalisten, „wilde Tiere" allesamt. In den Händen des „Medienmonsters“ sei Information eine „Waffe“ gegen ordentliches Regieren, klagte der Labour-Politiker. (1)

Ein Grund für Blairs Klagen waren sicher auch die erzwungenen Veröffentlichungen geheimer Depeschen britischer Botschafter. Da schrieb der Gesandte der Königin in der Schweiz. „Die Schweizer sind ein unattraktiver Haufen, sie sind weder das schönste noch das witzigste Volk.“ Der britische Botschafter in Managua, Roger Pinsent nannte den Durchschnittsbürger in Nicaragua einen „Alkoholiker“ und „einen der unehrlichsten, unzuverlässigsten und gewalttätigsten Leute in Lateinamerika“. Der britische Spitzendiplomat Sir Anthony Rumbold hatte ebenfalls kein sehr positives Bild von seinen Gastländern in der Ferne. Die Thailänder hätten „keine Literatur, keine Malerei und eine sehr sonderliche Art von Musik“, zudem seien sie „sexbesessen“. Von seinem Posten in Wien meldete der Botschafter nach London, dass der Durchschnitts-Österreicher „nur an sein Schnitzel denkt“. (2)

Ziemlich harmlos im Vergleich war das mit dem, was Blairs amerikanische Freunde in Washington an unfreiwilliger Transparenz erfahren sollten. Das Enthüllungsportal Wikileaks hatte die US-Regierung seit 2007 schon mehrfach mit der Veröffentlichung geheimer Dokumente und Videos aus den Kriegsgebieten in Afghanistan und im Irak bloß gestellt. Doch die Enthüllung von mehr als 250.000 Dokumenten der US-Diplomatie im Herbst 2010 schlug in Washington wie eine Bombe ein.

Wikileaks und sein Chef Julian Assange gaben der Diskussion über mehr Transparenz in der Welt mit diesem spektakulären Schritt eine historisch neue Dimension. Das Wikileaks-Portal, das den Anspruch hat, allen zur Seite zu stehen, „die unethisches Verhalten in ihren eigenen Regierungen und Unternehmen enthüllen wollen“, gelang es, binnen weniger Jahre die Politik und Wirtschaft in globalen Dimensionen ernsthaft herauszufordern.

Held der Demokratie?

Der Australier Assange ist deshalb für viele ein Held der Demokratie und des Friedens. Die französische Tageszeitung Le Monde kürte Assange 2010 zum „Mann des Jahres“. Timothy Garton Ash (Universität Oxford) kritisierte zwar die Wikileaks-Veröffentlichungen als schädlich für die internationale Diplomatie, sprach aber als Geschichtswissenschaftler verständlicherweise von ihnen als einem „Traum der Historiker“ und einem „Festschmaus der Zeitgeschichte“. (3)

Der norwegische Abgeordnete Snorre Valen schlug Assange und seine Organisation für den Friedensnobelpreis 2011 vor. Wikileaks stelle „einen der wichtigsten Beiträge dieses Jahrhunderts zu Meinungsfreiheit und Transparenz" dar, meinte der linkssozialistische Volksvertreter. Assange habe mit den Enthüllungen über die persönlichen Bereicherungen des tunesischen Ex-Präsidenten Zine el Abidine Ben Ali nach 25 Jahren Diktatur zu seinem Sturz beigetragen. „Wikileaks hat mit seinen Publikationen Korruption, Rechtsbrüche durch Regierungen und Unternehmen und vor allem auch gesetzwidrige Überwachung, Kriegsverbrechen und Folter durch eine Reihe von Staaten enthüllt", sagte Valen zur Begründung. (4)

Die ungewöhnliche Persönlichkeit Assanges, der sich allen Ernstes mit Martin Luther verglichen hat, ist hier kein Thema. Es soll um seinen Anspruch gehen, er betreibe die größte „Umverteilungsaktion von Herrschaftswissen seit der Übersetzung der Bibel in die Nationalsprachen". Sein Ziel ist die „radikale Änderung des Verhaltens von Regimen". Insbesondere will Assange die „Strukturen der Verschwörung" in den USA entlarven. (5)

Schon 1918 hatte der damalige US-Präsident Woodrow Wilson nach den Erfahrungen des ersten Weltkriegs das Verbot jeglicher Geheimdiplomatie und Geheimabkommen gefordert. Hintergrund waren die bitteren Erfahrungen mit Geheimverträgen, wie des deutsch-russischen Rückversicherungsvertrags von 1887, die zum Ausbruch des Ersten Weltkriegs beigetragen hatten. (6) Der spätere Friedensnobelpreisträger Wilson genauso wie die Sozialistische Internationale wollten damals, dass die Beziehungen zwischen den Staaten offengelegt werden. Ohne großen Erfolg, was unter anderem später der Hitler-Stalin-Pakt offenbarte.

Leichter Gegner USA

Wikileaks steht mit seinen Anstrengungen, die Diplomatie durchschaubar zu machen, also durchaus in einer sehr respektablen Tradition. Allerdings ist die Zeit der Geheimverträge zwischen monarchistischen und imperialistischen Staaten vorbei. Es sind in globalisierten Zeiten kaum Geheimverträge, die Kriege und Krisen befördern. Sehr viel realistischer ist die Gefahr, dass zu viel Transparenz Konflikte schürt anstatt zu ihrer Lösung beizutragen. In der internationalen Politik wirkt Transparenz, insbesondere erzwungene Transparenz, oft wie ein tödliches Gift.

Es ist schon bezeichnend, dass Wikileaks Dokumente in erster Linie der USA und nicht etwa geheime Papiere von totalitären oder autokratischen Staaten wie Nordkorea, Syrien, dem Iran, Simbabwe oder auch China und Russland veröffentlicht hat. In diesen Ländern haben die rigorosen Zensurbehörden ohnehin den Zugang zu Wikileaks im Land blockiert. Vermutlich fühlten sich die Machthaber in Teheran, Moskau und Peking in ihrer Geheimniskrämerei nach den jüngsten Enthüllungen zutiefst bestätigt. Sie wurden unbeteiligte Zeugen davon, wie die US-Diplomatie dank ihrer komplexen Vernetzung sowie einer gehörigen Portion Leichtfertigkeit von Assange blamiert werden konnte. „Wikileaks und seine Partner in den Medien haben nicht die Diplomatie revolutioniert, sondern diejenigen mit internationalem Vertrauensverlust bestraft, die im internationalen Vergleich noch die transparentesten Strukturen haben", schrieb der Politologe Herfried Münkler (7).

Möglich wurde der Coup von Wikileaks, weil die US-Regierung von George W. Bush nach den Terroranschlägen des 11. Septembers 2001 Kommunikationsprobleme beseitigen wollte. Informationen des Weißen Hauses, der Ministerien, der Streitkräfte und Sicherheitsdienste sollten alle Beteiligten zugänglich sein. Es entstand ein neues, gigantisches Informationsnetz, in dem sich Heerscharen von Beamten, Politiker, Militärs, Wissenschaftler und andere Experten tummeln konnten. Etwa 850.000 Personen haben der Washington Post zufolge in der US-Administration Zugang zu Dokumenten, die als „streng geheim" klassifiziert sind. Bei der niedrigeren Stufe „Geheim" sind es demnach sogar vier Millionen. (8) Washington schuf selbst die technischen Voraussetzungen dafür, dass die regierungsinterne Transparenz von Wikileaks ausgenutzt werden konnte.

Es reichte ein einzelner Informant, um die USA weltweit aufs Peinlichste bloßzustellen. Angeklagt ist der Soldat und Computerexperte Bradley Manning. Er soll im Irak als Geheimdienstanalyst 2009 und 2010 Videos und Dokumente kopiert und als klassischer „Whistleblower" Wikileaks zugespielt zu haben. Die Zeitungen „The Guardian", „Le Monde", „El Pais" sowie „Der Spiegel" durften das Material auswerten und veröffentlichen.

Schaden für die USA schwer einzuschätzen

Als relativ harmlos erwiesen sich die Enthüllungen der US-Depeschen aus den europäischen Ländern. Italiens Berlusconi soll sich köstlich über die Lästereien von US-Diplomaten amüsiert haben. Sie hatten ihn den Papieren zufolge als „inkompetent", „aufgeblasen", „ineffektiv" und „schwach" beschrieben. Etwas mehr Aufregung gab es in Berlin.

Wenig spektakuläre Informationen eines FDP-Funktionärs über Koalitionsverhandlungen wurden zunächst fast wie Geheimnisverrat aufgeblasen. Wie sich später herausstellte, zu Unrecht. Außenminister Westerwelle bekam auch sein Fett ab. Er sei inkompetent, eitel und rätselhaft, eine „überschäumende Persönlichkeit" mit einem „zwiespältigen Verhältnis zu den USA", schrieben US-Diplomaten. Und Kanzlerin Merkel wurde als risikoscheu und wenig kreativ beschrieben. Sie sei eine „Teflon"-Politikerin, weil alles an ihr abgleite.

In anderen Ländern aber schlugen die Veröffentlichungen hohe Wellen. Der türkische Ministerpräsident Recep Tayyip Erdogan reagierte mit offenem Zorn auf eine US-Depesche, wonach er acht Bankkonten in der Schweiz haben soll. In Afghanistan gab es viel Erklärungsbedarf, weil US-Diplomaten Präsident Hamid Karsai als „schwache Persönlichkeit" beschrieben hatten, der von „Paranoia" und „Verschwörungsvorstellungen" getrieben werde. Auch Pakistans Führung zeigte sich empört. Die diplomatischen Dokumente belegten, dass die USA den Politikern in Islamabad wenig vertrauten. Vor allem zweifeln sie an ihren Fähigkeiten oder ihrem Willen, die pakistanischen Atomanlagen zu schützen und wirkungsvoll gegen islamische Extremisten vorzugehen.

Welt ohne Geheimnisse wäre bedrohlich

Der frühere deutsche Botschafter in Washington, Wolfgang Ischinger, meinte, die Wikileaks-Veröffentlichungen hätten „schweren außenpolitischen Schaden" angerichtet. Erfolgreiche Diplomatie benötige den verlässlich vertraulichen Informationsaustausch. Das Vertrauensverhältnis in der internationalen Diplomatie sei „in ganz prinzipieller Weise" beschädigt. (9) Die Veröffentlichung sei vor allem „problematisch im Hinblick auf weniger stabile zwischenstaatliche Beziehungen". Die unmittelbare Folge werde weltweit eine restriktivere Informationspolitik und geringere Transparenz sein. Manches wird man gar nicht mehr zu Papier bringen oder auf Datenspeicher legen, sagte Ischinger. „Was zunächst ein paradoxes Ergebnis ist – denn genau das Gegenteil, nämlich eine Welt ohne Geheimnisse, wollte Wikileaks ja erreichen", schrieb der Spitzendiplomat. (10) Die Veröffentlichungen von Wikileaks führen nicht zu mehr, sondern zu weniger Öffentlichkeit.

Die ehemalige UN-Mitarbeiterin und Publizistin Janne Teller beschrieb aus der Praxis, wie wichtig Geheimhaltung im internationalen Geschäft ist: „Hätten wir 1993/1994 in Mosambik dauerhaft Frieden schaffen können, wenn der mächtige Verteidigungsminister von unserer Strategie erfahren hätte, ihn mit seiner Hardliner-Position vom Präsidenten und den Friedensverhandlungen zu isolieren? Wären die Anführer der Rebellenbewegung Renamo in die Hauptstadt Maputo gekommen, wenn sie gewusst hätten, dass wir sie an ein bequemes Stadtleben gewöhnen und verhindern wollten, dass sie wieder in den Busch zurückkehren und zu den Waffen greifen? Ich denke nicht. Ich bin mir sicher, dass wir gescheitert wären." (11)

Die Rechtfertigung der Aktion von Wikileaks als Beitrag zu Gerechtigkeit und Frieden hält kaum einer Überprüfung stand. Im Nahen Osten hätte es in den vergangenen Jahrzehnten die wenigen Fortschritte – beispielsweise das Oslo-Abkommen – ohne Geheimdiplomatie nie gegeben. Die Veröffentlichung von heiklen Verhandlungsprotokollen kann fatale Auswirkungen haben.

Enthüllungen gefährden Friedensprozess

Als der arabische TV-Nachrichtensender Al-Dschasira im Januar 2011 brisante Details aus geheimen Nahost-Gesprächen veröffentlichte, verlor der ohnehin stockende Friedensprozess völlig an Fahrt. Die enthüllten Geheimdokumente schienen zu belegen, dass die moderate Palästinenserführung unter Mahmud Abbas 2008 bei den Verhandlungen mit dem damaligen israelischen Ministerpräsidenten Ehud Olmert zu Zugeständnissen in der Jerusalem-Frage bereit gewesen war. Für die im Gazastreifen herrschenden Extremisten der Hamas war das ein gefundenes Fressen: Hamas-Sprecher Osama Hamden beschuldigte Abbas, ein Kollaborateur Israels und Verräter des eigenen Volkes zu sein. Viele arabische Kommentatoren äußerten sich entsetzt über die „Flexibilität" der palästinensischen Verhandlungsführer. Dementis halfen wenig. Abbas klagte, dass die Drahtzieher mit der Veröffentlichung der angeblichen Geheimpapiere absichtlich den Friedensprozess sabotieren wollten.

Zumindest im Westen gibt es einen weitgehenden Konsens, dass im Nahost-Konflikt beide Seiten aufeinander zugehen müssen. In der aufgewühlten, oft hasserfüllten Atmosphäre des Nahen Ostens wird sich auch in Zukunft ohne Geheimdiplomatie kaum etwas bewegen lassen. Transparenz in dieser Krisenregion bedeutet angesichts des Sperrfeuers von den Hardlinern beider Seiten nur die ewige Fortsetzung des blutigen Konflikts. Was für Israel und Palästinenser gilt, wird in vielen Regionen der Welt ähnlich sein. Eine gläserne Diplomatie wäre in vielen, vor allem den besonders wichtigen Fällen völlig erfolglos. Enthüllungen gefährden die Erfolgschancen der Krisendiplomatie.

Aber die Verfechter einer neuen Transparenz im öffentlichen Leben zielen keineswegs nur auf die internationale Politik, sondern in besonderem Maße auf das gesamte gesellschaftliche Leben in Politik, Wirtschaft, Wissenschaft und Kultur. Meist geht die Forderung nach Durchschaubarkeit des Staates einher mit dem Verlangen nach völliger Informationsfreiheit und der weitgehenden Abschaffung von Urheberrechten auf Inhalte, Bilder, Filme und Software-Programme.

Demokratie braucht zuweilen Geheimnisverrat

Der Demokratie steht Transparenz von Staat und Politik in der Tat grundsätzlich gut an. Deswegen haben Bürger und Medien in Deutschland auch zahlreiche Rechte auf Akteneinsicht. Behörden haben in vieler Weise eine Auskunftspflicht. Die Bundesregierung von Kanzlerin Merkel glaubt sich auf einem guten Weg zum „Open Government". Aber auch der Wunsch vieler Bürger und der Medien, wissen zu wollen, was sich hinter den Kulissen der politischen Bühnen tut, ist verständlich. Gesundes Misstrauen gegenüber dem Staat und seinen Akteuren ist eine Lehre der Geschichte, auch in der Demokratie.

In den freien Staaten des Westens ist das „Leaken“, also die Weitergabe von geheimen oder vertraulichen Informationen, Protokollen oder Dokumenten, ein bewährtes Mittel, Skandale aufzudecken. Meist erhalten Journalisten Zugang zu brisanten Information, die sie dann auswerten und veröffentlichen. Die Enthüllung von schweren Verfehlungen wie im Watergate-Skandal oder bei der CDU-Parteispendenaffäre gehören zur politischen Hygiene der Demokratie.

Manchmal hat sogar schon die Veröffentlichung scheinbar harmloser Bemerkungen erhebliche Folgen: Im März 2010 wurde eine Protokollnotiz aus einer internen Sitzung des Bundesverbands der Deutschen Industrie (BDI) mit Wirtschaftsminister Rainer Brüderle bekannt. Der FDP-Politiker hatte demnach die Kehrtwende der Bundesregierung in der Atompolitik nach der Fukushima-Katastrophe allein mit den Wahlkämpfen in Rheinland-Pfalz und Baden-Württemberg begründet. Dies berichtete die Süddeutsche Zeitung wenige Tage vor den Wahlen – die für die FDP mit einer verheerenden Niederlage ausgingen. Die peinlichen Äußerungen des Pfälzers hinter den Kulissen der Öffentlichkeit schienen wieder einmal das populäre Vorurteil zu bestätigen, dass in der Politik vor allem gemauschelt und gemogelt werde. Brüderle hatte gegen ein ehernes PR-Gesetz verstoßen, dass heute gleichermaßen für Politik und Wirtschaft gilt: Man muss nicht immer alles sagen. Aber was man öffentlich und in großer Runde sagt, muss stimmen und vertretbar sein. Nichts ist schlimmer, als wenn man öffentlich bloß gestellt und zumindest vom politischen Gegner als Heuchler oder Lügner angeprangert wird.

Indiskretionen sind seit jeher ein wirkungsvolles Mittel der Politik. Ein „Leak“ (übersetzt „Leck“ oder „undichte Stelle“) ist auch für den investigativen Journalismus ein wichtiger Schlüssel zur Aufdeckung übler Machenschaften und Gesetzesbrüche in Politik, Wirtschaft und Gesellschaft. Publikationen wie die „Washington Post“, „Der Spiegel“ oder „Le Canard enchainé“ sind zu Recht stolz darauf, mit Enthüllungen über Machtmissbrauch und Korruption ihrer Kontrollfunktion als „vierte Gewalt“ der Demokratie alle Ehre gemacht zu haben.

Gier der Medien

Man muss allerdings schon deutlich unterscheiden zwischen der Entlarvung illegaler, zumindest illegitimer Aktionen und der Offenlegung interner Vorgänge und Daten. Die Skandale wegen illegaler Waffengeschäfte oder korrupter Politiker haben einen anderen Stellenwert als die Veröffentlichung politischer Positionspapiere oder von Protokollen einer Parteivorstandssitzung. Auch in Deutschland haben Regierungen und Parteien ihre liebe Not, interne Arbeitspapiere unter Verschluss zu halten.

Die Gier der Medien und der Öffentlichkeit nach Enthüllungen erschwert den politischen Alltag oft erheblich. Im Kern ist es auch ein Zeitproblem: Vieles erblickt das Licht der Öffentlichkeit in einem viel zu frühen Stadium. Und ist damit dem frühen Tod geweiht. Dem ersten Kanzler Deutschlands, Otto von Bismarck, wird die Aussage zugeschrieben: „Je weniger die Leute darüber wissen, wie Würste und Gesetze gemacht werden, desto besser schlafen sie nachts."

Solche Zeiten sind definitiv vorbei. Aber politische Entscheidungen und Gesetzesinitiativen sind auch heute noch ein komplexer, langwieriger und sensibler Prozess. Intern und extern werden Studien und Gutachten erstellt, Betroffene, Fachgremien und Spezialisten werden einbezogen. Es besteht ein erheblicher Diskussions- und Abstimmungsbedarf, auch innerhalb von Regierungen. Das alles braucht vor allem Zeit. Für die Effizienz jeglicher Regierungsarbeit ist deshalb Transparenz oft kontraproduktiv und lähmend. Das Gleiche gilt auch für innerparteiliche Prozesse.

„Regierungen müssen in der Lage sein, mit einem vernünftigen Maß von Vertraulichkeit arbeiten zu können", betont Tony Blair. Zu viel Öffentlichkeit gefährde die Arbeitsfähigkeit der Regierung. Bei schwierigen Entscheidungen führe man intern offene Gespräche, wäge die Pros und Contras ab. Aber wenn diese Gespräche veröffentlicht würden, man für einzelne, zuweilen aus dem Zusammenhang gerissene Sätze verantwortlich gemacht würde, „dann wird man sehr vorsichtig", so der Ex-Premierminister.

„Als Politiker hat man es heute schwer: Man muss im Prinzip eigentlich alles so lange unter dem Deckel halten, bis das Ergebnis da und entschieden ist. Ansonsten wird es in der Tat zerredet", schreibt Medienwissenschaftler Wolfgang Donsbach. (12) Im US-Außenministerium unter Condoleezza Rice wurde vor einigen Jahren die Idee eines Memorandums zu den fundamentalen Problemen des Irakkriegs rasch verworfen. Man war sich im State Department in Washington darüber klar, dass das – vermutlich gegenüber dem Pentagon kritische Papier – am nächsten Tag in der New York Times stehen würde. (13)

Welche Daten sind öffentlich, welche privat?

Die Bekanntmachung all dessen, was Regierungen und Bürokratie an Informationen besitzen, muss Grenzen haben. Niemand möchte, dass persönliche Daten, Steuererklärungen oder Rechtsverstöße aller Bürger frei zugänglich sind. Polizei und Geheimdienste könnten ohnehin ihre Arbeit einstellen, wenn diese nicht mehr auch geheim sein darf. Streit gibt es über das Ausmaß von Transparenz. Viele glauben, es gebe zu wenig. Andere meinen, es sei schon jetzt zu viel.

Eine Gesellschaft völlig ohne Geheimnisse würde zweifellos den totalitären gesellschaftlichen Schreckensutopien von Aldous Huxley oder George Orwell ähneln. Totale Offenheit bedeutet die totale Kontrolle des Individuums. Individuelle Freiheit dagegen bedeutet den Schutz der Privatsphäre, die Freiheit vor Zudringlichkeit und unerwünschter Nähe. Zwischenmenschliche Beziehungen basieren auch auf Entscheidungen über Nähe und Distanz, auf Vertrautheit und Vertrauen. Wer die gläserne Gesellschaft möchte, bekommt automatisch den gläsernen Menschen gleich mitgeliefert. Und wer totale Transparenz predigt, wird keine Grenzen ziehen können, selbst wenn er es wollte.

Der gläserne Mensch im Web

Ohnehin ist unsere Privatsphäre bedrohter denn je. Wir alle sind im Visier der sich noch immer erst entwickelnden Web-Welt, in der längst nicht alle Optionen ausgeschöpft sind. Bis vor wenigen Jahren litten nur „Celebrities", Politiker und Promis unter der Allgegenwart von professionellen Paparazzi sowie unter Fans und Neugierigen mit ihren Handys, mit der sie jederzeit Fotos und Videos in die Welt schicken können.

Aber immer mehr ganz normale Menschen finden sich auf Webseiten und in sozialen Netzwerken mit Bildern und Infos „getaggt", also markiert und gekennzeichnet. Es wird fröhlich immer heftiger getwittert und gepostet. Politiker wie Angela Merkel und Hollywoodstars wie Ashton Kutcher machen es täglich vor. Die Krake des Webs greift nach immer mehr Personen, die nicht im öffentlichen Leben stehen. Längst haben die virtuellen Tentakel schon Lehrer und Professoren, Journalisten und Kneipenbesitzer, Leiter von Drogeriemärkten oder Bankfilialen, Handwerksmeister oder Telekom-Mitarbeiter in Blogs und Chatrooms hineingezerrt.

Zu Recht beschleichen einen Ängste, künftig im Web immer mehr Persönliches von sich zu finden. Da berichtet jemand begeistert über den Picknickausflug ins Grüne, man wird zitiert, es gibt Bilder. Oder die Fotos einer Cocktailparty mit angeblich witzigen Zitaten der angeheiterten Gäste stehen im Blog oder Intranet einer Firma. Vieles geschieht in harmloser, guter Absicht. Meist werden Informationen recht gedankenlos ins Netz gestellt.

Aber es dämmert uns, dass wir uns kaum effizient wehren können, würden wir aus Zorn oder Bösartigkeit an den virtuellen Pranger gestellt. „Ist nicht das Misstrauen, das aus einem solchen Umgang mit dem Internet erwächst, dem ähnlich, auf das sich autoritäre Regimes stützen, in denen man nicht weiß, ob der beste Freund, der Mann oder die Frau ein Informant ist oder es eines Tages werden könnte? Wer herrscht in der virtuellen Welt? Oder erleben wir einfach die Herrschaft des Mobs, der in seiner Willkür ebenso ungerecht ist wie autoritäre Regimes?", schreibt besorgt die Publizistin Janne Teller. (14)

Piratenpartei will totale Transparenz

Zumindest im politischen Raum glauben die Apologeten einer immer größeren Transparenz einen Beitrag zu „mehr Demokratie" zu leisten. In Deutschland formuliert die Piratenpartei als eine Art Bruder im Geiste von Wikileaks am klarsten die Forderung nach völliger Transparenz. Für sie ist der Informationsvorsprung der Regierenden unvereinbar mit einer „möglichst breiten Beteiligung der Bürger an der Gestaltung und Kontrolle der gesellschaftlichen Vorgänge. Der Einblick in die Arbeit von Verwaltung und Politik auf allen Ebenen der staatlichen Ordnung ist für sie daher ein fundamentales Bürgerrecht.

„Jeder Bürger hat unabhängig von der Betroffenheit und ohne den Zwang zur Begründung das Recht auf allen Ebenen der staatlichen Ordnung, Einsicht in die Aktenvorgänge und die den jeweiligen Stellen zur Verfügung stehenden Informationen zu nehmen." (15) Zwar betonen auch Transparenzverfechter wie die Piratenpartei, dass die Privatsphäre des Bürgers geschützt werden soll, dass sie in einem bestimmten engen Rahmen das Recht des Staates auf Geheimhaltung akzeptieren. Diese Beteuerungen wirken allerdings wenig glaubwürdig.

Ohnehin wird in unserer Gesellschaft, wie beschrieben, immer mehr Privates öffentlich. Manches gelangt aufgrund einer eigenen Entscheidung ins Netz; aber vieles gelangt auch ohne eigenes Zutun und Kontrolle durch die Mechanismen einer digitalisierten und vernetzten Welt, in der ständig und überall Daten gesammelt, geordnet und ausgewertet werden. Die Gefahr, dass das Prinzip von Wikileaks nicht nur auf der staatlichen Ebene angewendet wird, wächst dramatisch. Auch in Unternehmen, Institutionen, Behörden, Kirchen oder Vereinen sind zunehmend alle Daten und Informationen, die interne und externe Kommunikation digitalisiert und für viele zugänglich – oder relativ leicht zu knacken.

Insbesondere die moralische Legitimation, Transparenz sei stets ein Beitrag zu Ehrlichkeit und Anständigkeit, wird manche ermutigen, ein „Mini-Assange" zu werden. Dann können die Mitarbeiter einer Firma einen Blick in Personalakten werfen, oder eine ganze Behörde darf teilhaben an den Sex-Affären eines Beamten, dem eine verlassene Geliebte eins auswischen möchte.

Mörderisches Mobbing im Web

Schon jetzt gibt es Berichte aus den USA und Japan, dass sich mehrere Jugendliche umgebracht hätten, weil sie im Web gemobbt wurden. In Mitarbeiter-Blogs großer Firmen werden Vorgesetzte auf allen Ebenen – auch kleine Abteilungsleiter oder Chefkassierer – an den Pranger gestellt. Oft sind die Attacken sehr persönlich und gehen weit in den privaten Bereich der Betroffenen – besonders gern werden sexuelle Neigungen oder Verfehlungen thematisiert.

Eine ganz andere Transparenz eröffnen in den USA Staat und Gesetz. Im Internet finden sich nicht nur genaue Angaben über die Parteispenden der Bürger, sondern auch Daten über den genauen Aufenthaltsort entlassener Kinderschänder. Politische Gruppen stellen Listen von Abtreibungsärzten oder von Professoren, die Gelder von der Pharma-Industrie annehmen, ins Netz. In Händen von Radikalen und Verrückten können solche Informationen auch mal tödliche Folgen haben.

Radikale Transparenz in unseren Demokratien würde zwar die Geflechte der Politik und Entscheidungsprozesse durchschaubarer machen. Aber die Durchschaubarkeit wäre nicht nur eine Kontrolle der Machtausübung. Sie ginge zwangsläufig weit darüber hinaus. Wer deutlich mehr Transparenz von Staat und Wirtschaft sowie allen gesellschaftlichen Ebenen fordert, muss wissen, dass es auch Millionen von Bürgern zusätzlich auf die Bühne der Öffentlichkeit zerrt.

Wo sind die Grenzen der Transparenz?

Allein in die Praxis des bürokratischen Alltags von Regierungen und Behörden sind unzählige Menschen involviert: Denn die Palette der für eine Öffentlichkeit möglicherweise interessanten Tätigkeiten reicht von Ausschreibungen und Strukturplänen über Projektplanungen und Baugenehmigungsverfahren bis hin zu Schul- und Verkehrsproblemen. Involviert sind Beamte und Gemeindevertreter, Parteifunktionäre und Unternehmer, Schuldirektoren und Betriebsräte usw.

Es ist eine irrige Vorstellung, es gebe einen von der Bevölkerung abgetrennten Raum der Macht, den es gilt, durchschaubar zu machen. Bereits die Zahl der US-Bürger, die Zugang zu geheimem Material haben, veranschaulicht das. Regierungen, Bürokratie und Institutionen sind mit der Gesellschaft eng verwoben. Die Vorgänge bei der Bundeswehr, in den Universitäten, bei Krankenkassen und Sozialbehörden, den Behindertenverbänden und der Justiz, den Kindergärten und Sportvereinen involvieren weite Teile der Bevölkerung. Eine echte Transparenz von Ministerien, Volksvertretungen, Behörden, Institutionen, Konzernen und Verbänden beträfe nicht eine kleine Schicht von Mächtigen, denen man misstrauisch auf die Finger sehen möchte, sondern viele Millionen Menschen.

In den Hunderttausenden Dokumenten, die Wikileaks veröffentlicht hat, finden sich trotz mancher Schwärzungen ausgerechnet in den besonders instabilen Staaten zahllose Hinweise auf einfache Bürger und Informanten der Amerikaner und der Militärs. Zum einen ist es eine Anmaßung von Wikileaks zu entscheiden, was geschwärzt wird und was nicht. Zum anderen lösten die Enthüllungen durchaus Todesängste in manchen Teilen der Welt aus.

Die Konsequenz von mehr Transparenz ist überall nicht nur eine größere Durchschaubarkeit von Machtstrukturen und politischem Handeln, sondern letztendlich die zunehmende Aufhebung der Privatsphäre. Enthüllungen in Wikileaks-Dimensionen stellen schon einen gefährlichen Schritt in diese Richtung dar. „Wikileaks gibt vor, die Welt besser und die Menschen freier zu machen. Tatsächlich droht uns eine Gesellschaft ohne Vertrauen und Anstand", schrieb zornig der Internet-Pionier und Publizist Jaron Lanier. (16)

Ohnehin gibt es weite Bereiche, für die Transparenz eine nachhaltige Gefährdung ihrer Arbeit mit sich bringen würde. Wie transparent können beispielsweise Bürger- und Menschenrechtsorganisationen, politische Stiftungen oder auch Wissenschaftsinstitute sein, die sich auch in der Welt autoritärer Staaten bewegen müssen? Wie sollen sinnvolle Aktivitäten zugunsten von Verfolgten und Oppositionellen in Diktaturen aussehen, wenn dies im Detail veröffentlicht werden würde? Angesichts der politischen Realitäten in vielen Ländern Afrikas, Asiens und Lateinamerikas können sehr viele Informationen nicht ohne enormes Risiko für die Beteiligten an das Licht der Öffentlichkeit.

Wenig Transparenz bei NGOs

Es gibt zwar viele gute Gründe, gerade auf dem weiten Feld der sogenannten Nichtregierungsorganisationen (NGO) mehr Kontrolle und Einsicht zu fordern. Schließlich haben auch die rund 8.000 NGOs weltweit keine demokratische Legitimation und unterliegen kaum staatlichen Kontrollen. Aber der Aufschrei wäre enorm, würde jemand völlige Transparenz der Arbeit von Greenpeace, Human Rights Watch oder „Médecins Sans Frontières" – alles höchst ehrenwerte Organisationen – erzwingen. Angesichts oft gefährlicher Arbeitsbedingungen dieser

NGOs würde weitgehende Transparenz ihre Arbeit enorm erschweren, wenn nicht gar unter Umständen unmöglich machen.

Warum sollten Staaten und ihre Institutionen nicht das gleiche Recht in Anspruch nehmen können? Weil die USA eine Supermacht sind? Weil auch Deutschland ein mächtiger Staat ist? Wie klein muss ein Staat, wie unwichtig eine Institution sein, damit die Mutmaßung dunkler Umtriebe hinter den Kulissen entfällt? Die Antwort liegt auf der Hand: Kräfte wie Wikileaks akzeptieren kaum Grenzen.

Es ist bezeichnend, wie Wikileaks selbst mit dem Thema Transparenz umgeht. Assange sieht sich als heldenhaften Kämpfer gegen die Mächtigen, denen er grundsätzlich unterstellt, dass sie ihre wahren Machenschaften zu verbergen suchen. „Wikileaks wird getrieben von dem gleichen paranoischen Verlangen, bis in die äußersten Winkel Licht zu schicken und der Macht noch das letzte Geheimnis zu entreißen", sagt der Literaturwissenschaftler Manfred Schneider. (17) Mit diesem Kampf eines David gegen einen Goliath rechtfertigt Wikileaks die eigene Geheimniskrämerei, die kaum zu toppen ist. Der US-Publizist Jaron Lanier kritisierte zu Recht, dass Wikileaks nicht die Geheimnisse der Welt lüftet, sondern nur die Verfügungsgewalt über die Geheimnisse verändert hat. Noch geht es nur um Wikileaks, aber wir scheinen erst am Anfang einer Entwicklung zu stehen.

Neue multipolare Welt

Assange ist nur der erste bedeutende Pionier der neuen Ära einer tatsächlich zunehmend multipolaren Welt. Bisher hatten Politiker und Historiker dabei vor allem den wachsenden Einfluss Chinas, Indiens, Russlands und der EU im Auge. Allerdings bilden sich im Web neue Machtzentren mit noch nicht bekannten Optionen und Einflüssen. Dazu gehören sicher Google, Facebook oder Yahoo. Facebook nutzt schon jetzt Personalisierungs-Algorithmen, um mit einem Profil die Informationen für den News-Feed der persönlichen Facebook Seite zu filtern.

Das Google-System offeriert mit ähnlicher Methode auf den User zugeschnittene Suchergebnisse. Es gibt von jedem Internetnutzer ein Profil, niemand weiß wirklich, wer alles dazu Zugang hat. Bei Google bedeutet das unter anderem auch, dass erkennbare politische Neigungen dazu benutzt werden, dem User vor allem Suchergebnisse mit ähnlichen Sichtweisen wie der eigenen anzubieten. Ein als konservativ identifizierter User bekommt andere Suchergebnisse als ein linksliberaler User.

Noch einmal eine andere Dimension hat der Einfluss der Hacker, zu denen im weitesten Sinne auch Wikileaks gezählt werden muss. Niemand weiß, wie viele unbekannte und anarchistische Kräfte noch kommen. Sie können theoretisch aus einem einzigen genial-destruktiven Hacker oder aber auch einer von einem „Schurkenstaat“ finanzierten Technologie-Abteilung bestehen.

Rechtsstaatlichkeit und ökonomische Rahmenbedingungen sind schon heute manchmal schwer durchsetzbar. Die alten Nationalstaaten verlieren angesichts der Globalisierung immer mehr die Kontrolle und Gestaltungsmacht. Wo keine Grenzen sind, können Regeln nicht durchgesetzt werden. Die Machtverhältnisse in der virtuellen Welt des Internets sind noch lange nicht geklärt. Es scheint, als ob sich hier neben den bekannten staatlichen und privatwirtschaftlichen Akteuren auch eine teilweise anarchische Welt neuer Mächte herauskristallisiert.

Diesen neuen Kräften ist vor allem gemein, dass sie keine demokratische Legitimation haben. Das Kuriose ist, dass genau diese neuen, oft sogar anonymen Akteure behaupten, wirkliche Demokratie herstellen zu wollen. Wikileaks ist dafür ein hervorragendes Beispiel. Wer aber kontrolliert die selbsternannten Kontrolleure im Web? Es war schon ein schlechter Witz, dass sich Assange in London im Herbst 2010 beschwerte, dass Zeitungen Justiz-Unterlagen über sein Verfahren (Vergewaltigungsvorwurf in Schweden) veröffentlichten. „Die Wikileaker sind selbsternannte Aktivisten. Niemand hat sie gewählt, sie tragen keine Verantwortung. Sie haben weder das moralische Recht, noch das Wissen und die Erfahrung, zu entscheiden, was nun im öffentlichen Interesse liegt und was nur Schaden anrichten kann“, betonte der US-Historiker Walter Laqueur. (18)

Welch dunkle Macht in Wirklichkeit Wikileaks und die Welt der Hacker ist, demonstrierten seine anonymen Anhänger: Nachdem Banken und Kreditkartenunternehmen die Zusammenarbeit mit Assange beendeten, attackierten Untergrundkämpfer im Web die Computersysteme von Visa, Mastercard und PayPal und legten sie lahm. Das mag manchen als sympathischer Piratenakt erscheinen, den man mit „klammheimlicher Freude“ verfolgt. Es war aber nichts anderes als ein virtueller Terroranschlag. Die Web-Untergrundkämpfer fühlten sich in ihrem Einsatz für Wikileaks in einem „digitalen Krieg“ – ihre Nähe zum Terrorismus ist ungleich größer. Für US-Republikaner war das ohnehin klar, die Ex-Gouverneurin Sarah Palin fragte zornig, wieso Assange „nicht wie ein Taliban- oder El Kaida-Führer“ verfolgt wurde.

Keine Kontrolle der Kontrolleure

Aber auch der renommierte Enthüllungsjournalist Hans Leyendecker (Süddeutsche Zeitung) bezeichnete Wikileaks als einen „Bastard“, der nicht aufkläre, sondern der praktisch nur Antiamerikanismus fördere.

Mit der massenhaften, ungeprüften Veröffentlichung von Rohmaterial – beispielsweise aus dem Afghanistankrieg – würden oft auch Menschenleben gefährdet. (19) „Dass die Kontrolle der Kontrolleure erforderlich ist, zeigt sich schon daran, dass von Transparenz geredet, aber faktisch mit dem Geheimnis Politik gemacht wird", schreibt der Politologe Münkler. (20) „Das Wikileaks-Gerede von Transparenz ist nur eine durchsichtige Tarnkappe dafür, dass die Verfügung über das Geheimnis gewechselt hat, und das vor allem dort, wo am ehesten von einer demokratischen Kontrolle der Geheimnisse des Staates gesprochen werden kann." Die Methode von Wikileaks bestraft vor allem alle Institutionen, die sich einer gewissen Transparenz verpflichtet fühlen, und belohnt faktisch jene, die sich total abschotten.

Ironischerweise sind genau jene, die entschieden gegen einen „Überwachungsstaat" sind, für völlige Transparenz. Was in der Praxis ein nicht unerheblicher Widerspruch ist. Transparenz ermöglicht die beste Überwachung überhaupt. Wer sich gegen mehr Kameras im öffentlichen Raum zur Verbrechensprävention wehrt, wer nicht möchte, dass die Daten über Bürger gesammelt und gespeichert werden, wer strikt gegen das Abhören von Telefonen und jegliche Kontrollen des Internets ist, kann eigentlich kaum für die Transparenz eintreten. Genau das aber tun die Apologeten der Cyber-Demokratie. Es ist ein simpler Trick: Den demokratisch legitimierten Akteuren in Washington, Berlin, London oder Paris wird unterstellt, sie seien im Grunde Mächte der Finsternis.

Schöne neue Welt

Das Internet hat uns tatsächlich – wie von Marshall McLuhan vorausgesagt – das globale Dorf beschert. Wer in einem Dorf aufgewachsen ist, weiß, wie belastend das Leben dort für Nonkonformisten und Außenseiter ist, vor allem aber, wie schwer es ist, Geheimnisse zu bewahren. Wie schrecklich kann diese Web-2.0-Welt für jene sein, die mit großer Freude und bewusst nicht in einem Dorf, sondern in der Großstadt leben möchten, weil sie die Möglichkeiten der Stadt für Rückzug und Anonymität, für Distanz und Individualität schätzen und lieben.

Ohnehin gibt es nicht mehr die poetische, aber durchaus realitätstüchtige Phantasie unserer Vorväter, vielleicht irgendwo in der Welt einmal „völlig neu anzufangen". Im Web mit seinen Bergen an Informationen, Daten und Bildern finden sich scheinbar unlöschbar und für die Ewigkeit die Spur von immer mehr Menschen. Das Rad lässt sich nicht zurückdrehen – aber der Horror ist kaum auszumalen, wenn dann auch noch zusätzliche Transparenz eingeklagt wird.

V Die verunsicherte Gesellschaft

„Ist dir noch nicht aufgefallen,
wie viel Frechheit durch Unsicherheit zu erklären ist?“

Kurt Tucholsky (aus: Schloss Gripsholm)

Würde jemand in Deutschland aus den 50er Jahren des vergangenen Jahrhunderts mit einer Zeitmaschine in die Gegenwart katapultiert, wäre er sicher überwältigt und geschockt. Reichtum und Überfluss würden ihm imponieren, Glanz und Pracht von Wolkenkratzern und restaurierten Gebäuden, die luxuriöse Üppigkeit der Konsumtempel erstaunen. Er wäre fasziniert von der digitalisierten, rasend schnell gewordenen und vernetzten Welt mit ihren iPods, Kindles und Blackberries, vermutlich fassungslos über die virtuelle Welt mit ihren Blogs und sozialen Plattformen. Er wäre wahrscheinlich irritiert von der Pornografie im Fernsehen oder von dem nachmittäglichen Seelenstriptease einfacher Leute in den Talkshows.

Schockierend wäre der Sprung natürlich nur, würde unser Zeitreisender die sechs Jahrzehnte in die Gegenwart in Sekundenschnelle überwinden. Für die Generation der heute über 70-Jährigen gehört die rasende Fahrt in dem historischen Intercity-Zug zur persönlichen Biografie. Noch keine Generation zuvor hat auf ihrer Lebensstrecke so schnell so viele unterschiedliche Stationen, so viele wechselnde Landschaften an sich vorbeirasen sehen. Die Geschwindigkeit der dramatischen Umwälzungen in den vergangenen Jahrzehnten ist geschichtlich kaum mit einer anderen Epoche zu vergleichen.

Trotz aller Kriege, Revolutionen und Krisen gab es in Europa seit vielen Jahrhunderten so etwas wie eine spürbare Ordnung. Nationen stritten um Einfluss und Macht. Könige und Kaiser, später Politiker und Parteien führten ihre Reiche und Länder mit unterschiedlichem Erfolg. Bauern, Handwerker, Unternehmer, Arbeiter, Beamte, Militärs oder Künstler hatten ihre jeweiligen Plätze und Milieus. Staat, Kirche und Familie gaben den Gesellschaften inneren Halt. Zeitweise sorgten in den sozialistischen Staaten des Ostblocks Einheitsparteien und Ideologie für die Stabilität. Es war durchaus eine vielfältige, oft sehr ungleiche und auch gefährliche Welt. Aber sie hatte relativ klare Strukturen, Regeln und Rollen.

Historischer Umbruch mit enormen Konsequenzen

Das ist definitiv vorbei. Dabei befinden wir uns noch am Anfang des historischen Umbruchs, in einer Art Zwischenzeit. Die Veränderungen der digitalen Ära werden mindestens so gravierend werden wie die ungeheuren Auswirkungen der Erfindung des Buchdrucks, meint der Philosoph Peter Sloterdijk (1). Ohne die Erfindung von Johannes Gutenberg vor 550 Jahren hätte es kaum Reformation, Aufklärung, allgemeine Alphabetisierung und letztendlich auch die Demokratie gegeben. Wir sehen inzwischen manche Umrisse und Details der künftigen Welt, wie sie nach der digitalen Revolution aussehen wird. Man kann derzeit dennoch nur spekulieren, wohin die Reise geht.

Wissenschaftler und Tüftler lassen uns an ihren technologischen Visionen teilhaben. Touristische Ausflüge ins All werden selbstverständlich. Kleine, in unsere Köpfe eingepflanzte Chips machen uns alle zu kleinen Genies. Sehr viel weniger können wir uns vorstellen, wie unsere Gesellschaft aussehen wird, wer denn wirklich herrschen wird in der Welt, ob Armut und Elend besiegt werden, ob wir in Freiheit oder Diktatur leben werden. Die Technologie kann sich nicht zurückentwickeln – was die Menschen und ihr Zusammenleben angeht, lässt sich das aber sehr gut vorstellen.

Wir wissen nur, dass sich vieles gravierend verändert. Schon die moderne Welt des Web 2.0 ist dabei, die Beziehungen zwischen den Menschen zu verändern, die Koordinaten unserer Gesellschaft zu verschieben, Politik und Wirtschaft massiv zu beeinflussen. Laute Zeiten der Kakophonie sind angebrochen. Der Globus dröhnt vor rasender Geschäftigkeit. Ein Klangteppich von zigtausenden Fernseh- und Radioprogrammen bedeckt die Kontinente. Virtuell machen sich hunderte Millionen Stimmen für die ganze Welt bemerkbar. Milliarden Daten schwirren jede Minute über die Erde.

Schon ohne die digitale Revolution haben wir in den vergangenen sechs Jahrzehnten dramatische Veränderungen erlebt. Zum einen ist ein ungeheurer Gewinn an Freiheit und Gleichberechtigung zu verzeichnen. Frauen, Minderheiten und Randgruppen haben davon besonders profitiert. Vor allem in Europa wurde fast überall der Sozialstaat ausgebaut, der den Schwächsten der Gesellschaft zu Gute kam. Eine sexuelle Revolution verändert massiv die Sexualmoral, insgesamt gab es erhebliche Werteverschiebungen.

Traditionelle Hierarchien in der Gesellschaft wandelten sich, vor allem die starke Rolle der Kirchen wurde in vielen Ländern angesichts eines sich ausbreiteten Säkularismus zurück gedrängt. Aber auch andere Autoritäten – wie Parteien und Gewerkschaften – büßten an Bedeutung ein. Die Wirtschaft hat nichts von ihrer Macht – aber enorm an Reputation – verloren. Die Welt ist unüberschaubar vielfältig geworden, unsere Gesellschaft heterogen und verwirrend. Viele überaus positive Entwicklungen – wie Emanzipation und neues Selbstbewusstsein von Randgruppen – bedeuten auch eine Zunahme von gesellschaftlicher Komplexität. Das erschwert oft auch politisches Handeln und Führen.

1 Fortschritte schaffen auch neue Probleme

„Um der Gesellschaft Gleichheit zu schenken, nehmen wir freiheitseinschränkende Regulierungen und – schlimmer noch – politisch angeordnete Ungleichheitsbehandlungen in Kauf, zersplittern in einem paradoxen vormodernen Diskriminierungsdenken die Gemeinschaft der Bürger in Frauen und Männer, in Junge und Alte, in Behinderte und Nichtbehinderte, in Bedürftige und Wohlhabende, in Hetero- und Homosexuelle. Dabei werden in gut meinender Absicht nicht selten die Unterschiede eher verfestigt und manchmal erst durch die Antidiskriminierung auf die Welt gebracht."

Udo di Fabio (1)

Der Besuch aus dem vorigen Jahrhundert, wäre er weiblich, würde mit Freude feststellen können, dass die Unterdrückung der Frau in unserer Zivilisation weitgehend herausgedrängt wurde. Nach wie vor gibt es zwar einen vielfältigen Kampf für die Rechte und die Beteiligung der Frauen in Politik, Wirtschaft und Kultur. Noch sind Frauen in den Chefetagen der Konzerne oder in Naturwissenschaften unterrepräsentiert. Aber der Wandel zur Gleichberechtigung der Geschlechter ist aus historischer Sicht weit fortgeschritten. Das Gefühl, sich als Frau dem Mann unterordnen zu müssen, findet sich außerhalb islamischer Kreise immer seltener. Auch eine Frau im Kanzleramt hat durchaus Symbolkraft.

Die gelungene Emanzipation hat die Geschlechterhierarchie mächtig durcheinandergewirbelt. Das neue Selbstbewusstsein der Frauen scheint auch mit manchen Verunsicherungen der Männer einherzugehen.

Der lange Kampf der Frauenbewegung gegen die „patriarchalische" Gesellschaft hat die Wahrnehmung vom Bild des Mannes gravierend verändert. Im Zuge der Emanzipation wurde das traditionelle Klischee des „typischen" Mannes tausendfach in Literatur und Film, politischen Schriften und Reden festgezurrt. „Gender"-Studien lieferten ein „wissenschaftliches" Fundament für das männliche „Feindbild".

Männliche Eigenschaften negativ besetzt

Als männlich wurde das Streben nach Dominanz und Macht definiert, der Mann gerne als gefühlsarm, roh und verschlossen, Frauen verachtend und karrierefixiert. Positive Eigenschaften, die als typisch männlich galten, wurden umgedeutet: Mut, Durchsetzungsvermögen und Willensstärke werden als Rücksichtslosigkeit, Machtgehabe und Profilierungssucht diskreditiert, Kraft als Brutalität, Schweigsamkeit als Verstocktheit und Gefühlsarmut.

Der Bannstrahl der Emanzipation traf nicht nur Chauvis und Machos, sondern die Männerwelt als Ganzes. Als Reaktion folgten allerlei Angebote für ein neues Rollenverhalten des Mannes. Es herrschte weitgehende Übereinkunft in der Gesellschaft, dass sich Männer grundsätzlich zu ändern haben. Die Phase der Rollenfindung scheint keineswegs abgeschlossen. Zumindest für Komiker und Karikaturisten bieten manche Experimente auf der Suche nach dem „neuen Mann" als „Softie" oder „Metrosexuelle" ein dankbares Feld.

Die Literaturnobelpreisträgerin Doris Lessing sprach von „Männern als den neuen geheimen Opfern im Krieg der Geschlechter". Sie prangerte eine „denkfaule und heimtückische Kultur" im Feminismus an. „Ich bin zunehmend schockiert über die gedankenlose Abwertung von Männern, die so sehr Teil unserer Kultur geworden ist, dass sie kaum noch wahrgenommen wird. Es ist Zeit, dass wir uns fragen, wer eigentlich diese Frauen sind, die ständig die Männer abwerten. (...) Die Männer scheinen so eingeschüchtert zu sein, dass sie sich nicht wehren. Aber sie sollten es tun." (2)

Probleme der Männer

Die Frauenbewegung setzte auch eine intensive Förderung von Frauen und Mädchen in den vergangenen Jahrzehnten durch. Der Erfolg war nachhaltig. Allerdings scheinen nun Jungen Probleme zu bekommen. In den USA ebenso wie in Deutschland gibt es seit langem seriöse Bestrebungen, die Jungen stärker zu unterstützen. Denn Pädagogen und Psychologen registrieren bei einer zunehmenden Zahl von Jungen beunruhigende Symptome wie Leistungsschwäche, Verhaltensauffälligkeiten, Krankheitsanfälligkeit.

Männliche Führungskräfte müssen neuen Anforderungen gerecht werden. Für Frauen ist es oft eine schwierige Herausforderung, sich als Chefin in einem männlich geprägten Arbeitsumfeld zu behaupten. Das Thema Emanzipation hat viele Facetten: Dazu zählt auch die Tatsache, dass viele Frauen sagen, dass sie sehr ungern Frauen als Vorgesetzte haben.

Minderheiten gelingt rasanter Aufstieg

Die Erfolge der Frauenbewegung haben zwar massiver als alle anderen Emanzipationsbewegungen die Gesellschaft verändert. Aber auch Minderheiten haben von dem gesellschaftlichen Wandel profitiert. Randgruppen sind ins Zentrum vorgerückt. Unterprivilegierten und Minoritäten ist ein früher kaum unvorstellbarer Aufstieg gelungen. Ihnen ging es als ausländische Minderheit in der Fremde wohl nie besser als heute – was nicht heißt, dass es nicht auch eine Menge Probleme gibt.

„Menschen mit Migrationshintergrund", wie Ausländer und Immigranten in Deutschland heute genannt werden, finden sich in allen Branchen, auf allen Ebenen von Staat und Gesellschaft. Besonders wird das im Fernsehen und in der Politik sichtbar: Im deutschen Fernsehen moderieren Dunja Hayali und Cherno Jobatey, die Komiker Kaya Yanar oder Django Asül sind Quotenbringer. Die Eltern des Vorsitzenden der Grünen, Cem Özdemir, sind ebenso Türken wie die der Sozialministerin in Niedersachsen, Aygül Özkan. Nimmt man die Geschichte zum Maßstab, haben Ausländer in Deutschland wie in den anderen westlichen Demokratien bessere Startbedingungen als jemals zuvor.

Auch früher gab es vereinzelt Karrieren von Einwanderern in Deutschland, aber das waren Ausnahmen. Wer zudem in den 60er oder 70er Jahren als Neubürger in der Bundesrepublik Karriere machte, glaubte in der Regel dem Gastland auch Dank schuldig zu sein. Dieses Gefühl der Dankbarkeit gegenüber dem Gast- und Einwanderungsland scheint geschwunden.

Auch Angehörige von Minderheiten treten oft sehr selbstbewusst und fordernd auf. Jedermann weiß um seine Rechte und seinen Anspruch auf Toleranz und Respekt. Eklatante Auswirkungen hat das zuweilen im Selbstverständnis mancher Immigranten. Ein neues Phänomen ist die provozierende Unwilligkeit von Immigranten, sich friedlich zu integrieren. Unter den Latinos in den USA, den Algeriern in Frankreich oder den Türken in Deutschland gibt es manch problematische Tendenzen. Die Furcht vor der Ausbreitung von Parallelgesellschaften verändert die allgemeine Ausländerfreundlichkeit der Nachkriegszeit im Westen. Die große Toleranz wird hier besonders von der Aggressivität und dem Hass mancher Jugendbanden, besonders ausgeprägt im islamischen Einwanderermilieu in Paris, London oder Berlin, herausgefordert.

Der erfolgreiche Kampf gegen Untertanenmentalität und Duckmäusertum

Der traditionelle Respekt vor Amt und Würden ist überall drastisch geschwunden. Was Ende der 60er Jahre mit der antiautoritären Bewegung begann, hat heute längst die Mitte der Gesellschaft erreicht. In deutschen Amtsstuben tritt meist ein selbstbewusster Bürger auf – bei den Sozialbehörden zuweilen mit so viel Aggressivität, dass Beamte und Angestellte in vielen Städten trainiert werden, mit der wachsenden Zahl aggressiver Klienten fertig zu werden.

Nicht nur Sozialbehörden haben sich gewandelt. Sie sind bemüht, „bürgerfreundlich" zu sein. Von den Beamten und Mitarbeitern wird erwartet, jeden Bürger mit Respekt und Freundlichkeit zu behandeln. Der Obrigkeitsstaat gehört der Vergangenheit an, der moderne Staat präsentiert sich dem Bürger als Dienstleister – zumindest vom Anspruch her.

Autoritätsschwund und das allgemeine Gefühl der sozialen Gleichheit lassen sich auch im Auftreten der Journalisten ablesen. „Frau Merkel" sagen Reporter oft, wenn sie die Kanzlerin ansprechen. Ähnlich geht es Ministerpräsidenten oder Ministern, die kaum noch jemand wie früher mit dem Titel anspricht. Es scheint nur eine Frage der Zeit, wann Reporter in Deutschland Politiker beim Vornamen nennen, schließlich duzen sich viele privat sowieso. In Skandinavien ist das schon lange gang und gebe. Anders in Großbritannien und den USA: In Washington würde kaum jemand zum Präsidenten „Mr. Obama" sagen, auch ein Senator wird mit seinem Titel angesprochen.

Aber nichts ist in Deutschland und vielen Teilen Europas mehr verpönt als nur der leiseste Anschein von Untertanenmentalität. Meist geht es in sozialen Zusammenhängen darum, möglichst schnell vermeintliche Barrieren abzubauen. In Deutschland verschwindet vielerorts auch das „Sie". Das „Du" bürgert sich ein, nicht nur an den Universitäten oder in Vereinen, auch in Betrieben, Geschäften, Redaktionen oder Dienststellen. Zuweilen bringen neue Chefs über Jahrzehnte gewachsene soziale Beziehungen in einem Betrieb oder einer Institution durcheinander, indem sie arglos eine allgemeine Duz-Kultur durchsetzen.

Von Chefs und Vorgesetzten in Staat und Wirtschaft wird heute die Fähigkeit erwartet, mit den neuen Formen gleichberechtigten Umgangs und dem neuen Selbstverständnis von Mitarbeitern geschickt umzugehen. Das Wort Untergebene ist ohnehin aus dem Sprachgebrauch verschwunden. Die Mechanismen von Anweisung und Befehlen sind subtilen Formen der Führung gewichen. Gefordert sind Sozialkompetenz, Teamorientierung und Kommunikationsfähigkeit.

2 Opfer und Täter

„Täter haben meistens eine längere Lebenserwartung als Opfer, und es macht mehr Spaß, Täter als Opfer zu sein."

Henryk M. Broder (1)

Autoritäres Auftreten ist in der modernen Demokratie grundsätzlich verpönt. Das ist ein Segen für die Bürger, die sich früher im bürokratischen Alltag oft genug haben abkanzeln und demütigen lassen müssen. Auch die Staatsgewalt will dem Bürger respektvoll begegnen, seine Rechte achten. Dieser Anspruch allerdings hat in Deutschland aber zuweilen auch zu irritierenden Ergebnissen geführt.

Ein Beispiel ist der Umgang des Staates mit Protest, Widerstand und Gewalt. Die Achtung vor dem Demonstrationsrecht treibt manchmal erstaunliche Blüten. Seit den 80er Jahren kommt es in Berlin, Hannover und anderen Städten am 1. Mai, dem Tag der Arbeit, immer wieder zu blutigen Krawallen. Es wird wohl kaum jemand behaupten können, bei den Protesten würde sich der Zorn der Arbeitermassen gegen unmenschliche Lebensbedingungen oder staatliche Willkür entladen. Es sind Extremisten und gewaltbereite Jugendliche, die sich mit der Polizei Straßenschlachten liefern.

Wären sie nicht so blutig und zerstörerisch, könnte man diesen urbanen Kämpfen den Charakter von Indianerspielen zuschreiben. Man braucht aber nur auf entsprechende Webseiten zu gehen, um zu sehen, mit welcher Vorfreude radikale Gruppen sich auf die Konfrontationen und Ausschreitungen vorbereiten. Trotz aller miserablen Erfahrungen versucht die Polizei immer wieder mit sehr defensiven „Deeskalations-Strategien" auf die Aufmärsche der oft vermummten und sichtlich auf Krawall gebürsteten Demonstranten zu reagieren. Was regelmäßig zur Folge hat, dass eine große Zahl von verletzten Polizisten und eine Spur der Verwüstung zurückbleiben.

Auch in manchen Gerichtssälen dürfen Emotionen von Zeugen und Angeklagten explodieren, die von einer extremen Toleranz der Richter zeugen. In einem Verfahren in Bremen gegen ein Mitglied des sogenannten „Miri-Clans" ließ sich jüngst eine Richterin minutenlang lautstark beschimpfen – ohne irgendeine Konsequenz für Angeklagten oder Zeugen. Von den 2.500 Mitgliedern des aus dem Libanon stammenden

Clans sind 1.100 Personen bei der Polizei aktenkundig, die Strafakten füllen Regale voller Akten. (2)

Die auffallende Milde deutscher Gerichte bei Gewalttaten im internationalen Vergleich ist in Deutschland kein großes Thema. Ob es um Täter geht, die einen hilflosen Obdachlosen totschlagen, oder um junge Gewalttäter, die hemmungslos wildfremde Personen schwer verletzen: Die Strafen sind – vor allem aus Sicht von Ausländern – äußerst zurückhaltend. Daran stören sich allerdings meist nur die Opfer selbst oder deren Angehörige.

Ein Beispiel von sehr vielen: Jüngst wurde in Frankfurt ein 18-Jähriger zu einer Strafe von einem Jahr Haft mit Bewährung, 100 Arbeitsstunden und einem „Antigewalt-Training" verurteilt. Er hatte mit Freunden zusammen in einer U-Bahn-Station grundlos eine 20-jährige Frau angegriffen, mit der Faust ins Gesicht geschlagen und ins Gleisbett geworfen – kurz bevor die U-Bahn einfuhr. Ein Sicherheitsbeamter konnte die Frau im letzten Moment retten. Der Richter konnte keinen Tötungsvorsatz erkennen. Auch besonders abstoßende Verbrechen wie das brutale Totschlagen eines hilflosen Obdachlosen durch mehrere junge Männer werden mit Strafen von wenigen Jahren Haft bestraft.

Die Nachsicht mit Tätern und das Verständnis für Gräueltaten vor Gericht hat im Nachkriegs-Deutschland eine besondere Tradition. Sie ist sicher auch Ausdruck des Willens zu Rechtsstaatlichkeit und Humanität gegenüber jedermann; Hintergrund ist wohl auch die besondere Furcht der deutschen Justiz, als grausam und gnadenlos zu erscheinen. Aus der Geschichte Deutschlands lässt sich das gut verstehen. Hinzu kommt eine moderne Auffassung von Strafe: Urteile werden vor allem im Blick auf Prävention und Rehabilitation gefällt. Der Gedanke von Abschreckung und „Schuldausgleich" spielen eine nachgeordnete Rolle.

Die Justiz in den meisten westlichen Ländern – bis auf die USA – ist im Strafrecht gegenüber Tätern eher nachsichtig. Das führt oft zu fassungslosen Reaktionen der Opfer von Gewalttaten und ihrem Umfeld. Paradoxerweise spielt gerade die Rolle des Opfers in unserer Gesellschaft eine herausgehobene Rolle: Im täglichen Ringen um Aufmerksamkeit, materielle Zuwendungen und Bedeutung stellen sich in der Regel alle gerne als Opfer dar. Eine Erklärung für die Milde der Gerichte ist wohl auch die moderne Haltung, auch die Täter als Opfer zu sehen – deren Handlungen mit einer üblen Kindheit, schlimmen seelischen Verletzungen oder einer verständnislosen Gesellschaft interpretiert werden.

„Alle wollen Opfer sein – in der untersten wie in der obersten Schicht der Gesellschaft. Das ist angenehm und noch sehr viel angenehmer für die Privilegierten: Man ist reich, mächtig und sonnt sich zugleich in der

Rolle des Märtyrers“, meint der Philosoph Pascal Bruckner. (3) Es gibt wohl wenig gesellschaftliche Gruppen, die sich nicht gerne in irgendeiner Weise als Opfer darstellen. Sogar in Selbsthilfegruppen von schlagenden Männern oder von Kinderschändern dominiert die Attitüde, im Grunde auch nur ein Opfer zu sein.

„Der Opferstatus verspricht Identität, Prestigegewinn, Unangreifbarkeit. An der Integrität eines Opfers zweifelt man nicht leichtfertig. Opfer zu sein, entlastet von Verantwortung, fordert Aufmerksamkeit und setzt jene unter Rechtfertigungsdruck, die ihr Mitleid verweigern“, beschrieb der Publizist Joachim Güntner die Anziehungskraft der Opferkultur. (4) An der Integrität eines Opfers zweifele man nicht leichtfertig.

Nicht alle haben gute Karten bei dem Ringen um den Opferstatus: Zu ihnen zählen die westlichen Großmächte, Konzerne und Banken ebenso wie Männer in Führungspositionen.

3 Political Correctness und andere Verunsicherungen

„Ironischerweise stellen wir am 200. Jahrestag der Bill of Rights fest, dass die freie Rede überall in den USA angefallen wird, auch auf dem Campus einiger Universitäten. Die Idee der politischen Korrektheit hat im ganzen Land eine Kontroverse entfacht. Und obwohl die Bewegung aus dem lobenswerten Bedürfnis entstanden ist, die Überreste von Rassismus und Sexismus und Hass wegzufegen, ersetzt sie nur alte Vorurteile durch neue. Sie erklärt bestimmte Themen zum Tabu, bestimmte Ausdrücke zum Tabu und sogar bestimmte Gesten zum Tabu. Was als Kreuzzug für Anstand begann, ist umgeschlagen in einen Konfliktherd und sogar in Zensur. Streitende betrachten puren Zwang als einen Ersatz für die Kraft der Gedanken – zum Beispiel indem sie ihren Kontrahenten bestrafen oder verweisen lassen."

George H. W. Bush (1)

Die beschriebenen Entwicklungen und das neue Verständnis von gesellschaftlicher Gerechtigkeit und Gleichheit korrespondieren mit den Veränderungen der Sprache. Der fiktive Besucher aus dem vergangenen Jahrhundert würde in seinen Gesprächen größte Probleme bekommen, würde er von Negern, Krüppeln, Irrenhäusern oder Zigeunern sprechen. Negerküsse, Mohrenköpfe oder Zigeunerschnitzel würde er vergeblich suchen. Er würde im besten Fall erstaunte Blicke ernten, spräche er eine junge Frau mit „Fräulein" an.

Die ehrenwerte Idee dahinter ist, mittels Sprache alles Diskriminierende, Stigmatisierende und Diffamierende zu vermeiden. Auch in der Wortwahl und den Begriffen sollen sich Emanzipation und neuer Respekt ausdrücken. Allerdings ist die Political Correctness längst zu einem diffizilen und rigiden Regelwerk ausgeufert. Nicht nur Konservative sehen darin den Konformitätsdruck einer „Gedankenpolizei" walten.

Vor allem in den USA gehen die Verfechter des politisch Korrekten rigoros vor. Klassische Literatur beispielsweise von Mark Twain oder Robert L. Stevenson wird wegen angeblicher Rassendiskriminierung aus manchen Schulen verbannt. An vielen Universitäten herrscht ein strenges Regiment gegenüber Studenten und Lehrkräften, die in den Verdacht geraten, diskriminierende oder rassistische Inhalte zu vertreten.

Erfahrungsgemäß können es auch harmlose Handlungen und Worte sein, die vehemente Proteste auslösen. Ein weißer Hochschullehrer würde sich vielerorts kaum trauen, das Wort „Nigger" auch nur als Zitat zu verwenden. Der Dekan an der Harvard-Universität, Professor Lawrence Summers, musste 2006 zurücktreten, weil er auf die noch immer geringeren Leistungen von Frauen in den Naturwissenschaften verwiesen hat.

Besondere Ängstlichkeit in Deutschland

Die Political Correctness wirkt auch in Deutschland auf vielen Feldern. Ein Grund für die Ängstlichkeit im Umgang mit Ausländern, fremden Kulturen und dem Islam ist auch die unselige Geschichte der gnadenlosen Intoleranz in deutschem Namen während des Dritten Reichs. Es belegt sicher eine große Unsicherheit über die eigene Kultur und Identität. Diese Haltung paart sich in der Regel mit einem tiefen Misstrauen und Unbehagen, wenn es um Hierarchien, Macht und Reichtum geht. Das alles wirkt sich nicht nur in Sprachregeln, sondern vor allem längst schon in der Wahrnehmung der Wirklichkeit aus. Das lässt sich ganz gut auch in deutschen TV-Spielfilmen erkennen.

Wer häufig die ARD-Fernsehserie „Tatort" schaut – bisher gab es rund 800 Folgen – wird wissen, dass der Täter besonders gern im gehobenen Bürgertum ausfindig gemacht wird. Die Bösewichte sind oft der feine Arzt, der arrogante Unternehmer, der smarte Manager oder die eiskalte Geschäftsfrau – der beliebteste Stereotyp ist die privilegierte Person, die aber in der Drehbuch-Wirklichkeit viel Dreck am Stecken hat. Der bestechliche Politiker passt da auch bestens dazu.

Der Mörder ist fast nie ein übergewichtiger Hartz-IV-Empfänger, ein afrikanischer Immigrant, ein hinterlistiger Strichjunge oder ein Berufskrimineller aus dem Rotlichtmilieu. Genau die sind es aber, die in Wirklichkeit einen Großteil der Gefängnisse bevölkern. Behinderte, Ausländer oder Schwule als Täter scheinen ein Tabu für Drehbuchschreiber zu sein. Ja auch der Verbrecher selbst scheint tabu: Der Berufskriminelle, der in der Realität in großer Zahl die Polizei beschäftigt, kommt in deutschen Krimis eher selten vor.

„Die Welt"-Fernsehkritiker Torsten Thissen lästerte über Drehbücher, „aus denen das Gutmenschentum trieft". (2) „Wie am Reißbrett entwerfen die Drehbuchautoren eine Welt aus guten Menschen, denen Schlechtes widerfahren ist, und bedienen jedes noch so billige Klischee. Das Thema in deutschen Tatorten ist meistens sozialkritisch, und es geht darum, eine Moral loszuwerden, die die Welt außerhalb des öffentlich-rechtlichen Raums ein bisschen besser machen soll (...) Gerne genommen: Kinderpornografie, Integration von Ausländern, skrupellose Banker, verdorbene Politiker, Rechtsradikale und Konzernchefs, die nur aus Profitgier ein paar Leute abmurksen (...) Ein ungeschriebenes Gesetz dieser Tatorte ist schließlich, dass Menschen, die es schwer haben, per se gut sind."

Autoren wie der konservative US-Publizist William Lind (3) beschuldigen linke Ideologen in den westlichen Demokratien, mit Hilfe der Political Correctness einen Kulturkampf zu führen, um die Gesellschaft nachhaltig zu verändern und zu manipulieren. Die „Kulturrevolutionäre" wollten auch mit Hilfe der Sprachregelungen die ökonomischen und moralischen Grundlagen der freien Gesellschaft zerstören, so der Vorwurf.

Die allgemeine Verunsicherung

Der aus dem vergangenen Jahrhundert in die Moderne katapultierte Besucher würde trotz aller befremdlichen Entwicklungen neben dem allgemeinen Wohlstand vor allem den spürbaren Gewinn an persönlichen Freiheiten bestaunen. Freiheit ist im Westen ein Alltagsgut geworden. Der moderne Bürger weiß um sein Recht auf Freiheit und seinen Anspruch auf Respekt. Oft genug pocht er lautstark und selbstbewusst darauf. Und dennoch sind die Menschen auch tief verunsichert. Es ist die Gleichzeitigkeit widersprüchlicher Entwicklungen, die so viele Bereiche der modernen Gesellschaft prägt.

Die Informationsfluten und die Vernetzung im Web haben ohnehin den doppelten Effekt von Stabilisierung und Verunsicherung. Zum einen hat man Zugang zu Millionen Informationen und befindet sich in zahllosen mehr oder minder engen Verbindungen und Netzwerken. Zum anderen wird es immer schwieriger, die zunehmend komplexe Welt zu verstehen und zu durchschauen. Es ist die Gleichzeitigkeit widersprüchlicher Entwicklungen, die so typisch ist für die moderne Zeitenwende.

Verstärkt wird diese Entwicklung durch den Mangel an akzeptierten Autoritäten. Die Befreiung von den alten Autoritäten, von Kirche und Obrigkeit, hat den Menschen auch nicht hinterfragte Gewissheiten vom Leben genommen. Selbst modernere Heils-Ideologien wie der Marxismus-Leninismus haben weitgehend ihre Anziehungskraft verloren. Der moderne Mensch hat die zwiespältige Freiheit, über Gott und die Welt, Moral und Verkehrsformen selbst urteilen zu dürfen – oder zu müssen. Die Amputation der traditionellen Autoritäten hat einen Phantomschmerz verursacht, der manche auch aggressiv macht – gegen jede Autorität.

Es bleiben in unserer weitgehend säkularisierten Gesellschaft die eher vagen Vorgaben von Humanismus und Demokratie. Es gibt kaum allgemein akzeptierte Normen, die uns sagen, wie die „natürlichen" Verhältnisse zwischen Frauen und Männern, Eltern und Kindern, Lehrern und Schülern, Staat und Bürgern sind. Eine Gemeinsamkeit, die alle verbindet, ist noch am ehesten die Ablehnung der tradierten Rollen. Das geht quer durch die Gesellschaft: Auch Beamte betonen gerne, sie wollen wirklich kein „typischer Beamter" sein. Kaum eine moderne Frau würde sich mit dem alten Frauenklischee von „Kinder, Küche, Kirche" abfinden. Lehrer wollen schon lange keine „Pauker" mehr sein, Bürger keine „Untertanen" usw.

Erkennbar schwierig wird es bei der positiven Beschreibung von Wertvorstellungen und Idealen. In Ländern wie den USA oder Frankreich spielen Patriotismus und Freiheitsideale eine relativ stabilisierende Rolle. In Ländern wie Deutschland, Spanien oder Italien ist das anders. Wir wissen nur, dass es nicht mehr so ist, wie es war, nicht, wohin es geht. „Wir erleben keine neue Normalität, sondern das Ende jeglicher Normalität. Kaum hat der Mensch alle Antworten gelernt, ändern sich die Fragen. Es ist nur noch darauf Verlass, dass auf nichts mehr Verlass ist", beschreibt der Publizist Gabor Steingart die moderne Destabilisierung der Welt. (4)

Man könnte auch sagen, es ist eine Zeit von ständig wechselnden Normalitäten angebrochen. Veränderungen gab es schon immer, in den vergangenen drei Jahrhunderten besonders viele. Aber mit nichts lässt sich die Dimension der aktuellen Verwerfungen vergleichen. Vor allem verunsichert die Ratlosigkeit über die Richtung: Denn laufend erhalten wie neue große „Würfe" zur Erklärung der Welt.

Keine Antworten, keine Orientierung, keine Propheten

Ist das Ende der Geschichte erreicht? Das glaubte der Politologe Francis Fukuyama nach dem Zusammenbruch des Sowjet-Imperiums. Da es nun keine weltpolitischen Widersprüche mehr gebe, werde sich weltweit Demokratie und Freiheit durchsetzen, meinte er euphorisch. Oder stehen wir vor dem Kampf der Kulturen, wie uns der Historiker Samuel Huntington suggeriert? Drohen uns Konflikte zwischen den Zivilisationen, gar die Konfrontation zwischen islamischer und westlicher Welt? Oder sind gar die apokalyptischen Vorhersagen von radikalen Umweltexperten realistisch, dass der Mensch selbst in seiner Gier und Unvernunft alle Lebensgrundlagen auf dem Globus zerstört?

„Prophezeiungen sollte man nur vorsichtig aussprechen, denn die Zukunft kann sich schnell ändern. Es braucht nur in sechs Monaten ein Meteorit ins Mittelmeer zu fallen, und Ligurien würde zu einem Unterwasserparadies, während sich Basel in den schönsten Strand der Schweiz verwandelt", sagte einmal ironisch Umberto Eco.

Auch in der Wirtschaft herrscht manche Konfusion. Große Unternehmen wie Daimler oder Bertelsmann haben geglaubt, in der globalisierten Welt nur mit Aufkäufen und Fusionen konkurrenzfähig und erfolgreich bleiben zu können. Ihre Strategien sind gescheitert, obwohl sie so schlüssig klangen. Worum geht es künftig? Um die Dominanz im Kerngeschäft? Um Konvergenz mit anderen Branchen zur Risikominderung und Stärkung der Marktposition? Hat der Mittelstand langfristig noch Chancen oder nur im Verbund mit den ganz großen „Playern"?

Eine aufgeregte Gesellschaft

Wer erklärt heute glaubwürdig die Welt? Täglich eifern die Medien danach, die Welt ein wenig durchschaubarer zu machen, nicht selten verdichten die vielen Informationen und Berichte aber den Nebel noch. Auch wenn sich die Gesellschaft im Alltag zuweilen rasch auf gemeinsame Sichten und Anschauungen eint, so wirken sie bei genauem Hinschauen meist wie flüchtige, rasch wechselnde Modeerscheinungen. Destabilisierung und Verunsicherung scheinen eine der wenigen Konstanten der jüngeren Vergangenheit zu sein.

Besucher aus früheren Zeiten könnten meinen, unsere Gesellschaften seien ein wenig irre geworden. Der allgemeine Wohlstand, die Selbstverständlichkeit der demokratischen Freiheiten, die Erfolge der Emanzipation und das Selbstbewusstsein der Bürger passen so gar nicht zu dem Mangel an individueller Ausgeglichenheit und Gelassenheit in unserer Gesellschaft.

Wenn Demonstranten der Tea Party auf Obama wettern, deutsche „Wutbürger" für den Kampf gegen einen Bahnhofsbau mobilisieren, französische LKW-Fahrer mit ihren Protesten die Straßen des Landes blockieren oder griechische Jugendliche in Bürgerkriegsmanier die Polizei attackieren – überall begegnen wir hochkochenden Emotionen und Aufregungen, als ob es um Leben und Tod ginge. Dabei sind die Menschen, die auf Straßen und Plätzen ihren Unmut äußern, nur die Spitze eines Eisbergs einer sichtlich wenig zufriedenen Gesellschaft. Die Menschen, die spürbar mit sich und der Welt nicht im Reinen sind, suchen auf vielen Wegen nach Antworten.

Auf dem Weg zu einer therapeutisierten Gesellschaft

Deutschland ist auf dem Weg – wie die USA – zu einer therapeutisierten Gesellschaft zu werden. Immer mehr Menschen nehmen die Hilfe von Psychotherapeuten in Anspruch. Psychische Nöte und Fehlentwicklungen, wachsende Überforderung und Leistungsdruck, Individualisierung und Einsamkeit werden oft als Gründe genannt. Therapeuten sagen, es habe schon immer viele psychisch Kranke und Belastete gegeben, früher hätten die Menschen nur keine professionelle Hilfe bekommen. Mag sein. Fakt ist, dass die Praxen der Therapeuten überlaufen sind.

Einen Boom erleben auch die unzähligen Ratgeberbücher. Jährlich bieten Tausende neuer Bände Lesern Hilfestellung in allen Lebenslagen. Auch aktuelle Medien wollen den Menschen nicht allein lassen: Ob New York Times, Süddeutsche Zeitung oder Frau im Spiegel, ob Radio oder Fernsehen, überall wird dem Menschen heute Hilfe angeboten, Antworten und Orientierung bei allen möglichen persönlichen, moralischen oder sozialen Fragen. Heerscharen von Astrologen, Wahrsagern und Handlesern bieten fragwürdige Alternativen.

Wieso gibt es so viel spürbare Angst in unserer Gesellschaft? Europa ist friedlich wie nie zuvor. Kriege, gar Atomkriege, stellen keine wirkliche Bedrohung mehr da. Viele schreckliche Krankheiten und Seuchen sind besiegt. Die Menschen haben die höchste Lebenserwartung in der Geschichte. Die Freiheit des Individuums und seine Optionen scheinen fast grenzenlos.

Der Wohlstand schließt – im historischen und globalen Vergleich – selbst die Ärmsten ein. Die sozialen Sicherungssysteme, die Gesundheitsversorgung, die öffentliche Sicherheit oder die Staatsverschuldung sind sicher große politische Herausforderungen. Es darf bezweifelt werden, ob sie ohne gravierende Reformen auch in Zukunft funktionieren können. Aber für wirkliche Existenzängste der Bürger in Deutschland oder Frankreich, so wie sie früher für Millionen Menschen in diesen Ländern gang und gebe waren, gibt es bei nüchterner und etwas distanzierter Betrachtung keinen Grund.

Und doch wird die Welt subjektiv oft als extrem bedrohlich wahrgenommen. Die Stimmung ist grundsätzlich deutlich schlechter als die Lage. Es gibt einige einfache Erklärungen. Die erzwungene Lähmung und Sprachlosigkeit der Menschen in Diktaturen sind gewichen. Damit auch der alltägliche Fatalismus unserer Vorväter. Ebenso verschwunden ist die Duldsamkeit des frommen Kirchenvolks. Gewachsen sind dagegen die Wünsche und Ansprüche der Menschen. Auch ein Mangel an Bescheidenheit trägt zur Unruhe und Verunsicherung bei – die natürlich auch reale Ursachen hat.

Wohin treibt die Risikogesellschaft?

Noch immer gibt es Gefahren für den Weltfrieden. Extremisten, nicht nur aus dem islamischen Kulturkreis, drohen mit Massenvernichtungswaffen. Niemand weiß, welche Schrecken der wissenschaftliche Fortschritt aus den Laboratorien der Biologen und Chemiker noch birgt. Bei den Themen Atomkraft und Klimaerwärmung glauben viele Menschen, einer existenziellen Bedrohung gegenüberzustehen.

Es sind die Ängste einer „Risikogesellschaft“, ein Begriff des Soziologen Ulrich Beck zur Beschreibung der modernen Bedrohungsszenarien. Er argumentiert, dass die industrielle Revolution von der „Logik der Reichtumsproduktion“ geprägt war, während sich unsere moderne Gesellschaft mit einer „Logik der Risikoproduktion“ konfrontiert sieht. Nicht die Beseitigung von Mangel und der Kampf um die Verteilung der Güter dominiere unsere Gesellschaft, sondern vielmehr die Frage, wie wir die von Wissenschaft und Technik produzierten Risiken in den Griff bekommen.

„Es geht nicht mehr (...) um die Nutzbarmachung der Natur, um die Herauslösung des Menschen aus traditionellen Zwängen, sondern (...) wesentlich um Folgeprobleme der technisch-ökonomischen Entwicklung selbst. Der Modernisierungsprozess wird ‚reflexiv‘, sich selbst zum Thema und Problem.“ (5) Beck sieht neben den Gefahren einer bedrohten Umwelt durch Klimawandel oder Nuklearunfälle auch „soziale Gefährdungslagen“ wie etwa Arbeitslosigkeit oder eine wachsende soziale Kluft zwischen wenigen Reichen und dem Rest der Gesellschaft.

Die aktuell spürbare Angst der Mittelklassen in den USA oder in Deutschland vor dem sozialen Abstieg mag ein Beleg für Becks Diagnose sein. Ein Indiz für drohende soziale Katastrophen sind die Ängste der Mittelklasse kaum. Noch hat der Kapitalismus in den vergangenen drei Jahrhunderten immer wieder Wege aus den Krisen gefunden. Letztendlich fanden sich die Menschen in den freien Gesellschaften nach den Krisen in ihrer Gesamtheit gesehen in einer besseren Situation als vorher – auch wenn das für viele Einzelschicksale ein schwacher Trost ist. Im Grunde ist unsere Gesellschaft aber mit ihren vielfältigen Sicherheitsnetzen und ihrem Wohlstandsniveau objektiv mehr eine „Versichertengesellschaft“ denn eine „Risikogesellschaft“.

Beck selbst wies darauf hin, dass sich Wahrnehmung von Risiken abhebt von dem wirklichen Bedrohungspotential. Das Bewusstsein über Bedrohungen sei Resultat eines „gesellschaftlichen Konstruktionsprozesses“. Die Wahrnehmung hänge in starkem Maße von der Thematisierung in den Medien ab.

Dabei übersieht Beck, dass die Medien heute keineswegs mehr die Deutungshoheit über die tägliche Themensetzung haben. Politik, Wirtschaft und Wissenschaft ebenso wie neue, virtuelle Mächte agieren als gleich starke, zuweilen stärkere Akteure im Prozess der Bewusstwerdung von Risiken. Parteien und Politiker pushen Themen im Kampf um Wählerstimmen. Unternehmen und Lobbyisten platzieren als gute „Issues-Manager“ ihre Anliegen im Interesse guter Geschäfte. Wissenschaftler erheben lauter denn je ihre Stimme im Ringen um Forschungsgelder und Bedeutung.

Der Soziologe sieht zwar angesichts der Inflation „gefühlter Risiken“ eine wachsende Gleichgültigkeit der Bürger. Das stimmt aber nur teilweise. Erneut wirkt die Gleichzeitigkeit widersprüchlicher Entwicklungen. Horrorszenarien aller Art, ausgebreitet von Medien, Politikern und Wissenschaftlern wirken auch als das, was sie zuweilen sind: als Panikmache. Manche wenden sich ab, andere lassen sich manipulieren.

Warnungen vor globalen Katastrophen und anderen Schreckensszenarien garantieren Aufmerksamkeit, ermöglichen Wahlerfolge, Anerkennung oder Profite. Vor allem aber tragen sie in gefährlichem Maße zur weiteren Verunsicherung der Menschen bei. Es ist zuweilen ein Terror der Verunsicherung. Die ohnehin fortschreitende Destabilisierung der Gesellschaft durch sich auflösende Bindungskräfte wird noch einmal forciert aus politischen oder kommerziellen Zielen.

4 Ratlosigkeit in Familien und Schulen

„Zwei Dinge sollen Kinder von ihren Eltern bekommen: Wurzeln und Flügel."

Johann Wolfgang von Goethe

In den USA haben die Menschen einen Heidenrespekt vor den Immigranten aus Südostasien und deren in Amerika geborenen Kindern. In Schulen und Universitäten sind sie die Fleißigsten und Ehrgeizigsten, im Beruf die Härtesten und Konsequentesten. Nur knapp 5 Prozent der US-Bürger haben asiatische Wurzeln, aber sie bevölkern die Wissenschaftsinstitute, die High-Tech-Industrie ebenso wie die Finanzbranche oder die Orchester. Bei keiner Bevölkerungsgruppe liegt die Arbeitslosenquote so niedrig wie bei den Asiaten. Sie gelten mit ihrer Leistungsorientierung und berühmten Selbstdisziplin neben den Juden als erfolgreichste Minorität in den USA.

Im Winter 2010 schien eine asiatische US-Bürgerin das Geheimnis der zielstrebigen Asiaten zu lüften: Die Jura-Professorin Amy Chua (Yale Universität) widersprach eklatant und provozierend allen gängigen Erziehungs- und Pädagogikkonzepten des Westens. Ihr Buch, dessen Inhalt sich beschreiben ließe als „Wie die Tigermutter ihre Kinder zum Siegen drillt" (1), wurde ein Welt-Bestseller. Es ist eine Philippika gegen Kuschelmethoden und Nachsicht bei der Erziehung von Kindern.

Chua pries ihre aus westlicher Sicht unfassbar strengen, geradezu brutalen Drill-Methoden bei der Erziehung ihrer beiden Töchter. Als „Tigermutter" zwingt sie ihre Kinder zu äußerster Disziplin, untersagt ihnen Kinderpartys, Fernsehen, Computerspiele oder das Mitspielen im Schultheater. Stattdessen heißt es pauken und pauken, drei Stunden Klavierspielen oder Geige täglich. Wenn die Kleinen gegen Regeln verstoßen, dann wird ihnen schon mal verboten, etwa zu trinken oder auf Toilette zu gehen. Und wenn sie beim Musizieren enttäuschen, droht ihnen die gestrenge Mutter an, ihre Stofftiere zu verbrennen.

Die eine Tochter schafft es als 14-jährige Pianistin in die Carnegie Hall, die andere rebelliert heftig und beschimpft ihre Mutter. Das Buch ist nicht ohne Selbstkritik und Selbstironie, auch die Autorin weiß um die Schattenseiten asiatischer Drillmethoden. Sie enden nicht selten auch in Verzweiflung, auf der Couch von Therapeuten, zuweilen sogar in Selbstmord.

Aber das wirklich Spannende an dem Buch war die Reaktion darauf im Westen. Denn sie heizte aus einem völlig überraschenden Blickwinkel die Diskussion über den Vorsprung westlicher Demokratien und die Sonderrolle der amerikanischen Weltführung an. Die Debatte um das millionenfach verkaufte Buch offenbarte die tiefe Verunsicherung der westlichen Gesellschaft. Die Abstiegsängste prägen nicht nur den Westen gegenüber dem Osten, sondern auch noch die Mittelklassen grundsätzlich. Der Aufstieg der asiatischen Mächte, allen voran China, schien nun eine Erklärung im chinesischen Erziehungsstil zu finden.

Dauerthema Schulreform

Diese Diskussion passt in eine Zeit großer Verunsicherung über moderne Erziehung. Bildungsdebatten bewegen schon lange die Gemüter in unserer Gesellschaft – geht es um nichts weniger als um unsere Zukunft. Es gibt einen weitgehenden Konsens in unseren westlichen Gesellschaften, dass Kasernenton und Kinderdrill in Familien und Schulen der Vergangenheit angehören sollen. Die „schwarze Pädagogik" mit ihren eisernen Regeln, brutalen Strafen und abstoßenden Züchtigungen, im Grunde jede Form strikt-autoritärer Erziehung wurden schon vor Jahrzehnten begraben.

Eine Vielfalt pädagogischer Konzepte konkurriert seither miteinander. Gemeinsam ist ihnen ein neues, sehr positives Menschenbild und mehr Respekt für die Kinder. Darüber hinaus gibt es erbitterte Debatten über die richtige Erziehung und das richtige Bildungssystem – auch dieser Diskurs ist nicht eigentlich neu: Die Vielfalt unserer Schulen spiegelt die Auseinandersetzungen der Moderne wider. Angefangen von Jean-Jacques Rousseau („altersgemäße Erziehung") und Johann Heinrich Pestalozzi („ganzheitliche Pädagogik") über die Visionäre und Idealisten wie Maria Montessori („kosmische Erziehung"), Rudolf Steiner (Waldorf-Schulen) oder A. S. Neill („demokratische Schule") bis hin zu unseren Bildungspolitikern spannt sich ein weiter Bogen von Konzepten und Ideen.

Trotz aller Unterschiede der Bildungssysteme westlicher Länder gehört die Schulreformdebatte zu den brisanten Dauerthemen der Politik. Auch in Deutschland wird seit langem über das dreigliedrige Schulsystem, Gesamtschulen und Ganztagsschulen, Lehrinhalte und Leistungsanforderungen, Minderheiten- oder Elitenförderung heftig gestritten.

Es hat in den Schulen immer wieder neue, teilweise enorme Veränderungen gegeben. Mit historischer Distanz betrachtet ist eine positive Grundtendenz deutlich ablesbar. Die Erziehung ist grundsätzlich von dem Willen geprägt, Individualität und Persönlichkeit der Kinder zu entwickeln, ihre Begabungen und Fähigkeiten entfalten zu helfen, sie zu Demokraten und reifen, aufgeklärten Menschen zu machen.

Mit den neuen pädagogischen Ansätzen waren große Hoffnungen verknüpft. Die großen Reformer der Bildung wollten nicht nur humanistische Ideale in der Erziehung umsetzen. Sie glaubten auch, dass sich erst mit neuen Methoden wirklich freie Menschen und mündigen Bürger entwickeln würden. Moderne Bildungskonzepte haben hohe Ansprüche: Sie wollen bilden und Leistung fördern, Individualität, Persönlichkeit und Kritikfähigkeit entwickeln, trotz individueller und sozialer Unterschiede gleiche Bildungschancen eröffnen.

Besonders zufrieden ist man mit den Ergebnissen nur in wenigen der westlichen Länder. Nimmt man die Ergebnisse der Pisa-Studien zum Maßstab, schneiden neben den bevölkerungsarmen und reichen skandinavischen Ländern vor allem autoritär geführte Staaten Asiens wie China, Singapur oder Südkorea sehr gut ab. Sie alle haben traditionell konservative Schulsysteme, auch was die familiären Strukturen angeht dominieren althergebrachte Lebensmodelle. Allerdings sind Pisa-Tests relativ stark auf abfragbares Wissen und erlernbare Fähigkeiten fixiert. Ganz sicher haben sie nicht viel mit den Idealen einer humanistischen Bildung oder moderner Bildungskonzepte zu tun, kaum mit Kreativität und musischen Begabungen.

Eine besonders heftige Debatte über das Bildungssystem gibt es in Deutschland und den USA, die beide im Pisa-Vergleich nicht besonders gut abschneiden. Das Lamentieren über die Mängel des Bildungssystems in beiden Ländern klingt trotz sehr unterschiedlicher Systeme ähnlich. Zu viele Kinder scheitern in den Schulen, die Leistungen lassen zu wünschen übrig. Wirtschaft und Hochschulen klagen über miserable Lese und Schreibfähigkeiten von Schulabgängern. Es scheint auch in beiden Ländern misslungen, soziale und persönliche Nachteile der Kinder in den Schulen aufzufangen, das Ideal der Chancengleichheit zu verwirklichen. Vor allem in Deutschland waren mit den Bildungskonzepten hochfliegende Hoffnungen auf Veränderungen in der Gesellschaft verbunden.

1968 und die Schulen

Die Studenten-, Frauen- und Bürgerrechtsbewegungen sowie die „sexuelle Revolution“ der 60er Jahre lösten im gesamten Westen eine Welle sozialer Experimente mit neuen Lebensformen und Verhaltensweisen aus. Antiautoritäre Modelle für Familie, für Erziehung und Pädagogik blühten auf.

Sehr viele aktive „68er“ entschieden sich für den Lehrerberuf. Böse Zungen behaupten, das wäre der leichteste Weg gewesen, mit relativ überschaubaren Anstrengungen ein lebenslang gesichertes Einkommen bei viel Freizeit- und Urlaubsanspruch zu erlangen. Für viele aber war der Lehrerberuf auch deshalb attraktiv, weil er leicht als idealistisch motivierte Berufswahl zur Veränderung der Gesellschaft und Schaffung einer besseren Welt gerechtfertigt – oder auch überhöht – werden kann. Die Arbeit an den Schulen wurde dementsprechend als „Marsch durch die Institutionen“ interpretiert.

Mit den „68ern“ zogen in die Schulen Lehrer ein, die alle Formen „autoritären“ Erziehens ablehnten, die ein „partnerschaftliches Verhältnis“ zu den Schülern anstrebten. Das äußerte sich schon äußerlich: Lehrer kamen in Jeans, Ringelpullover oder T-Shirt in die Klassen, ließen sich duzen, sagten auch mal „Scheiße“. Der neue Lehrer wollte „cool“ und lässig sein. Bei Klassenausflügen älterer Schüler waren Lehrkräfte und Schüler oft nicht von einander zu unterscheiden.

Als theoretisches Gerüst der „emanzipatorischen Erziehung“ fungierte eine krude, eklektizistische Mischung aus Versatzstücken des Marxismus, der Psychoanalyse, der Reformpädagogik, der Frauenbewegung und der Popkultur. Autoritäten und bürgerliche Moral galten als zu überwindende Relikte einer reaktionären Gesellschaft. „Kritisches Denken“, womit meist Misstrauen und Ablehnung gegenüber allen Institutionen und Autoritäten gemeint war, sowie Aufklärung, vor allem sexuelle, zogen ein. Auch der Leistungsgedanke wurde nachhaltig in Frage gestellt. Viele Lehrer gaben allen Schülern nur Einsen und Zweien, eine Klasse wiederholen musste so gut wie niemand. Da das auf Dauer nicht gutgehen konnte, wurde die Idee der radikalen Ablehnung von Leistung mit den Jahren großteils wieder aufgegeben.

In vielen Bundesländern – wie Hessen oder Bremen – muss man von einem Siegeszug der Reformpädagogik in den 70er und 80er Jahren sprechen. Erfolglos kritisierten Konservative heftig die „Kuschelpädagogik“ und die Senkung von Leistungsstandards. „Die Emanzipationspädagogik hatte Erfolg, aber nur (...) in der Negation. Es sollte keine Erziehungsautoritäten mehr geben, doch was an ihre Stelle treten sollte, ist offen geblieben“, schreibt Bernhard Bueb, ehemaliger Leiter der renommierten Schule Schloss Salem in seiner Streitschrift „Lob der Disziplin“. (2)

Bueb beschuldigt die Schulen in Deutschland, den Kindern das Anrecht auf eine Erziehung zu verweigern. Kinder und Jugendliche sehnten sich aber nach „Autorität von Erwachsenen, die ihnen Orientierung und Halt geben (...) Die Schüler erwarten einen Lehrer, der weiß, was er will, der Konflikte nicht scheut und seinen klaren Führungsanspruch geltend macht“. Kinder brauchten Bestärkung und Liebe, aber „Liebe allein genügt nicht“.

Viele Eltern in Deutschland haben in den vergangenen Jahrzehnten ihre Erfahrungen mit Reformpädagogen im Schulalltag machen dürfen. Es ist offensichtlich, dass die meisten Lehrer nicht autoritär sind – oft wirken sie eher selbst sehr verunsichert. Eltern machten die Erfahrung, dass Lehrer gerne ihre eigenen Probleme thematisierten: wachsende Arbeitsbelastung und die Bürokratie, schwierige Kinder und dem Mangel an Mitteln. Kaum eine Berufsgruppe hat einen so hohen Anteil von Frührentnern wie Lehrer.

Die oft greifbare Hilflosigkeit von Lehrern hat sicher auch Ursachen im System, in ständig wechselnden Lehrplänen und Vorgaben, in rigiden Vorschriften über den Umgang mit Schülern. Lehrer sind oft mit Kindern konfrontiert, denen die Eltern wenig Grenzen setzen. Dabei sind die Optionen der Lehrer zu Disziplinierung oder gar Bestrafung sehr begrenzt. „Kinder sind zu Kunden emanzipiert worden“, schreibt Bueb. Ihre neuen Freiheiten hätten aber nicht freie, sondern verunsicherte junge Menschen geschaffen. Der Pädagoge gehört zu der Minderheit von Fachleuten, die sich für mehr Autorität und Führung in den Schulen einsetzen. „Rechtmäßig genutzte Macht, also Autorität, erzeugt keine Angst, sondern schafft Vertrauen. Der Mangel an Autorität führt zu Angst, Unsicherheit und Orientierungslosigkeit.“

Viele Politiker und Pädagogen denken, dass es völlig neue Ansätze braucht, um Deutschlands Schulen voranzubringen. Das beginnt mit einer aktiven Rolle der Eltern, ohne deren Unterstützung Leistungsanforderungen schwer durchsetzbar sind. Vor allem braucht es Lehrer, die ihre Rolle annehmen.

Es wäre erstaunlich, gäbe es nicht auch den Ruf nach „mehr Demokratie wagen“ in der Schule. (3). Schon seit langem gibt es Modelle „demokratischer Schulen“, weltweit sind es über 400. Als älteste gilt die legendäre Summerhill-Schule in Leiston (Suffolk, England), 1921 von A. S. Neill gegründet. In den USA entstanden mit dem gleichen Gedanken etwa 40 Schulen, die „Sudbury-Schools“. Auch in Deutschland gibt es mehrere „demokratische Schulen“, so beispielsweise die „freie Schule Leipzig“. Hier existiert kein verbindlicher Lehrplan, der Schullalltag wird meist basisdemokratisch geregelt, und jeder Schüler entscheidet frei über seine Teilnahme am Unterricht.

Auch der 2009 verstorbene Pädagoge und Psychoanalytiker Kurt Singer (Universität München) forderte eine größere Mitverantwortung von Eltern und Schülern. „Schüler sind in der Lage, ihr Lernen mitzugestalten, das Lernen zu ihrer Sache zu machen“, schrieb er optimistisch. Für mehr Demokratie an den Schulen setzen sich auch die Jugendorganisationen der Parteien und Schülerverbände ein.

Die Schülervertreter in Rheinland-Pfalz verfassten im Mai 2008 einen nicht untypischen Forderungskatalog: Als Erstes wollten sie, dass an Gymnasien und Gesamtschulen flächendeckend das Duzen zwischen Schülern und Lehrern Standard wird. „Es gilt, eine vertrauensvolle Atmosphäre zwischen Lehrern und Schülern aufzubauen und die durch das Sie künstlich geschaffene Distanz abzubauen.“ (4) Die Schülervertreter klagten über „zutiefst undemokratische Strukturen“ in den Schulen. In einem solchen Umfeld sei es „unmöglich (...), Demokratie als Wert zu vermitteln“. Bemerkenswert an all dem ist vor allem, dass es längst demokratische Optionen in Schulen gibt. Sie werden minimal wahrgenommen. Die Schülervertretungen müssen meist betteln gehen, wenn sie die überwiegend desinteressierten Mitschüler gewinnen wollen, an Versammlungen, Aktionen oder Diskussionen teilzunehmen.

5 Labilität auch zu Hause

„In einer hedonistischen Kultur, die zur kurzfristigen Beziehung ermuntert, zur ständigen ‚Wahl' und ‚Verbesserung', sind langfristige Unternehmungen wie Familie für die meisten kaum noch vorstellbar."

Matthias Matussek (1)

Die Verunsicherung der Schulen spiegelt auch die Situation in vielen Familien wider, auch wenn es starke schichtspezifische Unterschiede gibt. Das gehobene Bürgertum widmet sich oft mit enormer Intensität seinen Kindern. Sie werden in ausgeklügelte Programme zur Entfaltung von Begabungen und Fähigkeiten eingespannt, zu Ballett und Tennis, Chinesischkursen und Cellounterricht, Abenteuerurlauben und notfalls Therapeuten gebracht. Am unteren Ende der sozialen Hierarchie werden die Kinder oft sich selbst überlassen. Allen gemein ist aber, dass die Normalitäten traditioneller Familien nur noch selten existieren.

Auch in der modernen Familie werden „partnerschaftliche" Beziehungen zwischen Eltern und Kindern angestrebt. Besonders entlarvend wird diese Haltung, wenn erwachsen gewordene Kinder plötzlich einen ganz anderen Status zugesprochen bekommen: „Meine Tochter ist meine beste Freundin" ist ein Satz, bei dem man misstrauisch werden sollte. Allerdings reflektiert er durchaus den neuen Blickwinkel von Eltern auf ihre Kinder.

Ohnehin nimmt die Rolle der Familie in der Gesellschaft beständig ab. Die wachsende Zahl von Singles und kinderlosen Paaren stellt in vielen westlichen Metropolen schon heute die überwältigende Mehrheit der Bevölkerung. Kinder, die in einer klassischen Familie mit Vater, Mutter und Geschwistern aufwachsen, sind vielerorts längst in der Minderheit. In allen westlichen Gesellschaften wächst die Zahl der Einzelkinder; auch leben immer mehr Kinder bei einem Elternteil oder in sogenannten „Patchworkfamilien". Jedes sechste Kind in Deutschland wächst bei einem alleinerziehenden Elternteil auf, so der Familienreport 2010. (2) Nimmt man die Patchworkfamilien hinzu, kommt man sicher deutlich über 20 Prozent. Die „Pluralisierung der Lebensformen" bedeutet für die Kleinen auch, dass es keine Selbstverständlichkeiten der Verhältnisse mehr gibt. Jeder lebt sichtlich anders und unter verschiedenen Bedingungen.

Vor allem aber erleben viele Kinder früh die Unsicherheit in ihrer Erziehung. Schon in der engsten Umgebung schicken oft Mutter und Vater,

Onkel und Verwandte, Nachbarn und Lehrer unterschiedliche Signale, wenn es um Manieren und Pflichten, um Spielregeln und Werte geht. Und sehr schnell, spätestens beim Fernsehen, in der Schule oder im Internet machen viele Kinder die Erfahrung, dass man Autorität, sollte sie denn eingefordert werden, ohnehin nicht akzeptieren muss.

Probleme der „demokratischen Erziehung“

Nach einigen Jahrzehnten Erfahrung mit den neuen Verhaltensweisen in Schulen und Familien wird immer häufiger die Frage gestellt, ob der Pendelschlag von der autoritären zur modernen Erziehung nicht zu stark ausgeschlagen sei. Es deutet vieles darauf hin, dass in deutschen Familien zu wenig oder falsch erzogen wird. Denn es muss ja eine Erklärung für die vielen negativen Entwicklungen in der jungen Generation geben. Ein Beispiel ist die zunehmende Gewalt.

„Alle Studien – Langzeit, Kurzzeit, Querschnitt – zeigen, dass die Bereitschaft zu Gewalt bei Kindern und Jugendlichen kontinuierlich zunimmt, auch bei ganz jungen Kindern, auch bei Mädchen, auch im bürgerlichen Milieu, in der Schule, in der Freizeit, überall“, schreibt nicht ohne eine gewisse Bitterkeit der Soziologe Alexander Schuller (FU Berlin) in einem Beitrag mit dem düsteren Titel „Eltern und Kinder brauchen einander nicht mehr – Über den Tod der Familie“ (3).

„Wir sind de facto von der Vertikalen elterlicher Autorität zur Horizontalen familiärer Demokratie gelangt“, behauptet der französische Pädagoge Aldo Naouri (4). Eindringlich warnt er vor dem völligen Verzicht auf klare Erziehungsmaßnahmen, die fordern, verbieten und begrenzen. „Zunehmend verlieren Eltern in ihrer Familie die Autorität – sie werden an den Rand der Familie gedrückt und fürchten sich vor ihren Kindern“, schreiben Omar Heim und Arist von Schlippe in einem Buch über Verhaltensauffälligkeiten der Kinder heute. Die tägliche erfahrbare Disziplinlosigkeit und Aufmüpfigkeit von Kindern und Jugendlichen scheint die Fehlentwicklungen zu belegen. Ob Schulen, Universitäten oder Unternehmen: Seit langem schon klagen alle über mangelnde Disziplin und fehlenden Respekt, über zu geringen Leistungswillen.

Jungen kommen mit den neuen Bedingungen der modernen Gesellschaft offenbar schlechter zurecht als Mädchen. Darauf verweist die deutlich höhere Zahl von Schulversagern und Verhaltensauffälligen unter männlichen Jugendlichen. Viele Pädagogen betrachten das Fehlen des Vaters oder von Vaterfiguren als eine wesentliche Ursache. Jungen würden in den Kindergärten und Schulen vor allem von Frauen erzogen, es mangele an positiven männlichen Identifikationspersonen, schreibt der Psychologe Wolfgang Bergmann. „Die modernen Familien sind

Befindlichkeitsgemeinschaften, sie sind nicht verlässlich genug, sie sind auch nicht genügend konfliktfähig."

Die eine Frage ist, welche Folgen die Turbulenzen in den Familienstrukturen für die persönliche Entwicklung des Einzelnen haben. Der andere Aspekt ist, mit welchem Bewusstsein von der Welt solchermaßen sozialisierte Menschen in dieGesellschaft treten. Als der kritische, mündige Bürger?

Wer in Kindheit und Jugend kaum Autorität und Unterordnung kennengelernt hat, wird auch wenig Erfahrungen im Widerstand dagegen sammeln können. Diese wichtigen Erfahrungen aber sind es, die in Pubertät und Adoleszenz Charakter und Selbständigkeit besonders prägen, sagen die Psychologen. Wer wüsste das besser als die 68er selbst mit ihren glorifizierten Kämpfen gegen das Establishment, die Notstandsgesetze, den Vietnamkrieg, gegen „Leistungsterror" oder „Scheißliberale". Genau diese Lehrergeneration aber hat massiv an der Aufbröselung von Machtschranken zwischen Kindern und Erwachsenen gearbeitet. Die Wissenschaft lehrt, dass Reifeprozess und Erwachsenwerden Reibung und Widerstand benötigen – dieser Aspekt hat in modernen Erziehungskonzepten wenig Platz.

Wer junge Menschen nach der Akzeptanz von „Autorität" fragt, erhält meist die Antwort, natürlich würde man „echte Autorität" respektieren. Und dann kommt die Beschreibung von Eigenschaften, denen nur ein Halbgott genügen kann: „Echte Autorität" habe jemand mit Charisma und Kompetenz, Glaubwürdigkeit und Souveränität. Welcher Lehrer und Vorgesetzte, und vor allem welcher Politiker hält auf Dauer einem solchen Anforderungsprofil stand?

6 Das neue Selbstbewusstsein

„Der Geist der Wahrheit und der Geist der Freiheit – das sind die Stützen der Gesellschaft."

Henrik Ibsen (aus: Stützen der Gesellschaft)

Die objektiv fassbaren Phänomene einer verunsicherten Gesellschaft stehen in einem merkwürdigen Kontrast zum alltäglichen Auftreten der Menschen. Verglichen vor allem mit den ersten beiden Jahrzehnten nach dem Zweiten Weltkrieg hat sich das Verhalten stark verändert. Menschen strahlen heute oft großes Selbstvertrauen aus, wirken deutlich selbstbewusster und souveräner als die Menschen der Nachkriegszeit. Ob Arbeiter oder Putzkräfte, Kinder und Jugendliche, ob Frauen und Ausländer, Behinderte oder Obdachlose – Menschen, die noch vor 50 Jahren oft gehemmt und schüchtern waren, zuweilen sogar untertänig und ängstlich wirkten, scheinen heute wie von einem anderen Stern.

Sie sind es wohl auch. Etwas euphorisch könnte man behaupten, sie alle befinden sich in einer völlig anderen Welt. Sie leben in einer Gesellschaft, in der die Freiheit ein Ausmaß hat, wie man es sich früher kaum hätte vorstellen können.

Wenn in den USA heute jemand als „schüchtern" bezeichnet wird, dann ist das meist eine sehr kritisch und negativ gemeinte Bemerkung. Man hat heute nicht mehr schüchtern zu sein, es gilt als Synonym für verklemmt, sozial inkompatibel, schwierig. Junge Menschen, einst mal Verkörperung tastender Unsicherheit, zeichnen sich schon seit langem durch selbstbewusstes, oft forsches Auftreten aus – zumindest im Vergleich zu früheren Generationen.

Die Erziehung zu Selbstbewusstsein und positivem Selbstwertgefühl ist wichtiger Bestandteil des pädagogischen Konzepts in unserer Gesellschaft. Zu den Idealen der Aufklärung und des Humanismus gehört das Bild des Menschen, der sich in Freiheit selbst verwirklicht, seine Persönlichkeit und schöpferischen Fähigkeiten entfaltet, der sich seiner Würde und seiner Rechte bewusst ist. Eine demokratische Gesellschaft braucht den mündigen, souveränen Bürger, das Gegenteil des Untertanen und Duckmäusers.

Amerikaner setzen auf das Selbstwertgefühl

Vor allem in den USA vertraut man den stärkenden und heilenden Kräften eines starken Selbstwertgefühls. Von Kindesbeinen an werden Kinder geschult, frei zu reden und selbstbewusst aufzutreten. Sie werden ermuntert, ihre Meinung zu sagen, sie „selber zu sein". Das seien die besten Voraussetzungen für ein erfolgreiches, erfülltes und glückliches Leben. Die amerikanische Gesellschaft ist fest davon überzeugt, dass starke Persönlichkeiten auch die beste Wappnung gegen die Gefahren von Drogensucht oder eine kriminelle Karriere sind. Es gibt zahlreiche soziale Programme, um in der Rehabilitation die Ich-Stärke von ehemaligen Drogensüchtigen oder Kriminellen zu fördern.

Denn ein geringes Selbstwertgefühl ist nach diesem Menschenbild Ursache und Nährboden für soziales und berufliches Scheitern, für Gewalt gegen Frauen und Kinder sowie vielen Formen psychischer Störungen und Erkrankungen. Der amerikanische Arabist David E. Long meinte sogar, auch Selbstmordattentäter und andere Terroristen zeichneten sich vor allem durch ein „Gefühl der Wertlosigkeit" aus. Ihre Gewaltakte seien ein verzweifelter Versuch, sich eine Bedeutung zu geben.

Stärke mit Schattenseiten

Nicht nur die Bildungseinrichtungen Amerikas sind vom optimistischen Geist der Aufklärung erfüllt. Auch Heerscharen von Therapeuten, unzählige Selbsthilfegruppen und Unmengen an Ratgeberliteratur propagieren das Ideal des psychisch stabilen, in sich ruhenden, sich selbst akzeptierenden Menschen. Wer könnte das schon kritisieren? Die Überzeugungskraft dieser Ideen war so groß, dass lange gar nicht hinterfragt wurde, ob Selbstbewusstsein und Ich-Stärke wirklich das einzige anzustrebende Ziel persönlicher Entwicklung sein sollte.

Inzwischen gibt es viele Hinweise darauf, dass Skepsis angebracht ist, wenn es um eine ausschließlich positive Bewertung von selbstbewussten, auf sich stolzen Individuen für die Gesellschaft geht. Wissenschaftliche Studien zeigen, dass auch ein starkes Selbstbewusstsein Wurzel und Antrieb für Verbrechen, Gewalt und soziale Unverträglichkeit sein kann. Der gesellschaftspolitische Wert von Selbstvertrauen und Selbstwertgefühl ist nach Untersuchungen des britischen Psychologen Nicholas Emler in den USA und Großbritannien eher eine Legende. (1) Die Vorstellung, dass der Mensch mit einer positiven Einstellung zu sich selbst eine sozial besonders verträgliche Person sein muss, stimmt demnach einfach nicht.

Manche der gängigen Vorurteile scheinen zwar richtig zu sein: Unsichere Menschen mit Selbstzweifeln leiden öfter an Depressionen, sind stärker selbstmordgefährdet und werden häufiger Opfer von Gewalt und Missbrauch. Aber unter jenen, die Drogen nehmen und mit ihren Autos rasen, die gewalttätig werden und kriminell, fanden sich nach den gängigen psychologischen Tests keineswegs besonders viele, die nicht mit sich im Reinen wären. Im Gegenteil: Unter den Gesetzesbrechern und Regelverletzern finden sich demnach besonders viele Menschen mit einem hohen, oft übersteigerten Selbstwertgefühl.

„Die Bedeutung von Selbstbewusstsein wird stark überschätzt", bilanzierte die Psychologin und Schriftstellerin Lauren Slater schon 2002 hinsichtlich der sozialen Auswirkungen psychischer Dispositionen. (1) Amerikaner würden fälschlicherweise das Selbstwertgefühl verehren „wie eine Art Religion", es gehöre zur Identität Amerikas. Kein Therapeut in den USA würde sich trauen, ihren Patienten zu raten, „denk nicht so viel an dich selbst" – genauso wenig wie das ein Lehrer seinen Schülern empfehlen würde.

Aber die übertriebene Konzentration auf sich selbst, auf die Förderung des Selbstwertgefühls, das Bestreben, dass sich jeder „gut fühlen muss", habe eine lang ignorierte antisoziale Komponente, meinte die Psychologin. Es sei inzwischen nachgewiesen, dass gerade fanatische Rassisten und hemmungslose Gewalttäter durchaus mit sich selbst im Reinen sind – ihnen fehle vor allem jede Akzeptanz sozialer Werte. Also könne es bei gestörten Persönlichkeiten nicht um eine Förderung von Stolz und Selbstwert gehen, eher um die Vermittlung von Bescheidenheit und Disziplin.

Therapeuten scheuen unbequeme Botschaften

Schon der Vater der Psychoanalyse, Sigmund Freud, war keineswegs ein Verfechter bedingungsloser Selbstverwirklichung und Befürworter eines gesteigerten Selbstwertgefühls. Freud beschrieb als Aufgabe der Therapie, dass der Patient Realität akzeptiere und „neurotisches Leiden in alltägliches Leiden" verwandele. Um dem Maßstab psychischer Stabilität zu genügen – nämlich die Fähigkeit, zu lieben und zu arbeiten – braucht es laut Freud auch Anpassungsleistungen und Zurücknahme seiner selbst. Slater klagt, dass dieser Gedanke in der modernen „Psychotherapie-Branche" kaum noch Stellenwert habe. Therapeuten seien heute die „kulturellen Einzelhändler" für den Verkauf des „Selbstwertkonzepts" zur Lösung aller möglichen psychischen, familiären und sozialen Probleme.

In der Therapiewirklichkeit gehorchten auch Psychotherapeuten den Marktgesetzen. Welcher zahlende Patient würde zu „shrinks" mit unbequemen Botschaften gehen, fragt die Psychologin. Kein Patient würde sich gern belehren lassen, nicht so wehleidig, bescheidener und uneigennütziger zu sein.

„Wie würden wir unsere Patienten dazu bringen, uns zu bezahlen, wenn wir sie, wenn schon nicht beleidigen, so doch auf sehr unbequeme Art und Weise herausfordern würden", schreibt Slater. Die Psychotherapie im Westen sollte mehr von der japanischen Methode der Morita lernen, die bewusst von der Aufmerksamkeit auf sich selbst ablenken möchte. Im Zentrum der Behandlung steht das Einlassen auf die Welt, ein stark verhaltenstherapeutischer Ansatz, der mit Gartenarbeit beginnt.

Wie sehr das persönliche Lebensglück wirklich von der immer weiteren Ausprägung des Individuums profitiert, ist eine philosophische Frage. Es gibt manche Kritik an einer zu starken Ich-Bezogenheit in der modernen Welt. Die Fixierung auf sich selbst wird auch als eine Ursache für den ausufernden Narzissmus und das wachsende Anspruchsdenken, auch für einen allgemeinen Werteverfall angesehen. Sehr viele Menschen klagen heute über die Egozentrik ihrer Mitmenschen. Zuweilen wird einem deutlich, dass man es bei anderen wirklich nicht leiden kann, wenn sie sich ähnlich verhalten wie man selbst.

Vielleicht ist die moderne Egozentrik auch ein wichtiges Instrument für das Überleben in dieser verwirrenden, komplexen Welt. Die immer enger verflochten ist und zusammenrückt, und gleichzeitig immer gespaltener, unordentlicher und unübersichtlicher wird. Vielleicht braucht es den alles hinterfragenden, auf nichts mehr als sich selbst vertrauenden Geist, um in einer Gesellschaft zurechtzukommen, in der sich die Grenzen zwischen allen Bereichen auflösen und gleichzeitig unzählige Grenzen und Risse entstehen.

Was bedeuten aber all diese Phänomene und Entwicklungen für die moderne Demokratie? Die Menschen sind kritisch. Sie sind gleichermaßen selbstbewusst und verunsichert. Sie wissen um ihre Rechte und sie fordern sie ein. Sie sind stolze Individualisten. Mündige Bürger im Grunde. Aber auch schwierige Zeitgenossen. Wie funktioniert eine Gesellschaft mit solchen Bürgern? Was bedeutet eine solche Geisteshaltung der Menschen für all jene, die gestalten und führen wollen und sollen? Die Wirklichkeit dieser Jahre sagt: Es ist schwieriger geworden.

VI Deutschlands Problem mit der Demokratie

„Die Frage, wer herrschen soll, ist falsch gestellt.
Es genügt, wenn eine schlechte Regierung abgewählt werden kann.
Das ist Demokratie."

Karl Raimund Popper, britischer Philosoph

„Demokratie ist wie Sex. Ist sie gut, ist sie sehr gut.
Ist sie nicht so gut, ist sie immer noch ganz gut."

John Kenneth Galbraith, amerikanischer Wirtschaftswissenschaftler

Irgendetwas stimmt nicht mit der Demokratie in Deutschland. Dieses Gefühl haben heute sehr viele Menschen, und das auch schon recht lange. Wenn man genau hinschaut, schon seit der Gründung der Bundesrepublik 1949. Einer der ganz Großen des modernen Deutschland formuliert seit Jahrzehnten, stellvertretend für viele Zweifler, immer wieder sein tiefes Misstrauen gegenüber den demokratischen Realitäten in seinem Vaterland. Literatur-Nobelpreisträger Günter Grass glaubt, dass in Deutschland die Diktatur ständig um die Ecke lauert.

In den 60er Jahren prangerte er vor allem den verheerenden Einfluss alter Nazis an, rückte auch schon mal den CSU-Politiker Franz Josef Strauß oder den Verleger Axel Springer in die rechtsradikale, undemokratische Ecke. Und warnte vor der Restauration, der Wiederkehr Weimarer Verhältnisse oder gar der Nazis. Immer wieder prangerte er die Macht von „Großkapital und Banken" an. Sie seien „die Verfassungsfeinde von heute", so Grass 1999 (1). Das große Geld in den Chefetagen verlache „großmäulig und widerlich" Regierung und Kanzler. Im Oktober 2007 warnte er vor einer „Demontage" der Demokratie. „Wir werden aus hysterischer Terroristenfurcht mehr und mehr zu einem Überwachungsstaat." (2)

Die Demokratie heute sei wie in der Weimarer Republik gefährdet, glaubt der Schriftsteller. Die Demokratie drohe wie damals „ein Opfer der Lobby" zu werden, der Staat werde „käuflich und geht auf eine schleichende Art und Weise zugrunde". Die wachsende Abhängigkeit der Politik von den Lobbyisten wie die der Atom- und Pharmaindustrie sei das „Grundübel". Es brauche deshalb eine „Bannmeile für Lobbyisten um den Bundestag", verlangte Grass.

Der schöne Rebell und die hässlichen Politiker

Der fast 40 Jahre jüngere Schriftsteller und Philosoph Richard David Precht tritt heute politisch in die Fußstapfen von Grass. Auch er personifiziert kongenial das tiefe Unbehagen vieler Deutschen an der Politik und am Kapitalismus. Das war wohl auch der Grund, warum kaum ein anderer Intellektueller in Deutschland häufiger in Talkshows und Medien präsent war als der wortgewandte Rebell mit der Künstlermähne.

Precht glaubt die Demokratie in Gefahr: Er klagt die Macht der Konzerne und eine „Ideologie des Wachstums" an, die keinen Wohlstand schaffe, sondern ihn ruiniere. Er ist sichtlich angewidert von dem „Moralzehrer" des kapitalistischen Marktes, von dem „Demokratie-Theater" und dem „deprimierenden Anblick" von Angela Merkel und Guido Westerwelle. (3)

Dabei wäre es doch so einfach: Es brauche nur „ausgewiesene und unbestechliche Experten" für die Führung des Staatsschiffes, notwendig sei mehr Mitbestimmung der Bürger, einfach mehr Demokratie: „Was fehlt, ist die Interdependenz, die Erfrischung, der Austausch, die Erdung, die Langfristigkeit und der soziale Sinn für die Wirklichkeit." Und Precht fragt mit unüberhörbar drohendem Unterton: „Wie lange lassen sich die Bürger das noch gefallen?" Wenn sich nicht bald etwas grundlegend ändere, dann drohe eine Revolution, die werde, „so viel scheint gewiss, alles zerstören. Sie dürfte von rechts kommen, wie in Frankreich, in Ungarn, in Dänemark und in den Niederlanden. Und sie könnte Europa zerstören und seine Demokratien, die vor der wirtschaftlichen und sozialen Wahrheit flüchten wie der Skifahrer vor der Lawine."

Precht verteidigt die Moral, die Werte, die Demokratie. Er formuliert griffig mit dem Pathos des Gutwilligen, der an der Verkommenheit der Realität zu verzweifeln droht. In Wirklichkeit bedient sich der Schriftsteller aller antidemokratischen Klischees der deutschen Romantik. Angerührt wird das Ganze mit naiven Klischees über den Kapitalismus. Vorgebracht wird es in dem Ton, der seit Jahrzehnten Erfolg hat: dem des Misstrauens gegenüber Autorität und Führung. Precht liefert Munition für Stimmungen, vor denen er warnt: Für das dumpfe Unbehagen der Bürger, wie es typisch wäre in einer jungen, unreifen Demokratie, wie sie die Weimarer Republik war. Wo das lange Suchen nach Lösungen als Schwäche, der politische Kompromiss als faul und die parlamentarische Auseinandersetzung als Theater von Streithanseln verächtlich gemacht wird.

Der dauerempörte Autor verspricht, Wege aus der Vertrauenskrise, dem „Sittlichkeitsverfall" und der „Desorientierung" zu zeigen. Dabei tut er im Grunde alles, um bei verunsicherten und zweifelnden Menschen auch noch das letzte Restvertrauen zu zerschlagen. Politik ist schmutzig, die Wirtschaft gierig. Wo bleibt, klagt der Edelmütige, bei diesen unansehnlichen Politikern das Schöne, wo bei der Verlogenheit Berlins das Wahre, wo bei all den Egoisten das Gute? Immer wieder wettert er gegen den Wachstumswahn.

Wie schön hatte schon der romantische Dichter Novalis vor über 200 Jahren traurig-hoffend die Moderne angeklagt:

„Wenn nicht mehr Zahlen und Figuren
sind Schlüssel aller Kreaturen,
wenn die so singen, oder küssen,
mehr als die Tiefgelehrten wissen,
wenn sich die Welt ins freie Leben
und in die Welt wird zurück begeben,
wenn dann sich wieder Licht und Schatten
zu echter Klarheit wieder gatten,
und man in Märchen und Gedichten
erkennt die wahren Weltgeschichten,
dann fliegt vor einem geheimen Wort
das ganze verkehrte Wesen fort.“ (4)

Bei Precht heißt es prosaischer: „Wenn jeder in der Wirtschaft ausschließlich zweckrational seine Gewinne mehrt, wird das Fundament unterspült: Vertrauen, Fairness, Augenmaß und Anstand. Die Marktnormen kannibalisieren die Sozialnormen. Und die Folge sind Wirtschaftskrisen, am Schwarzen Freitag.“

Man möchte – wie so oft bei solch leidenschaftlichen Wallungen gegen die politischen Realitäten – Gesellschaftskundeunterricht und Grundkurs in Volkswirtschaft empfehlen. Das Fundament der Wirtschaft sind nicht Anstand und Augenmaß, sondern Bedarf und Mangel, Angebot und Nachfrage. Der Markt funktioniert, die sozialen Normen werden gesetzt. Politiker sollen das Gemeinwohl im Auge haben, aber es ist legitim und beabsichtigt, dass sie Interessen vertreten. Es gibt keinen Volkswillen, meistens gibt es sehr viele Sichtweisen und Interessen, oft sind sie kaum oder nicht vereinbar. Und in der Demokratie gibt es Gewinner und Verlierer.

„Bei aller Begeisterung für das jeweils eigene Weltbild: Es verstecken sich in der wirklichen Welt keine objektiv richtigen, wahren Lösungen, die man nur finden, erkennen und umsetzen muss (wozu blöde Politiker eben bekanntermaßen zu blöd sind)“, schreibt zu Recht der Sozialdemokrat Hans-Peter Bartels. (5)

Zynismus hilft kaum weiter

Auch Denker wie der Philosoph Peter Sloterdijk schüren das Gefühl über den „ausgeschalteten Bürger“ und beschuldigen die Herrschenden der „Anmaßung“. (6) „In der repräsentativen Demokratie werden Bürger in erster Linie als Lieferant von Legitimität für Regierungen gebraucht", schreibt er, ganz stromlinienförmig erfasst von der mächtigen Welle demokratieskeptischer Stimmungen. Die Zukunft werde aus seiner Sicht von der Konkurrenz verschiedener Systeme zur „Bürgerausschaltung" bestimmt, so der etwas zynische Befund.

Das größte Missverständnis dieser pessimistischen Sicht liegt in der grundsätzlich negativen Bewertung des Wesens einer repräsentativen Demokratie. Die abschreckenden Ergebnisse von „Räte-Demokratien", von „sozialistischen Volksdemokratien" oder der „Deutschen Demokratischen Republik" sind bekannt. Gleichzeitig existiert eine aus historischer Sicht beeindruckende Erfolgsgeschichte der repräsentativen Demokratie. Ist sie, wie Sloterdijk suggeriert, nur das geschickte Kaschieren einer an sich anderen Machtausübung als die des souveränen Volkes? Nur ein ideologischer Überbau für eine an sich in Wirklichkeit anders konstituierte Gesellschaft? Marxisten würden das bejahen, sie sehen in der bürgerlichen Demokratie nichts anderes als das Kostüm kapitalistischer Herrschaft.

Wenn die geschichtliche Erfahrung der vergangenen 300 Jahre zum Maßstab genommen wird, die Realität nicht an abstrakten Idealen oder Visionen gemessen wird, gibt es auf die Fragen nach der Qualität der freien Systeme des Westens eine deutliche Antwort. Die humanste Art von Herrschaftsverhältnissen, die jeder Gesellschaft eigen ist, und das größte Ausmaß allgemeinen Wohlstands existieren in den modernen Demokratien des Westens. Wo um alles in der Welt lebt es sich besser und freier als eben in jenen Ländern mit Marktwirtschaft und repräsentativer Demokratie? Der Jahrhunderte währende Zustrom der Menschen nach den USA, Kanada, Australien und Europa hält unvermindert an. Es gibt kaum einen besseren Beleg für die grundsätzliche Überlegenheit des Systems als die Abstimmung der Füße.

Grass, Precht und alle anderen, die seit langer Zeit immer neue Untergangsszenarien beschwören, betreiben aus nüchterner Distanz betrachtet nicht viel anderes als Panikmache. So wie manche Medien skandalisieren, so dramatisieren diese Intellektuellen. Und sie schmeicheln, loben und preisen die Zuschauer und die Leser, sie selbst könnten es am besten richten; würden sie nur mehr zu sagen haben, wäre alles besser. Katastrophengeschrei und Anbiederung zahlen sich meistens aus, politisch oder geschäftlich, zuweilen sogar beides.

Demokratie steht nicht vor dem Untergang

Der Grund allen Übels liege darin begründet, dass die anderen, die Mächtigen, die Gesellschaft, die Kapitalisten einem nicht zuhören, nicht genug Raum lassen, zu wenig Mitbestimmung erlauben, nicht mehr Partizipation ermöglichen. Der Schreckensvision folgt der Verkauf des Allheilmittels zum Spottpreis: Es kostet den Produzenten ein paar böse Worte. Der Patient fühlt schon bei der Entgegennahme des Rezepts die heilende und tröstende Wirkung. Die wahren Kosten trägt eine Gesellschaft, in der sich immer weniger Menschen trauen, für sie einzutreten.

Der Untergang der Demokratie soll bevorstehen, weil viele Menschen über die Politik schimpfen, die Wahlbeteiligung sinkt, Bürger gegen Bahnhöfe und Kernkraft demonstrieren? Mitnichten. Was Deutschland wirklich nicht fürchten muss, ist das Gespenst der faschistischen Diktatur, auch nicht der kommunistischen Machtübernahme. Und auch eine Revolution scheint unvorstellbar.

Rechtsradikale treiben vor allem in den neuen Bundesländern ihr Unwesen, das muss man ernst nehmen. Wenn Gesetze verletzt werden, sind Staatsgewalt und Justiz gefordert, ansonsten gilt es, Rechtsradikale politisch zu bekämpfen. Es gibt gewaltbereite Anarchisten und Linksextremisten, deren gelegentliche Raserei zu tolerieren falsch wäre – eine Gefahr für den Staat stellen sie nicht dar. Die Anziehungskraft linker Kräfte, die sich vielleicht nach neuen sozialistischen Experimenten für Deutschland sehnen, scheint bisher doch begrenzt.

Für eine politische Dramatisierung der Extremisten in Deutschland gibt es nach dem ersten Jahrzehnt des 21. Jahrhunderts wenig Grund. Jede Demokratie hat ihre Flügel, ihre Radikalen, ihre Extremisten – auf beiden Seiten. Es ist die Normalität der Demokratie. Es gibt in ganz Westeuropa antidemokratische Kräfte, erstaunlich viele antisemitische Emotionen, bei Rechten und bei Linken. Im deutlichen Unterschied zu den jungen Demokratien in Mittel- und Osteuropa scheinen im „alten Europa" jedoch nirgendwo ernsthaft Grund- und Menschenrechte bedroht.

Deutschland steht keine Machtübernahme, keine Revolution und keine Radikalisierung bevor. Es gibt viel Grund, in mancher Hinsicht der Reife der Gesellschaft gegenüber alten Gespenstern der Geschichte zu vertrauen – die mit ihren überholten Ritualen in der Mediengesellschaft ohnehin wenig Chancen haben. Die Abwesenheit einer wirklichen Bedrohung durch Neonazis oder Kommunisten heißt nicht, dass die Destabilisierung der Gesellschaft weniger gravierend sein muss. Es ist nur niemand zu sehen, Gott sei Dank, der das in politisch gefährliche Kanäle lenken könnte.

Das ist keine Garantie für die Zukunft. Tatsächlich haben Populisten und politische Rattenfänger Chancen, wenn die Politiker versagen, die Krisen sich verschärfen, die politische Kultur zu wenig Stabilität hat und vor allem, wenn es für die Verunsicherung der Menschen keine befriedigenden Antworten gibt. Gefährlich wären falsche Antworten, beispielsweise die Vorstellung, mit „mehr Partizipation“ würde die Gesellschaft neue, innere Bindungskraft erhalten. In manchen Bundesstaaten der USA kann dauernd abgestimmt werden, über Sheriffs und Abgeordnete, Marihuana-Anbau und Homo-Ehe, Gen-Anbau und Ausländergesetze – das Unbehagen am System ist kaum geringer als in vielen Ländern Europas.

Für die neuen Krisen aller Art in Gesellschaft und Politik müssen Lösungen und Antworten gefunden werden. Manchmal mögen Partizipationsangebote hie und da sogar sinnvoll dazu zugehören. Die adäquate Reaktion auf die modernen Herausforderungen ist die Forderung nach „mehr Demokratie“ sicher nicht. Mit ihr verbindet sich eine Reihe von Mythen, die einer rationalen Überprüfung nicht standhalten.

Die Verunsicherung einer sich ständig wandelnden, sich zunehmend zersplitternden Gesellschaft, der Mangel an Vertrauen in Institutionen, Personen und Ideen, die als ziel- und sinnlos erlebte Wirklichkeit und die diffusen Zukunftsängste werden durch mehr Volksabstimmungen oder Wahlen nicht beseitigt. Mehr Partizipation hätte im besten Fall und auch nur vorübergehend einen leichten Placebo-Effekt.

1 Stolz auf Widerstand – nicht auf Deutschland

„Das Volk hat fast nichts zu sagen.
Wir haben weder Herrschaft durch das Volk noch für das Volk –
und damit keine wirkliche Demokratie."

Hans Herbert von Arnim, Staatsrechtler

Wer die Diskussion in Deutschland über Politik verfolgt, könnte zuweilen denken, das System sei so verrottet, wie es das Ägypten Hosni Mubaraks oder die alte DDR Erich Honeckers waren. Das gilt nicht nur für die Weltuntergangsbeschwörer von „Der kommende Aufstand", den französischen Apologeten einer blinden, gewalttätigen Revolte. Für Kritiker wie Precht und Sloterdijk ist es nur eine Frage der Zeit, wann sich auch in Deutschland die Bürger endgültig verweigern. Friedensbewegte und Umweltschützer, Gegner der Kernkraft und von Stuttgart 21, Gewerkschafter und Attac, Linke und Antifaschisten werden dann durch die Städte ziehen, vereint im Protest gegen die Herrschenden in Berlin und die unerträglichen Zustände im Land.

„Bürger lasst das Gaffen sein, kommt hierher und reiht euch ein", würden sie skandieren, so wie damals, 1968 in Frankfurt und Berlin. Das Volk macht nicht mehr mit, auch Polizei und Bundeswehr verweigern schließlich dem Regime in Berlin die Gefolgschaft. Die abgehalfterte Politikerkaste müsste aufgeben. Zerknirscht verließe eine bleiche Angela Merkel das Kanzleramt. Die Abgeordneten im Bundestag würden kleinlaut ihre Büros räumen. Volkskomitees und Bürgerorganisationen übernähmen die Parteizentralen von CDU, SPD und FDP. Wirklich demokratischen Verhältnissen stünde nichts mehr im Weg.

Nicht mal sentimentale Alt-68er dürften von solchen aberwitzigen Szenarien träumen. Wenn man aber – wie Precht – die „Montagsdemonstrationen" der Bahnhofsgegner in Stuttgart mit denen der mutigen Freiheitsproteste in Leipzig gleichsetzt, wenn Globalisierungskritiker mit fast religiösem Pathos die Apokalypse beschwören, wenn die Opfer von Schlachten zwischen Polizei und Demonstranten als Märtyrer verklärt werden, dann könnte man wirklich denken, Deutschland wäre bald mit Massenprotesten und Aufständen konfrontiert.

Demonstrationen wurden schon oft, geschichtslos und geschmacklos, zum „Widerstand" überhöht. Das war sogar den Jusos, selbst entschiedene Gegner von Stuttgart 21, zu viel. „S21 wird (...) von manchem geradezu zur Apokalypse, von anderen gar zum letzten Gefecht im Kapitalismus stilisiert. Hier verschieben sich die Maßstäbe in einen unerträglichen Zustand (...) Wenn das Fällen von Bäumen mit dem Recht auf Widerstand bei Bedrohung der demokratischen und sozialen Ordnung bekämpft wird und sich die Bewegung gegen S21 als ‚Widerstand' bezeichnet, dann überhöht sie ihr Tun und (...) blendet den historischen Kontext aus." Mit „Widerstand" werde in Deutschland der Kampf des antifaschistischen Widerstands gegen die Nazis verbunden, betonten die Jusos zu Recht. (2)

In Deutschland hat sich seit langem eingebürgert, Proteste zum „Widerstand" zu glorifizieren. Dabei ist die Bilanz der deutschen Protestbewegung nach dem Krieg alles andere als glorreich – auch wenn heute die Atomgegner glauben, dass ihre Befürchtungen bestätigt wurden. Aber in der Geschichte westdeutscher Nachkriegsproteste überwiegen die Beispiele fragwürdiger Massenaktionen. Zum einen werden sie – auch von Medien – traditionell überbewertet und politisch überhöht. Zum anderen wird ihre romantische Seite, der anziehende Event-Charakter des Protests verschwiegen.

Das tiefe Misstrauen und die Lust am Protest

Als es in den 60er Jahren um die Notstandsgesetze ging, taten viele so, als ob Deutschland neue Ermächtigungsgesetze bekäme und die Nazis wieder vor der Tür stünden. Dabei muss ein Staat für Katastrophen und Ausnahmezustände gewappnet sein. Es gibt kaum eine Demokratie im freien Westen, die nicht über ähnliche Gesetze verfügt. Kaum jemand würde heute die verabschiedeten Gesetze ändern wollen.

In den 70er Jahren brandete der Protest gegen den Nato-Doppelbeschluss durchs Land, weil es angeblich galt, den „US-Imperialismus" zu stoppen und den Atomkrieg zwischen Ost und West zu verhindern. Historiker sehen in der harten Haltung von US-Präsident Ronald Reagan, der sich in der Nato alle Partner anschlossen, den Schlüssel für den Zusammenbruch des Sowjet-Imperiums. Nur das bahnte den Weg zur Wiedervereinigung Deutschlands.

In den 80er Jahren gingen viele auf die Straße, um für den Boykott der Volkszählung zu demonstrieren. Es drohe der „gläserne Bürger" und der Überwachungsstaat. Dabei sind Bevölkerungsstatistiken beispielsweise für Sozialeinrichtungen und Verkehrsplaner von zentraler Bedeutung, insbesondere auch, um Rechte von Minderheiten, Randgruppen und Benachteiligten einklagen zu können.

In Frankfurt kam es wegen des Flughafenausbaus zu monatelangen, heftigen Konflikten, die auch auf den Straßen und im Wald um den Flughafen ausgetragen wurden. Heute bezweifeln nicht einmal mehr die

Grünen, dass der Rhein-Main-Flughafen ohne die Startbahn West erheblich an Bedeutung verloren hätte.

Die Mutter aller Rebellion in der Bundesrepublik nach dem Krieg wurde das, was heute unter der Marke „1968“ firmiert. Die Proteste jener Jahre wurden zur Sternstunde des Aufstands und der Straßenmacht. Die damalige Bewegung hat Verkrustungen der Gesellschaft aufgebrochen, tabuisierte Themen bewusst gemacht und der jungen Republik auch einen erfrischenden Wind beschert. „68“ war aber auch ein sehr emotionales, eine ganze Generation prägendes Ereignis.

Der Faszination jener Zeit erlagen vor allem die ganz Jungen. Für einen 18-Jährigen wie mich war es euphorisierend, Teil der Rebellion und des Protests zu sein, Sinn im Kampf für eine bessere Welt zu finden. Man lauschte fasziniert den aufrührerischen Reden der Studentenführer wie Hans-Jürgen Krahl oder K. D. Wolff, forderte selbst in Versammlungen und Komitees zum „Widerstand“ auf. Schulen und Universitäten wurden „bestreikt“, Unterricht und Vorlesungen „boykottiert“.

Als Aufständische malten wir nachts in grellem Rot Parolen an Schulwände. In den Räumen vom „Sozialistischen Büro“, des AStA oder des „Club Voltaire“ wurden auf altersschwachen Vervielfältigungsgeräten Schmähschriften und Flugblätter vervielfältigt, Raubkopien von Wilhelm Reich und Michail Alexandrowitsch Bakunin gedruckt. In Arbeitsgruppen und Seminaren debattierten wir ewig über den Kampf gegen Establishment und Reaktion, über Klassenkampf und sexuelle Revolution. Wir büffelten Marx und Mao, rangen mit Texten Adornos und Herbert Marcuses.

Am wichtigsten aber war der Kampf auf der Straße, die Konfrontation von uns Rebellen mit der uniformierten Staatsmacht. Wenn die Wasserwerfer ihren mächtigen Strahl auf uns richteten, vor uns Tränengaspatronen explodierten, wir vor Schlagstock schwingenden Polizisten wegrannten – dann war plötzlich auch die Erwachsenenwelt ein wunderbarer, herrlich gefährlicher Abenteuerspielplatz geworden. Wir hatten unsere „Straßenschlachten“.

Mitten in dem Demonstrationsgetümmel der Frankfurter Fußgängerzone schwingt sich ein Daniel Cohn-Bendit auf einen Caféhaustisch, wettert gegen die „Brutalität der Bullen“, die uns nicht einschüchtern dürfe in unserem Protest (gegen Vietnam? Springer?). Welch ein Wohlgefühl für den Adoleszenten, mit den „Genossen“ die nächsten Aktionen auszubaldowern. Und in den Kommunen und Wohngemeinschaften, wo Weinflaschen und Joints kreisten, tobten sich privat die neuen Freiheiten aus.

Die Entdeckung, dass diese Gefühlslagen damals auch wesentliche Elemente des politischen Engagements waren, kam den meisten 68ern erst viele Jahre später. All die Proteste gegen Vietnamkrieg und Notstandsgesetze, gegen Springerpresse und Hausspekulanten hatten auch einen tiefen persönlich-emotionalen Kern, eine romantische Seite. Den Kindern und Enkeln jener Generation fällt noch immer auf, dass bei den Erzählungen über jene Zeit oft die Augen zu glänzen beginnen, Wehmut spürbar wird. Für die 68er war es damals auch eine Zeit der Heldentaten und Mutproben.

Die Unsicherheit über die Rolle und den Wert von Demonstrationen und Protesten auf der Straße ist nicht kleiner, sondern größer geworden. Das Demonstrationsrecht ist ein wichtiges Grundrecht in der Demokratie. In Westeuropa wird dieses Recht extensiv wahrgenommen.

Über den Umgang mit manchen Exzessen kann man diskutieren, über das grundsätzliche Recht auf Demonstrationen nicht: „Es mag Zeiten geben, in denen wir machtlos sind, Ungerechtigkeit zu verhindern, aber es darf nie eine Zeit geben, in denen wir scheitern zu protestieren", formulierte es Friedensnobelpreisträger Elie Wiesel.

Allerdings begründet sich das Demonstrationsrecht der Demokratie auch mit der Freiheit des Bürgers, sich öffentlich vernehmlich zu machen, seine Meinung und seine Interessen auf die Straße tragen zu dürfen. Das muss gerade auch für kleine Gruppen, Minderheiten und Außenseiter gelten. Auch wenn sich an dieser Begründung nichts geändert hat, beeinflusst die technologische Revolution auch diesen Bereich massiv. Demonstrationen sind nicht mehr unbedingt notwendig, damit auch früher ungehörte oder unterdrückte Stimmen sich darstellen, äußern und öffentlich um Zustimmung oder Solidarität werben können. Und ein politisches Vetorecht darf der Protest auf der Straße auch nicht haben.

Neue Protestformen im Netz

Angesichts der neuen Möglichkeiten im Internet gibt es sogar die Träume von einer „Liquid Democracy", einer „flüssigen Demokratie" als eine neue Form direkter Bürgerbeteiligung am politischen Gestaltungsprozess. Ganz sicher aber eröffnet das Web auch dem kleinen und großen Protest völlig neue Wege.

Noch gibt es die Web-Plattformen im politischen Raum nicht, auf denen sich die Sichtweisen der Menschen, ihre Anliegen, Meinungen und Proteste so manifestieren können, dass alle oder zumindest viele sie sehen können. Jedoch ist Facebook mit seinen mehr als 500 Millionen Usern schon heute die größte vorstellbare öffentliche Plattform. Die Solidaritätsaktion beispielsweise bei der Plagiatsaffäre zugunsten des damaligen Verteidigungsministers zu Guttenberg hat gezeigt, dass es auf Facebook tatsächlich Ansätze zu einer virtuellen Demonstration gibt – denen vielleicht die Zukunft gehört.

Es gibt bereits seit längerem „Online-Demonstrationen" oder „virtuelle Sit-ins". Allerdings werden sie bisher von politischen Aktivisten in erster Linie benutzt, um den Internetauftritt bestimmter Institutionen lahmzulegen. Es sind bisher gezielt destruktive Formen des Protests, beispielsweise gegen das Visa-Card-Unternehmen von empörten Assange-Fans. Mit dem massenhaften Aufrufen einer bestimmten Homepage kann ein Server blockiert werden. Die Website ist dann für niemanden mehr erreichbar.

Der Pionier des „elektronischen zivilen Ungehorsams" ist der mexikanische Professor Ricardo Dominguez (University of California San Diego). Er sieht Online-Demonstrationen in der Tradition der amerikanischen Bürgerrechtsbewegungen. Mit seinem „Electronic Disturbance Theater" entwickelte er Methoden – wie das „Zapatista Floodnet Tool" –, um unliebsame Konzerne und Behörden zu attackieren. Schon 1999 half er der Künstlergruppe „etoy" in einem etwas bizarren Kampf um Namensrechte gegen die US-Spielzeugfirma „eToys". (3)

Schließlich scheint es nur eine Frage der Zeit, wann im Grunde jeder Bürger mittels irgend eines Geräts – vom Handy bis zum Fernseher – interaktiv ist. Wenn es für jeden einen unkomplizierten Zugang zum Netz gibt, wäre es in den Hochzeiten mancher Debatten interessant, zu erfahren, wie die Bürger spontan zu einem Thema stehen. Manche Aspekte von „Liquid Democracy" sind durchaus ernst zu nehmen.

Beispielsweise wäre es sehr spannend und aufschlussreich gewesen, bei den Auseinandersetzungen um das Bahnhofsprojekt Stuttgart 21 schon im frühen Stadium, aber durchaus auch, als die Proteste hochkochten, virtuell die Bürger dazu zu befragen. Es gibt allerdings einen feinen, aber sehr wichtigen Unterschied zwischen Anhörung der Bürger und Mitbestimmung der Bürger. Das Erste passt gut zu einer repräsentativen Demokratie, das Zweite in der Regel nicht.

Stuttgart 21 – Exempel für die Geschichte

Nach der deutschen Wiedervereinigung richteten sich die meisten Demonstrationen vor allem gegen Sozialabbau, Kernkraft und die USA. In den vergangenen Jahren, sagen manche, hat der Protest aber wieder eine neue Qualität und Schärfe bekommen.

Symbol dafür ist der spektakuläre Kampf gegen Stuttgart 21, gegen den Bau eines unterirdischen Durchgangsbahnhofs in der schwäbischen Hauptstadt. Bürger kämpften aus den unterschiedlichsten Gründen gegen das Projekt: weil es zu teuer sei, weil es viele Jahre die City verdrecken und blockieren werde, weil Bäume gefällt würden, weil unterirdische Quellen und der Juchtenkäfer vor Ort bedroht sei. Wie der Kampf letztendlich ausgeht, war nach dem Wahlsieg von Grün-Rot bei den Landtagswahlen in Baden-Württemberg im März 2011 noch unklar. Sicher kann man sagen, dass es in der Geschichte der Bahnhöfe in dieser Welt wohl kaum einen solchen Konflikt, eine solche Empörung und einen solchen Aufwand zur Lösung gegeben hat.

Bei einem distanzierten Blick fallen einem manche Ungereimtheiten dieses Konflikts auf. Wieso schlugen die Wellen der Empörung erst nach 16 Jahren Planung hoch? Wieso haben Bürger bei den Genehmigungs-, Planfeststellungs- und Raumordnungsverfahren so spät reagiert? Vor allem aber: Wieso hat sich keine der Parteien der Sache engagiert und offensiv angenommen, Stuttgart 21 zu einem zentralen Thema der zahlreichen Kommunal- und Landtagswahlen seit 1995 gemacht?

Als dann der Protest auf der Straße war, hatten die Demonstranten die Grünen, die von Anfang an dagegen waren, auf ihrer Seite. Die SPD, stets ein Befürworter von Stuttgart 21, wollte plötzlich einen Bürgerentscheid. Gibt es vielleicht auch eine einfache Erklärung für den Konflikt? Haben nicht nur die Kommunalpolitiker, sondern vielleicht auch die Bürger versagt, weil sie sich einfach nicht rechtzeitig und ausreichend gekümmert haben? Haben Staat und Bahn nicht richtig recherchiert, was im Falle der Umsetzung des Projekts auf sie zukommen könnte?

Wie auch immer: Stuttgart 21 wurde zum Bundesthema. Es kam zu dem berühmten Schlichtungsverfahren mit dem CDU-Veteranen Heiner Geißler. Tagelang präsentierten Experten beider Lager minutiös Zahlen, Hintergründe und Argumente. Hoffnungen und Befürchtungen wurden ausgesprochen. Der Fernsehsender Phoenix übertrug im Herbst 2010 live die Sitzungen, es wurde ein Quotenrenner. Das Schlichtungsverfahren war für viele eine Sternstunde der Demokratie.

Das kann man aber auch anders sehen: Es kann auch als Ausdruck von Hilflosigkeit betrachtet werden. Wie viele solcher Mega-Veranstaltungen nach 16 Jahren Planung eines Großprojekts kann sich ein Land leisten, wenn es handlungsfähig und zukunftsorientiert sein möchte? Selbst der im April 2011 designierte Ministerpräsident Winfried Kretschmann (Die Grünen) sprach von Stuttgart 21 als „Ausnahme“. Es könne „ja nicht zum Alltagsprinzip unserer Politik werden, dass wir dauernd Beschlüsse umwerfen“. Wobei der Grüne vermutlich nicht einmal an die ungeheuren Kosten dachte, die das Umwerfen aller Pläne für Großprojekte nach vielen Jahren verursacht.

Die Geißler-Schlichtung war jedenfalls ein Hinweis darauf, dass es bei Großprojekten eine Bringschuld von Staat und Institutionen geben sollte, die Bürger umfassend und rechtzeitig zu informieren. In Stuttgart musste man den Eindruck gewinnen, zumindest die Bahn habe taktiert und laviert, sich mit der Scheu vor der Veröffentlichung von Studien und Konzepten unnötig verdächtig gemacht.

„Wir müssen zwischen Zivilgesellschaft und Institutionen wieder zu Verfahren kommen, die wirklich breit akzeptiert sind", forderte Kretschmann. Aber kaum ein Land kennt so komplizierte und langwierige Planungs- und Genehmigungsverfahren wie Deutschland. Sie alle wurden in dem Bemühen eingeführt, „mehr Demokratie zu wagen", den Bürgern, aber auch Gruppen und Institutionen mehr Mitsprache zu ermöglichen. Kretschmann meinte, Stuttgart 21 belege, „dass im politischen Prozess etwas fehlt". Auch er vertraut der Zaubermedizin von mehr Partizipation der Bürger.

Die Grünen in Baden-Württemberg hatten im Wahlkampf versprochen, dass es zu Stuttgart 21 eine Volksbefragung geben werde. Kretschmann wollte auch nach der Wahl daran festhalten. In Interviews schimmerte allerdings durch, wie sehr er hoffte, die Bahn würde aufgrund explodierender Kosten doch noch einen Rückzieher machen. Denn für eine Volksabstimmung gibt es hohe Hürden. Zudem war es im Frühjahr 2011 keineswegs sicher, ob die Gegner des Projekts obsiegen würden. Kretschmann war sich dessen wohl bewusst. Denn er stand urplötzlich vor den gleichen Problemen, mit denen heute fast alle Menschen in Führungspositionen konfrontiert sind.

Das besondere Dilemma der politischen Führung

Der Grünen-Politiker Kretschmann strebt eine „Bürgergesellschaft" an. Die Menschen werden mehr eingebunden, sie bestimmen stärker mit. Die Vorteile für die Demokratie liegen für die Befürworter einer größeren Bürgerbeteiligung auf der Hand: Politische Entscheidungen bekommen mehr Legitimität. Die „Schwarmintelligenz" der vielen bereichert die Suche nach Lösungen. Das Ohnmachtsgefühl der Bürger wird geringer. Mehr Partizipation bedeute dann auch mehr inneren Frieden in der Gesellschaft, so hofft man.

Der Politikbetrieb muss heute mit erheblichen Problemen ringen, die es so früher nicht gab. Viele Systemkritiker machen sich allerdings kaum Mühe zu differenzieren. Denn die Lage ist kompliziert, deutlich vielschichtiger als sie je war. Und wir befinden uns inmitten einer Übergangszeit. Der ständige und wenig berechenbare Wandel ist das dominierende Element dieser Jahre.

Eine der wesentlichen Ursachen für die enormen Schwierigkeiten ist die voranschreitende Globalisierung. Keine nationale Regierung ist heute wirklich noch Herr im eigenen Haus, Deutschland ebenso wenig wie Frankreich, Spanien oder Österreich. Nicht einmal vor der Supermacht USA macht die verunsichernde Krake der Globalisierung halt.

Deutschland ist zentrales Mitglied der Europäischen Union (EU), der Euro-Währungszone sowie der Nato. Das sind Schicksalsgemeinschaften mit jeweils engen Geflechten von Abhängigkeiten und Pflichten. Hinzu kommen die Vereinten Nationen (UN). Derzeit hat Berlin auch eine Stimme im UN-Sicherheitsrat. Deutschland ist Teil von G8- und G20, gehört der Organisation für Sicherheit und Zusammenarbeit in Europa (OSZE), der Welthandelsorganisation (WTO), dem Internationalen Währungsfond (IWF), der Weltbank, der Internationalen Atombehörde (IAEO) und noch vielen anderen internationalen Organisationen an. Fast alle haben an Bedeutung und Einfluss gewonnen.

Der Spielraum einzelner Staaten wird deutlich kleiner. Dabei wächst weder Europa erkennbar zusammen, noch ist gar global eine einigende Kraft erkennbar. Es gibt keine Supermacht, die wirklich führen könnte, keine internationale Organisation, die global auch nur ansatzweise neue Verantwortung übernehmen könnte. „Es wird keinen universellen Leviathan geben, kein globales Parlament der gesamten Menschheit (...) Stattdessen müssen wir uns auf eine zerspaltene, fragmentierte, unregierbare, multipolare oder nonpolare Welt gefasst machen. All diese Adjektive lassen erahnen, was uns bevorsteht: ‚ein neues Mittelalter'", schrieb besonders pessimistisch der indisch-amerikanische Politologe Parag Khanna. (4)

In der Wirtschaft agieren in Deutschland nicht mehr nur wie früher heimische Unternehmen und multinationale Konzerne. Auch die eigene, stark exportorientierte Wirtschaft ist in wachsendem Maße international verbandelt, sei es mit Fabriken oder Töchterfirmen im Ausland, sei es über Fusionen mit ausländischen Partnern. Angesichts der ökonomischen Bedeutung politischer Entscheidungen hat die Wirtschaft ihre Lobby-Arbeit in Berlin massiv verstärkt. Ebenso hat die Bedeutung der zahlreichen Nicht-Regierungs-Organisationen (NGO) zugenommen: Greenpeace, Attac oder Amnesty International sind inzwischen wichtige „Global Player".

Die internationale Finanzwirtschaft hat längst die nationale Bodenhaftung verloren. Wenn der Staat hier massiv intervenieren wollte, muss das Desaster einer Banken- und Kapitalflucht befürchtet werden. International gemeinsam zu handeln hat sich als unendlich schwer erwiesen. Deutschland hat den Euro als Währung mit anderen, und das heißt, autonome Entscheidungen sind entsprechend begrenzt.

Gesellschaftlich hat sich vieles kompliziert. Stabilisierende, berechenbare Institutionen wie Kirchen, Gewerkschaften, Parteien und Verbände haben an Gewicht verloren. Neue Medienvielfalt, neue Medien und die interaktive Web-2.0-Welt fordern die Politik heraus. Die Gesellschaft splittert sich auf, tribalisiert. Die Menschen sind gleichzeitig fordernder und verunsicherter denn je. Alles in allem: ein schwieriges Umfeld für die Politik. Die Bürger möchten, dass man ihnen zuhört und sie ernst nimmt. Sie fordern aber auch Entscheidungen und Führung.

Und dann ist da auch noch die Konstruktion der deutschen Demokratie. Zum einen sind fast immer nur Koalitionsregierungen in Berlin an der Macht, mit den entsprechend notwendigen Kompromissen und zuweilen gegenseitigen Blockaden. Zum anderen hat der Bundesrat nach wie vor eine enorme Macht auf sehr viele Gesetzgebungsverfahren des Bundes. Schließlich wird auch immer häufiger das Bundesverfassungsgericht angerufen und greift in die politische Gestaltung in Berlin mit ein.

Wer der Führung in Berlin vorwirft, die Probleme des Landes nicht zu lösen, wird bei den Regierenden angesichts der Umstände nicht unbedingt auf grundsätzlichen Widerspruch stoßen. Völlig gleichgültig, ob es um Klima, Atom, Afghanistan, Finanzkrise, Europa oder Währung geht: Die Macht des Kanzlers und der Regierung sind begrenzt, oft sehr begrenzt. Was natürlich nicht bedeutet, dass politisches Gestalten unmöglich geworden ist. Aber sicher hilft dabei mehr Partizipation am allerwenigsten. Es bedeutet in der Praxis nur noch eine zusätzliche Hürde.

Hausgemachte Probleme des neuen Deutschlands

Sehr viele Probleme in Deutschland haben allerdings mit der Außenwelt wenig zu tun, auch nicht mit den großen gesellschaftlichen Umbrüchen der digitalen Ära. Sie sind politisch hausgemacht. Um die besonderen Schwierigkeiten zu verstehen, hilft ein Blick auf das spezifische deutsche Selbstverständnis und die Gefühlslage der Deutschen gut 60 Jahre nach Gründung der Bundesrepublik und rund 20 Jahre nach der Wiedervereinigung.

Deutschland ist bestens angekommen in der zivilisierten, freien Staatengemeinschaft des Westens. Vor allem 1989 und 2006 blickte die Welt auf Deutschland und sah, dass es gut war. Zwar verdanken die Deutschen ihre Wiedervereinigung 1989 kaum einem Volksaufstand in der DDR, sondern in erster Linie dem sowjetischen Zusammenbruch. (5) Dennoch waren der entschiedene Widerstand und der mutige Protest von vielen DDR-Bürgern ein wichtiger Beitrag für den Untergang des sozialistischen Experiments auf deutschem Boden – und für ihr politisches Selbstwertgefühl. Aus der Sicht des Auslands legten die Deutschen spätestens 1989 mit der friedlichen Wiedervereinigung ihr Reifezeugnis als verlässliches, demokratisches Land ab.

Deutschlands ewiges Fußballidol Franz Beckenbauer war vielleicht der Einzige, der etwas naiv Töne anschlug, die an deutsche Großmannssucht der Vergangenheit erinnerten. Am 8. Juli 1990, noch in der Nacht des Triumphs von Rom, nachdem sein Team um Lothar Matthäus im WM-Endspiel die argentinische Mannschaft um Diego Maradona besiegt hatte, sprach der „Kaiser" euphorisch von der zu erwartenden Dominanz Deutschlands nach der Wiedervereinigung.

„Es tut mir leid für den Rest der Welt, aber wir werden in den nächsten Jahren nicht zu besiegen sein", sagte der damalige Trainer der Fußball-Nationalmannschaft glückstrunken in den Katakomben des römischen Olympiastadions. Das harmlose Auftrumpfen Beckenbauers war untypisch für das internationale Auftreten Deutschlands. (Im Übrigen verlor die deutsche Fußballmannschaft kein Jahr später am 6. Juni 1991 gegen Wales 0:1.)

2006 sorgte dann ausgerechnet die Fußball-WM im eigenen Land dafür, dass die Herzen der Welt den Deutschen zuflogen. Als Ausrichter der Weltmeisterschaft präsentierte sich Deutschland von der sympathischsten Seite: In den Städten feierten Millionen fröhlich und singend die Spiele ihres Teams. Ein Meer an schwarz-rot-goldenen Fahnen schmückte das ganze Land. Es war eine wochenlange, gigantische Volksparty, begünstigt meist von strahlender Sommersonne und mitreißenden Spielen der deutschen Fußballer.

Die Deutschen feierten sich und ihr „Sommermärchen" unverkrampft und locker, ohne nationalistische Töne. Das Bild des hässlichen Deutschen, die Karikatur des martialischen Preußen mit Pickelhaube, die Fratze des fanatischen Führer-Anhängers waren endgültig begraben. Die Botschaft aus Deutschland gilt bis heute: Im Herzen Europas herrscht politische Normalität.

Auch auf vieles andere kann das moderne Deutschland stolz sein: Auf Wirtschaftskraft, Tarifpartnerschaft, Exporterfolge und Spitzentechnologie, auf seine Fremdenfreundlichkeit, auch auf die Intensität und Ernsthaftigkeit, mit der der Holocaust aufgearbeitet wurde. Deutschland hat sich den Verbrechen der Nazi-Zeit gestellt, wie keine andere Nation es wohl jemals mit ihren eigenen Untaten getan hat. (6)

Auch wenn der Holocaust in seiner Perfektion des Bösen einzigartig war: Andere entzogen sich mehr oder minder der gründlichen Selbstprüfung, wenn es um die dunklen Flecken in ihrer Geschichte ging: Das gilt für Japan und seine Kriegsgräuel, die Türkei mit der Verantwortung für den Völkermord an Armeniern, China mit den Schandtaten während der Kulturrevolution oder Russland mit den Massenmorden in kommunistischem Namen.

Deutschland ist dennoch in manchem ein wenig anders als die meisten seiner westeuropäischen Nachbarn. Beispielsweise ist sein Verhältnis zum Staat widersprüchlich: Zum einen gibt es häufig ein tiefes Misstrauen gegenüber dem Staat, ein Unbehagen am politischen Geschäft überhaupt. Anderseits erwarten sehr viele Menschen vom Staat die Lösung aller Probleme, gleich, ob es um Arbeitsplätze, Gleichberechtigung, Gesundheit, soziale Sicherheiten oder „soziale Gerechtigkeit" überhaupt geht. Ein Ergebnis deutscher Staatsgläubigkeit ist auch ein Gesetzes- und Regelungsfuror, mit dem alles und jedes geordnet und geregelt werden soll.

Ein anderes Beispiel für die Besonderheit der Deutschen ist ihr außerordentlich großes Umweltbewusstsein. Als sich vor über 30 Jahren die Deutschen um ihre angegriffenen Wälder sorgten, ging der Begriff „Waldsterben" um die Welt, allerdings in einem für Deutschland wenig schmeichelhaften Zusammenhang. In Frankreich war „le Waldsterben" nur spöttisch gemeint. Den Franzosen schienen die Aufregungen um den Bestand der Wälder, die, wie sich ja herausstellte, tatsächlich dem Tod nicht nah waren, eine Bestätigung des Klischees vom romantischen Deutschen zu sein. Vom aufgewühlten, unruhigen Nachbarn, der gerne tiefsinnig und düster in die Zukunft sieht, von apokalyptischen Ängsten gepeinigt wird.

Den Stellenwert von Umweltfragen in Deutschland belegt auch der politische Aufstieg der Grünen. Nirgendwo sonst in Europa hat eine ökologisch begründete Partei so viel politischen Einfluss errungen wie hier. Keine Partei in Deutschland könnte es sich heute mehr leisten, die Fragen von Klima oder alternativen Energien als nachrangig anzusehen.

Die Liebe zur Natur treibt aber auch nirgendwo in der Welt so seltsame Blüten wie in Deutschland. In Hessen wurde nach Angaben der Landesregierung 2010 bei etwa 20 Straßenbauprojekten darauf geachtet, dass der Lebensraum der Feldlerche nicht gestört wird. Das bedeutet, der Verkehrslärm darf höchstens 49 Dezibel betragen. Menschen müssen nach geltender Rechtslage dagegen bis zu 62 Dezibel hinnehmen. (7)

Sogenannte „Grünbrücken" für Wildkatzen, Dachse und Rehe verschlingen in Deutschland jährlich viele Millionen Euro. In Dresden stoppte 2010 ein Verwaltungsgericht den Bau der Waldschlößchenbrücke, weil die Auswirkungen auf die Fledermausart „Kleine Hufeisennase" unklar seien. An der Autobahn zwischen Kassel und Eisenach musste zwischen den Orten Helsa und Hessisch-Lichtenau für 50 Millionen Euro ein Tunnel zum Schutz der Kammmolche gebaut werden – einer keineswegs vom Aussterben bedrohte Kreatur. Im Einzugsgebiet des Molchtunnels leben etwa 5.000 dieser Tiere. Das Projekt kostet also rund 10.000 Euro pro Molch.

Die europäischen Natur- und Artenschutzregelungen haben nach den Worten von Hessens Wirtschaftsminister Dieter Posch (FDP) „teilweise absurde Folgen". Weil Bechstein-Fledermäuse in vier Bäumen nahe eines geplanten Autobahnausbaus geschützt werden müssen, werde eine Bundesstraße durch den nordhessischen Ort Kaufungen ausgebaut. Um wiederum für die Anwohner den Lärm zu dämpfen, wird ihnen eine 6,5 Meter hohe Lärmschutzwand vor die Nase gesetzt. Zum Schutze der bedrohten Vogelart der „Großtrappe" mussten vor Jahren für 20 Millionen Euro entlang der Bahnstrecke Hannover–Berlin auf sechs Kilometern Länge sieben Meter hohe Erdwälle errichtet werden. Deutschland ist ein reiches Land. Die Skurrilitäten des Artenschutzes in Deutschland lassen sich endlos fortsetzen.

Die Auswüchse sind zwar nur ein Randaspekt beim Thema Umwelt in Deutschland, aber sie sagen viel aus über die politische Gemütslage im Land. Sie dominiert natürlich auch die großen Umweltherausforderungen: saubere Luft und sauberes Wasser, die Förderung alternativer Energien, den Kampf gegen Atomkraft. CO_2-Ausstoß und Klimaerwärmung. Allerdings steht Deutschland auch hier ziemlich allein in der Welt. Besonders deutlich wurde das nach den dramatischen Ereignissen in Japan im März 2011, als ein Erdbeben und ein Tsunami Verheerungen anrichteten. Dazu gehörte die Katastrophe im Atomkraftwerk Fukushima.

Die Bundesregierung von Angela Merkel machte binnen Tagen eine Kehrtwende in der Atompolitik, verfügte – gegen bestehende Gesetze – per Notverordnung die vorläufige Stilllegung von Kernkraftwerken in Deutschland. Innerhalb weniger Wochen schwenkten alle Parteien mehr oder weniger auf die Antikernkraft-Linie der Grünen um. Die konnten für ihre strikte Atomgegnerschaft bei der Landtagswahl in Baden-Württemberg reiche Ernte einfahren. Die Wähler machten sie mit über 25 Prozent der Stimmen zur zweitstärksten Partei. Gemeinsam mit der SPD wurde die erste grün geführte Landesregierung in der deutschen Geschichte möglich.

Das alles mag man richtig finden oder auch nicht. Bedeutsam sind aber neben der sachlichen Frage nach Sinn und Unsinn der Kernkraft auch zwei andere Aspekte: Zum einen die schnelle Aufgeregtheit in Deutschland sowohl in der Politik als auch in der Gesellschaft. „Was nach Fukushima geschah, hat nichts mit Krisenmanagement zu tun, sondern mit Kapitulation unserer Politik vor Problemen", kommentierte empört „Die Welt". (8)

Erstaunlich bei der deutschen Debatte über die Vorfälle in Japan war, wie wenig die meisten Medien mit Zahlen und Daten das Unglück in Fukushima in Relation zu anderen Katastrophen und Zwischenfällen im Energiebereich sowie den normalen Bestrahlungsbelastungen in der Welt gesetzt haben: Alle diese Ziffern, auch über die der Toten und der mutmaßlich „Verstrahlten" (über den Begriff wird in der Wissenschaft heftig gestritten) hätten das Drama in Japan deutlich relativiert. Die Debatte in Deutschland wurde besonders emotional und ideologisch geführt. Kein Wunder, dass die Regierung umgehend einen „Ethikrat" zu dem Thema einsetzte.

Der andere wichtige Aspekt ist, dass Deutschland im Umgang mit den Problemen der Atomenergie einen sehr eigenen Weg geht. Nirgendwo in Europa, geschweige denn in der Welt, geschah nach Fukushima auch nur etwas Ähnliches wie in Deutschland. Hunderttausende gingen in deutschen Städten aus Protest gegen Kernkraft auf die Straßen – in Paris versammelten sich zu einer ähnlichen Demonstration gerade mal 300. „Die Zeit" berichtete aus Polen: „In Leserbriefspalten und Internetforen lästern Kommentatoren seit Wochen über ‚die unbeschreibliche Hysterie', die sich beim großen Nachbarn im Westen nach der Nuklearkatastrophe in Fukushima ausgebreitet habe."

Der Philosoph Peter Sloterdijk glaubt, dass Deutschland aufgrund seiner jüngeren Geschichte besonders sensibilisiert ist und sich deshalb „von all den Trägheitskulturen unterscheidet, von denen wir umgeben sind". (9) Es wäre spannend zu wissen, wie Intellektuelle in Frankreich, England oder Spanien auf solche Sätze eines deutschen Philosophen reagieren.

Für Sloterdijk haben die Deutschen „ein anderes Sensorium für Dringlichkeiten. Sie wissen, der Teufelspakt mit dem Erdöl und der Beelzebubpakt mit der Atomkraft müssen möglichst bald gekündigt werden. „Nicht, um den Rest der Welt zu erlösen. Sondern um technisch zu zeigen, wie es anders geht", formulierte Sloterdijk. Mutige Formulierungen, die dann doch leicht als deutsches Überlegenheitsgefühl interpretiert werden könnten.

„Aus japanischer Sicht frage ich mich, warum die Deutschen (...) immer gleich so sehr übertreiben. In der konkreten Lage stehen mehr als 10.000 Tsunami-Opfer den möglichen, vorerst gar nicht näher zu definierenden Strahlenschäden gegenüber – doch in Deutschland stehen die Möglichkeiten und Befürchtungen absolut im Vordergrund, nicht die Toten und die vorhandenen Schäden!", schrieb die japanische Schriftstellerin Miki Sakamoto. (10) Sie prangerte eine befremdlich falsche und überzogene Berichterstattung der deutschen Medien an – und verletzte ein deutsches Tabu, indem sie Verkehrsunfälle mit Atomunfällen verglich. „Das

Auto als Haupttodesursache für Tausende gesunder, oft auch noch junger Menschen wird hier nicht nur nicht abgeschafft, sondern es werden nicht einmal die Fahrtgeschwindigkeiten entsprechend begrenzt!"

Für das Ausland ist der Kurswechsel in der deutschen Energiepolitik vor allem ein Beleg für die bekannte „deutsche Angst", auch ein Wort, das in andere Sprachen Eingang gefunden hat. „Den Japanern hätte eine Dosis deutsche Angst bei der Planung ihrer nuklearen Anlagen gutgetan", meinte Sloterdijk und verteidigte die „Rationalität der Angst". Auch Deutschland habe davon zu wenig, meint der deutsche Philosoph. Der deutsche Volksmund sagt: „Angst ist ein schlechter Ratgeber."

Ob in einer Zeit des dramatischen Wandels, einer großen Verunsicherung in der Gesellschaft, Angst als politischer Ratgeber besonders hilfreich ist, muss bezweifelt werden. Denn die Frage, die es zu beantworten gilt, ist, ob es sich mehr um „Realangst" oder mehr um eine „neurotische Angst" handelt. Sigmund Freud unterschied damit die Reaktion auf eine wirkliche Bedrohung, für die Angst ein wertvolles Alarmsystem ist, und eine mehr eingebildete Angst, die vor allem lähmt und zu falschen Schlüssen veranlasst.

Das vergangene Jahrhundert ist prall gefüllt mit Prognosen und Schreckensszenarien für die Zukunft, die nicht eingetreten sind. Das fängt bei den Befürchtungen der Stadtplaner New Yorks an, Manhattan ersticke bald in Pferdemist. Der Auto-Pionier Gottlieb Daimler prognostizierte einst, dass in Deutschland „höchstens 5.000 Motorfahrzeuge" gebaut würden, mehr Chauffeure gebe es nicht. IBM-Chef Thomas Watson meinte in den 40er Jahren, dass weltweit ein Bedarf von „vielleicht fünf Computern" existiere.

Als die Bundesrepublik wieder bewaffnet wurde, setzte die Bundeswehr nicht wie befürchtet die Traditionen der deutschen Wehrmacht fort. Der Atomkrieg zwischen Ost und West brach auch nicht aus. Der deutsche Wald stirbt nicht. Vor der „Club of Rome"-Warnung 1960 vor der nahen Überbevölkerung spricht auch noch kaum jemand. Und der UN-Weltklimarat IPCC hat bereits zahlreiche Voraussagen zurücknehmen oder relativieren müssen.

2005 verkündete die UN, wegen des Klimawandels und der Erderwärmung drohe bis 2010 eine Fluchtwelle von 50 Millionen Menschen. Noch 2008 mahnte der Präsident der UN-Generalversammlung, Srgjan Kerim: „Es wurde geschätzt, dass es 2010 zwischen 50 und 200 Millionen Umweltmigranten geben würde." 2011 mussten die Vereinten Nationen diese Prognose des UN-Umweltprogramms (Unep) zurücknehmen. (11)

2 Sieben Mythen von „Mehr Demokratie wagen"

„Die Demokratie darf nicht so weit gehen, dass in der Familie darüber abgestimmt wird, wer der Vater ist."

Willy Brandt

„Heiliger Sankt Florian / Verschon mein Haus / Zünd andre an!"

Volksmund

Es herrscht Unruhe in den großen Fußballvereinen Deutschlands. Der Geruch der Rebellion liegt in der Luft. Fußballbegeisterte wollen nicht mehr länger nur willige Fans sein. Auf den Rängen der Stadien sind plötzlich Transparente zu sehen, auf denen Präsidenten und Manager der Vereine angefeindet oder verhöhnt werden. „Lügner" stand jüngst auf Transparenten in der Allianz-Arena von München. Gemeint war Bayern-Präsident Uli Hoeneß, dem vorgeworfen wurde, er würde finanziell den bei den Bayern-Fans verhassten Konkurrenten 1860 München unter die Arme greifen.

In Gelsenkirchen zeigen die Schalke-Fans ebenfalls, dass sie von den politischen Protestbewegungen der vergangenen Jahrzehnte gelernt haben. Anfang März 2011 wetterten sie auf riesigen Papierbannern gegen den damaligen Trainer Felix Magath. „1.000 Freunde statt 1 Diktator", „Niemals FC Magath" oder „Heiler Klub statt starker Mann" stand auf den Transparenten zu lesen, die während eines Bundesligaspiels ausgerollt wurden. Andere demonstrierten gegen den Vereinspräsidenten: „Pro Felix – Tönnies geht gar nicht."

Auf der Mitgliederversammlung des 1. FC Köln im November 2010 rebellierten die Teilnehmer völlig ungewohnt gegen die Vereinsikone Präsident Wolfgang Overath. Sie verweigerten – ohne große juristische Folgen – dem 67 Jahre alten Ex-Nationalspieler die Entlastung.

Der Fußball ist längst nicht mehr ein Refugium klarer hierarchischer Verhältnisse: Hier der mächtige Verein, dort die dankbaren Fans. Von der Welle der Unruhe werden immer mehr Sportvereine erfasst. Denn der Ruf nach „mehr Demokratie" schallt durch alle Bereiche der Gesellschaft. Es vergeht in Deutschland kein Tag, an dem nicht jemand nach „mehr Demokratie" verlangt: In der Politik sowieso, aber auch in den Kirchen, in Verbänden, selbst in den Gewerkschaften. Vor allem in den Parteien hallt die Forderung nach mehr Partizipation, sie scheint die Antwort auf die beklagte Kluft zwischen Politik und Volk, auf die Parteien- und Politikverdrossenheit der Bürger, auf die zunehmende Wahlmüdigkeit und den Protest auf den Straßen zu sein. Es mag unterschiedliche Vorstellungen geben, wie weit diese neue Bürgermitbestimmung gehen soll, aber sehr viele glauben an die Wunderdroge Partizipation zur Heilung für die vielen Leiden einer destabilisierten und verunsicherten Gesellschaft.

Bei genauerem Hinsehen aber entpuppen sich die Argumente für „mehr Demokratie" als wenig überzeugend. Der Wunsch nach mehr Mitbestimmung hat etwas Beschwörendes. Damit verbunden sind vor allem Hoffnungen. Es gibt wenig Grund zu denken, sie könnten sich erfüllen. Viele der in Partizipation gesetzten Erwartungen entpuppen sich als Mythen.

1. Mythos: Ursache der Politikverdrossenheit ist der Mangel an Mitsprache und Partizipation

Stolz sprach der Verein „Mehr Demokratie!" Anfang 2010 von einem „Boom" der Volksentscheide seit 1990: Über 200 Initiativen wurden demnach auf Landesebene seither eingeleitet, 16 Volksentscheide gab es seitdem. Das bedeutet, 90 Prozent aller Volksentscheide in Deutschland fanden in den vergangenen 20 Jahren statt. Auf Kommunalebene ist die Entwicklung zu mehr Bürgerabstimmungen (Volksbegehren) noch deutlicher.

Der 1988 gegründete Verein zeichnet sich durch akribische und sachliche Untersuchungen aus, versucht mit großem Engagement die Sache der Demokratie – aus seiner Sicht – zu fördern. Erstmals verlieh der Verein 2010 zwei Bundesländern bei der Bewertung der Mitbestimmungsmöglichkeiten die Note 2. Beim Ranking der Bundesländer errangen nach Reformen zugunsten von mehr Bürgerbeteiligung an der Politik Hamburg und Berlin die ersten beiden Plätze. Der bisherige Spitzenreiter des Demokratie-Rankings, Bayern, fiel auf Platz drei zurück.

Gegenüber den anderen 13 Bundesländern stechen die zwei Stadtstaaten und der Freistaat aus Sicht des überparteilichen Vereins sehr positiv heraus. Wenn also ein Mangel an Partizipation eine wesentliche Ursache für den Frust über die Politik sein soll, müssten die Bürger doch erfreut die neuen Mitbestimmungsoptionen ergreifen.

Schaut man dann aber näher hin, fallen zwei Aspekte sofort ins Auge. Zum einen die besonders niedrige Wahlbeteiligung bei den Volksentscheiden in diesen Ländern, zum anderen die weit verbreitete Enttäuschung nach den Abstimmungen. Dabei ging es bei beiden Urnengängen um durchaus wichtige, auch emotional bewegende Themen. Die Bayern sollten bei dem Volksentscheid über ein generelles Rauchverbot in allen Lokalen abstimmen, die Hamburger im Juli 2010 über die Schulreform. An beiden Urnengängen nahmen nicht mehr als etwa 40 Prozent der Wahlberechtigten teil.

Wuchs bei den Hamburgern das Vertrauen in die Demokratie, nachdem gleichfalls rund ein Viertel der Wahlberechtigten die Schulreform der damaligen schwarz-grünen Koalition ablehnte und auf dem dreigliedrigen Schulsystem beharrte? Vor allem Gewerkschaften, Lehrerverbände, Sozialdemokraten und Grüne klagten, dass den konservativ-bürgerlichen Kreisen eine Mobilisierung gelungen war, während die sozial Schwächeren sich nicht zur Abstimmung aufgerafft hatten – gerade diesen aber sollte die Reform zugutekommen.

Die Wahlbeteiligungen an Volksbegehren und Volksentscheiden sind so gut wie überall deutlich niedriger als bei allgemeinen Wahlen – bei denen gleichfalls fast flächendeckend in ganz Europa der Anteil der wählenden Bürger sinkt. Dabei geht es bei den Volksentscheiden meistens um Themen, von denen die Bürger direkt betroffen sind. Es ist schwer einzusehen, dass ausgerechnet noch mehr Volksentscheide die Wähler stärker mobilisieren sollten.

Warum sollen in Deutschland nun Volksentscheide auf Bundesebene eine besondere Attraktivität haben? Natürlich könnte man phantasieren, dass es bei bundesweiten Abstimmungen über Atomkraft, Ausländerzuzug oder Hartz-IV-Leistungen zu hoch emotionalen Auseinandersetzungen und einer höheren Wahlbeteiligung kommen könnte. Wäre das wirklich ein Gewinn für die Demokratie?

Es gibt mehr Grund zu denken, dass die Politik von immer weniger Wählern bestimmt würde: Denn geht erst einmal der Sexappeal des neuen Demokratie-Spielzeugs „Volksentscheid“ verloren, drohen Wahlbeteiligungen wie in den US-Bundesstaaten, wo sie manchmal nicht höher als 25 Prozent sind. Der Blick in die USA zeigt ohnehin, dass die Wähler trotz deutlich mehr Mitbestimmung als bei uns dennoch tief frustriert über die Politik sind. Das Gefühl der persönlichen Ohnmacht unter den Amerikanern ist groß.

2. Mythos: Die Menschen wollen politisch stärker mitgestalten

Die sinkende Wahlbeteiligung an Kommunalwahlen und Volksbefragungen spricht eine ganz andere Sprache. Obwohl es bei diesen Abstimmungen um Themen geht, die in direktem Bezug zum eigenen Lebensumfeld stehen, lässt über die Jahre gesehen das Interesse der Bürger kontinuierlich nach. Schlimmer noch: Den Parteien fehl es oft an Kandidaten für Gemeinderäte oder Bürgermeisterposten. Ohnehin wollen immer weniger Menschen in Deutschland in die Politik.

„Wir haben es mit einer dramatischen Rekrutierungsarmut für die Politik zu tun. Ich selbst habe während des Studiums fantastische politische Talente kennengelernt. Aber niemand wollte später in die Politik. Für das bisschen Geld, sagten sie, lasse ich mich nicht ans Kreuz nageln", meinte Zeit-Chefredakteur Giovanni di Lorenzo. (1)

170.000 politische Mandate gibt es in Deutschland zu vergeben, angefangen von den etwa 600 Bundestagssitzen bis hin zu den Gemeindeversammlungen. Doch diese Möglichkeit zur Mitgestaltung scheint immer weniger auf Interesse zu stoßen. Die Parteien haben Hunderttausende Mitglieder verloren. SPD und CDU haben heute etwa 600.000 Mitglieder, allerdings mit weiter sinkender Tendenz. In der CSU sind etwa 170.000 Mitglieder, die FDP hat 65.000, die PDS 60.000 und die Grünen 45.000.

Die dramatisch gesunkene Zahl von Parteimitgliedern ließe sich ja mit der Abscheu vor „verkrusteten und verfilzten Parteien" begründen. Ein Blick über die Grenzen zeigt allerdings, dass fast flächendeckend – unabhängig von den politischen Strukturen und Traditionen – das Engagement in politischen Organisationen sinkt. Auch in der Schweiz, in der die Wähler direkt über konkrete politische Entscheidungen abstimmen, gehen nur etwa 40 Prozent zu den Urnen.

2011 konnten übrigens auch 48 Millionen Versicherte bei Sozialwahlen abstimmen. Die Idee ist, dass in sogenannten Selbstverwaltungsgremien der Krankenkassen und der Rentenversicherung auch die Mitglieder eine eigene Lobby haben sollen. Bei den vorangegangenen Wahlen, die alle sechs Jahre stattfinden, haben etwa ein Drittel der Wahlbeteiligten abgestimmt – im Wesentlichen über Kandidaten der Gewerkschaften. Zwar sind die Einflussmöglichkeiten der Gremien relativ begrenzt, aber es gab zahlreiche Initiativen, die Versicherten zu informieren und zu mehr Engagement zu motivieren. Auch wurden allerlei Reformvorschläge gemacht, aber nie umgesetzt. Die etwa 40 Millionen Euro teure Abstimmung fand auch 2011 sehr wenig Resonanz – dabei geht es um die Sozialsysteme, die für jedermann in der Krise spürbar sind. Aber es ist eine komplizierte Materie.

Was ist das für eine krause Logik: Die Menschen sollen mehr mitbestimmen können, dabei signalisieren alle Daten, dass die Menschen sich politisch immer weniger beteiligen. Kaum jemand stellt die Forderung, die Bürger sollen sich in den Parteien stärker engagieren – oder neue Parteien gründen. Von den Bürgern etwas zu fordern, passt allerdings nicht in die Zeit. Es ist ein Tabu, den Wähler zu kritisieren.

Nicht nur der Erfolg der Grünen, auch die wachsende Zahl von Bürgermeistern und Kommunalvertretern, die parteilos sind oder freien Wählergemeinschaften angehören, zeigt, dass Demokratie durchaus funktioniert, wenn sich Bürger engagieren. Selbst die Piratenpartei mit ihrer Fundamentalkritik am politischen System kann durchaus bei den

Wählern punkten. Politisches Engagement in Deutschland wie in den anderen Demokratien zahlt sich aus.

Repräsentative Umfragen signalisieren fälschlicherweise, dass die meisten Menschen zu allen Themen dezidierte Meinungen haben – als ob solche Antworten in irgendeiner Weise etwas über das wirkliche politische Interesse aussagen. Von der politischen Bildung gar nicht zu sprechen.

Wenn die Bürger gefragt werden, ob sie für mehr direkte Demokratie, mehr Partizipation sind, bejaht dies in Umfragen eine große Mehrheit. Die Frage ist allerdings suggestiv und verlockend gestellt. Warum soll jemand dagegen sein, mehr mitzubestimmen? Interessanter wäre es schon, etwas hintergründiger zu fragen, ob die Bürger möchten, dass es Volksabstimmungen über die Begrenzung des Ausländerzuzugs, über verpflichtende Arbeitsmaßnahmen für Arbeitslose, Hilfe für fast bankrotte EU-Staaten oder gar die Todesstrafe für Kindesmörder geben sollte. Es ist zu bezweifeln, ob es da wirklich so klare Mehrheiten für Volksentscheide geben würde. Es spricht vieles dafür, dass eine große Zahl der Bundesbürger bei einer solch konkreten Fragestellung sehr viel sensibler für die Tücken der direkten Demokratie wären – vielen wäre die Meinung des Volkes eher unheimlich.

Manche glauben, wenn man den Bundespräsidenten, die Ministerpräsidenten und Landräte direkt wählen würde, hätte das einen positiven Effekt auf die politische Kultur. Würde der Bundespräsident ohne zusätzliche Machtbefugnisse gewählt, wäre er ein Kaiser ohne Kleider. Er hätte viel Autorität vom Volk, wenig Einfluss auf die Politik. Eine Machtverschiebung von Regierung zum Präsidenten wäre eine fundamentale Änderung der politischen Konstitution der Bundesrepublik. Es gibt dafür wenig gute Gründe.

Die Direktwahl von Ministerpräsidenten wäre eine Aushebelung der Landtage, im schlechtesten Fall brächte sie auch die Lähmung der Landespolitik – wenn nämlich ein Ministerpräsident gegen die Mehrheit regieren müsste. All diesen Direktwahl-Diskussionen ist eigen, dass sie eine Vertuschungs- und Stellvertretungsfunktion haben: Sie sollen davon ablenken, dass es gravierende gesellschaftliche Veränderungen gibt, deren eines Phänomen die Politikverdrossenheit, ja wenn nicht sogar Politikfeindlichkeit ist.

3. Mythos: Parteienfilz verhindert politisches Engagement

Ein besonders beliebtes Argument gegen das politische System ist der Vorwurf, das gemischte Wahlsystem in Deutschland sei mitverantwortlich für die wachsende Distanz der Bürger zur Politik. Da mindestens die

Hälfte der Parlamentssitze über Parteilisten entschieden wird, könne der Bürger wählen, wen er wolle, letztendlich landen doch nur die in Hinterzimmern ausbaldowerten Parteifilz-Demokraten in den Volksvertretungen. Dieses beliebte Klischee ist sicher nicht ganz fair. Dennoch gibt es tatsächlich sehr gute Argumente, auch in Deutschland mehr Elemente des Mehrheitswahlrechts einzuführen. Das würde Parteilisten – und damit die Macht der Funktionäre – entwerten oder sogar überflüssig machen.

Es ist ein großer Irrtum zu glauben, das deutsche Wahlsystem und die Politikverdrossenheit hätten etwas miteinander zu tun. In einigen Kommunen und Bundesländern hat es in den vergangenen Jahren mehrere Versuche gegeben, dem Bürger neue Möglichkeiten bei der Wahl zu geben. Er sollte beispielsweise mit „Panaschieren und Kumulieren" mehrere Stimmen haben und diese auf verschiedene Parteien verteilen oder gehäuft nur einer Partei oder einem Kandidaten geben können. Vor allem soll der Wähler bei den verschiedenen Modellen in die Reihenfolge der Parteilisten eingreifen können. Nicht mehr die Partei, sondern der Wähler hat dann direkten Einfluss darauf, wer von seiner favorisierten Partei vorne stehen soll.

Bei der Bürgerschaftswahl in Hamburg im Februar 2011 konnten die Wähler erstmals zehn Stimmen abgeben. Hamburgs Wahlrecht war nach einem Volksentscheid 2007 geändert worden. Jeder Hamburger Wahlberechtigte sollte eine Stimme für die Landesliste und fünf für die Direktkandidaten haben. Das war deutlich mehr Demokratie als früher. Doch die Begeisterung der Bürger blieb aus. Die Wahlbeteiligung sackte an diesem 20. Februar 2011 auf den historischen Tiefstand von 57 Prozent. Manche Experten argumentierten nun, das Wahlrecht sei zu kompliziert.

Das deutsche Wahlrecht sollte keineswegs sakrosankt sein. Sinnvolle Reformen sind denkbar: zaghafte, um in die Reihenfolge der Parteilisten einzugreifen oder seine Stimmen auf Parteien aufzusplitten. Selbst radikale Veränderungen sind des Nachdenkens wert, beispielsweise die Einführung des Mehrheitswahlrechts. Was aber keine der Reformen bewirken kann, ist die positive Zuwendung der Bürger zur Politik.

4. Mythos: Partizipation würde die Macht der Lobbyisten beschränken

Glaubt jemand, die Pharmaindustrie würde tatenlos zuschauen, wenn es zu einer Volksabstimmung über die Freigabe der Medikamentenpreise käme? Oder dass die Gewerkschaften schweigen würden, wenn es um die Frage des Renteneintrittsalters ginge? Wenn es um wichtige politische Fragen geht, werden auch in Volksabstimmungen alle politischen, ökonomischen und gesellschaftlichen Gruppen Gewehr bei Fuß stehen und sich massiv einmischen. Es scheint ausgeschlossen, dass ihnen ein Engagement verwehrt würde.

Mit ihrer Finanzkraft und ihrem Organisationsvorsprung würden Parteien, Gewerkschaften, Industrie und Verbände in die neuen Abstimmungskämpfe eingreifen. Der Lobbyismus würde sich von der Hauptstadt verstärkt ins Land ausdehnen. Protestbewegungen und Organisationen wie Greenpeace oder Attac haben heute noch einen großen Vorteil, wenn es um die Mobilisierung gegen irgendetwas geht, um die Organisation von Demonstrationen oder um Aktionen wie Unterschriftensammlungen oder Blockaden. Diese Vormachtstellung im öffentlichen Raum würde bei einer wachsenden Zahl von Volksabstimmungen wohl verlorengehen.

Ohnehin befindet sich der Lobbyismus im Wandel. Die Interessenverbände haben die Bedeutung von Basisgruppen und Unterstützung in der Zivilgesellschaft längst erkannt und reagiert. „Pro Stuttgart 21" war eine echte Bürgerreaktion auf die wilden Proteste der Bahnhofsgegner. Auch ohne eine Zunahme direkt-demokratischer Elemente versuchen aber die Unternehmen, Verbände und Branchen verstärkt, Bürgerunterstützung für sich zu organisieren – was dank des Internets heute sehr erleichtert wird.

Hinter der erzkonservativen Tea Party in den USA, die sich selbst als „Grassroot"-Bewegung darstellt, stehen auch einige schwerreiche Unternehmer. Die Protestbewegung gegen Obama wird zudem massiv von Medien wie Fox News unterstützt. Es ist unschwer vorauszusagen, dass sich auch in Deutschland Interessengruppen und ihre Lobbyisten sehr wohl mit Intelligenz und Witz, vor allem aber auch Geld auf die neue Situation einstellen würden.

Sollte es tatsächlich Abstimmungen über die ganz großen politischen Themen geben wie Regulierung von Finanzmärkten, Reform des Gesundheitswesens oder Rentenreform, wird es ohne das Fachwissen der Experten nicht gehen. Und die verdienen in der Regel ihr Geld bei den Unternehmen und Organisationen, über deren Schicksal mit abgestimmt werden soll. Selbst die Wissenschaftler an den Universitäten sind in der Regel zumindest indirekt mit Branchen, Verbänden und Interessengruppen verbandelt. Es ist allerdings schwer vorstellbar, wie es bei hochkomplexen Themen jemals eine Volksabstimmung geben könnte. Schließlich ist die Vereinfachung Voraussetzung für solche Urnengänge.

Es gibt Lobbyisten, die wären derzeit über mehr direkte Demokratie begeistert. Vertreter der alternativen Energieindustrie oder auch Gewerkschaften könnten zu Recht auf einen stärkeren Einfluss in der Politik hoffen. Umfragen signalisieren, dass die Bundesbürger vermutlich gerne für Sonnen – und Windenergie sowie für mehr sozialen Schutz und soziale Wohltaten stimmen würden, könnten sie es denn. Auf die enormen finanziellen Folgen müsste bei solchen Volksabstimmungen nicht viel Rücksicht genommen werden. Vieles spricht dafür, dass populäre Parolen und Forderungen besonders attraktiv wären.

5. Mythos: Web 2.0 und „Liquid Democracy" bringen wahre Demokratie

Auch Politiker versprechen, die neuen Möglichkeiten der interaktiven Kommunikation im Internet für „mehr Demokratie" nutzen zu wollen. Schon heute hat fast jeder Volksvertreter seine Website, ist häufig auf Facebook vertreten. Auch viele Ministerien, Behörden und Institutionen haben sich der Kommunikation mit der Bevölkerung im Internet geöffnet. Aber es gibt sicher noch sehr viel weitergehende Optionen – bis hin zur Volksabstimmung im Web. Wenig spricht dafür, dass das für die Demokratie ein Gewinn wäre.

Eine der ersten Aktionen von Barack Obama nach seinem Wahlsieg am 4. November 2008 galt seinem Anliegen, mehr Demokratie zu wagen. Auf seiner Website Change.gov wurde ein „Citizen's Briefing Book" eingerichtet, um sein Wahlversprechen umzusetzen, die „elektronische Beteiligung der Menschen am politischen Entscheidungsprozess" zu ermöglichen. Der Demokrat forderte die US-Bürger auf, sich mit Ideen und Vorschlägen zu melden. Noch vor Regierungsantritt im Januar 2009 wollte Obama sich ein Bild verschaffen, was die Amerikaner von dem versprochenen „Wandel" konkret erwarten – und sie sollten die eingegangen Vorschläge auch gleich beurteilen.

Binnen weniger Wochen kamen 44.000 Vorschläge, 1,4 Millionen Bürger stimmten über sie ab. Es wurde zu einer ersten kalten Dusche für Obama. Absoluter Spitzenreiter unter den meistunterstützten Ideen war der Wunsch nach Legalisierung von Marihuana. Erst mit weitem Abstand folgten Steuererhöhungen für die Reichen. Ein weiterer Hit bei den Vorschlägen war die Legalisierung von Online-Poker, das der damalige US-Präsident George W. Bush noch verboten hatte. Auch die Zubilligung von Steuererleichterungen für Scientology gehörte in die Top-Charts der Abstimmung.

Es war ein erster, nicht sonderlich erfolgreicher Ansatz, das Web für die Demokratie zu nutzen. Auch in Deutschland gibt es solche Überlegungen. „Die Zivilgesellschaft hat durch das Internet und soziale Netzwerke ein Medium gefunden, in dem sie sich frei flottierend organisieren kann (...) Mit diesen neuen Medien der Selbstorganisation können die Bürger in einer gestaltenden Weise – und nicht mehr nur kritisierend oder als reine Verhinderer – eingreifen (...) Bürger und Staat begegnen sich auf Augenhöhe", schwärmte der Grünen-Politiker Kretschmann vor seiner Wahl zum Ministerpräsidenten. (2) Schon da aber zeichnete sich ab, dass eine seiner größten Sorgen der Umgang mit der Protestkultur sein würde, in der die Grünen ihre Wurzeln haben.

Der Gedanke der „Liquid Democracy“ ist verlockend: Regierung oder Parlament stellen dem Bürger beispielsweise Fragen zu Sachthemen, und der kann sie zu Hause an seinem PC oder mit seinem Handy beantworten.

Es wäre die virtuelle Umsetzung der attischen Ekklesia – der Vollversammlung der stimmberechtigten Bürger in der Demokratie Athens – in die Moderne. Welch eine faszinierende Perspektive: Man kommt nach Hause, setzt sich an den Computer, gesellt sich zum „virtuellen Dorfplatz“, diskutiert möglicherweise ein wenig mit anderen und stimmt dann ab. Eine richtige Mitmach-Politik. Auf vielen Webseiten gibt es ja heute schon ähnliche Möglichkeiten mit einem „Like“- oder „Dislike“-Button. Man drückt dann für oder gegen niedrigere Steuern, den Afghanistan-Krieg, mehr Entwicklungshilfe, mehr Kindergeld oder ein neues Tempolimit. Und die Regierung setzt dann einfach um, was die Mehrheit entschieden hat.

Die kleine Piratenpartei in Deutschland hat sich bereits daran versucht: Entscheidungen sollten „aus einem Diskurs der beteiligten Menschen hervorgehen“, hieß es. Im Kreise der Protestpartei und von Sympathisanten konnten sich alle virtuell über Themen, Thesen und Forderungen verständigen. Obwohl sich in dieser Partei, die eine Senkung des Wahlalters auf 14 Jahre und ein bedingungsloses Grundeinkommen fordert, vor allem junge, engagierte Leute gefunden haben, blieb die Resonanz dürftig. Gerade mal 40 Prozent der 854 Berliner Parteimitglieder hatten sich auf die neue Form innnerparteilicher Demokratie eingelassen. (3)

„Wenn man sich die Diskussionen über die demokratietheoretische Bedeutung des Netzes anschaut, dann war die zu Beginn ungeheuer euphorisch. Doch wenn man diese Prognosen heute mit der Wirklichkeit konfrontiert, muss leider gesagt werden, dass sich alle Erwartungen nicht eingestellt haben“, sagt der Politologe Friedberg Rueb. Im Gegenteil, die Qualität der politischen Debatte habe sich verschlechtert, die Diskurse seien immer populistischer geworden.

Ganz abgesehen von den enormen technischen und rechtlichen Problemen: Es wäre die Abschaffung der parlamentarischen Demokratie, die Umsetzung eines Systems der direkten Demokratie. Die Irrationalität einer solchen Staatsform für moderne Gesellschaften ist so augenfällig, dass nur Phantasten sich damit die Organisation eines funktionierenden Gemeinwesens mit 82 Millionen Menschen vorstellen können. Zufall, Willkür und permanenter Unbeständigkeit wären Tür und

Tor geöffnet, ein baldiges Chaos garantiert. Wahlen für ein Parlament wären sinnentleert. Anarchie und Totalitarismus wären die wahrscheinlichsten Folgen.

Selbst wenn der Staat allen Bürgern kostenlose interaktive Endgeräte für politische Partizipation zur Verfügung stellen würde, bliebe die Frage ungelöst, welche politischen Fragen den Bürgern zur Lösung angeboten werden sollen. Sollen die Wähler über Ministerposten abstimmen, auch über Staatssekretäre, über die Besetzung der Führungspositionen im Staat? Über die Etats der Ministerien? Über Staatsverschuldung? Über Bündnisse, internationale Verträge? Über die Rechte und Pflichten von Minderheiten? Über Enteignungen und Verstaatlichungen?

Selbst eine abgeschwächte Form der „Liquid Democracy" wirft eine Fülle kaum zu beantwortender Fragen auf. Wie kann es eine verlässliche Kontrolle geben, wer an den technischen Endgeräten sitzt, wie frei dort entschieden, mit welchen politischen und technischen Manipulationen operiert wird? Wenn der Bürger über das Internet an den politischen Entscheidungen beteiligt wird, wäre das die „direkte Demokratie" durch die technologische Hintertür. Eine Stimmungs- und Umfragedemokratie wäre die Folge. Es wäre ein zum Scheitern verurteilter Weg. Sie kann einem Demokraten nur Angst machen. Der Staat könnte nicht effizient funktionieren. Die Freiheit der Menschen wäre in großer Gefahr.

Es ist eben nicht so, wie der SPD-Politiker Egon Bahr es einmal griffig, aber falsch suggeriert hat: „Demokratische Wahlen sind auch dann demokratische Wahlen, wenn das Volk die Hamas wählt." Nein, zur Demokratie gehören auch essenziell die Werte der Freiheit, der Menschen- und Bürgerrechte. Demokratie bedeutet auch Abwägung, Diskussion, Kompromiss. Direkte Demokratie hat eine ganz andere Substanz: Chaos, Verwirrung und Unregierbarkeit. Willy Brandt hätte das ganz sicher nicht gewollt.

6. Mythos: Mehr Demokratie stärkt die Schwachen in der Gesellschaft

Den Ausgang des Volksentscheids in Hamburg über die Schulreform 2010 interpretierten viele als einen Sieg des Bildungsbürgertums und der Eliten. Denn die Reform, die darauf zielte, dass Kinder nicht mehr wie bisher nach der vierten Klasse in Grundschulen, Realschulen und Gymnasien aufgeteilt werden, wurde abgeschmettert. Es war ein wichtiger Hinweis darauf, dass gerade bei Volksabstimmungen die gewinnen, die über größere Mittel verfügen, politisch engagierter sind und in der Grundstimmung konservativ. „Vermehrtes postrepräsentatives Regieren könnte die Elitendominanz stärken und den Bürgerausschluss auf eine neue, weniger leicht zu durchschauende Ebene heben", schrieb der Politologe Markus Linden.

Diese Generalisierung lässt sich durchaus auch auf die direkte Demokratie in der Schweiz anwenden. Volksabstimmungen sind eben nicht unbedingt ein Element, dem einfachen Volk mehr Rechte und Mittel zukommen zu lassen. Die Partizipation des Bürgers mittels Volksentscheiden kommt in der Regel vor allem den Mittelschichten zugute. Daran ist nichts Anrüchiges. Es widerspricht nur der Argumentation vieler Demokratisierungsbefürworter.

Volksabstimmungen in Europa haben gezeigt, dass erfahrungsgemäß besonders häufig für konservative Positionen optiert wird. Wer für die stärkere Einigung Europas ist, wird von den negativen Entscheidungen der befragten Wähler in Portugal, Irland und Frankreich bitter enttäuscht gewesen sein.

7. Mythos: Mehr Demokratie wird die Umweltanliegen fördern

Zweifel sind auch hier angebracht. Schon jetzt zeichnen sich vehemente Proteste gegen alternative Energieprojekte ab: Gegen Windmühlen, gegen Starkstromleitungen oder gegen Bahntrassen wird allerorten protestiert. Die Grünen geraten da in manche Konflikte: Bundespolitisch treten sie für den raschen Ausbau alternativer Energiequellen ein – vor Ort leisten grüne Kommunalpolitiker Widerstand gegen zahlreiche Projekte. Auch das Bundesamt für Naturschutz warnt vor neuen Windradanlagen in der Nordsee, die seltene Seevögel wie den Seetaucher oder den Schweinswal in ihrem Bestand bedrohen.

Keine politische Gruppierung kann sich in der Regel dem verständlichen „Sankt-Florians-Prinzip" vor Ort entziehen. Niemand möchte laute Autobahnen, hässliche Windräder, mächtige Überlandleitungen vor seiner Haustür – so wie sich schon immer die Bürger überall in der Welt wehrten, wenn in ihrer unmittelbaren Nähe Müllverbrennungsanlagen, Gefängnisse oder Asylheime gebaut werden sollten.

Nach dem Fukushima-Schock in Deutschland beschloss die Bundesregierung die Wende in der Energiepolitik – schließlich waren laut Umfragen 80 Prozent der Bürger für einen Atomausstieg. Auch ohne jede Volksabstimmung entschied sich Berlin für einen noch rascheren Ausbau erneuerbarer Energien – Deutschland ist dabei ohnehin weltweit führend, fast 22.000 Hightech-Windmühlen gab es bereits im Frühjahr 2011. Aber es sollten noch viel mehr Windräder und Windparks sowie leistungsstarke Stromautobahnen in Angriff genommen werden. Der Bedarf allein an Stromleitungstrassen wurde auf 3.600 Kilometer geschätzt.

Noch bevor die Pläne konkret wurden, waren auf der Internetplattform „windkraftgegner.de" über 70 Initiativen aufgelistet, die sich lokal und regional wehren wollen. Im Januar 2011 demonstrierten vor dem Landtag Brandenburgs in Potsdam mehrere Bürgerinitiativen gegen die „Massenbebauung mit Windkrafträdern". Überall in Deutschland begann sich der Widerstand zu organisieren. Bürger gegen Alternativenergie vor unserer Tür – lautete die unausgesprochene Parole aller.

3 Warum die Schweiz kein gutes Vorbild ist

„„In der Schweiz ist übrigens alles schöner und besser.“

Adolf Muschg, Schweizer Schriftsteller

Eine Zeitlang schwärmten in Deutschland viele von der Demokratie in der Schweiz. Hier kann das Volk über Initiativen und Referenden direkt Einfluss auf die Politik nehmen. Die scheinbare Ruhe der Politik in der kleinen, reichen und neutralen Schweiz wurde auch der Konkordanzdemokratie in Bern zugeschrieben, die aufgrund der Einbeziehung möglichst vieler politischer Akteure praktisch so etwas wie eine Allparteienregierung ist. Höchster Ausdruck des Wunsches nach Konsens – allerdings hat das Ansehen des Schweizer Modells Risse bekommen.

Diese Bewunderung für den Nachbarn im Süden hat sich in jüngster Zeit etwas gelegt. Denn die Schweizer Bürger trafen Entscheidungen, die manchen Demokraten im übrigen Europa empörten. Zunächst beschlossen die als tolerant bekannten Schweizer ein Verbot weiterer Minarette im Land. Und dann stimmten sie für die unverzügliche Ausweisung von Ausländern, die wegen Straftaten im Land verurteilt werden, für die „Ausschaffungsinitiative“. Auch gab es 2010 eine Initiative zur Unverjährbarkeit von pädophilen Straftaten und eine andere Vorlage, um Sexualstraftäter dauerhaft einsperren zu können.

In der Schweiz ist das Instrument der Volksinitiative ein Korrektiv, um Regierung und Volksvertretern jederzeit den Willen des Volkes nahebringen zu können. Die Schweizer selbst sind allerdings nicht immer glücklich mit ihrer Partizipationsdemokratie. Zum einen leiden Bedeutung und Ansehen der gewählten Volksvertretung. Als populistisch eingestufte Volksinitiativen schaden zum anderen dem Ansehen der Schweiz. Die Ergebnisse der jüngsten Volksinitiativen in der Schweiz drohen vom Europäischen Menschenrechtshof für Menschenrechte verurteilt zu werden, weil sie Minderheiten diskriminieren.

Volksinitiativen können sogar in der biederen Schweiz zu einem gefährlichen Instrument politisch extremer Gruppen werden, die mit populistischen Forderungen die „politische Klasse“, die Parteien der Mitte, wirkungsvoll herausfordern können. „Es entsteht eine gefährliche Illusion von „Demokratie“, die vom einheitlichen Willen des Volkes träumt und abweichendes Verhalten dämonisiert. Man fühlt sich an jakobinische Verfolgungen erinnert, wenn dabei jedem nicht dem angeblich einheitlichen Volkswillen Zustimmenden bedrohlich entgegengebrüllt wird: „Wir sind das Volk". Derlei radikale Volksinitiativen führen zu einem Vertrauensverlust in die demokratisch gewählten Volksvertreter und zu einer regelrechten Zerstörung der bestehenden Rechtskultur", schrieb der Schweizer Historiker Raphael Gross (1).

Der Geschichtswissenschaftler warnt vor einem Vorbild Schweiz. Die Erfahrungen der jüngeren Geschichte seien eher abschreckend. Die Schweizerische Volkspartei setze geschickt „menschenrechtsfeindliche und populistische" Initiativen ein, um die Schweiz zu destabilisieren. Es gehe der SVP dabei gar nicht um die Umsetzung ihrer Initiativen. „Ihr Ziel ist größer. Sie führt in immer neuen Formen dem Volk das Ausland (in Form der europäischen Menschenrechtskonventionen und der Kritik am schweizerischen Abstimmungsverhalten) und das Establishment als Feinde des Volkes vor. Wird eine radikale Initiative umgesetzt, folgt sofort die nächste. Kann sie nicht umgesetzt werden, ist der Beweis erneut geführt, dass die ‚Stimme des Volkes' verhöhnt werde. Dieser Kreislauf ist in der Schweiz seit einigen Jahren in voller Fahrt – und sein Ende keineswegs absehbar." Volksinitiativen könnten „leicht zum Motor für aggressive populistische Strömungen werden, die sie in unvorhersehbarer Weise beschleunigen", warnt der Historiker.

Schon früher wurde der Modellcharakter der Schweizer Form von direkter Demokratie bezweifelt. Das „Mehrheitsprinzip" sei nicht entscheidend, betonte schon 2001 der liberale Publizist Robert Nef. (2) Föderalismus und Gemeindeautonomie seien der Schlüssel für das funktionierende Schweizer Gemeinwesen. Der Erfolg der Schweiz beruhe nicht nur auf der direkten Demokratie, sondern auf deren Kombination mit dezentralen, konkurrierenden Entscheidungs- und Besteuerungseinheiten. Kleinräumigkeit fördere die Übereinstimmung und Durchsichtigkeit von Staatsaufgaben, Staatsausgaben und Steuern.

Selbstbestimmung gehe vor Mitbestimmung. Das Mehrheitsprinzip in Volksentscheiden dürfe nur auf wenige unveränderliche, allgemeinverbindliche und allgemeinverständliche Prinzipien beschränkt sein, warnte der Schweizer Publizist schon damals.

„Was in der Schweiz an direkter Demokratie praktiziert und gelebt wird, hat dauerhaften Vorbildcharakter für andere. Diese direkte Demokratie nach Schweizer Art lässt sich aber vor allem in größeren Flächenstaaten nicht umsetzen", meinte der Premierminister Luxemburgs, Jean-Claude Juncker im Dezember 2010. Vor allem sei direkte Demokratie „viel zu langsam, um die Notwendigkeit relativ schneller Entscheidungsprozesse in der EU umsetzen". (3)

Der SPD-Innenexperte Dieter Wiefelspütz räumte in der „Frankfurter Rundschau" nach dem Schweizer Minarettverbot ein: „Demokratie ist riskant. Das Volk kann sich ja auch irren.“ (4) Der Grünen-Rechtsexperte Jerzy Montag meinte, das Schweizer Votum sei kein Argument gegen mehr Volksentscheide in Deutschland. Es dürfe hier keine Abstimmungen über einen Eingriff in Grundrechte geben.

Nordrhein-Westfalens Integrationsminister Armin Laschet (CDU) spricht sich gegen Abstimmungen über Religionsfragen aus. „Ich möchte nicht, dass da abgestimmt wird über den Bau von Kirchen oder über Glockengeläut am Sonntagmorgen“, sagte der CDU-Politiker der „Neuen Osnabrücker Zeitung“. „Oder sollen wir in Deutschland über den Bau von Synagogen abstimmen?“

4 Die wirklichen Folgen von „mehr Demokratie"

„Wir wollen mehr Demokratie wagen!
Wir stehen nicht am Ende unserer Demokratie, wir fangen erst richtig an."

Willy Brandt, Antrittsrede als Kanzler Januar 1973

Der erste sozialdemokratische Kanzler nach dem Krieg, Willy Brandt, forderte Anfang der 70er Jahre „mehr Demokratie wagen". Er hatte die Vision einer „mündigen Gesellschaft". Ziel seiner Politik war es explizit, noch vorhandene autoritäre Strukturen zu überwinden. Er war der Überzeugung, dass die Bundesrepublik Bürger brauche, „die kritisch mitdenken, mitentscheiden und mitverantworten". Damals allerdings gab es noch die große Macht autoritärer Strukturen in Gesellschaft und Politik. Es war die Zeit der beginnenden Emanzipation der Frauen, des Kampfes für mehr Rechte von Behinderten, Minderheiten und Randgruppen. 1972 war die Forderung „mehr Demokratie wagen" ein Wegweiser in die richtige Richtung.

In den 70er Jahren wurden zahlreiche Reformen angepackt: Das aktive Wahlalter wurde von 21 auf 18 Jahre herabgesetzt, das passive von 25 auf 21 Jahre. Auch die Volljährigkeit und Ehemündigkeit wurde von 21 auf 18 Jahre verändert. Das Strafrecht wurde liberalisiert und erneuert, das Prinzip von Schuld und Sühne sollte hinter dem Gedanken Resozialisierung zurückstehen. Deutschland erhielt neue Freiheits- und Demonstrationsrechte. Der Schwangerschaftsabbruch wurde legalisiert, das Eherecht zugunsten von Frauen und Kindern verändert. Frauen mussten nicht mehr nach der Heirat den Namen des Mannes annehmen, die Verpflichtung der Frau zur Haushaltsführung wurde gestrichen. Homosexualität wurde entkriminalisiert.

Arbeiter und Angestellte wurden bei der Lohnfortzahlung im Krankheitsfall gleichgestellt. Gewerkschaften und Betriebsräte erhielten mehr Rechte in den Unternehmen. Arbeitnehmer bekamen mehr Mitspracherechte. Eine Universitätsreform brachte mehr Mitbestimmung von Studenten. Schulreformen sollten die Chancengleichheit erhöhen.

Willy Brandt leitete die Demokratisierung der jungen deutschen Demokratie ein. Als er in seiner Regierungserklärung „mehr Demokratie wagen" zum Programm machte, gab es auf den Oppositionsbänken im Bundestag in Bonn heftigen Protest. Heute aber gehören viele Reformen der damaligen sozial-liberalen Koalition zum Gütesiegel Deutschlands.

Die Forderung nach mehr Partizipation war 1972 wichtig und richtig – seither hat sich die Welt jedoch dramatisch verändert.

Es ist legitim und verständlich, dass Bürger bei Planungen und Entscheidungen, die ihren unmittelbaren Lebensraum betreffen, wenn es um Brücken, Bahnhöfe oder Straßen geht, angehört werden wollen. Dafür gibt es in Deutschland ein ausuferndes Instrumentarium an juristischen und demokratischen Instrumenten. Anhörungen, Veröffentlichungen, Genehmigungsverfahren, Volksbegehren etc. Das alles lässt sich vielleicht auch noch verbessern und verfeinern. Aber es wäre falsch, an den Ausbau der Mitbestimmungsmöglichkeiten die Illusion zu knüpfen, er würde die Probleme lösen. Zum einen gibt es unterschiedliche Interessen, die nicht vereinbar sind. Zum anderen gibt es ein tiefes Unbehagen an der Welt und der Gesellschaft, das viel mit Orientierungslosigkeit und Werteunsicherheit zu tun hat.

Viele glauben, mehr Partizipation und Mitbestimmung wären ein Jungbrunnen für die deutsche Demokratie. Es gibt, wie gezeigt, sehr viele Gründe, daran zu zweifeln. Einige Konsequenzen hätte es mit Sicherheit: Der permanente Wahlkampf würde noch einmal verstärkt. Der Vereinfachungsdruck in der Politik und ihre Emotionalisierung würden weiter wachsen. Es käme zu einer weiteren Politisierung des gesamten Alltags.

Die Parlamente verlören an Bedeutung und damit die ohnehin schon geschmälerte Attraktivität, in die Politik zu gehen. Es brächte einen weiteren Bedeutungsverlust der Parteien und damit auch Bindungsverluste der Gesellschaft mit sich. Diese Sicht teilt gegenwärtig nur eine Minderheit in Deutschland, erstaunlicherweise aber finden sich in allen politischen Lagern solche unpopulären Überlegungen.

„Die Einführung von mehr Volksentscheiden bedeutet nichts anderes als das Eingeständnis der Politik, die Entscheidungen der BürgerInnen seien zumindest in einigen Fragen besser als die der gewählten VertreterInnen", schrieb mutig der Juso-Vorsitzende Sascha Vogt ganz gegen die Stimmung seiner eigenen Partei. (1). „Zugespitzt" sei das „die Fortsetzung des Trends zur Abschaffung der Politik". Vogt legte die Finger auf die wunden Stellen der Argumentation zugunsten von mehr Volksentscheiden: Sie könne der wachsenden Komplexität nicht gerecht werden, sie habe das Gemeinwohl zu wenig im Auge und sie drohe zum Instrument von Populisten zu werden. Und bei einem Thema wie Stuttgart 21 sei die Frage, so der Juso-Politiker, wer eigentlich abstimmen dürfe: nur die Stuttgarter oder auch die Menschen, die vielfältig betroffen sind – in der Region, die Fernreisenden, die Mitarbeiter der Bauunternehmen, die Speditionsfirmen usw.

Politiker in den unterschiedlichsten Lagern sorgen sich, dass letztendlich „mehr Demokratie" im Endergebnis nur neue Enttäuschungen, Zorn und Überdruss auslösen würde. „Es wäre falsch, darauf zu setzen, man könne den Souverän auf Trab und zur Zustimmung bringen, indem man ihm eine Karotte namens direkte Demokratie vor die Nase hält (...) Der ursprüngliche Volkswille kennt nur Himmel und Hölle, Schwarz und Weiß, Ja oder Nein", schrieb Thomas Schmid in einem Essay über den Irrweg direkter Demokratie. (2) „Der Volkswille ist der Rohstoff, Politik muss ihn gestalten, formen und wirklichkeitstauglich machen." Die ganze Kunst des Politischen sei eine „Kunst des Repräsentativen."

Viel Empörung gab es von der taz bis hin zur Jungen Welt über folgende Sätze des „Welt"-Herausgebers: „Das Volk regiert dann am besten, wenn es nicht regiert, wenn es auf kluge Weise seine Macht abgibt. In den Worten des Philosophen Volker Gerhardt: ‚Souverän ist der Bürger, der sich aus Einsicht in die Tatsache, dass er ohnehin nicht alles selbst bestimmen (oder gar selbst ausführen) kann, einer Vertretung anvertraut. Ohne dieses Vertrauen ist Politik nicht möglich.' In der direkten Ja-Nein-Demokratie fehlt dieses Vertrauen, sie ist dem Kampf aller gegen alle näher, als die Propheten des Plebiszitären glauben. Die repräsentative Demokratie ist ein hochentwickeltes Kunstgebilde, ihr Lebenselixier ist das wechselseitige Vertrauen. Vor allem daran mangelt es in unserer Wir-wollen-alles-Republik."

Auch der Politologe Dirk Jörke warnt vor einer Überschätzung der direkt-demokratischen Elemente. „Sie können gerade nicht zu einer höheren Demokratiezufriedenheit in der Gesamtbevölkerung beitragen, sondern laufen Gefahr, die breit dokumentierten Phänomene wie Politik- und zunehmend auch Demokratieverdruss auf Seiten der ‚neuen Unterschichten' zu intensivieren." (3)

„Mehr Demokratie wagen" ist vor allem ein Placebo, ein Medikament, das nur mit viel Autosuggestion helfen kann. Gerne wird die Forderung nach mehr Partizipation mit dem „Gefühl" der Bürger begründet, die Politik sei „abgehoben"; sie habe ein Eigenleben fern von der Lebenswirklichkeit der Menschen entwickelt. In unserer Gesellschaft werden Gefühle sehr ernst genommen, sie reichen zur Begründung für den Wunsch nach Änderungen oft aus.

Wer „mehr Demokratie" als eine Art Psychotherapie für die verunsicherte Gesellschaft betrachtet, begibt sich auf einen fragwürdigen Weg, den Bürger als Patienten zu betrachten, den es zu beruhigen und zu besänftigen gilt. Ohnehin ist das Vertrauen in den vergangenen Jahrzehnten in Psychotherapien angesichts der erbitterten Differenzen der Schulen und den Zweifeln an der Effizienz deutlich gesunken. Ein Arzt hat einmal gesagt: Einem Drittel der Menschen geht es nach einer Psychotherapie besser, bei einem Drittel ändert sich gar nichts und einem Drittel geht es schlechter. Vermutlich wäre das Ergebnis von mehr Partizipation in der Politik in der Zufriedenheit der Menschen ähnlich.

Die Demokratie ist das Paradies, in dem sich Adam und Eva befinden. Vielleicht hat die emanzipierte Eva wirklich zu viel vom Baum der Erkenntnis gegessen. Vielleicht überessen sich beide an den süßen Früchten von Individualismus, Skeptizismus und Ironisierung. Vielleicht glauben Adam und Eva der Moderne den Eingebungen der teuflischen Schlange, sie hätten ein Anrecht auf ein viel schöneres Paradies, ihnen geschehe ständig Unrecht. Wir alle wissen, dass uns, erst einmal aus dem Paradies vertrieben, die Schrecken und Schmerzen nichtdemokratischer Systeme erwarten. Es mag im Paradies der Demokratie zuweilen donnern und blitzen, die Erde beben und Vulkane speien – aber es ist das Paradies. Außerhalb warten Unfreiheit und Ungleichheit.

VII Beispiel USA: Wachsende Zweifel am System

„Ich bewundere unseren Präsidenten sehr, und ich erlebe Monat um Monat, wie er in die Knie gezwungen wird von Kräften, die selbst für jemanden von seinem beachtlichen Charisma zu stark sind."

Jonathan Franzen über Barack Obama, September 2010 (1)

„Die Wahrheit ist, dass man allen Menschen, die Macht haben, misstrauen sollte."

James Madison, US-Präsident (1809–1817)

Alle funktionierenden Demokratien sind einander ähnlich. Aber jede gestörte Demokratie ist auf eine andere Art gestört. Egal welches Wahlsystem und welche Verfassung: In einer guten Demokratie werden Politiker bespöttelt, nicht verhöhnt, werden Probleme gelöst, nicht aufgeschoben, ärgern sich die Bürger über ihre Republik, lieben sie aber dennoch wie ihre nervige Familie. Schlechte Demokratien zeichnen die unterschiedlichsten Phänomene aus: Extremisten gewinnen an Boden. Oder die Menschen wenden sich von der Politik völlig ab. Oder Hysterie prägt den öffentlichen Raum. Oder die Korruption durchdringt die Gesellschaft. Oder das Volk fordert ohne Unterlass mehr Mitbestimmung, Partizipation und mehr Demokratie.

Amerikas Tea Party und die Gegner von Stuttgart 21 sind nicht eines Geistes Kind – sie eint nur der Zorn auf „die Macht der Lobbyisten" und die „Arroganz" der Politiker in ihren jeweiligen Hauptstädten. Obama und Merkel könnten als Persönlichkeiten nicht unterschiedlicher sein – beide aber plagen sie die engen Grenzen ihrer Macht und die rasende Geschwindigkeit des Politikalltags. Die Abgeordneten des Repräsentantenhauses in Washington und die Volksvertreter des Bundestags in Berlin haben jeweils ganz andere Sorgen – allerdings wissen beide um ihr geringes Ansehen bei ihren jeweiligen Wählern.

In den USA ist vieles anders als in Deutschland oder den übrigen Demokratien Westeuropas. Gemeinsam ist nur die Diagnose, dass das politische System heftige Krisensymptome zeigt. Auch die Amerikaner vertrauen immer weniger ihrer Regierung, ihren Politikern und Parteien. Auf Straßen und Plätzen und natürlich in den Medien entladen sich der spürbare Unmut und die Enttäuschung der Bürger. Amerika ist eine lebendige Demokratie. Hier können die Bürger häufiger zur Wahl gehen und über Politik abstimmen als in fast jeder anderen Demokratie. Das große Problem ist nicht der Mangel von Partizipationsmöglichkeiten am politischen Leben, sondern die fehlende Bereitschaft, diese Optionen zur Beteiligung anzunehmen, zu den Urnen zu gehen und abzustimmen.

US-Präsident Barack Obama, im Januar 2009 als großer Hoffnungsträger angetreten, nicht nur für Amerika, hat bei seinen Landsleuten viel von seiner Faszination eingebüßt. Der politische Alltag der modernen Demokratie hat die USA wieder fest im Griff: Das bedeutet vor allem Dauerwahlkampf, aufgeregte Medien, wachsende Polarisierung, ein gelähmtes Washington, enttäuschte Bürger, viel Ratlosigkeit – und hie und da manche Phantasterei, mit Hilfe des Web 2.0 könne die Krise der Demokratie wie von Zauberhand beseitigt werden. Es sind zuweilen aber ganz altmodische Phänomene, die Amerika aufrütteln. Zum Beispiel Attentate von Verrückten auf Politiker. Das hat eine lange, unselige Tradition im „Land der Freien“.

Amerikaner misstrauen dem Staat grundsätzlich

Aber dennoch scheint Amerikas Demokratie stabil wie ein Fels. Darauf sind die Amerikaner verständlicherweise stolz. Allerdings misstrauen sie dem Staat mehr als die Bürger in anderen Demokratien. Die Freiheit ist dem Amerikaner das höchste Gut – auch die Freiheit vor und gegenüber dem Staat.

Amerikas Pioniere überquerten meist den Atlantik, um der Unterdrückung im alten Europa zu entfliehen, wo sie Kirchen, Regierungen und Könige aus religiösen oder ethnischen Gründen verfolgten und unterdrückten, sie wirtschaftlich und kulturell einengten. Amerika war das gelobte Land der Freiheit. Die kollektive Erinnerung daran ist auch heute noch im Bewusstsein der meisten Amerikaner lebendig. „Wir haben nicht nur die britische Herrschaft gehasst, wir hassen auch unsere eigene Regierung“, schrieb die US-Kulturwissenschaftlerin Marcia Pally (2).

Das Ideal der amerikanischen Verfassung ist Gewaltenteilung und Beschränkung der Macht, ein System von „check and balance“. Die Gründungsväter fürchteten die „Tyrannei der Mehrheit“ (Toquevilles Warnung), also begrenzten sie die Macht des Weißen Hauses durch den Kongress, limitierten dessen Möglichkeiten durch die Aufspaltung in zwei sehr unterschiedliche Häuser (Senat und Repräsentantenhaus), installierten den Obersten Gerichtshof, damit dieser über das Treiben von Präsidenten und Volksvertretern wachen soll – und ließen den einzelnen Bundesstaaten enormen Spielraum für eine unabhängige Politik im Inneren.

Im Unterschied zum alten Europa erwarten die meisten Amerikaner allerdings nicht, dass der Staat sie von allen Unsicherheiten befreie. Die

Forderung nach einem Wohlfahrtsstaat ist in den USA für viele eine Bedrohung, kein Versprechen. Freiheit in Amerika bedeutet noch immer mehr Kapitalismus und weniger Staat, viel freie Marktwirtschaft und wenig Regulierung. Das Vertrauen in die eigene Kraft und die Verantwortung jedes Einzelnen hat oberste Priorität. Dieses nationale Selbstverständnis teilen grundsätzlich auch die Demokraten, auch der für US-Verhältnisse relativ sozialdemokratisch denkende Obama.

Der Protest der Tea Party und die Demonstrationen gegen Stuttgart 21 mögen sich in manchem ähneln: Es sind Menschen aller Schichten, die sich engagieren, es gibt viel Wut und Zorn auf den Staat, die Forderung, „das Volk" müsse gehört werden. Aber die aktuellen Empörungswellen in den USA kommen im Unterschied zu Europa eher von rechts – in Europa in der Regel von links. Die Tea Party streitet für weniger Staat, weniger Steuern, letztendlich auch für weniger sozialen Schutz für alle. Das Engagement der Bürger speist sich vor allem aus zwei Elementen: einer tiefen Verunsicherung der Gesellschaft insgesamt und von einem großen Misstrauen gegenüber der Politik. Wie in Europa auch, nur mit anderen Ergebnissen.

Alle Umfragen in den USA belegen die Enttäuschung über Washington. Noch nie war das Ansehen des Kongresses so niedrig wie in den vergangenen Jahren. Weniger als ein Viertel der US-Bürger haben Vertrauen in die Volksvertretung in Washington Zum Vergleich: Die Militärs genießen mit 76 Prozent das höchste Ansehen. Sechs von zehn Amerikanern waren Anfang 2011 unzufrieden mit der Demokratie in ihrem Land. Fast 80 Prozent meinten, die Volksvertreter wüssten nicht mehr, was den Menschen am Herzen liege und wichtig sei, die Parlamentarier würden den Einflüsterungen der Lobbyisten folgen und sorgten sich vor allem um ihre Wiederwahl. (3)

Nach der besonders zum Ende hin wenig populären Präsidentschaft von George W. Bush lagen nach dem Wahlsieg im November 2008 unendlich viele Hoffnungen auf der Lichtgestalt Barack Obama.

1 Obama – Der Mann, der nicht kann

„Amerika ist bereit, eine neue Seite aufzuschlagen.
Amerika ist bereit für viele neue Herausforderungen.
Dies ist unsere Zeit.
Eine neue Generation ist bereit, zu führen."

Barack Obama, 11. Dezember 2006

Als der Republikaner Bush im Weißen Haus das Sagen hatte, galt das Gefangenenlager Guantánamo auf der kubanischen Insel seinen Gegnern als das Symbol einer aggressiven und völkerrechtswidrigen US-Politik. In dem Militärgefängnis werden hunderte Terroristen und solche, die dafür gehalten werden, ohne Zeitbeschränkung und ohne ein rechtsstaatliches Verfahren festgehalten. Guantánamo und Bushs „Krieg gegen den Terrorismus" waren vor allem für die Europäer Belege für die Arroganz eines imperialistischen Amerikas. Barack Obama versprach am 21. Januar 2009, keine 24 Stunden nach seiner Vereidigung als Präsident, das Militär-Gefangenenlager binnen eines Jahres zu schließen.

Zwei Jahre später musste er eher kleinlaut eingestehen, dass Guantánamo weiter erhalten bleibe. Auch den mutmaßlichen Drahtziehern der Terroranschläge vom 11. September 2001 werde der Prozess vor einer Militärkommission in Guantánamo gemacht. Früher hatte Obama genau das kritisiert: Gerichtsverfahren gegen Terroristen außerhalb der amerikanischen Rechtsordnung. Die Bürgerrechtsorganisation ACLU beschuldigte Obama, eine „Rolle rückwärts" gemacht zu haben, „die verheerend für die Rechtsstaatlichkeit ist".

Obama war an der Weigerung des Kongresses gescheitert, die Verlegung der Gefangenen und die Verfahren in die USA zu finanzieren, sowie an dem Unwillen von US-Bundesstaaten und den Nato-Partnern, Gefangene aufzunehmen. Es lag nicht daran, dass der demokratische Präsident es nicht ernst gemeint hätte mit der Absicht, das exterritoriale Militärgefängnis zu schließen. Er schaffte es einfach nicht. Der „mächtigste Mann der Welt" kann nicht, wie er will. Und Guantánamo ist dafür nur ein Beispiel.

Mit dem Versprechen auf „Change" war der schwarze Demokrat an die Macht gekommen. Als Obama vor den Augen der Welt in der Mall von Washington auf den Stufen des Kapitols seinen Amtseid ablegte, schwebten alle auf Wolken des Enthusiasmus und der Visionen. Obama hatte überzeugend versichert „Yes we can". Die Zweifel daran kamen schneller, als selbst die Optimisten unter den Republikanern gedacht hatten.

Spätestens ein Jahr später war der Zauber des großen Kommunikators verflogen.

Obama legte bei seinem Amtsantritt ein atemberaubendes Tempo vor. Er wollte alles auf einmal schaffen: Die Reform des Gesundheitswesens und eine neue Einwanderungspolitik, neue Regeln für den Finanzmarkt und mehr Wirtschaftswachstum, eine mutige Umwelt- und Klimapolitik, mehr Toleranz für Homosexuelle, den Abzug der Truppen aus dem Irak, Frieden im Nahen Osten, ein neues Verhältnis zu Verbündeten, Iran von der Entwicklung einer Atomwaffe abbringen und manch anderes mehr.

Vor allem wollte der Demokrat aus Chicago das polarisierte Amerika versöhnen. Nach den aufgewühlten Bush-Jahren, die viele Liberale als eine Art Fremdbesetzung ihres eigenen Landes interpretierten, wollte Obama Amerika wieder einen und versöhnen. Vor allem mit diesem Anspruch scheint Obama grandios gescheitert zu sein. Amerika ist zerrissen wie selten zuvor.

„Yes we can, but ..."

Kurz vor der Kongresswahl im November 2010, die zu einer bösen Schlappe für die Demokraten zu werden drohte, begab sich Barack Obama in die „Daily Show" des Comedy-Königs Jon Stewart. Das Studio war in ironischer Anspielung auf die pathetische Inthronisierung Obamas als Präsidentschaftskandidat der Demokraten im August 2008 mit ähnlich pompösen antiken Säulen dekoriert wie damals die Bühne des Stadions von Denver. (1)

Ob er denn heute, zwei Jahre später, immer noch dem amerikanischen Volk sagen würde, „Yes we can", fragte Stewart Obama. Natürlich, erwiderte er: „Ich würde sagen, ‚Yes we can, but ...'", worauf Stewart und das dem Präsidenten sehr wohl gesonnene Publikum in schallendes Gelächter ausbrachen. So war das „Yes we can" eben nicht verstanden worden, mit einem „Aber".

Obama – trotz aller Bemühungen, locker zu wirken –, sichtlich etwas angespannt, verteidigte seine Erfolge. Er habe die Präsidentschaft in den wirtschaftlich schwierigsten Jahren seit der Großen Depression (1929) übernommen und es mit seinen gigantischen Konjunkturprogrammen und Finanzspritzen geschafft, die USA wieder auf Wachstumskurs zu bringen. Die Regulierung der Finanzmärkte sei gelungen, vor allem aber auch die „historische Gesundheitsreform".

Obama gestand ein, dass es noch kein neues Einwanderungsgesetz gebe, die ambitionierten Umwelt- und Klimaschutzpläne noch auf Eis lägen. Auch die „völlige Veränderung Washingtons", die viele seiner Anhänger sich versprochen hatten, sei nicht gelungen. Die Macht der Interessengruppen, der „special interests“ werde es auch künftig geben, sie sei auch wichtig, betonte der Präsident, den Lobbyismus, den er einst so kritisiert hatte, nun verteidigend.

Es war ein betont pragmatischer Präsident, der sich da nach 18 Monaten Amtszeit präsentierte. Der Mann, der eine neue Ära angekündigt hatte, warb um Geduld und für Fortschritte „Schritt für Schritt“. Der Wandel käme „nicht über Nacht“. Und dann klagte er über die Mechanismen Washingtons, prangerte die „wenig hilfreiche (politische) Kultur“ im Land sowie die „verrückten Regeln“ im Kongress an.

Vor allem kritisierte Obama den „Filibuster“, der faktisch verhindere, dass im Senat ohne eine 60-prozentige Mehrheit irgendetwas durchgesetzt werden könne. Derzeit blockierten Republikaner mit dem Filibuster, „der nicht einmal in der Verfassung steht“, Gesetze und die Besetzung von Staatsämtern. Selbst die Ernennung eines Vizestaatssekretärs im Finanzministerium werde damit sabotiert, klagte der Demokrat mit einer Spur von Bitterkeit.

Die Botschaft Obamas war einfach: Die Wähler erwarten zu viel. Das System in Washington ist tückisch. Die Welt ist kompliziert, nicht einfach aufzuteilen in Schwarz und Weiß. Der Präsident nannte die Bankenhilfen als Beispiel, wohl wissend, dass diese staatlichen Milliarden für die Finanzwirtschaft viele Amerikaner besonders aufgebracht hatten. Er müsse die Folgen bedenken, wenn er Hilfe verweigere. Falls eine Bank Konkurs gehe, könne das hundert andere Banken mit in den Abgrund reißen und damit Millionen Amerikaner treffen.

Der Schriftsteller Jonathan Franzen hat fast ein wenig Mitleid mit dem Präsidenten: „Die Amerikaner sind leichtgläubige Kleinkinder, und Obama ist ihr Weihnachtsmann. Er hat ihnen schon eine ganze Menge beschert, aber sie wollen immer noch mehr. Die Erwartungen sind so hoch, dass er sie unmöglich erfüllen kann. Die Frage ist nur, ob er gut daran getan hat, diese Erwartungen dermaßen zu schüren“, meinte der Bestsellerautor im Herbst 2010. (2)

Führungsprobleme

Obama hatte sich bei seinem Amtsantritt vorgenommen, „die Hand über den Gang hinaus zu strecken“. Mit diesem Bild vom Parlament, wo die Fraktionen durch Gänge getrennt sind, wollte er seinen überparteilichen, versöhnenden Anspruch deutlich machen. Also lud er immer wieder Abgeordnete und Senatoren auch von den Republikanern in das Weiße Haus ein, um zu Dialog und Kompromiss zu finden. Sehr schnell stellte sich heraus, dass die Oppositionspolitiker kamen – aber kein Jota von ihren Sichtweisen abwichen. Nach den Gesprächen mit Obama nutzten sie die Kulisse des Weißen Hauses, um in der Parkauffahrt vor den Fernsehkameras ihre politische Standfestigkeit zu betonen. Obama wurde parteiintern kritisiert, er biedere sich zu sehr an, mische sich zu stark in das politische Klein-Klein Washingtons ein.

Bei der Gesundheitsreform präsentierte er im Unterschied zu seinem Vorvorgänger Bill Clinton dem Kongress kein fertiges Konzept, sondern vertraute vor allem seinen Parteifreunden, dass sie einen konsensfähigen Plan mit den Republikanern würden aushandeln können. Als der Streit im Kongress immer heftiger tobte, hielt sich Obama erst einmal heraus. Das trug ihm den Vorwurf ein, er lasse die Dinge treiben, kümmere sich nicht genug. Er riet den Parlamentariern, sich „wie Erwachsene zu benehmen" – was ihm als Arroganz ausgelegt wurde.

Es ließen sich noch viele solcher innenpolitischen Beispiele nennen. Das Muster ist immer das gleiche. Welches Ziel Obama aus welchen Gründen auch immer verfehlt, dient dieser Misserfolg als Beleg für seine falsche Vorgehensweise. Was auf den ersten Blick plausibel erscheint, ist es bei genauerer Betrachtung nicht. Es unterstellt, dass sich Führungsqualitäten in einem positiven Resultat beweisen. Konsequent ignoriert werden Höhe und Zahl der Hürden, die es zu überwinden gilt.

2 Die Krise der amerikanischen Demokratie

„Das Problem ist nicht, dass die Regierung schlecht ist, sondern dass das amerikanische System in hohem Maße ineffizient ist.“

Stephan Richter, Präsident des Globalist Research Centers (1)

„Amerika ist ein Imperium, das nicht mehr funktioniert. Wir haben uns total übernommen, festgefahren, nichts geht mehr. Wenn Obama morgen einen Feiertag für Charlie Brown einführen wollte, er würde es nicht hinkriegen. Es ist totaler Stau.“

Oliver Stone, US-Filmregisseur (2)

In Washington war schon nach einem guten Jahr der Amtszeit Obamas wieder wie früher vom „kaputten Washington“ die Rede. Der Absturz des charismatischen Demokraten in den Umfragen und die ungeheuren Probleme bei der Verwirklichung des versprochenen Wandels belegten erneut die Schwierigkeiten, Politik zu gestalten. Selbst wenn man der angeblich „mächtigste Mann der Welt“ ist.

„Die enorme Begeisterung, die wir verspürten, als Barack Obama zum Präsidenten gewählt wurde, ist inzwischen in Verzweiflung umgeschlagen. Die Dinge laufen nicht, Amerika ist blockiert. Wir können nichts zustande bringen (...). Die Situation ist außer Kontrolle geraten. Alle möglichen Leute teilen meine Meinung, dass wir noch nie ein Amerika mit einer derart handlungsunfähigen Regierung erlebt haben“, kritisierte der Schriftsteller Paul Auster. „Vor 200 Jahren hat das System funktioniert und die USA erschaffen, aber es ist nicht mehr zeitgemäß – und enorm frustrierend.“ (3)

Die Präsidentschaft Obamas sei ein Job geworden mit „einer so gigantischen Größe, Geschwindigkeit und Komplexität“, dass wohl kaum einer der 43 Vorgänger Obamas den „Job“ wiedererkennen würden, schrieb Todd Purdum in der „Vanity Fair“. (4) „Das schiere Wachstum der Regierung, die Lähmung des Kongresses, die systematische Korruption durch die Lobbyisten, die Trivialisierung der Nachrichten in den Medien, die absichtsvolle Ignoranz von Fakten und Wahrheit“ haben laut Purdum „Washington zu einem deprimierenden und disfunktionalen Platz gemacht“. Die Zeichen des „politischen und sozialen Verfalls“ seien unübersehbar.

Obamas Stabschef Rahm Emanuel, berühmt für seine deftige Wortwahl, sprach von Washington als „Fucknutsville“. US-Vizepräsident Joe Biden drückt sich vornehmer aus und klagt über das „kaputte Washington“. Gemeint ist wohl eine „kaputte Demokratie“. (4) Irgendwie scheint nichts mehr zu gehen, weder die Verwirklichung relativ bescheidener politischer Ziele noch große Reformvorhaben. Obama hatte die Streichung der Steuererleichterungen für die Reichen angekündigt, die mehr als 250.000 Dollar im Jahr verdienen. Es geschah bis 2011 nichts. Die Homosexuellen in den US-Streitkräften dürfen sich nun doch nicht „outen", ohne Gefahr zu laufen, entlassen zu werden. Obama hatte versprochen das Prinzip „Don't ask, don't tell" (Frage nichts, sage nichts) abzuschaffen, den Bann gegen die Homosexuellen beim Militär aufzuheben. Und das Lager Guantànamo blieb ein dunkler Fleck auf der demokratischen Weste Amerikas.

Der Demokrat rühmt sich zwar der Durchsetzung der Gesundheitsreform. Aber auch nach der Verabschiedung des Gesetzwerkes, bei dem Obama erhebliche Abstriche machen musste, setzten die Republikaner alles daran, die Reform auszuhöhlen. Mehrere Bundesstaaten entschieden sich für eigene Regeln. Gerichte mussten darüber entscheiden, ob einzelne Vorschriften verfassungskonform sind – Im Frühjahr 2011 war nur klar, dass das Thema auch noch das oberste Gericht beschäftigen würde.

Amerika ist in vielen Sachfragen tief zerstritten, es scheint, als stünden sich zwei Amerikas unversöhnlich gegenüber, einig nur in der Unzufriedenheit mit dem Ganzen. Die Ursachen und Wurzeln dieser Stimmung sind vielfältig, gemeinsam ist ihnen eine weiter destabilisierende Wirkung für die USA.

Die Verunsicherung der Amerikaner

Um die Entwicklung im letzten Jahrzehnt in Amerika zu verstehen, muss man mit den Anschlägen vom 11. September 2001 beginnen, als islamistische Terroristen die USA mit entführten Flugzeugen angriffen. Etwa 3000 Menschen und der Glaube an eine Unverwundbarkeit Amerikas starben an diesem „9/11", wie die Amerikaner den Tag nennen. Getragen von einer enormen Welle des Patriotismus begann der „Krieg gegen den Terrorismus". Präsident George W. Bush führte sein Land in die Kriege in Afghanistan und im Irak. Vor allem der Irakkrieg, der entgegen den reichlich unbedarften Vorstellungen Washingtons zu einem schier endlosen, äußerst verlustreichen Dauerkonflikt wurde, entzweite zunehmend das Land – und bewirkte weltweit wieder einmal wachsenden Antiamerikanismus.

Die sozialen Unterschiede in den USA nahmen in diesen Jahren erheblich zu. Der Mittelstand fühlte sich auf vielfache Weise bedroht und herausgefordert, reale Einkommensverluste, wachsende Sorgen um die Jobs und unerschwingliche Bildungsausgaben für die Kinder gehörten dazu. 2008 schockten dann das Platzen der Immobilienblase und der Beinahe-

Zusammenbruch des Finanzsystems die USA. Washington, erst mit Bush, dann mit Obama, reagierte mit gigantischen Finanzspritzen und Konjunkturprogrammen. Trotzdem erlebte das Land erstmals seit 80 Jahren eine Arbeitslosenquote von rund 10 Prozent.

Das erste Jahrzehnt des 21. Jahrhunderts war auch geprägt vom enormen wirtschaftlichen Wachstum und politischen Machtgewinn Chinas. Auch ohne einen Konfrontationskurs Pekings spürten die Amerikaner den rasanten Aufstieg der neuen Konkurrenten in Asien – nicht zuletzt aufgrund des enormen Handelsdefizits und den US-Schulden bei den Chinesen in Höhe von weit übe eine Billion Dollar (Stand März 2011).

Die digitale Revolution begann die Gesellschaft zu verändern. Völlig neue Akteure wie Google, Amazon oder Facebook gewannen enormen Einfluss. Neue Medien entstanden, soziale Netzwerke breiteten sich rasend schnell aus, die Globalisierung nahm weiter zu. Obwohl Kirchen und Religion längst nicht so viel an Bedeutung verloren wie in Europa, wächst auch in den USA gesellschaftliche Bindungslosigkeit. Die Zunahme von Kindern, die nicht mehr in einer traditionellen Familie aufwachsen, gehört dazu. Ebenso die Entstehung von Parallelgesellschaften, beispielsweise der Latinos, die nicht Englisch lernen wollen; der Schmelztiegel Amerika scheint bei ihnen nicht mehr zu funktionieren.

Digitalisierung, Vernetzung und Beschleunigung, die Mechanismen der Mediengesellschaft, der Verfall traditioneller Hierarchien und Strukturen, der Autoritätsverlust der Institutionen, die Verunsicherung und Überforderung des Individuums, die neuen Herausforderungen durch den Islamismus und die neue Weltmacht China sind alles Phänomene, die die Gründungsväter Amerikas kaum im Auge hatten, als sie eine der solidesten und besten Demokratien der Geschichte begründeten.

Ein Resultat der amerikanischen Krise ist die Polarisierung der Amerikaner über den richtigen Ausweg aus den Krisen: „Unsere amerikanische Nation ist tief gespalten und wird es wohl noch lange bleiben. Was uns trennt (...) sind unterschiedliche Auffassungen von Gerechtigkeit", schreibt Wirtschaftsnobelpreisträger Paul Krugman. (6)

In der Tat sehnt sich ein Teil der Amerikaner nach einem Wohlfahrtsstaat mit sozialem Ausgleich und hohem Staatsanteil, so wie er fast überall in Europa existiert. Die anderen betrachten Staat und Steuern vor allem als notwendiges, aber weitgehend zu beschränkendes Übel und vertrauen auf die Wachstumskräfte des Kapitalismus, der letztendlich allen zugutekomme. Die Debatte darüber ist essentiell und sinnvoll – wenn sie aber in unversöhnlichen Konflikt mündet, wirkt sie nur noch lähmend.

Die Krise der amerikanischen Demokratie scheint ein schleichender Prozess, bei dem die im 18. Jahrhundert geschaffene Verfassung und die überkommenen politischen Mechanismen kaum den Erfordernissen der Moderne gerecht werden. Was einst als politische Krone der abendländischen Zivilisation gepriesen werden konnte, weist heute in Zeiten von Globalisierung und Web 2.0 erhebliche Mängel in der Funktionstüchtigkeit auf.

3 Alle Probleme bekannt: Dauerwahlkampf, Filibuster, Medienhysterie

*„Demokratie hat nie lange gehalten.
Sie hat sich bald erschöpft, sich ihrer selbst entledigt und umgebracht.
Bisher gab es noch keine Demokratie, die nicht Selbstmord begangen hat."*

John Adams, 2. Präsident der USA (1797–1801)

Die Krise der US-Demokratie birgt noch nicht einmal viele Geheimnisse. Alle wissen um die gravierenden Mängel des Systems. Der deutsche Botschafter in Washington, Klaus Scharioth, machte keinen Hehl daraus, wie sehr das politische System in den USA manchmal die Zusammenarbeit mit den USA erschwert. Wenn es um bilaterale Sachfragen geht, kommen deutsche Staatssekretäre oder Ministeriumsdirektoren zuweilen nach Washington und finden niemanden, mit dem sie sprechen und verhandeln können.

Denn in der US-Hauptstadt fehlen auf der amerikanischen Seite Politiker und Spitzenbeamte, um über komplizierte Handelsfragen, juristische Feinheiten von Grenzkontrollen oder Zusammenarbeit von Wissenschaftsinstituten zu verhandeln. Es sei bei jedem Wechsel im Weißen Haus das gleiche Spiel, so Scharioth. Die politische Führung sowie Tausende Spitzenbeamte der Ministerien und der Stab im Weißen Haus werden ausgetauscht. Allerdings dauert dieser Prozess alles in allem oft 18 Monate – in Deutschland vollzieht sich Vergleichbares binnen weniger Monate.

Eine Ursache dafür ist, dass bei über 1.000 Posten der Senat zustimmen muss. Das zieht sich schon hin, wenn Präsident und Senatsmehrheit übereinstimmen. In anderen Fällen kann es nicht nur lange dauern, häufig müssen neue Kandidaten präsentiert werden, weil die Senatoren die zunächst Vorgeschlagenen als ungeeignet ablehnen. Ergebnis ist, dass die Führung der Supermacht USA erhebliche Personalengpässe zu verkraften hat – und das in einer enorm beschleunigten, vernetzten und globalisierten Welt. Es ist ein offener Anachronismus des Systems – den anzupacken sich in Washington niemand so recht traut. Zu groß ist die Gefahr, dass jede Reform als unzulässige Einschränkung des demokratischen Prozesses diffamiert würde. Wer würde schon öffentlich „weniger Demokratie" verlangen?

Ärgernis Filibuster

Nicht viel anders ist es mit der übelsten aller Washingtoner Besonderheiten, dem leidigen Filibuster-System. Es gilt als eine der wichtigsten

Quellen für die mangelnde Effizienz der Regierungspolitik. Ursprünglich war es eine Regel, nach der es 60 Prozent der Senatsstimmen brauchte, um eine Debatte zu beenden. Entwickelt hat sie sich zu einem Instrument, mit dem man ohne eine 60-prozentige Mehrheit so gut wie nichts mehr im Senat durchsetzen kann.

Damit nicht genug, auch die althergebrachte Konstruktion der Kammern trägt zur Lähmung des politischen Systems bei. Der Schriftsteller Paul Auster glaubt, dass die Praxis des Senats das Land gefährlich lähme. Er prangerte bei der Debatte um die Gesundheitsreform „die ideologische Härte“ der Republikaner an. Sie habe aber vor allem deshalb so verheerend gewirkt, weil der Senat falsch konstruiert sei: „Es ist fast so, als hätte eine Minderheit die Macht im Land übernommen. Die meisten der 41 Senatoren der Republikaner kommen aus kleinen Staaten der USA und repräsentieren nicht mehr als 20 oder 25 Prozent der gesamten Bevölkerung. Den Rest von uns haben sie als Geiseln genommen. Schuld daran hat auch das amerikanische Regierungssystem, das einem kleinen Staat wie Idaho mit seinen etwa 1,5 Millionen Einwohnern ebenso viele Sitze im Senat zuspricht wie Kalifornien (...) mit über 35 Millionen Einwohnern.“ (1)

Es gab unzählige Anläufe für eine Neufassung der Senatsregeln, die jedem Präsidenten Reformen, Entscheidungen und eine Neubesetzung von Regierungsämtern erheblich erschwert. Da sich erfahrungsgemäß Demokraten wie Republikaner abwechselnd in der misslichen Lage befinden, von einer Minderheit im Senat tyrannisiert zu werden, müsste man denken, dass es irgendwann eine gemeinsame Anstrengung zur Lösung des Problems geben würde. Dem ist aber nicht so. Bisher waren alle Anläufe dazu vergebens.

Ständig Wahlen – ständig Manipulationen

Fraglich ist auch, ob es sinnvoll ist, alle zwei Jahre die 435 Sitze im Repräsentantenhaus neu zu besetzen. Aber gerade dieses Thema ist ein Tabu in der amerikanischen Politik. Denn wer die Mitsprache der Bürger beschneiden wollte, hätte schlechte Karten bei den Wählern. Und dennoch kann es kaum einen Zweifel daran geben, dass auch dem Abgeordnetenhaus mehr Ruhe und weniger Wahlkampf gut täte.

Ein ständiges Ärgernis sind nach übereinstimmender Ansicht beider großen Parteien manche Eigenheiten des US-Föderalismus und seiner Wahlgesetze. Aufgrund demografischer Veränderungen werden die Wahlbezirke in den US-Bundesstaaten immer wieder neu gezogen und die Verteilung der Sitze verändert: Bundesstaaten mit steigenden Einwohnerzahlen wie Florida oder Kalifornien profitieren, Krisenstaaten wie Michigan oder Ohio müssen Mandate abgeben. Ähnliches geschieht dann auch innerhalb der US-Bundesstaaten.

Vor allem die Gouverneure der Bundesstaaten haben einen großen Einfluss auf die neue Ziehung der Grenzen der Wahlbezirke. In den vergangenen Jahrzehnten hat die Tendenz drastisch zugenommen, Wahlkreise entsprechend den eigenen politischen Interessen zu ziehen. Beim sogenannten „Gerrymandering" werden dann Wahlkreise mit einer Bevölkerungsstruktur konstruiert, die einem bei Wahlen nützt. Das führt dann zu teilweise grotesk geformten Wahlkreisen, nur damit man das eigene politische Klientel stärkt. Ein Ergebnis ist, dass es in der Masse aller Wahlkreise eindeutig „blaue" (demokratische) und „rote" (republikanische) Kreise gibt.

Niemand bestreitet, dass das System geändert werden müsste – aber wenig geschieht, um es tatsächlich zu reformieren. „Auch um international weiter eine bedeutende Rolle zu spielen, (...) brauchen wir Reparaturen am politischen Prozess", mahnte der einflussreiche Politologe und frühere Pentagon-Spitzenbeamte Joseph Nye (Universität Harvard). (2)

Lobbyistenmacht ungebrochen

Der Einfluss der Lobbyisten wird von allen beklagt. Aber ihre Macht wird immer größer. Es gibt 13.000 offiziell registrierte Lobbyisten in Washington, ihre wirkliche Zahl ist um ein Vielfaches größer. 2010 gaben die Verbände, Gewerkschaften, Konzerne und andere Interessengruppen insgesamt 3,5 Milliarden Dollar (3) aus, um für ihre Anliegen zu werben: Das schließt alle Formen der PR, TV-Spots, Info-Kampagnen, Veranstaltungen und die Kosten für die Lobbyisten in Washington ein.

Berüchtigt ist vor allem der Einfluss der Waffenlobby, die darauf achtet, dass man in den USA weiter frei Waffen kaufen kann. Dazu gehören sogar halbautomatische und automatische Waffen, die kaum jemand als Verteidigungswaffe bezeichnen könnte. Aber die Macht der Waffenlobby wird nur verständlich, wenn man weiß, dass eine überwältigende Mehrheit der Amerikaner gegen das Verbot von Waffen für die Bürger ist. Über Beschränkungen und Kontrollen gibt es unterschiedliche Sichtweisen, aber das Verfassungsrecht auf Waffenbesitz ist den Amerikanern heilig.

Ein Wahlsieg kostet Milliarden

Als ein enormes Problem der amerikanischen Demokratie erweist sich auch die Frage der Wahlkampffinanzierung. Inzwischen kostet ein Präsidentschaftswahlkampf Milliarden Dollar. Aber ohne große Millionenbeträge sind Senatorensitze und Gouverneursposten kaum zu erringen. Und ein Urteil des Obersten Gerichts im Januar 2010 öffnete alle Schleusen, damit vor allem finanzstarke Verbände und Unternehmen mit großen Summen Politik beeinflussen können.

Das höchste US-Gericht hob nämlich ein jahrzehntealtes Verbot auf, dass Firmen und Gewerkschaften Wahlkampfwerbung untersagte. Die Richter entschieden mit fünf gegen vier Stimmen, dass eine solche Regelung die Meinungsfreiheit in der Demokratie zu stark einschränke und damit verfassungswidrig sei.

Obama wetterte heftig gegen das Urteil und bezeichnete es als einen „Schlag gegen die Demokratie": „Der Supreme Court hat heute grünes Licht gegeben für einen neuen Ansturm von Lobby-Geldern auf unsere Politik. Das ist ein großer Sieg für die großen Ölkonzerne, die Wall Street, die Versicherungskonzerne und andere mächtige Interessengruppen, die jeden Tag in Washington ihre Macht spielen lassen, um die Stimmen der normalen Amerikaner zu übertönen", empörte sich der Präsident. „Ich kann mir nichts Verheerenderes für das öffentliche Interesse vorstellen." Seine Reformen seien gefährdet, vor allem wenn es um eine bessere Kontrolle der Finanzindustrie oder den Kampf für mehr regenerative Energie gehe, so Obama. (4)

Solange die Lobbyisten mit enormen Geldern das politische Geschehen beeinflussen können, wird das System bei den Bürgern tiefe Unzufriedenheit schaffen", warnte auch der Politologe Stephen Szabo (Transatlantic Academy Washington). Der Einfluss des großen Geldes habe „einen verheerenden Einfluss auf das demokratische System". Das politische System in Washington sei krank und müsse dringend reformiert werden. Vermutlich aber brauche es „eine große, schmerzhafte Krise, bis die Amerikaner erkennen, dass sich etwas grundlegend ändern muss."

Die Bildungsprobleme des Souveräns

Ein enormes Problem sind die Wähler selbst. Es herrscht weitgehend Einigkeit in den USA, dass die Bürger extrem hohe Erwartungen an die Regierung haben. „Niemand kann wirklich diesen übertriebenen Erwartungen genügen, insbesondere nicht denen der eigenen Anhänger", meinte der Publizist Stephen Richter. (5)

Zudem muss an dem auch nur halbwegs profunden Wissen vieler Bürger über die großen Themen der Politik in ihrem Land gezweifelt werden, von der übrigen Welt ganz zu schweigen. Viele Untersuchungen haben gezeigt, dass die Allgemeinbildung der Amerikaner ebenso wie ihr Wissen über die globalen Ereignisse und Zusammenhänge sehr dürftig sind – sonst würden nicht immer noch viele glauben, Saddam Hussein sei in 9/11 verwickelt, Obama sei in Wirklichkeit ein Moslem oder der Staatsbesuch des US-Präsidenten in Indien koste dem US-Steuerzahler täglich 200 Millionen Dollar – alle diese Behauptungen rechter Spinner spuken in vielen Köpfen herum.

Bill Clinton klagte einmal, die Amerikaner wüssten in der Regel mehr über Football denn über Politik. „Fakten und Wissenschaft und Argumente" reichten oft nicht aus, um in der Politik Erfolg zu haben, klagte Barack Obama kurz vor der Kongresswahl 2010. (6)

Aufgeklärte, informierte Bürger sind konstitutionell für die Demokratie – überall in den Demokratien wird mit dieser Herausforderung gerungen. In kaum einem Land ist es so schwierig wie in den USA. „Amerikaner wählen ihre Präsidenten, als ob sie bei einem Talentwettbewerb abstimmen", meinte einmal der TV-Moderator Jerry Springer, der eine der übelsten Hass-Shows in den USA moderiert. „Es gewinnt immer der Coolste", meinte der Ex-Bürgermeister von Cincinnati.

4 Kalifornien: Wie das Volk einen Staat unregierbar macht

*„Freiheit kann gefährdet werden durch den Missbrauch von Freiheit,
ebenso aber durch den Missbrauch von Macht."*

James Madison, US-Präsident (1809–1817)

*„Reine Demokratien waren immer Spektakel voller Unruhen und Streit,
sie hatten in der Regel ein kurzes Leben
und viele Gewalttätigkeiten bei ihrem Untergang."*

James Madison

In seinen Filmen gibt es meist ein Happyend. Aber für Arnold Schwarzenegger gab es nach sieben Jahren als Gouverneur Kaliforniens kein glückliches Ende. Als er am 3. Januar 2011 sein Amtsbüro in Sacramento zum letzten Mal verließ, lässig mit einer Zigarre im Mundwinkel und das kalifornische Wappen unter den Arm geklemmt, wirkte er alles andere als ein Sieger oder Triumphator. Angetreten war der im österreichischen Thun geborene Held vieler Actionfilme im November 2003, um in Kalifornien politisch „aufzuräumen" und die Hauptstadt Sacramento „aufzupumpen" („pump up").

Zwar hatte der Ex-Filmstar Schwarzenegger viele dramaturgische Einfälle, um sich in Szene zu setzen. Seine Kandidatur kündigte der Republikaner in der populären Jay Leno Show an. Nachdem er in einem traditionell von Demokraten dominierten Bundesstaat gewählt worden war, verzichtete er auf Gouverneurspalast und Staatsgehalt. Er wollte auch nicht als „Mr. Gouverneur" angesprochen werden, sondern von allen nur mit „Arnie". Vor den Fernsehkameras zerriss er demonstrativ eine überdimensionale Kreditkarte, um deutlich zu machen, dass künftig gespart werden würde. Allerdings hatte Kalifornien, der bevölkerungsreichste US-Bundesstaat, 2011 doppelt so viele Schulden wie zu Schwarzeneggers Amtsantritt.

Schwarzenegger kämpfte zuweilen spektakulär in Hollywood-Manier für den politischen Erfolg. Nachdem im Juni 2009 wochenlange Haushaltsverhandlungen mit den Demokraten zu keinem Ergebnis kamen, schickte Schwarzenegger seinem demokratischen Kontrahenten Darell Steinberg ein Paar Stierhoden aus Bronze. Eine derbe Aufforderung an Darell, sich endlich wie ein Mann zu benehmen und dem Kompromissvorschlag von Schwarzenegger zuzustimmen. Steinberg schickte das geschmacklose Geschenk zurück und verweigerte weitere Gespräche. Kalifornien musste danach seinen Bediensteten zeitweise Schuldscheine aushändigen statt Gehälter zu zahlen.

Eine lange Kette von Niederlagen hatte aus dem „Governator", der gerne über die „Girlie men", die „Schlappschwänze" im Parlament lästerte, einen politischen „Loser" gemacht. Er hatte das Amt voller Tatendrang und auch mit viel Humor angetreten. Als er der Politik den Rücken kehrte, wirkte er resigniert, um nicht zu sagen verbittert. Als seine ärgsten Feinde bezeichnete er die Lobbyisten der „special interests", in der politischen Praxis aber bereiteten ihm die Wähler seine größten Schlappen. Erst hoben sie ihn als Retter auf ihr Schild. Dann verweigerten sie jedes Mal die Gefolgschaft, wenn er einen Weg aus Bildungsschlamassel, Verkehrsinfarkt oder Staatsbankrott weisen wollte.

Der einstige „Mr. Universum" und Film-„Terminator" hatte versprochen, den „Golden State", der fast bankrott war, wieder zu goldenen Zeiten zu führen. Aber Schwarzenegger gelang wenig: Die Schulen funktionierten am Ende nur noch, wenn die Eltern genug spendeten. Im Gesundheits- und Sozialwesen wurde weiter gekürzt. Staatsangestellte wurden in unbezahlten Zwangsurlaub geschickt. Der Staat hatte kein Geld für die überfüllten Gefängnisse, für den Ausbau der ständig verstopften Autobahnen, für Alten- und Krankenpflege.

Bürger strafen den „Governator" ab

Die erste bittere Niederlage erlitt der markige Republikaner mit dem starken deutschen Akzent bei der Volksabstimmung im November 2005. Der Republikaner wollte die teilweise verlotterten Schulen reformieren, strebte längere Probezeiten für Lehrer und Begrenzung des Gewerkschaftseinflusses an. Zudem wollte er zur Begrenzung der Ausgabenflut den Staatshaushalt kürzen. Die Wähler erteilten seinen Reformplänen eine glatte Abfuhr.

Im Mai 2009 musste Schwarzenegger schließlich die letzte große Pleite hinnehmen. Erneut ließen die Wähler den Muskelprotz im Gouverneursamt schwach aussehen. So verweigerten sie bei einem Volksentscheid alle Vorschläge des Republikaners, die Löcher im Haushalt zu stopfen. Nicht einmal ein Viertel der Wahlberechtigten war zur Abstimmung gegangen – aber es reichte, um zumindest Schwarzeneggers Vorstellungen einer vernünftigen Lösung der Probleme zu sabotieren.

„Direkte Demokratie hat Kalifornien erneut auf den Kopf gestellt. Die Einsicht, dass Kalifornien unregierbar ist, wird deutlicher denn je", schrieb die „New York Times". Und der kalifornische Publizist Joe Mathews klagte, dass Schwarzenegger trotz all seiner ehrlichen Bemühungen, seiner Phantasie, seinem „ideologiefreien, gnadenlosen Pragmatismus" gescheitert sei: „Die harte Wahrheit ist, (...) das System funktioniert nicht." (1) „Die Kalifornier „lieben kostenlose Mahlzeiten und hassen harte Medizin". Also lassen sie es nicht zu, dass der Staat mit

Kürzungen und Steuererhöhungen saniert, stabilisiert und modernisiert wird.

Ausgerechnet das landschaftlich wunderschöne, ökonomisch kraftstrotzende Kalifornien hat den zweifelhaften Ruhm errungen, unregierbar geworden zu sein. Der Bundesstaat, Heimat von Hollywood und Silicon Valley, wirtschaftlich in der Liga der G20-Staaten, droht an seinem Übermaß an Demokratie kaputtzugehen. Ein schwerreiches Land inmitten der Vereinigten Staaten als „gescheiterter Staat" – Ironie einer partizipatorischen Demokratie par excellence im 21. Jahrhundert.

Chaos dank direkter Demokratie

Ursache für die Misere Kaliforniens sind nicht so sehr das Platzen der Immobilienblase und die Finanzkrise 2008/2009, nicht der Einfluss der Lobbyisten und die politische Polarisierung – die sicher auch ihren Beitrag für Kaliforniens Elend geleistet haben. Kern des Problems ist die Verfassung des Staates, die den Kaliforniern quasi eine direkte Demokratie beschert hat – und damit die teilweise Kastrierung des repräsentativen Systems. Volksentscheide haben das Parlament Kaliforniens weitgehend entmündigt. Die Volksvertretung darf ein Gesetz oder eine Regelung, für die sich die Bürger einmal per Volksentscheid ausgesprochen haben, nicht mehr verändern – nicht einmal mit 100 Prozent der Abgeordnetenstimmen.

Vor genau 100 Jahren nahm Kaliforniens politisches Schicksal seinen ungewöhnlichen Verlauf. Am 3. Januar 1911 trat der kämpferische Liberale Hiram Johnson sein Amt als Gouverneur von Kalifornien an. Er galt als ein wortgewaltiger Populist, stritt für Frauenrechte und gegen Korruption, gegen die Macht des großen Geldes und vor allem gegen die in Kalifornien übermächtige Eisenbahngesellschaft Southern Pacific Railroad.

Johnson war ein leidenschaftlicher Verfechter von „mehr Demokratie wagen": Er wollte die Bürger gegen den Staat „bewaffnen", damit Volksvertreter ihre Macht nicht missbrauchen können. Sein Vater, der republikanische Abgeordnete Grove Lawrence Johnson, war noch mit einem Revolver auf korrupte Politiker losgegangen – der Sohn wollte die Instrumente der direkten Demokratie benutzen.

Die „Waffen" des Volkes waren die Dreifaltigkeit der Direkt-Demokratie: Volksbegehren, Volksentscheid und Abwahl, hier „Initiative", „Referendum" und „Recall" genannt. Dem Wähler wurde nicht nur erlaubt, massiv in die politische Gestaltung einzugreifen; er konnte auch jederzeit die gewählten Vertreter mit einem „Recall" wieder absetzen. Der Einfluss der Parteien sollte begrenzt werden – selbst die Möglichkeit, dass sie in den Vorwahlen Kandidaten unterstützten, wurde zunächst verboten. Der Bürgerwille sollte völlig unbeeinflusst bleiben. 1986 entschied allerdings ein Berufungsgericht in Los Angeles bei der Frage, ob Parteien ihre eigenen Kandidaten unterstützen dürften, dass die Reformen Johnsons doch etwas zu weit gegangen seien. Sie „schwächten massiv die Effizienz der politischen Parteien in Kalifornien", so die Richter damals. (2)

Volkswaffe direkte Demokratie

In den 70er Jahren hatten die Bürger des damals prosperierenden Kaliforniens begonnen, von ihren demokratischen „Waffen" intensiver Gebrauch zu machen. Zunächst votierten sie nur gegen die Erhöhungen der Grundstücks- und Immobiliensteuern. 1978 wurde die berüchtigte „Proposition 13" von der großen Mehrheit der kalifornischen Wähler angenommen. Die Steuern für Hausbesitzer wurden begrenzt. Der Sieg der Steuerrebellen reduzierte das Grundsteueraufkommen der Kommunen über Nacht um fast 60 Prozent. Damit nahm die große Krise ihren Anfang.

In den Folgejahren mischten sich die Bürger immer stärker ins politische Geschehen ein: Es entstand eine Volksbewegung zur Senkung aller Steuern und für die Gewährung immer neuer staatlicher Wohltaten. Im ersten Jahrzehnt dieses Jahrhunderts gab es 74 Volksbegehren. Die Bürger in Kalifornien handelten, als ob sie in einem politischen Schlaraffenland lebten – was nicht gutgehen konnte. Heute rangieren das Bildungssystem ebenso wie die Gesundheitsversorgung oder das Straßennetz auf den hintersten Plätzen bei allen inneramerikanischen Vergleichen. (3)

Erschwert wurde die Lage von einer Klausel in der „Proposition 13", nach der Steuererhöhungen grundsätzlich nur noch mit einer Zweidrittelmehrheit in beiden Kammern des Parlaments von Kalifornien möglich wurden. In der Praxis erwies sich diese Hürde als fast unüberwindlich, eine so große Mehrheit, zumal in beiden Kammern, konnte keine Partei selbst bei größter Geschlossenheit aufbringen. Die Gegner höherer Steuern hatten mit diesen Vorgaben so etwas wie eine Vetoposition. Zu allem Überfluss wurden einzelne Teile des Staatshaushalts nach Volksbegehren festgeschrieben, so dass das Parlament darüber keine Verfügungsgewalt mehr hat.

Ein reicher Staat geht bankrott

Kaliforniens Steuereinnahmen sanken mit den Jahren dramatisch, ohne dass die Regierung neue Einnahmequellen auftun konnte. Die Bürger des „Golden State" erwarteten aber dennoch, dass der Staat seinen Aufgaben nachkommen sollte: Schulen, Krankenhäuser, Bibliotheken, Gefängnisse oder Straßen sollten modernen Erfordernissen genügen. Aber für diese Aufgaben hatte die Regierung in Sacramento noch weniger Geld als alle anderen US-Bundesstaaten, bei denen der öffentliche Reichtum sich meist auch sehr in Grenzen hält.

Weiter verschlimmert wurde alles, als einzelne Berufsgruppen wie Lehrer, Krankenschwestern oder Gefängniswärter entdeckten, dass die Volksbegehren auch dazu erfolgreich genutzt werden konnten, sich ihre Pfründe zu sichern. Gefängniswärter verdienen jährlich über 100.000 Dollar. Die Lehrer haben „Prop 98“ durchgepeitscht, die ihnen garantiert, dass 40 Prozent des Staatshaushalts für die Schulen reserviert sind. Dank der direkten Demokratie zwangen die Bürger den Staat zu konkreten Ausgaben für Bildungseinrichtungen, Kinderkliniken oder für die Stammzellforschung – ohne sich groß darum zu kümmern, wie der Staat das bezahlen sollte. „Die Wähler haben den Gesetzgeber in eine Zwangsjacke gesteckt“, meinte der Politologe Thad Kousser (Universität von Kalifornien in San Diego). (4)

Die Sieger des Systems: Konzerne und Milliardäre

Die Flut der Volksentscheide schwächte auch die Gemeinden, die mangels eigener Einnahmen am Tropf des Regierungshaushalts in Sacramento hingen. Am meisten profitierten genau jene Interessengruppen von dieser „Volksmacht“, gegen die einst Hiram Johnson die „Waffen“ des Volkes geschmiedet hatte: die Versicherungen, Banken, Spielkasinos, Auto- und Pharmakonzerne. Denn sie professionalisierten die Volksbegehren, engagierten Agenturen, die gegen saftige Honorare für jedes Anliegen und Projekt die Unterschriften sammelten.

Bezeichnenderweise weigerten sich die Spezialfirmen zur Organisation von Volksbegehren in einem Fall, einem kalifornischen Kunden zu helfen. Als 2010 eine ambitionierte Bürgerinitiative „Repair California“ anklopfte, um die Stimmen für eine verfassungsgebende Versammlung zu unterstützen, winkten alle Agenturen ab. Eine drohende Stärkung des Parlaments bei gleichzeitiger Schwächung der direkten Demokratie hätte ihre Geschäftsgrundlage bedroht. Die Initiative brachte schließlich nicht genug Geld und nicht genug Unterschriften zusammen. (5)

Aber für alle anderen, sehr häufig Verbände und Unternehmen, gehen hübsche Mädchen und vertrauenerweckende Omis, sympathische junge Männer und seriös wirkende ältere Herren in die Öffentlichkeit und sammeln. Psychologisch geschult, suchen sie im Auftrag der Agenturen den Kontakt zu den Bürgern, sammeln in Einkaufszentren oder bei Sportveranstaltungen Unterschriften. Der Preis pro Bürgerunterschrift liegt zwischen 10 Cent und mehreren Dollar, je nach Schwierigkeitsgrad und Zeitpunkt; kurz vor Ablaufen der Fristen steigen die Preise. Die Vorgabe ist, die Menschen möglichst wenig in Diskussionen zu verwickeln, sondern nur sehr freundlich, aber kurz das Anliegen zu nennen oder zu einem Infostand zu lotsen.

Auch Kalifornier wissen zu wenig

Nicht nur bei den Unterschriftensammlungen, auch bei der Wahl selbst wissen viele Bürger gar nicht, um was es wirklich geht. Als Klassiker gilt die Volksabstimmung mit dem schlichten Titel „Rent“ (Miete), mit der 1980 der Hausbesitzerverband das Verbot von Mieterhöhungen aushebeln wollte. Wie eine Studie der Politik Institut PPIC (San Francisco) zeigte, stimmten viele Kalifornier angesichts der ein wenig komplizierten Fragestellung mit einem „Ja“, obwohl sie eigentlich „Nein“ meinten. Mieterhöhungen wurden erlaubt, obwohl dies der Wähler gar nicht gewollt hatte. Auch andere Studien lassen darauf schließen, dass das abstimmungsfreudige Volk oft nicht ausreichend über die politischen und finanziellen Hintergründe und Konsequenzen bestimmter Volksinitiativen Bescheid weiß. „Eine Regierung des Volkes, die nicht ausreichend über volksnahe Informationen verfügt (...), droht zur Farce oder zu einer Tragödie zu werden, oder womöglich zu beidem“, schrieb der vierte US-Präsident James Madison vor über 200 Jahren weitsichtig. Er hatte dabei nicht die direkte Demokratie im Auge – aber für den Bürger als mächtiger Souverän gilt dieses Diktum entsprechend.

Keine der Parteien hat sich bisher getraut, ernsthaft gegen die Entartungen der Demokratie vorzugehen. Sie alle fürchten, vom Wähler böse bestraft zu werden. Also versuchen die tief zerstrittenen Republikaner und Demokraten jeweils für sich, das Beste aus der Situation zu machen. Zudem haben sie es geschafft, mittels „Gerrymandering“ Wahlkreise so zu ziehen, dass aufgrund der sozialen und kulturellen Zusammensetzung der Bevölkerung eine Partei klar dominiert. Das führt vor allem dazu, dass parteiinterne Vorwahlen über die Abgeordneten entscheiden. 2011 beschlossene Reformen sollten zumindest diesen Missstand der Demokratie beseitigen helfen: Parteien wurden dazu verdonnert, die Vorwahlen für alle zu öffnen. Die Neuziehung von Wahlkreisgrenzen sollte eine unabhängige Kommission übernehmen.

Geblieben ist aber die seit 1990 geltende Begrenzung der Amtszeit des einzelnen Abgeordneten auf insgesamt sechs, die der Senatoren auf acht Jahre. Das senkte die Attraktivität für potentielle Kandidaten, in die Politik zu gehen. Zudem gibt es wegen der begrenzten Amtszeiten in den Volksvertretungen auch keine Politiker mehr, die über langjährige Erfahrungen und Spezialwissen auf den verschiedenen Sachgebieten verfügen. Schließlich trug die Begrenzung der Amtszeiten, die eine längere politische Perspektive ausschloss, ebenso wie das „Gerrymandering“ zur Polarisierung der Parteien bei.

Denn unter diesen Umständen ist es das Wichtigste, die eigene Partei zu überzeugen, um eine Chance zu haben, zumindest für eine (Senat) oder zwei Wahlen wieder aufgestellt zu werden. Am ehesten, das zeigt die Erfahrung, lässt sich das mit besonders hartem Auftreten und Verteidigung der jeweils „reinen Lehre“ der Parteidoktrin erreichen. Angesichts der Parteimacht und der begrenzten Abgeordnetenzeit gibt es wenig Anreize, im Parlament nach Konsens und Kompromissen zu suchen. Im Gegenteil, zu viele Zugeständnisse sind für Volksvertreter in Partei und Fraktion gefährlich. Ein Republikaner muss beispielsweise fürchten, dass er bei jeder noch so kleinen Zustimmung zu Steuererhöhungen von der Parteibasis mit einem Amtsenthebungsverfahren bedroht wird.

Kalifornien ist das Menetekel Amerikas

Die Krise Kaliforniens ist offensichtlich. Allerdings glauben die Bürger keineswegs, dass das an ihnen liegen könnte. Umfragen belegen, dass die Bürger zwar Reformen wollen, aber keines ihre Rechte aufgeben möchten. (5) Dabei profitieren am meisten jene, die das Volk eigentlich in die Schranken weisen wollte, jene mit viel Geld. „Das System erlaubt es dem Volk, sich Gehör zu verschaffen, aber auch den Mächtigen, die Politik zu umgehen“, schrieb Troy Senik.

Er meint, dass die schwere Systemkrise Kaliforniens einen Signalcharakter für ganz Amerika hat. (6) Denn Kaliforniens Probleme hätten nicht nur wegen der extremen Verschuldung ein „apokalyptisches Ausmaß“. Auf den Staat kämen noch ungeheure Lasten zu. Denn der Wert der Anlagen in den Pensionsfonds der Lehrer habe wegen der jüngsten Wirtschaftskrise ein Viertel seines Wertes, etwa 100 Milliarden Dollar, verloren. Für die Zahlung der Pensionen muss der Staat einstehen, der aber sei so gut wie pleite. Troy Senik malt ein sehr düsteres Bild – wobei er Phänomene schildert, die auf viele Demokratien zukommen können. Hoch verschuldet und in der Zukunft mit der Bürde enormer Rentenzahlungen belastet und ausgestattet mit einem maroden Regierungssystem – das trifft auch auf andere US-Bundesstaaten und Länder in Europa zu.

Wohin Sanierungsbemühungen solcher Staaten führen, zeigten die Krawalle in Griechenland 2010 ebenso wie die Protestaktionen von Gewerkschaften in Wisconsin 2011 gegen drastische Kürzungen der Staatsausgaben. Der republikanische Gouverneur von Wisconsin, Scott Walker, wollte mit Entlassungen, Lohnkürzungen und Einschränkung staatlicher Dienste und Leistungen den hoch verschuldeten Bundesstaat stabilisieren – und löste eine Welle von heftigen Protesten einschließlich der Besetzung des Kapitols in der Hauptstadt Madison aus. Bankrotte Staatswesen haben überall einen – vor allem für die Bürger – bitteren Weg vor sich.

Es gibt unzählige Initiativen, um der Demokratie in Kalifornien wieder auf die Sprünge zu helfen. Besonders beachtenswert sind die Bemühungen des deutsch-amerikanischen Unternehmers Nicolas Berggruen. Das gleichnamige Forschungsinstitut sieht in Kalifornien so etwas wie einen Modellfall für die Krise der modernen Demokratie.

An den Überlegungen und Konzepten im Rahmen des Projekts „Think Long Committee for California" arbeiten Unternehmer, Wissenschaftler und Politiker; sie suchen auch nach einem Konzept für den maroden Bundesstaat an der Pazifikküste. Der Milliardär Berggruen hat dafür unter anderem Google-Gründer Eric Schmidt und Ex-Außenministerin Condoleezza Rice gewinnen können. Berggruen überlegt, mit einem eigenen Volksbegehren die Reform des kalifornischen Systems anzugehen – und hat für die Bemühungen um einen „Neustart des Krisenstaates Kalifornien" 20 Millionen Dollar zur Verfügung gestellt.

Die Erfahrungen Kaliforniens mit der partizipatorischen Demokratie sind verheerend. „Unabsichtlich hat Kalifornien sich für die ganze Welt zu einem negativen Modell für andere Demokratien gemacht", kommentierte der Economist 2011 in einer umfassenden Analyse des modernen Kalifornien. Der Bundesstaat vereine „die schlimmsten Alpträume des (amerikanischen Gründungsvaters) James Madison (...) Direkte Demokratie in Kalifornien ist ein Irrweg", lautet die Bilanz.

Hat das kalifornische Modell zumindest zu einer größeren Zufriedenheit der Bürger mit der Politik geführt? Keineswegs. Noch nie war das Ansehen der Politik in Kalifornien so katastrophal wie heute. Dies belegen alle Umfragen. Auch die Hoffnungen, dass der Einfluss der einfachen Menschen, der Basis der Gesellschaft, größer wird, hat sich zerschlagen. Das System der direkten Demokratie in Kalifornien hat sich weniger als ein Instrument für die Anliegen und den Zorn der Basis erwiesen, sondern vielmehr als ein Mittel, „die Lieblings-Spielzeugprojekte von einigen reichen Spendern und Interessengruppen umzusetzen", schrieb Senik. (6)

VIII Von den Chinesen lernen?

„In der ganzen Welt tobt ein Kampf zwischen Kapitalismus und sozialismusähnlichen Systemen (...) Bei der gegenwärtigen Wirtschaftskrise kann es keine Sieger geben, aber es gibt Verlierer, und zu den großen Verlierern zählt die Unterstützung für den Kapitalismus im amerikanischen Stil."

Joseph Eugene Stiglitz (Wirtschaftsnobelpreisträger) im Juli 2009 (1)

„Wenn im Staate Ordnung herrscht, ist es eine Schande,
ein armer und gewöhnlicher Mensch zu sein.
Wenn im Staate Verwirrung herrscht,
so ist es eine Schande, reich und Beamter zu sein."

Konfuzius

„Die amerikanische Demokratie kann China nicht viel lehren."

Francis Fukuyama, Wirtschaftswissenschaftler (2)

Als die Mauer in Berlin 1989 fiel, verschwand scheinbar auch die Konkurrenz zwischen den Systemen. Der Kapitalismus hatte über den Kommunismus gesiegt, die Idee der Freiheit über die Vision von Gleichheit. Francis Fukuyama sah nach dem Zusammenbruch des sowjetischen Imperiums das „Ende der Geschichte" gekommen. Der neokonservative Freigeist erklärte – in geistiger Verwandtschaft zu Hegel und Marx über den unabänderlichen Verlauf der Menschheitsgeschichte – den historischen Sieg von Marktwirtschaft und Demokratie. Die Widersprüche der Weltpolitik seien aufgehoben, der weiteren friedlichen Entfaltung der freiheitlichen Gesellschaft stehe nichts mehr im Weg.

Inzwischen ist er von dieser optimistischen These etwas abgerückt. „Das erste Jahrzehnt im 21. Jahrhundert hat eine dramatische Schicksalswende in dem relativen Ansehen verschiedener politischer und ökonomischer Modelle gebracht", schrieb er Anfang 2011. (3) Und bewundernd schilderte er die „Fähigkeit des politischen Systems in China, (...) umfassende, komplexe Entscheidungen rasch zu treffen" und sie auch noch „relativ gut" umzusetzen. Fukuyama ist nur einer von vielen im Westen, die spätestens nach dem großen Finanz-Crash 2008 fasziniert auf das chinesische Modell schauen.

Schon Singapur und Südkorea war es als relativ autoritär geführte Staaten in den vergangenen drei Jahrzehnten gelungen, eine ungewöhnliche Wirtschaftsblüte zu entfalten. Jetzt setzt China trotz der strengen Dominanz der Kommunistischen Partei dazu an, die größte Wirtschaftsmacht der Welt zu werden. Die Überzeugung, dass es für die Entfaltung der Marktwirtschaft ein demokratisches Gemeinwesen geben muss, scheint damit in Frage gestellt. Selbst in der „gelenkten Demokratie“ Russland sehen manche einen Hinweis, dass „milde Diktaturen“ vor allem in rückständigen Ländern sinnvoll sein können.

Zwei moderne Phänomene fordern die bislang kaum bezweifelte Überlegenheit der westlichen Demokratien heraus. Zum einen erschütterte die Finanzkrise 2008 den Glauben an die Marktwirtschaft. Viele Wissenschaftler und Politiker interpretierten – gleichgültig ob zu Recht oder nicht – die Krise als eine schwere Niederlage der neoliberalen Ideologie und der ungezügelten Märkte.

Zum anderen befinden sich die politischen Systeme im Westen in der Krise. Das wachsende Unbehagen der Bürger an der Politik in ihren Ländern, die offensichtliche Lähmung von Regierungen und das geringe Ansehen fast aller Staatsführer im Westen haben viele nachdenklich werden lassen. In Deutschland und in vielen anderen Demokratien reagierte man auf diese Entwicklung der vergangenen Jahre mit zwei Antworten: Der Staat soll stärker als bisher in die Wirtschaft eingreifen. Zudem sollen die Bürger mehr an politischen Entscheidungen teilhaben. China geht bisher einen ganz anderen Weg.

Chinas gefährdeter Erfolg

Als am 9. Dezember 2010 in Oslo der Friedensnobelpreis verliehen wurde, symbolisierte ein leerer Stuhl die Schwäche Chinas. Zwar lobte Peking 100 Staaten und internationale Organisationen, die angeblich der Einladung des Nobel-Komitees nach Norwegen aus Protest nicht folgten. Aber der leere Polsterstuhl mit einem farbigen Porträt des Menschenrechtlers Liu Xiaobo, der in Peking im Gefängnis saß, war kaum ein Zeichen von Stärke.

Die Vergabe des Nobelpreises betrachtet Peking als „flagrante Einmischung“ in die Souveränität Chinas und als politischen Akt der gezielten „Beleidigung“. Das kommunistische Regime fürchtet offensichtlich den Einfluss eines Mannes wie Liu Xiaobo. Der Co-Autor der „Charta 08“ und friedliche Streiter für eine Demokratie jagt den Machthabern Chinas Angst ein. Allein das sollte über die wahre Stärke des chinesischen Modells nachdenklich machen.

Die jüngere Geschichte Chinas scheint zwar zu belegen, dass es Wirtschaftswachstum und gesellschaftlichen Fortschritt auch ohne Demokratie westlichen Musters geben kann. Aber es lohnt ein genaues Hinsehen, um neben den unbestrittenen Stärken auch die Zerbrechlichkeit des chinesischen Systems zu sehen.

Die Kommunisten in China haben nach den revolutionären Irrwegen Mao Tse Tungs das Land in einem Maße reformiert, dass es Mühe macht, noch einen Zusammenhang zum marxistischen Gedankengebäude zu erkennen. „Die moderne Staatsgewalt ist nur ein Ausschuss, der die gemeinschaftlichen Geschäfte der ganzen Bourgeoisklasse verwaltet", schrieben Karl Marx und Friedrich Engels im Kommunistischen Manifest. „Was den Kommunismus auszeichnet, ist (...) die Abschaffung des bürgerlichen Eigentums." Die KP Chinas ebnete seit den 80er Jahren mit großem Erfolg den Weg für eine marktwirtschaftliche Entwicklung, verbannte die Planwirtschaft und führte 2004 das Privateigentum an Produktionsmitteln auch verfassungsrechtlich wieder ein.

Obwohl es politisch keine Liberalisierung gab, ging die Partei mit ihren 78 Millionen Mitgliedern klug vor. Sie sicherte sich vor allem die Loyalität der neuen Bourgeoisie. Die Unternehmer und der neue Mittelstand wissen sehr wohl, wem sie ihren neuen Reichtum zu verdanken haben. Der KP Chinas gelang es zudem, geschickt viele gesellschaftliche Gruppen einzubinden: Wirtschaft, Gewerkschaften, Bauernverbände und Kommunen haben Plattformen für Diskussionen und Beteiligung.

Eine halbe Milliarde Menschen wurden in den vergangenen 20 Jahren aus der bitteren Armut geholt. Chinas wirtschaftlicher Aufstieg bestätigte allerdings die alte liberale These des Kapitalismus vom Wachstum als der „steigenden Flut, die alle Boote hebt". China hat plötzlich eine Schicht von Reichen und Superreichen – aber auch der Lebensstandard des Volkes verbesserte sich spürbar. Es gibt krassere soziale Unterschiede zwischen den milliardenschweren Unternehmern und der Masse der Menschen, die für einen besseren Hungerlohn arbeiten – aber nicht mehr wie früher wirklich Hunger leiden.

Chinas pragmatische Diktatur genießt bei großen Teilen der Bevölkerung Glaubwürdigkeit und Zustimmung. Die Chinesen erkennen an, dass sich ihre Lebensumstände verbessert haben, die Infrastruktur ausgebaut und der private Konsum gefördert wurden. Die Führung in Peking wird respektiert, obwohl sie nicht demokratisch gewählt wurde. Aber die KP nimmt das Volk ernst, ernster zumindest, als das die Eliten in anderen autoritär geführten Staaten tun. Peking reagiert auf Skandale und Korruption, bekämpft Misswirtschaft und Behördenwillkür.

Tausende von Meinungsforschungsinstituten dienen dazu, dem Volk den Puls zu fühlen – wenn es schon nicht abstimmen darf. Die Medien haben begrenzte Freiheiten, aber sie berichten auch über Missstände. Letztendlich wird in China dennoch bei allen wichtigen Themen zentral und autoritär entschieden. Keine Verfassung schränkt die Macht der KP ein, kein politisch Verantwortlicher kann einfach abgewählt werden. Die Justiz ist nicht unabhängig, die Rechtssicherheit nicht garantiert.

Minderheiten haben keinen Schutz, Oppositionelle werden verfolgt, Proteste meist abgewürgt. Dennoch kommt es in China jeden Tag im Durchschnitt zu mehr als 300 Protesten und organisierten Demonstrationen von Studenten, Arbeitern, Bauern oder Bürgern einer Stadt. (4) Auch China-Bewunderer Fukuyama bezweifelt, ob letztendlich ein System, das „top-down", also von oben nach unten funktioniert, mit den Herausforderungen einer komplexen Gesellschaft langfristig wird fertig werden können.

Die Chinesen preisen ihr System, das wirtschaftlich erfolgreicher sei als das der westlichen Demokratien: „Die wirtschaftlichen und politischen Errungenschaften seit den späten 70er Jahren sind dem einzigartigen, vom Sozialismus gekennzeichneten Entwicklungsmodell zu verdanken", schreibt das Politikinstitut „Chinese Academy of Social Sciences" in seinem Jahresbericht im Februar 2011. (5) Weitreichende strukturelle Reformen seien erreicht worden, bei gleichzeitiger „Zurückweisung jeder ausländischen Intervention", heißt es. „Chinas Erfolg in den vergangenen 60 Jahren (...) übertrifft die Ergebnisse Großbritanniens bei der industriellen Revolution und den Fortschritt der USA im 19. Jahrhundert." Es gebe allerdings in China noch manches zu verbessern, und es wird auf Umweltschutzprobleme, soziale Kluften sowie Korruption und Machtmissbrauch verwiesen.

Die Strahlkraft Chinas in der Welt

Nirgendwo wird China so bewundert wie in Ländern, die ein großes Problem mit der Demokratie haben. Und nach dem weltweiten „Demokratie-Boom" zwischen 1985 und 1995 ist ihre Zahl gewachsen: Als Beispiele gelten Venezuela, Bangladesh, Thailand oder auch Russland. In Afrika gibt es besonders viele politische Systeme, oft Scheindemokratien, in denen die Demokratie wenig Wurzeln hat.

Mit glänzenden Augen erzählen Funktionäre der Regierungen in Maputo (Mosambik), Luanda (Angola) oder Harare (Simbabwe) über die blühende Wirtschaft und den Aufstieg Chinas zur Supermacht. Das chinesische Modell birgt für sie ein verlockendes Versprechen: Wirtschaftsboom auch ohne demokratische Reformen, eine Perspektive von Wachstum und Wohlstand bei gleichzeitig autoritärer, zentralistischer Führung.

Peking wird von Eliten in aller Welt bewundert: Denn die Kommunistische Partei hat mit einem Programm Erfolg, das es rechtfertigt, Widerstand und Opposition ebenso zu unterdrücken wie die Forderungen von Minderheiten und Randgruppen. Nirgendwo weckt das mehr Begehrlichkeiten und Neugier als in Afrika, dem Kontinent mit den üppigen Bodenschätzen und der düsteren Perspektive. Es ist die Frage, ob Afrikas marode Staaten ohne die Arbeitsmoral und Disziplin, die Kreativität und Willenskraft der Kulturnation China auch nur annähernd so erfolgreich sein könnten. Aber den Eliten ist das häufig auch gar nicht wichtig: Das chinesische Vorbild und die enge Zusammenarbeit mit Peking helfen allemal zur Legitimation der autoritaren Strukturen.

Selbst die Regierungspartei im demokratischen Südafrika, der ANC, schickt ihre Spitzenkader inzwischen lieber nach China als zur Friedrich-Ebert-Stiftung. Die SPD-nahe Institution musste enttäuscht zur Kenntnis nehmen, dass das Interesse des ANC an der westlichen Demokratie schwindet.

Offene Türen und Ohren finden die Chinesen aber vor allem in autoritär geführten Staaten wie Simbabwe, Angola, Mosambik oder Kongo. Für die Ausbeutung der Bodenschätze wie Öl, Erdgas, Bauxit oder Uran schnürt Peking Afrikas Diktatoren gerne ein Paket aus Krediten, Investitionen und Projekten. Gebaut werden Straßen und Krankenhäuser, Flughäfen, Stadien und Präsidentenpaläste. Auch in Afrika erweist sich die chinesische Effizienz den europäischen Anstrengungen oft als überlegen.

China will nur gute Geschäfte machen. Wie Afrikas Herrscher das Volk oder Minderheiten behandeln, interessiert Peking wenig. Zur Freude der Diktatoren gibt es keine „imperialistische Einmischung“, keine lästigen Forderungen nach Einhaltung der Menschenrechte oder Rechtsstaatlichkeit.

Westliche Manager beneiden Führungskraft in China

Chinas Erfolge sind auch in Europa und den USA nicht ohne Wirkung geblieben. Wer in westlichen Demokratien Jahre, wenn nicht Jahrzehnte für den Bau eines neuen Kraftwerks, Flughafens oder Bahnhofs streiten muss, bewundert natürlich ein System, in dem riesige Infrastrukturprojekte zügig beschlossen und umgesetzt werden können. Spitzenmanager in Deutschland sind oft völlig hingerissen, wenn sie von den gewaltigen Entwicklungssprüngen in China berichten.

Die Anziehungskraft des chinesischen Systems ist offensichtlich, insbesondere angesichts aller westlichen Schwächen. „In den Entwicklungsländern schauen die Leute nach Washington und sehen ein System, das der Wall Street erlaubt, nach selbstsüchtigen Regeln zu handeln und damit die gesamte globale Wirtschaft zu gefährden“, schrieb der Wirtschaftsnobelpreisträger Joseph Eugene Stiglitz. Das politische System der USA verliere sichtlich an Überzeugungskraft. Fukuyama preist Chinas Qualitäten und bemängelt, dass in den USA zwar Freiheiten garantiert würden und es einen dynamischen Privatsektor gebe, das Land jedoch polarisiert und ideologisch erstarrt sei.

Auch Nicolas Berggruen schaut nach Fernost: Dem erfolgreichen Unternehmer und Kosmopolit ist wie vielen Machern in der Wirtschaft vor allem der Mangel an Effizienz und die Selbstblockaden in der Politik moderner Demokratien zuwider – auch wenn er es als diplomatischer und höflicher Mensch nie so formulieren würde. Während die Demokratien im Westen zunehmend unregierbar würden, an Maßlosigkeit, Perspektivmangel und kurzsichtiger Politik litten, bewege die weitsichtige autoritäre Führung Chinas ihr Land mutig und entschieden in die Zukunft, schrieb Berggruen. „Vielleicht ist China offener für fundamentale politische Reformen als die USA." (6)

Er will einen Modernisierungsschub für die westlichen Demokratien – und hat dabei auch Pekings effiziente Führung im Blick. Berggruen und sein weltweit agierendes Nicolas-Berggruen-Institut haben die Vorstellung, dass man das chinesische Modell mit dem westlichen System verbinden könne. Er schwärmt von einer „Evolution der Demokratie im 21. Jahrhundert". (7) Seine Vision ist die Versöhnung der „Freiheit des Individuums mit der Exzellenz Asiens".

Der Unternehmer möchte vor allem, dass die Demokratie mehr meritokratische Elemente zulassen soll. So empfiehlt er Demokratien eine Art zweite Kammer des Parlaments, das nicht wie in Deutschland oder den USA die Bundesländer beziehungsweise Bundesstaaten vertritt, sondern aus anerkannten Experten besteht. Überhaupt sollen Gremien von ausgewiesenen und akzeptierten Fachleuten stärker im System verankert werden und politisch mitentscheiden können. Die Wähler sollten über die Führung des Landes nur unter den Politikern abstimmen, die das Parlament zur Auswahl stellt. „Die Wähler denken oft zu kurzfristig, zu egoistisch (...) sie haben meist nicht die Informationen oder das Wissen, das Wähler haben sollten", meint Berggruen. (8)

Seine Überlegungen sind interessant und nachdenkenswert. Allerdings beruhen die Effizienzvorteile Chinas und anderer autoritärer Staaten in erster Linie nicht auf der meisterlichen Staatskunst der Herrschenden. Chinas wichtigste Vorteile in der internationalen Konkurrenz sind nicht, dass es stärker auf Experten hört, langfristiger im nationalen Interesse handelt, effizienter Politik umsetzt und diese mit wirtschaftlichen Anforderungen und Zielen verknüpft. Chinas wirtschaftlicher Aufstieg erklärt sich vor allem aus der Kombination marktwirtschaftlicher Dynamik mit politischer Repression sowie einem Riesenreservoir billiger Arbeitskräfte.

So wie einst im Manchester-Kapitalismus die ursprüngliche Akkumulation des Kapitals in großem Maße auch durch die Schwäche der Arbeiterschaft möglich wurde, so nutzt Peking die Rechtlosigkeit seiner Bevölkerung. Die Chinesen haben in der Volksrepublik äußerst bescheidene Mittel, um sich gegen die Enteignung von Land, die Vertreibung aus Siedlungen und Häusern, willkürlichen Entlassungswellen oder die allgegenwärtige Korruption in Politik, Bürokratie und Wirtschaft zu wehren.

Hinzu kommt, dass Mao Tse Tung China ins Elend geführt hatte, dass seine Kulturrevolution die Menschen mit dem Schrecken des totalitären Systems konfrontiert hatte. Unendlich dankbar und bescheiden sind die Chinesen nun, da es sichtlich aufwärts geht.

Vorbild Russland

Manche Länder Ostereuopas schielen auf das Vorbild Russland („Putinisierung"), wo es eine „gelenkte Demokratie" gibt – in Wirklichkeit hat eine schmale Schicht aus der Politik- und der Finanzoligarchie das Land fest im Griff. Russlands Präsident meinte im September 2010, eine parlamentarische Demokratie in Russland wäre eine „Katastrophe", Russland müsse „seinen eigenen Weg gehen". (9) In Moskau herrscht die Idee, dass Demokratie nach westlichem Muster nur unter bestimmten sozialen und kulturellen Bedingungen funktionieren könne. Es gibt durchaus ernstzunehmende wissenschaftliche Untersuchungen, denen zufolge die Möglichkeit einer erfolgreichen Demokratie auch von einem akzeptablen Mindesteinkommen der Bevölkerung abhängt.

Kein autoritäres System hat aber eine stärkere Ausstrahlung als die „milde Diktatur" Chinas. Dabei ist der Weg des Milliardenvolkes nur eine Bestätigung, dass es auf dem Weg zu allgemeinem Wohlstand keine Alternative zur Marktwirtschaft gibt. China überzeugt trotz aller Defizite an Bürger- und Freiheitsrechten mit Führungskraft und Effizienz. Damit zu konkurrieren, fällt einer Demokratie naturgemäß schwer. Noch problematischer wird es, wenn es ein Übermaß an Partizipation in der Gesellschaft gibt. Es geht wohl wie so oft um das rechte Maß – auch in der Demokratie. Chinas Erfolg hat westlichen Demokratien wenig zu sagen. Wenn jemand vom anderen lernen kann, dann vor allem China vom Westen. Dabei könnten die Chinesen zum Leidwesen der Europäer auch lernen, was passiert, wenn Maß und Mitte verloren gehen, wenn traditionelle Werte wie Respekt, Bescheidenheit oder Disziplin eine immer kleinere Rolle spielen.

Die Schwächen der westlichen Demokratien stärken die autoritären Regime in der Welt. Der neue Systemkonflikt zwischen scheinbar erfolgreichen Diktaturen und krisengeschüttelten Demokratien verunsichert vor allem junge Demokratien wie in Osteuropa, Asien oder auch in arabischen Staaten. China ist faktisch das Zentrum einer weltweiten antidemokratischen Allianz geworden. Noch betont die neue Weltmacht ihre Friedfertigkeit und ihren globalen Kooperationswillen. Bei Auseinandersetzungen mit seinen Dissidenten, mit religiösen Minderheiten oder auch in den politischen Konflikten mit Japan zeigt Peking ein befremdliches Gesicht von Nationalismus, Arroganz und Selbstgerechtigkeit. Das kann Angst machen. Denn die Chinesen haben der Welt eindrucksvoll bewiesen, dass sie enorm durchsetzungsfähig und effizient bei der Verfolgung ihrer Ziele sind.

IX Partizipation und Demokratie in der Wirtschaft

„Mein Prinzip ist immer gewesen, bis zum Augenblick der Entscheidung demokratisch zu verfahren. Dann übernehme ich das Kommando."

Lee Iacocca, amerikanischer Topmanager

„Als ein Führer haben Sie die Verantwortung, den ‚New York Times'-Test jeden Tag aufs Neue zu bestehen: Wenn Ihre Aktivitäten auf der Titelseite der Zeitung erschienen, wären sie dann okay?"

Aus „The Leadership Code" (1)

Kinder lieben McDonalds. Schüler konkurrieren mit ihren neusten iTunes und iPods. Teenager sind stolz auf ihre coolsten Sportschuhe von Nike oder Puma. Manche Frauen bekommen glänzende Augen bei einer Tasche von Prada oder Schuhen von Gucci. Männer zeigen sich gegenseitig ihre neusten Blackberries oder versammeln sich andächtig um einen Ferrari. Menschen lieben Marken. Sie sind inspirierend und identitätstiftend, sie werden verehrt und begehrt.

Dennoch lernen Firmen und Unternehmen derzeit immer stärker das Gefühl kennen, gehasst zu werden. Eine kleine Bibliothek lässt sich mit kritischen und zornigen Büchern über den größten Einzelhändler der Welt, Wal-Mart, füllen. „Wie Wal-Mart Amerika zerstört", heißt ein Titel. Amazon verkauft für 29,99 US-Dollar ein T-Shirt mit der Aufschrift „Keep your dignity, don't shop at Wal-Mart". Man könnte denken, der Wirtschaftsgigant mit einem Umsatz von über 400 Milliarden US-Dollar wäre selbst daran schuld, weil er miserable Löhne zahlt oder die Mitarbeiter schlecht behandelt.

Relativiert werden allerdings die Aversionen gegen den Supermarkt-Giganten durch die fast flächendeckende Kritik an anderen Konzernen und Firmen. In Deutschland mussten sich beispielsweise die Handelsketten Lidl oder Schlecker gegen massive Vorwürfe wegen angeblicher Unterbezahlung und schikanösen Arbeitsvorschriften wehren. In den USA veröffentlichte eine Website „24/7 Wallstreet" Anfang 2011 eine Liste der meistgehassten Firmen: Dazu gehörten BP und Toyota, auch die Telefongesellschaft A&TT, Nokia, die Fluggesellschaften American Airlines und United Airlines, Banken und McDonalds.

Unabhängig von der Berechtigung aller Kritik und Vorwürfe ist offensichtlich, dass sich die Wirtschaft heute in der Defensive befindet. Das allgemeine Unbehagen über die Macht der Unternehmen äußert sich auch in zahlreichen Forderungen nach mehr Demokratie und Mitbestimmung, nach mehr Ethik und Verantwortungsgefühl in der Wirtschaft. Derzeit stehen die Verantwortlichen der Firmen vor enormen Herausforderungen. Es ist schwer geworden zu führen. Denn der Druck wächst von allen Seiten.

Eigentlich müsste sich in Deutschland die Wirtschaft vergleichsweise leicht tun. Denn das Land genießt nicht nur ein hohes Maß an Wohlstand und ein funktionierendes soziales Netz; hier gibt es auch schon lange ein einzigartiges Mitbestimmungsmodell, das die Macht der Unternehmer und Aktionäre über ihre Firmen und Konzerne stärker begrenzt als in irgendeinem anderen Land der Welt.

Die betriebliche Mitbestimmung (Betriebsrat) und die paritätische Mitbestimmung (im Aufsichtsrat großer Unternehmen) genießen zudem seit langem eine hohe Akzeptanz. „Die Mitbestimmung ist ein wesentliches Merkmal der sozialen Marktwirtschaft", betonte auch Bundeskanzlerin Merkel. (2) Wissenschaftler bestätigen die positiven Effekte der Mitbestimmung auf Betriebsfrieden und Arbeitszufriedenheit. Nur über das richtige Maß von Mitbestimmung gibt es unterschiedliche Sichtweisen. Die Gewerkschaften und Linke wollen mehr, die Arbeitgeber weniger.

Alle wollen mitsprechen

Aber von den Forderungen nach noch mehr Mitbestimmung abgesehen, gibt es zahlreiche andere, weniger wahrgenommene Tendenzen für eine schleichende Demokratisierung des Wirtschaftslebens. Eigentümer, Anteilseigner und Manager spüren seit geraumer Zeit, dass ihnen die Kontrolle über immer mehr Bereiche in ihren eigenen Unternehmen zu entgleiten droht.

Viele gesellschaftliche Akteure scheinen an Einfluss, Selbstbewusstsein und Gestaltungswillen gewonnen zu haben. Alle wollen offenbar mitsprechen: Mitarbeiter und Kunden, Umweltschützer und Produkttester, Politiker und Blogger, Medien und Regierung. Der Staat greift häufiger direkt und indirekt ins Wirtschaftsgeschehen ein – um das Klima zu retten, die Frauen zu fördern oder den Arbeitnehmer zu schützen. Neue Managementmethoden, Veränderungen des Marktes und ein neues Bild vom Arbeitnehmer führen zu flacheren Hierarchien und einer grundsätzlichen Aufwertung von Mitarbeitern.

Vor diesem Hintergrund befinden sich Manager und Unternehmer in einem Dilemma. Sie sollen führen, gestalten und Verantwortung übernehmen. Gleichzeitig müssen sie zahlreichen neuen Anforderungen gerecht werden, die genau darauf zielen, weniger führen und gestalten zu können. Die Verantwortung allerdings soll dieselbe bleiben. Eine Antwort auf diese schwierige Situation könnte sein, sich elegant und souverän hin und wieder zu verweigern und gegen den Strom zu schwimmen. Aber selten war die Kunst der Führung so schwer.

1 Deutschland ist Weltmeister bei der Mitbestimmung

„Mit seiner Mitbestimmung nimmt Deutschland eine weltweit singuläre Stellung ein. Die Mitbestimmung deutscher Prägung ist ein Unikat. Kein Land kennt so umfassende Mitbestimmungsrechte der Arbeitnehmer – und kein Land hat sich bisher bereit gefunden, eine so weitgehende Mitbestimmung zu übernehmen."

Aus dem Mitbestimmungspapier
der Arbeitgeberverbände und der Industrie 2004

Deutschland darf sich unter den Demokratien als unbestrittener Weltmeister bei der Mitbestimmung fühlen. Natürlich wird trotzdem der weitere Ausbau der Mitbestimmung von Arbeitnehmern und Gewerkschaften in Betrieben gefordert. Aber in keiner anderen Marktwirtschaft existiert eine so weitreichende Mitbestimmung wie hier. In allen Betrieben ab fünf Mitarbeitern ist ein Betriebsrat vorgesehen. In Unternehmen mit 500 bis 2.000 Angestellten wird ein Drittel des Aufsichtsrats von der Arbeitnehmerseite besetzt, bei den 730 Kapitalgesellschaften in Deutschland mit mehr als 2.000 Beschäftigten sitzen Arbeitnehmervertreter paritätisch im Aufsichtsrat. Für die Montanindustrie gibt es eigene, noch weitergehende Mitbestimmungsgesetze.

Die Befürworter des deutschen Mitbestimmungsmodells sind nach mehreren Jahrzehnten Erfahrung in der überwältigenden Mehrheit – wirklich kopiert wird das Konzept allerdings in der Welt nirgends. Von der Bundeskanzlerin bis zu Spitzenmanagern und Wirtschaftswissenschaftlern reicht dennoch der Chor, der die Mitbestimmung als einen Schlüssel für die Wirtschaftskraft und den sozialen Frieden Deutschlands betrachtet.

„Mitbestimmung ist ein Standortvorteil", lobte auch Siemens-Chef Peter Löscher. (1) Dabei muss man allerdings wissen, dass Spitzenmanager sich meist gut mit dem Einfluss der Arbeitnehmer arrangiert haben. Schließlich würden die Vertreter der Arbeitnehmerschaft mit ihrer Parität im Aufsichtsrat maßgeblich über die Karriere deutscher Unternehmensführer mitentscheiden, kritisiert der Wirtschaftswissenschaftler Theodor Baums (Universität Frankfurt). (2)

Auch eine von der Regierung 2005 eingesetzte Kommission unter der Leitung des CDU-Politikers Kurt Biedenkopf kam zu dem Ergebnis, dass es keinen Grund gebe, an den deutschen Mitbestimmungsregeln grundsätzlich etwas zu ändern. Die Existenz von Betriebsräten macht demnach Betriebe oft produktiver und innovativer, es gebe eine geringere Fluktuation und eine familienfreundlichere Personalpolitik. Das sei auch das Ergebnis der meisten empirischen Untersuchungen zu den wirtschaftlichen Konsequenzen der Mitbestimmung, betonte der Arbeitsökonom Uwe Jirjahn (Universität Trier), der verschiedene wissenschaftliche Studien dazu ausgewertet hatte. (3)

„Dritter Weg" durch Mitbestimmung?

Für manche Wissenschaftler wie Ludger Pries (Universität Bremen) ist Mitbestimmung ein Schritt zum „dritten Weg" zwischen Markt- und Planwirtschaft: „Mitbestimmung ist mit ökonomischer Effizienz absolut vereinbar, aber Mitbestimmung ist mehr als ökonomische Effizienz, sie ist, wie Kurt Biedenkopf schon 1970 betonte, ein sozialethisches Postulat. Wenn es einen dritten Weg zwischen liberalem Kapitalismus und staatlich gelenkter Wirtschaft gibt, dann ist Mitbestimmung mehr als nur ein Pflasterstein dazu. Mitbestimmung ist ein wesentliches Scharnier zwischen sozialer Demokratie und sozialer Marktwirtschaft", schrieb er 2006. (4)

Allerdings verwies auch Kanzlerin Merkel darauf, dass es beim Zusammenwachsen Europas eine Angleichung der Mitbestimmungsregelungen geben müsste. Dabei wird Deutschland wohl auch Abstriche machen müssen. Denn nur in sieben EU-Staaten gibt es überhaupt Mitbestimmungsgesetze, die mit denen in Deutschland vergleichbar sind.

Es gibt aber nicht nur Beifall für den deutschen Sonderweg in der Wirtschaftsordnung. Der frühere Präsident des Bundesverbandes der Deutschen Industrie, Michael Rogowski, sprach einmal über die Mitbestimmung als „historischem Irrtum", eine Sicht, die wenige teilen. Die deutschen Arbeitgeber und die deutsche Industrie würdigten in einer gemeinsamen Studie den Beitrag der Mitbestimmung zum sozialen Frieden. (5)

Kritisiert wurde dennoch die kumulierte Macht von Betriebsräten und Arbeitnehmervertretern. Zudem schrecke die Mitbestimmung internationale Investoren ab, Deutschland sei als Holdingstandort unattraktiv. Bemängelt wurden die Größe der Aufsichtsräte und die mangelnde Flexibilität des Betriebsverfassungsgesetzes. Die Arbeitgeber möchten die „Vorteile der Mitbestimmung" bewahren, aber „die Elemente verändern, die sie zu einem Standortnachteil machen". Niemand in der Welt wolle die Mitbestimmung deutscher Ausprägung haben. Angesichts von Globalisierung und Zusammenwachsen der EU müsse sich Deutschland anpassen.

Um der paritätischen Mitbestimmung im Aufsichtsrat zu entgehen, wählen immer mehr Unternehmen in Deutschland eine ausländische Rechtsform. Zu den Firmen zählten einer 2010 veröffentlichten Studie der Hans-Böckler-Stiftung zufolge das Luftfahrtunternehmen Air Berlin, die Drogeriekette Müller, das Logistikunternehmen Dachser und die schwedische Textilkette H&M. Mittlerweile gehen 37 Unternehmen dieser Größenklasse ihren Geschäften als amerikanische Incorporated (Inc.), britische Limited (Ltd.), niederländische B.V. oder in juristischen Mischformen wie der Ltd. & Co. KG nach. Die Firmen gehören noch zu einer kleinen Minderheit, allerdings sei das keine Garantie für die Zukunft, schreiben die Autoren der Studie.

Es gibt heute wenig Diskussion über die Sinnhaftigkeit deutscher Mitbestimmungsgesetze. Solche Forderungen stünden diametral zu den aktuellen Stimmungen und dem Zeitgeist. Zudem haben die Vorstände der großen deutschen Unternehmen längst auch Mittel und Wege gefunden, „sich mit den Rahmenbedingungen kommod zu arrangieren und sie zum Machterhalt zu nutzen", schrieb Rainer Hank von der Frankfurter Allgemeinen Zeitung schon im August 2005. (6)

„Sie werden lieber im Ausland investieren, als im Inland einen Konflikt mit den Gewerkschaften anzuzetteln. Sie werden sich kaum mit Kritik an den beschäftigungsschädlichen Flächentarifen profilieren. Und sie werden notwendige Restrukturierungen auf die lange Bank schieben, so lange, bis das Unternehmen ein Sanierungsfall wird und auch die Gewerkschaften zu Einsicht in die Unabweisbarkeit bereit sind. Eine Geschäftspolitik im Sinne der Arbeitsplätze kann man dies nicht nennen."

Die Mitbestimmungsgesetze liegen auch kaum im Interesse der Aktionäre. Einer Studie der amerikanischen Wharton School (Pennsylvania) zufolge müssten Aktionäre großer Kapitalgesellschaften mit paritätischer Mitbestimmung im Vergleich zu kleineren Unternehmen (500 bis 2.000 Beschäftigte), in denen die Drittelparität gilt, einen Wertabschlag auf ihr Eigentum von durchschnittlich 31 Prozent hinnehmen. (6) Besonders beliebt ist bei ausländischen Investoren deshalb der deutsche Mittelstand mit weniger als 2.000 Mitarbeitern – hier geraten sie nicht in die Zwänge der paritätischen Mitbestimmung.

Kapitalbeteiligung bringt Arbeitnehmer in Zwickmühle

Eine Sonderform der Mitbestimmungswünsche sind die Ideen zu mehr Kapitalbeteiligung von Arbeitnehmern. In etwa 4.500 deutschen Unternehmen gibt es bereits solche Modelle, bei denen Mitarbeiter mit Aktien belohnt oder am Unternehmenserfolg beteiligt werden. Die IG Metall forderte bei der Sanierung des Autobauers Opel 2009, dass die Belegschaft „für ihre Opfer" mit Firmenanteilen entschädigt werden sollte.

Metallarbeitgeberpräsident Martin Kannegiesser warnte damals davor, dass ausgerechnet Unternehmen, die zu Sanierungsfällen geworden sind, zusätzlich eingeschränkt und damit unbeweglich würden. Er fürchte, dass die IG Metall darauf abziele, die soziale Marktwirtschaft weiter zu schwächen und zu politisieren. Die Mitbestimmungsrechte gäben den Arbeitnehmern schon jetzt die Macht eines Vetorechts. „Wenn nun die gleichen Funktionseliten auch noch auf der Eigentümerseite das Zünglein an der Waage sein wollen, dann kumuliert sich das und dann brauchen wir nicht mehr von sozialer Marktwirtschaft zu sprechen." (7)

Eine Bewertung dieser Beteiligungsmodelle muss zwiespältig ausfallen: Auf der einen Seite könnten sie ein wichtiges Element der Vermögensbildung für Arbeitnehmer und ein Beitrag zu Mitarbeitermotivation und Firmentreue sein. Auf der anderen Seite würden Entscheidungen über Rationalisierungsmaßnahmen, Verlegung von Standorten oder soziale Einschnitte, die im Gesamtinteresse des Unternehmens liegen, deutlich erschwert. Denn betriebswirtschaftlich sinnvolle Maßnahmen kollidieren immer wieder mit dem Einzelinteresse von Arbeitnehmern oder Belegschaften – das sind die schwer zu beseitigenden Tücken einer freien Wirtschaft. Die allerdings ist der einzig fruchtbare Boden, auf dem Wachstum und Wohlstand gedeihen.

Darin liegt auch das ganze Dilemma der deutschen Mitbestimmung. In der wachsenden Konkurrenz der globalisierten Wirtschaft gibt es keine Rücksichtnahme, keine globale Sozialpolitik, kein Welt-Grundgesetz. Die Wirtschaftsstandorte stehen vielfach im Wettbewerb. Deutschlands überaus erfolgreiche Exportwirtschaft hat sich bisher sehr gut geschlagen – eine Garantie für die Zukunft ist das keineswegs.

2 Kontrollverlust in den Unternehmen

„Eine wesentliche Voraussetzung zur Führung ist Mut: die Kühnheit, die Bürde und das Risiko der Entscheidung bereitwillig auf sich zu nehmen, verbunden mit dem Mut, in einer vielleicht einsamen und unpopulären Haltung auszuharren, wenn die Entscheidung einmal getroffen ist.“

Harold W. Dodds (1889–1980), Politologe,
Präsident der Princeton University

Coca-Cola, der bekanntesten Marke der Welt, geht es nicht anders als „Jogi“ Löw, dem Trainer der deutschen Fußballnationalmannschaft. Ein Gerücht, einmal in die Welt gesetzt, lässt sich mit noch so viel Fantasie, Macht und Energie nicht beseitigen. Also muss das Unternehmen der populärsten Limonade damit leben, dass es als antiislamisch gilt. Und auch der beliebte Trainer aus dem Schwarzwald wird, nachdem er sich unzählige Male öffentlich dazu geäußert hat, wenig dagegen ausrichten können, dass ihm homosexuelle Neigungen unterstellt werden.

Gegen üble Nachrede erfolgreich anzugehen war schon immer schwer – in der modernen Web-Welt ist es fast aussichtslos. Das Problem der nicht zu kontrollierenden Öffentlichkeit ist nur eine der vielen gravierenden Folgen einer Entwicklung zur Demokratisierung von Öffentlichkeit. Dabei nimmt die Partizipation von Menschen und Gruppen ein nie gekanntes Ausmaß an – auch in der Wirtschaft.

Der Mufti von Ägypten, Scheich Nasr Farid Wasil, hatte schon 2000 Coca-Cola von dem Verdacht freigesprochen, den Islam zu beleidigen. Die oberste islamische Rechtsinstanz Ägyptens dementierte das Gerücht, die englische Schreibweise des Firmennamens lasse sich als antiislamisches Schlagwort lesen. Fromme Moslems hatten behauptet, der in schwungvollen Buchstaben geschriebene Firmenname beinhalte in Spiegelschrift den Aufruf „Nein Mohammed, nein Mekka“. In Kairo waren Flugblätter verteilt worden mit der Aufforderung, das islamfeindliche Getränk zu boykottieren. Das Dementi des Muftis hat nicht viel geholfen. Noch immer wabert das Gerücht durch die islamische Welt – der einzigen großen Region, wo Pepsi-Cola Marktführer ist.

Die braune Brause ist traditionell eine der beliebtesten Zielscheiben übler und absurder Anschuldigungen: Mal wird sie als extrem gesundheitsschädlich beschrieben, dann soll es der Empfängnisverhütung dienen. Coca-Cola wurde auch schon angeklagt, antisemitisch zu sein, dann wieder sei es Teil der zionistischen Weltverschwörung.

Interessant ist, wie Coca-Cola mit der Diffamierung umgeht: gemäß klassischer PR-Regeln offensiv und informativ. Auf der Website des Unternehmens werden Gerüchte peinlich genau auseinandergenommen und widerlegt. Die Erfolglosigkeit dieser Strategie hat grundsätzliche Zweifel an ihr genährt. Psychologen von der Kellogg School of Management und Stanford Business School warnten Anfang 2011 vor Dementis und Widerlegung. (1)

Die scheinbar vernünftige Reaktion von Coca-Cola heize die Gerüchteküche nur noch weiter an, argumentieren die PR-Spezialisten. Zum einen seien solche Dementis „Magnete für Suchmaschinen", zum anderen neigten Leser dazu, das Dementi zu vergessen, sich das Gerücht aber zu merken. Testreihen der Psychologen zeigten, dass Gerüchte mit der Zahl der Wiederholungen an Glaubwürdigkeit gewännen, die bloße Menge an Wiederholungen die Skepsis kleiner werden ließ. „Klappe halten ist vielleicht oft die beste Strategie", meinte Robert Bartel, Syndikusanwalt der Deutschen Bahn (2).

Wenn David zum Goliath wird

Die wachsende Hilflosigkeit von Unternehmen belegt auch eine Aktion von Greenpeace gegen die Schweizer Bank UBS Ende 2010. Die Umweltschutzorganisation hatte UBS vorgeworfen, den indonesischen Papier- und Palmölproduzenten Sinar Mas zu unterstützen. Das Unternehmen sei für die Zerstörung von Regenwald und die Gefährdung des vom Aussterben bedrohten Orang Utans mitverantwortlich. Die zugespitzte Botschaft: UBS tötet Orang Utans.

Bei diesem Konflikt handelte es sich um einen Kampf zwischen David gegen Goliath. Dabei aber war Greenpeace der Gigant, der Finanzriese dagegen David. Der Kommunikationsexperte Jörg Forthmann analysierte treffend, wie einfach es Greenpeace gelang, die Bank in die Defensive zu drängen. (3) Zunächst habe die Organisation mit relativ geringem Aufwand – dem Zusammenschnitt von ein paar Filmsequenzen – über Youtube eine Kampagne gegen UBS gestartet. Mit dem Video über den Orang Utan wurde das Thema erfolgreich emotionalisiert. Zwar präsentierte Greenpeace laut Forthmann keine Fakten für die Behauptungen, aber gegen Emotion sei jede faktenorientierte Krisenkommunikation ohnehin chancenlos.

Die „juristische Keule" laufe ebenfalls ins Leere. Die Erfahrung habe gezeigt, dass sich in solchen Fällen die Internet-Community gegen die „bösen Multis" verbünde und der Kampagne nur noch mehr Publicity beschere. Greenpeace sucht sich der Untersuchung zufolge auch nur einen von vielen möglichen Verantwortlichen für die Urwaldzerstörung heraus. Eine erfolgreiche Kampagne brauche ein klares Feindbild.

Zudem traue sich kein anderes Unternehmen, sich mit UBS zu solidarisieren. Zu groß sei die Angst, selber Imageschäden zu riskieren. In Fällen, in denen zum Boykott eines Unternehmens aufgerufen werde, seien die Gefahren bei einer Solidarisierung noch größer, schreibt Forthmann.

Firmen müssen lernen, auf Stimmungen, Gerüchte und Nachrichten bei Twitter und Facebook zu reagieren. Unternehmen sind noch auf der Suche nach den richtigen Reaktionen, wenn sich in den sozialen Netzen ein Sturm der Entrüstung breitmacht (unter PR-Experten „shit-storm" genannt), wenn das eigene Unternehmen mit massiver Kritik und übler Diffamierung überschüttet wird – oder gar Opfer einer Web-Attacke wird, die den eigenen Server lahmlegen soll. Auf Patentrezepte hofft niemand, aber nicht einmal gute Medikamente gibt es gegen die neuen Schmerzen. Langfristig hilfreich sind sicher profundes Issues-Management, die intensive und engagierte Pflege von Themen und Gruppen ebenso wie eine professionelle Öffentlichkeitsarbeit.

Neue Transparenz zieht in die Unternehmen ein

Die Wirtschaft hat – oft schmerzhaft – gelernt, gesellschaftliche Entwicklungen und Phänomene ernster zu nehmen, als sie das noch vor einigen Jahrzehnten musste. Die Welt ist demokratischer geworden in dem Sinne, dass sich in der Mitte der Bevölkerung Macht ausgebreitet hat. Die Unternehmen haben noch keine Antworten gefunden, mit diesen enormen Veränderungen umzugehen. Die Macht neuer Organisationen, vor allem der NGOs, und des Internets ist nur eine davon.

Eine andere ist die neue Transparenz, die auch in die Unternehmen einzieht und die Verantwortlichen verunsichert. Noch nie gab es so viele frei verfügbare Informationen über jede Firma, über jeden Spitzenmanager, jedes Produkt, jede Branche wie heute im Internet. Neben kritischen Blogs gibt es eine Menge anonymer Vorwürfe und Fehlinformationen. Hinzu kommen Hacker, angefangen von eher harmlosen Spinnern bis hin zu professionellen Betriebsspionen. Laut einer Statistik des Wirtschaftsberatungsunternehmens KPMG wurde jedes vierte deutsche Unternehmen zwischen 2008 und 2010 Opfer von „Cybercrime". (4) Nicht zuletzt fürchten die Firmen in aller Welt die Enthüllungen von Wikileaks.

Viele Experten empfehlen, sich der „kommunikativen Demokratisierung" im eigenen Unternehmen zu öffnen, die „Angst vor Machtverlust" abzulegen. Der österreichische Unternehmensberater Michael Hengl glaubt, dass „die alten Hüter des Herrschaftswissens" sich „an die neue Transparenz gewöhnen" müssten. Sie berge auch Chancen, die kreativen Potentiale im eigenen Haus besser auszuschöpfen.

Skepsis über „Schwarmintelligenz"

Der große Nutzen der „Schwarmintelligenz" wird dabei von vielen gepriesen. Dabei geht es selten um die Fragen, die Führungskräfte wirklich beantworten müssen. Wann immer die Überlegenheit von Schwarmintelligenz gepriesen wird, geht es entweder um Markterhebungen, um harmlose Spielereien wie Schätzungen oder Geschmacksfragen, aber kaum um Personal- und Investitionsentscheidungen, wie Strategie, Innovation oder Firmenphilosophie

Entdeckt worden sei die Theorie der „Crowd Wisdom", der „Weisheit der Vielen", vom britischen Wissenschaftler Francis Galton 1906. Auf einer Landwirtschaftsmesse sollten Besucher bei einem Gewinnspiel das Gewicht eines Ochsen schätzen. Galton entdeckte, dass bei den etwa 800 Schätzungen der ermittelte (und von Extremen bereinigte) Durchschnittswert bei 1.197 Pfund lag, nur ein Pfund neben dem tatsächlichen Gewicht.

Als der WDR in der Wissenschaftssendung „Quarks & Co." ein ähnliches Experiment versuchte, nämlich die Zahl von Liebesperlen in einem Gefäß zu messen, gab es für die Apologeten der Schwarmintelligenz ein ähnlich ermutigendes Ergebnis. Der Durchschnitt aller Schätzungen wich nur minimal von der tatsächlichen Zahl ab. Auch der Erfolg von Wikipedia, die Nutzung der „Crowd Wisdom" im Internet für Produktentwicklung oder die Entlarvung der Doktorarbeit von zu Guttenberg als teilweises Plagiat werden als Belege für die Effizienz der Schwarmintelligenz angeführt.

Wissenschaftliche Untersuchungen, ob die „Weisheit der Masse" tatsächlich erfolgreich in Unternehmen genutzt werden kann, gibt es wohl noch nicht. Jede demokratische Wahl ist eine Entscheidung der Schwarmintelligenz. Niemand wird bestreiten, dass es auch schon sehr befremdliche Ergebnisse demokratischer Wahlen gab. Was natürlich nicht gegen demokratische Wahlen spricht. Ob man sich allerdings in der Wirtschaft auf die Weisheit der Vielen verlassen sollte, muss bezweifelt werden.

Der Markt verändert sich dramatisch

Das Innenleben der Unternehmen verändert sich gravierend – noch dramatischer sind die Umwälzungen auf den Märkten. Zwar bietet die neue digitalisierte, vernetzte Welt den Firmen eine Fülle neuer Geschäftsfelder und attraktiver Optionen für die Erreichung der Unternehmensziele. Völlig neue Möglichkeiten gibt es für Marketing und Kommunikation, für die Stärkung der Innovationskraft. Aber die Konkurrenz wird härter, die Kunden immer anspruchsvoller, immer unterschiedlicher. Die Partizipationsmöglichkeiten der Marktteilnehmer sind enorm gewachsen.

„Heutzutage hat der Kunde das Sagen“, schrieb Medienwissenschaftler und Internetmedien-Guru Jeff Jarvis. (5) Die Verbraucher werden nach seiner Prognose immer mehr bei der Entstehung, Verteilung, Vermarktung und Verbreitung von Produkten mitwirken. Die Zahl der Hersteller von Konsumgütern, die den Kunden eine Mitsprache bei der Produktgestaltung zubilligen, nimmt ohnehin immer weiter zu. Die Stimmen der Konsumenten werden mit Hilfe des Webs und auf Grund ihres veränderten Selbstverständnisses immer lauter und vernehmlicher. Das kann für Unternehmen hilfreich sein – erhöht aber oft auch enorm den Druck.

Firmen werden mehr denn je öffentlich beurteilt. Überall beschäftigen sich Webseiten und Blogs mit den Unternehmen, ihren Plänen und Produkten. Web-Plattformen wie „The Consumerist“ in den USA fungieren als eine Art Unternehmenscontrolling aus Konsumentensicht. Sie dokumentieren – echte oder vermeintliche – Fehltritte von Unternehmen. Beurteilt werden im Internet Konsumgüter wie Autos, Laptops, Schokolade oder Sofas, aber auch Fluggesellschaften oder Stromanbieter. Daten, Listen und Statistiken trennen Bestseller von Ladenhütern, Hits von Flops, Stars von „Losern“. Zahlen über „User“, „Fans“ „Follower“, „Freunde“ oder „Aufrufe“ spiegeln gesellschaftliche Ränge und Positionen wider.

Große Unternehmen haben längst mit der Bildung von eigenen Basisgruppen, Netzwerken und Grassroot-Movements begonnen. Unternehmen wie Adidas, VW oder Starbucks haben zahlreiche Facebook-Auftritte, eigene Blogs und Communities um sich geschart. In den Netzwerken der Social Media werden Angestellte zu „Botschaftern der Firmenmarke“.

Unternehmen ringen um Akzeptanz und Legitimität

Gemeinsam ist dem modernen Wandel vor allem der Verlust an Kontrolle: Im Betrieb, auf den Märkten, in der Gesellschaft. „Bisher dachten die Mächtigen – Unternehmen, Institutionen und Regierungen –, ihnen stünde das Recht auf Kontrolle zu, und so war es auch. Aber das ist nicht mehr so“, meint Jarvis. „Mittlerweile gibt das Internet uns die Möglichkeit, mit der Welt ins Gespräch zu kommen, uns selbst zu organisieren, uns Informationen zu beschaffen und sie zu verbreiten, das Recht auf Kontrolle zurückzuholen.“

Der Kontrollverlust der Unternehmen schreitet weiter voran. Unklar ist nur, in welchem Maße sich ein Unternehmen den modernen Entwicklungen anpassen muss und wie es mit den Herausforderungen umgeht.

Vor allem große Unternehmen sind in einem bisher unbekannten Maße mit allen möglichen Gruppen konfrontiert: angefangen von Fangruppen für ein Produkt über Greenpeace und Sekten bis zu hin zu Hassgruppen und Web-Anarchisten. Auch die Zahl der Institutionen, Fachmedien und Spezialisten, die sich mit dem Unternehmen aus den verschiedensten Blickwinkeln beschäftigen, wächst. Besondere Unternehmerfreundlichkeit kann man keinem unterstellen.

Selten stand die Wirtschaft – insbesondere nach dem Finanzcrash 2008 – dermaßen am Pranger wie heute. Fast bedeutungslos sind in westlichen Demokratien die Angriffe von Marxisten und kommunistischen Klassenkämpfern gegen „Kapital und Bourgeoisie" geworden. Geblieben aber sind in der Gesellschaft ein dumpfes Gefühl des Unbehagens, des tiefen Misstrauens und emotionale Ablehnung gegenüber den Unternehmen. Der Widerwille drückt sich nach dem spektakulären Scheitern aller Planwirtschaften des vergangenen Jahrhunderts nicht mehr in offen antikapitalistischer Form aus.

Dennoch ist in den meisten westlichen Ländern eine unterschwellige Wirtschaftsfeindlichkeit geblieben. Es ist wohl letztendlich die Ablehnung gesellschaftlicher Ungleichheiten und marktwirtschaftlicher Freiheit. Ablesbar ist das auch in Umfragen: Nicht nur Politiker und Journalisten, sondern auch die Wirtschaftsbosse genießen kein sonderlich hohes Ansehen. Eine Mehrheit der Deutschen bewertete im Spätsommer 2010, als die Wirtschaft durchaus wieder florierte und sich auch die Finanzwirtschaft wieder stabilisiert hatte, Banken und Versicherungen sowie ihre jeweiligen Chefs negativ. (6)

Ähnliche Ergebnisse gibt es sogar in den USA, wo die Marktwirtschaft grundsätzlich eine höhere Akzeptanz genießt als in Europa. „Unternehmen befinden sich offensichtlich auf einem Kollisionskurs mit der Welt", schrieb Andrew Griffin 2008. (7) Mehr als zwei Drittel aller US-Manager sind demnach „besorgt" oder „sehr besorgt" über die Wahrnehmung ihrer Unternehmen in der Öffentlichkeit. Dies bewiesen mehrere Studien.

Die Unternehmer sind in der Defensive, in Deutschland ist das ganz besonders spürbar. Unternehmer und Spitzenmanager sind ohnehin seltene Gäste in Talkshows und Veranstaltungen, sie reagieren auf die antikapitalistische Stimmung mit Rückzug. „Das deutsche Fernsehen findet meist unter Ausschluss der wichtigsten Wirtschaftslenker statt", stellte zu Recht die Fernsehjournalistin Sabine Christiansen Anfang 2011 fest. (8) Sie bemängelte, dass es in Deutschland im Unterschied zu Ländern wie Großbritannien, Frankreich oder den USA keinen Wirtschaftssender gibt.

Das Auftreten von Spitzenmanagern ist tatsächlich oft von Kleinmütigkeit geprägt. Vermutlich erwarteten sie dauernd, dass sie als „Ausbeuter“ beschimpft werden, die mit ihren Millioneneinkünften und ihrer Yacht leicht reden könnten. Auszuschließen sind solche Angriffe auf Unternehmer in den Talkshows sicher nicht. Deswegen versuchen Spitzenmanager und Industrielle, wenn sie sich denn in das Fernsehen wagen, in einem schon absurden Maße vor allem als umweltbewusst und sozial eingestellt zu präsentieren, als Wohltäter und Philantropen. Brauchen würde es Unternehmer, die die Welt aus ihrer Sicht plausibel erklären.

Tücken des Corporate Social Responsibility: Scham über Profit

Eine Antwort der verunsicherten Unternehmen, die sich neuer Legitimität in der Gesellschaft versichern wollen, ist der Versuch, Bedeutsames für das Gemeinwohl zu tun. Früher demonstrierten große Firmen ihre gesellschaftliche Verantwortung, indem sie auch Sponsoren, Spender, Mäzene oder Stifter waren. Heute haben die meisten ein Programm für alle Unternehmensaktivitäten, um ihre gesellschaftliche Akzeptanz zu steigern. Mit der Corporate Social Responsibility (CSR) wollen sie ihr Verantwortungsgefühl beweisen, vor allem mit der freiwilligen, über die gesetzlichen Vorgaben hinausgehenden Berücksichtigung von Faktoren wie Umwel, soziale Ungleichheit und Respekt vor besonderen Interessengruppen.

Oft scheint es, als ob die Firmen beweisen wollten, dass ihre „unternehmerische Gesellschaftsverantwortung“ mehr im Vordergrund stehe als das Streben nach Gewinn. Das ist zwar in einer Zeit, in der dem Profit etwas Anrüchiges anhaftet, verständlich. Die Frage ist nur, ob eine solche Selbstverleugnung sinnvoll und glaubwürdig ist. Es sind schließlich die Mechanismen des Marktes, die Wohlstand und Fortschritt mit sich bringen – zumindest scheint das die Geschichte der vergangenen 250 Jahre zu zeigen. „Vom generellen wirtschaftlichen Standpunkt aus gesehen sind Unternehmen der Motor des wirtschaftlichen Fortschritts. Diese Rolle kann nicht internalisiert werden: Der wirtschaftliche Fortschritt findet nicht deswegen statt, weil es sich Unternehmen zum Ziel gesetzt haben“, formuliert es der Wirtschaftsliberale David Henderson. (9)

Er warnt vor dem „Jahrhundertkollektivismus“ und einer weit verbreiteten „Heilslehre“, der zufolge Gewinne dazu da sind, um mit ihnen „höhere Ziele“ zu verfolgen. „Es ist der Druck der Konkurrenz, der Unternehmen ununterbrochen dazu zwingt, zu investieren und Neuerungen einzuführen.“ Henderson legt vor allem den Finger auf eine Wunde, die von den Unternehmen selbst heute ausgeblendet werden. Sie vertreten nicht offensiv die Prinzipien marktwirtschaftlichen Denkens, sondern suchen sie in Kleidern politisch genehmer Ziele zu kostümieren. Damit aber vertiefen sie nur den Eindruck, dass Profitstreben an sich etwas Negatives sei, das man am besten schamhaft verschweigt. Ein solches Konzept kann aber nicht aufgehen. Es unterminiert die Legitimität marktwirtschaftlicher Positionen und damit die Chancen zu gestalten und zu führen.

X Warum „weniger Demokratie" die bessere Demokratie ist

„Echte Demokratie besteht nicht darin, dass wir alle vier Jahre zur Wahl gehen dürfen, so bedeutend das ist. Wichtiger ist, dass wir selbst bestimmen dürfen, was wir mit unserer Freiheit und unserem Geld machen."

Jan Kulczyk, polnischer Unternehmer

Die moderne Demokratie ist nach wie vor das beste denkbare System für unsere Gesellschaft. Aber die Demokratie befindet sich trotz ihres historischen Erfolgs in der Krise. Die Effizienz der Regierungen ist in Gefahr, das Vertrauen in die Politik und Wirtschaft schwindet. Demokratische Prinzipien und Transparenz haben ihren hohen Wert in vielen Bereichen bewiesen. Dennoch sind sie kein Allheilmittel für die Probleme, keine Antwort auf die vielfältigen Herausforderungen, mit denen Politik, Wirtschaft und Gesellschaft heute konfrontiert sind. Es geht darum, das rechte Maß für die Partizipation des Bürgers, des Mitarbeiters oder des Kunden sowie neuer Gruppen und Organisationen zu finden.

Wir leben in einer Zeit dramatischen Wandels. Die Destabilisierung traditioneller Systeme und Strukturen macht oft ratlos. Die rasende Geschwindigkeit der Moderne überfordert den Einzelnen und das Gesamte. Unsere Gesellschaft wird immer wieder gebeutelt von Erschütterungen, die jeder historische und ökonomische Umbruch mit sich bringt: Regionen und Staaten fürchten den Abstieg, Branchen ringen um ihre Existenz. Der Mittelstand fühlt sich bedroht. Der Sozialstaat leistet mehr denn je und provoziert mehr Kritik denn je. Demografische Entwicklungen und Migrationsströme, Globalisierung und technologische Revolution fordern auf allen Ebenen ihren Tribut.

Unruhe und Zukunftsängste prägen zunehmend die westlichen Demokratien. Trotz aller Krisen haben diese demokratischen Staatengebilde über sechs Jahrzehnte lang inneren Frieden, wachsenden Wohlstand, Gewinn an Freiheit und weitere Demokratisierung genossen. Allerdings hat das kaum zu einer größeren Identifikation mit dem politischen System geführt – eher im Gegenteil. Politik und Wirtschaft sind mit einem bedrohlichen Vertrauensverlust konfrontiert. Den Repräsentationsfiguren des Staates, den Mächtigen dieser Gesellschaft, wird vor allem Misstrauen entgegengebracht. Schon die Begriffe Macht, Führung und Autorität provozieren – sie scheinen für viele mit dem modernen Verständnis von Demokratie unvereinbar. Medien und Internet bringen eine Dynamik, eine Aufgeregtheit und eine Beschleunigung in den öffentlichen Raum, auf die wir noch nicht gelernt haben, angemessen zu reagieren. All das zusammen perpetuiert Verunsicherung und Orientierungslosigkeit in der Gesellschaft.

Was also ist zu tun? Man muss nicht gleich die großen philosophischen Fragen nach Lebenssinn und Menschheitsschicksal beantworten, um Fehlentwicklungen in der Gesellschaft zu erkennen und entsprechende Konsequenzen zu ziehen. Reformfähigkeit ist eine der großen Stärken unserer Demokratien. Wobei sich in den meisten Ländern Europas historisch noch erweisen muss, wie ohne das Bindemittel einer Religion oder Ideologie der Zusammenhalt einer Gesellschaft in Freiheit möglich ist.

Aber für viele aktuelle Krisenphänomene gibt es Antworten. Manche von ihnen sind einfach, sie verlangen oft nur „Simplify politics": Nicht alles ist komplex, vieles liegt auf der Hand. Anderes wiederum ist nicht leicht umzusetzen, wird nur langfristig Wirkung zeigen und ist jetzt oft noch Wunschdenken. Eines ist allerdings deutlich: Die beliebteste Reaktion auf die aktuellen Probleme, die Forderung „mehr Demokratie wagen", führt in die falsche Richtung.

Es gibt dringenden Handlungsbedarf für Systemkorrekturen und Innovationen. Demokratie muss den Anforderungen sowohl an Legitimation als auch an Effizienz genügen. Dabei sind strukturelle Reformen – wie Zusammenlegung von Wahlen bei uns oder die Abschaffung des Filibuster in den USA – ebenso wichtig wie eine kritische Prüfung von Einstellungen, Verhaltensweisen und Mechanismen der Öffentlichkeit. Doch sieht es derzeit nicht so aus, als wolle irgendjemand die notwendigen Reformen in Angriff nehmen.

Man kann nur hoffen, dass der US-Politologe Stephen Szabo Unrecht hat mit seiner pessimistischen Sicht. Er fürchtet, zumindest für die USA, dass es dramatischer Ereignisse bedarf, damit sich Öffentlichkeit und Politik getrieben fühlen, das politische System zu modernisieren. „Ich fürchte, wir brauchen einen ernsthaften Schock von außen, damit sich etwas ändert, damit es zu Reformen kommt. Vielleicht eine neue Finanzkrise, vielleicht ein militärisches Desaster."

Spätestens seit der Finanzkrise spüren wir seit 2008, wie fragil unsere Welt ganz unvermittelt werden kann. Viele Handlungsspielräume vor allem im nationalen Rahmen werden immer enger. Deswegen wäre es besonders wichtig, das eigene Haus zu renovieren und aufzuräumen. Häufig würde es schon helfen, „weniger Demokratie zu wagen".

1. Keine direkte Demokratie

Es ist ein Irrglaube, dass „mehr Demokratie wagen" die Probleme unserer Gesellschaft löst. Dennoch hallt tagtäglich diese Forderung durchs Land, nicht nur in Deutschland, sondern fast überall im Westen. „Echte

Demokratie“ fordern in entlarvender Ungenauigkeit Demonstranten in Madrid, Athen oder Rom. In den meisten westeuropäischen Demokratien und in den USA wagt aus Angst vor dem Zorn des Souveräns kaum ein Politiker den populistischen Forderungen nach mehr Partizipation als Allheilmittel zu widersprechen. Aber ohne politische Courage geht es nicht. Dazu gehört das offensive Bekenntnis zur repräsentativen Demokratie.

Ihre Prinzipien haben sich historisch bewährt. Das schließt nicht aus, dass es auf lokaler Ebene eine direkte Beteiligung von Bürgern bei wichtigen Projekten und Beschlüssen gibt. Bürger- und Volksentscheide in Deutschland sind auf kommunaler und auf Landesebene sicher sinnvolle Optionen. Allerdings sollten Zulassungshürden hoch sein oder bleiben. Die Gefahren einer Abstimmungs- und Stimmungsdemokratie sind groß. „Entweder-Oder“- beziehungsweise „Ja-Nein“-Entscheidungen können der Komplexität von Themen kaum gerecht werden, sie wären auch im Unterschied zu parlamentarischen Entscheidungen kaum reversibel. Sie können vor allem keinen Beitrag zur wirklichen Lösung der großen Probleme in Deutschland – und anderswo – leisten.

2. Politik der einfachen Mehrheiten

Demokratie bedeutet in der Regel bei allen tagespolitischen Fragen, dass die Mehrheit im Parlament Entscheidungen fällt. In Wirklichkeit aber genügt eine Mehrheit schon lange nicht mehr. In den USA ist es der Filibuster im Senat, der dazu zwingt, mindestens 60 Prozent der Senatoren zu gewinnen, um etwas durchzusetzen. In Deutschland geht bei den meisten politischen Themen nichts ohne den Bundesrat.

Einfache Mehrheiten im Kongress oder im Bundestag genügen meist nicht, um Gesetze zu verabschieden und politische Entscheidungen zu fällen. Das schmälert die Gestaltungskraft jeder Regierung – und lässt sie in den Augen der Öffentlichkeit regelmäßig schwach aussehen. Durch die Verfassung sollte nach dem Willen ihrer Gründer verhindert werden, dass sich ein „starker“ Präsident oder eine „starke“ Kanzlerin über die Machtverhältnisse in den Volks- und Ländervertretungen hinweg setzen könnten. Doch letztlich kommen manche Gesetzesvorhaben so gar nicht zustande. Lähmungserscheinungen untergraben schließlich im politischen Alltag das Vertrauen in den demokratischen Prozess. Reformen wären dringend geboten.

In den USA gehört dazu in erster Linie die Abschaffung des Filibuster. Obwohl es alle wissen, traut sich niemand richtig, das anzupacken. „Demokraten und Republikaner haben gleichermaßen Angst, ihre Bemühungen würden in der Öffentlichkeit gegen sie missbraucht werden“, beschreibt Stephen Szabo das Dilemma der amerikanischen Politiker.

In Deutschland brauchte es dringend einer weiteren Begrenzung der Themen, die der Zustimmung des Bundesrats bedürfen. Langfristig liegt das im Interesse aller Parteien. Denn die Macht des Bundesrats zwingt zu Verhandlungslösungen zwischen allen Parteien, die weit über sinnvolle Kompromisse hinausgehen. Zum einen droht oft eine Verwässerung von Reformen, die nicht bewirken können, was sie bewirken sollen. Zum anderen verhindern die Macht des Bundesrats und damit der Zwang, faktisch permanent wie in einer großen Koalition zu handeln, die klare Zuweisung von Verantwortlichkeiten. Die Macht des Bundesrates drängt Deutschland hin zu einer Konkordanzdemokratie, in der sich so gut wie alle einigen müssen. Das mag für ein kleines Gemeinwesen wie die Schweiz mit ihren besonderen Traditionen noch einigermaßen funktionieren. Für große Staatsgebilde und eine Mittelmacht wie Deutschland bedeutet dieser Systemzwang oft nur Lähmung und Stillstand. „Das institutionelle Problem demokratischer Politik in Deutschland sitzt im Bundesrat", kritisiert Staatsrechtler Christoph Möllers. (1)

Ex-Kanzler Helmut Schmidt und der ehemalige CDU-Vorsitzende Rainer Barzel kritisierten schon 2005 heftig die „(...) undurchsichtige Verwischung aller Verantwortlichkeiten. Wenn die Bürger unzufrieden sind mit der Lage, dann wollen sie wissen: Wer trägt die Schuld? Die Regierung, die Opposition, der Bundestag insgesamt? Oder der nicht vom Volk direkt gewählte Bundesrat? Oder doch nur die Führer der Volksparteien? (...) Es ist höchste Zeit, dass von Gesetzes wegen die Zuständigkeiten und die Verantwortungen des Bundes und der Länder wieder klar und deutlich voneinander geschieden werden (...) Wir Wähler und Bürger haben jedoch einen moralischen Anspruch darauf, daß unsere gewählten Abgeordneten entscheiden." (2)

Zwar beklagen Politiker verschiedener Parteien die Macht des Bundesrats; aber zu Partei übergreifenden Reformen hat es bisher nur in Ansätzen gereicht. Auch wenn solche Initiativen wenig populär wären und kurzfristig vor allem Ärger und Konflikte bescheren würden, wäre das tatsächlich eine historische Tat im nationalen Interesse.

Auch die immer stärkere Einbindung des Bundesverfassungsgerichts führt in eine falsche Richtung. Dabei gibt es zwei Tendenzen. Zum einen die Überfrachtung des Grundgesetzes mit politischen Zielen, die in einer Verfassung, die den staatsrechtlichen Rahmen bildet, kaum etwas zu suchen haben. Zum anderen das Selbstverständnis der Verfassungsrichter, zunehmend politische Vorgänge verfassungsrechtlich zu beurteilen und der Politik konkrete Vorgaben zu geben.

Finanzminister Wolfgang Schäuble (CDU) warnte schon 1996 vor dem aus seiner Sicht bedrohlich wachsenden Einfluss des Bundesverfassungsgerichts. (3) Immer häufiger werde das Grundgesetz zum „Schiedsrichter der politischen Auseinandersetzung gemacht". Der Politik drohe „Strangulierung und Degradierung". Wenn in wachsendem Maße politische Ziele und Ideale – wie das Recht auf Arbeit oder der Umweltschutz – Eingang in das Grundgesetz fänden, werde der politische Handlungsspielraum von Exekutive und Legislative massiv eingeschränkt und damit oft die Tagespolitik gelähmt.

„Die fortschreitende Konstitutionalisierung der Tagespolitik entwertet so die in Wahlen errungene Mehrheit", schrieb Schäuble. Letztendlich zwinge diese Tendenz zu einer „informellen großen De-facto-Koalition auf Dauer. Resultat ist ein breiter, die konkurrierenden politischen Lager übergreifender Einigungszwang (...). Die vom Wähler mit der Gestaltungsaufgabe betraute Mehrheit ist dann nicht in der Lage, nach ihren Vorstellungen zu gestalten, und haftet dennoch am Ende der Legislaturperiode für Entwicklungen, die nicht in ihrer Entscheidungsmacht gelegen haben. Die Opposition kann in vielen Fällen die Übernahme von Mitverantwortung im Interesse des Gesamtsystems nicht versagen und wird dadurch bis zu einem gewissen Grade mit der Regierungspolitik identifiziert und kann keine klar opponierende Position vertreten", so der Unionspolitiker.

„Weniger Demokratie wagen" bedeutet in diesem Zusammenhang weniger Macht für den Bundesrat und weniger Einbeziehung des Bundesverfassungsgerichts in den politischen Alltag. Denn beide Faktoren sind zwar demokratisch-konstitutive Kontrollen der Macht und wichtige Regulative der Regierenden – aber sie führen auch dazu, dass es in Deutschland so etwas wie eine kaschierte Konkordanzdemokratie gibt. Dem Wähler wird damit die Möglichkeit genommen, zwischen klaren Alternativen zu wählen und mit seiner Stimme eine Richtungsentscheidung treffen zu können. Der Bürger könne seine Missbilligung nur noch ausdrücken, in dem er nicht wähle oder sich für „extremistische Randgruppen" entscheide, „die seine Meinung nicht eigentlich repräsentieren, sondern lediglich als Ventil zum Ausdruck des Protests gegen das Gesamtresultat des politischen Prozesses dienen", schrieb Schäuble.

3. Weniger Wahlen

Dauerwahlkampf und ständige Wahlen verhindern eine Politik der ruhigen Hand. Die Folgen der ohnehin wachsenden Beschleunigung aller Prozesse werden noch einmal verschärft durch das permanente Ringen um die Zustimmung der Wähler. In den USA müsste vor allem der Zwei-Jahres-Rhythmus der Wahlen zum Repräsentantenhaus auf den Prüfstand. Allerdings traut sich auch an dieses Thema kaum ein Politiker ran.

„Wir haben ein politisches System, dass allergisch geworden ist für Kompromisse und praktische Lösungen", klagte Politikwissenschaftler und Publizist Fareed Zakaria. (4) Die amerikanische Gesellschaft habe einen „blinden Fleck", wenn es um dringend notwendige Reformen des Systems gehe. „Im gleichen Moment, in dem unser politisches System zusammenbricht, hört man nur das Loblied auf das System, die Verfassung und die perfekte Republik, die sie geschaffen hat", schrieb er.

In Deutschland gäbe die Zusammenlegung aller Landtagswahlen sehr viel Sinn. Auch hier gibt es für den Politiker wenig tagespolitische Lorbeeren zu gewinnen. Langfristig aber brächte sie dem Gestaltungsspielraum und der Effizienz der Regierung in Berlin erhebliche Vorteile.

Eine solche Reform hätte zwar auch Schattenseiten: Die Versuchung, den Unmut über die jeweilige Bundesregierung bei den Landtagswahlen auszutoben, wäre sicher da und hätte bei gleichzeitigen Wahlen in 16 Bundesländern eine enorme Wirkung. Allerdings ist die Situation derzeit schon nicht viel anders. Wahlkämpfe vor allem in den großen Bundesländern wie Nordrhein-Westfalen, Baden-Württemberg oder Bayern entfalten meist eine erhebliche Störwirkung auf Berlin. Bei der Abwägung aller Vor- und Nachteile scheint bei einer Zusammenlegung der Landtagswahlen der Gewinn an Entschleunigung, Ruhe und Nachhaltigkeit in der Politik weit größer als eine mögliche Bestrafung erfolgreicher Landesregierungen durch Wähler, die vor allem die Bundespolitik treffen wollen.

4. Ein Staat auf dem Prüfstand

Von Zeit zu Zeit ist es ratsam, auch einen Staat auf den Prüfstand zu stellen. „Zero based budgeting" nennt sich das in der Managementsprache. Planen, als ob man ein Unternehmen völlig neu aufstellen könnte, und daran den Ist-Zustand messen. Wie also sähe eine gut funktionierende Demokratie heute aus? Sicher in jedem Land, gemäß seinen besonderen Traditionen, ein wenig anders.

In den USA würde bei einem solchen Vorgehen sicher herauskommen, dass die endlosen Prozeduren bei der Ernennung von Spitzenbeamten und die fragwürdigen Finanzfreiheiten in der Wahlkampffinanzierung geändert werden müssten. Auch bei der Frage der Bestätigung von Beamten durch den Senat gibt es parteiübergreifend gemeinsame Interessen – jeder Präsident möchte schließlich so schnell wie möglich mit der Umsetzung seiner politischen Ziele beginnen. Doch auch hier fehlt – zumindest derzeit noch – Politikern der Mut, initiativ zu werden. Weniger Demokratie würde hier der amerikanischen Demokratie enorm weiterhelfen.

Etwas anders sieht es mit den gemeinsamen Interessen der Politiker bei der Wahlkampffinanzierung aus. Hier glauben sich vor allem die Republikaner im Vorteil. Schließlich tendiert die Wirtschaft auch in den USA traditionell zu den konservativen Kräften. Noch aber haben die Amerikaner wenig Erfahrungen mit den Auswirkungen der Entscheidung des Obersten Gerichts über die faktische Freigabe jeglicher Wahlkampfspenden. Entsprechend gering ist die Empörung in der Öffentlichkeit – was sich aber schon bei der Präsidentschaftswahl 2012 ändern könnte, wenn sich erweisen wird, wie stark das „große Geld" – noch mehr als schon bislang – in die Politik eingreift.

Übertragen auf Deutschland würde der „Demokratie-TÜV" viele Fragen beantworten müssen, die auf der Hand liegen. Muss der Auftrag des Grundgesetzes zur Neuregelung des föderativen Systems nicht ernster als bisher genommen werden? Welche Kosten und Reibungsverluste bringen 16 Bundesländer auf mittlere und lange Sicht mit sich? Ist es vor dem Steuerzahler zu rechtfertigen, dass die Bundesregierung und ihre Institutionen nicht nur in Berlin, sondern auch in Bonn angesiedelt sind? Lohnt das ausufernde Beauftragtenwesen? (Auch bei der Zahl von Beauftragten sind die Deutschen Weltmeister.) Sehr viel mehr müsste völlig neu begutachtet und bewertet werden.

Die SPD-Bundestagsabgeordnete Ute Kumpf griff Anfang 2011 eine Idee des Politologen Roland Roth von der Universität Magdeburg-Stendhal (5) auf, der für eine Demokratie-Enquete plädiert. Auch wenn diese Initiative des Bundesnetzwerks „Bürgerschaftliches Engagement" sicher in die Richtung von „mehr Demokratie wagen" tendiert und mehr Partizipation der Bürger fordert, ist der Vorschlag grundsätzlich richtig. Bedingung für eine nüchterne und wegweisende Bestandsaufnahme wäre es, dass das zu beauftragende Gremium mit großem Bedacht gewählt wird. Es müsste vor allem der Gefahr entgehen, in den Strudel parteipolitischer Interessen zu geraten. Wie in der Wirtschaft auch, würde bei einem solchen Projekt die Einbeziehung auch „externer" Gutachter eine besonders wertvolle Rolle spielen – das könnten in diesem Falle beispielsweise auch ausländische Experten sein.

5. Weniger Bürgerbefragung – mehr Controlling, mehr Wettbewerb

Von Politikern und Parteien muss man neben der Erkennbarkeit und einem klaren Profil auch Verlässlichkeit und Prinzipientreue erwarten. Damit das kein Appell bleibt, muss die Gesellschaft von der Politik sehr viel stärker als bisher Antworten einklagen. Statt mehr Mitbestimmung braucht es mehr Kontrolle. Dieses „politische Controlling" muss allerdings deutlich über bloße Meinungsumfragen und Stimmungserhebungen hinausgehen.

In den USA ist man auf diesem Feld schon etwas weiter. In Wahlkämpfen müssen Politiker in sehr viel stärkerem Maße Farbe bei den Konfliktthemen bekennen. Sie werden gezwungen – sehr viel häufiger als bei uns üblich –, sich öffentlich mit ihren politischen Konkurrenten zu messen. Akribisch werden Reden und Thesen, die aufgeführten Daten und Fakten der Argumentation von Experten geprüft und bewertet. Es gibt in den USA auch mehr unabhängige Institute, die täglich für Faktenüberprüfungen sorgen. Auch manche Medien nehmen diese Aufgabe beispielhaft ernst. Zudem herrscht in der Politik ein größerer Druck zur Transparenz – beispielsweise wenn es um die Besucher des Weißen Hauses geht oder um die Aktivitäten von Lobbyisten in Washington.

Politik, Gesellschaft und Wirtschaft brauchen in diesen verwirrenden Zeiten deutlich mehr hieb- und stichfest überprüfte Informationen sowie neutrales Controlling. Unabhängige Gremien und Institute können das leisten. Eine „Stiftung Politiktest“ – ähnlich der Stiftung Warentest – wäre spannend. Niemand sollte in der Politik objektive Schulnoten erwarten. Möglich wären aber durchaus nüchterne Analysen, beispielsweise der Aktivitäten eines Ministeriums in einer Legislaturperiode, die Überprüfung von Daten und Fakten, wenn es zum Beispiel um die Rentenfinanzierung oder Hartz IV geht, oder ein internationaler Vergleich beispielsweise zur Situation der Einwanderer in den verschiedenen Ländern.

Es gibt in Deutschland erstklassige politische Institute und Stiftungen, wenngleich deutlich weniger als in den USA oder Großbritannien. Ein Problem ist, dass sie meist von Interessengruppen oder Parteien getragen werden und damit von vornherein – und nicht ganz zu Unrecht – im Ruch einer klaren politischen Ausrichtung stehen. Häufig werden die Ergebnisse der Institute von der Öffentlichkeit auch wenig wahrgenommen. Eine schwer erklärbare, etwas elitär anmutende Zurückhaltung mancher Institute zur Eigen-PR verhindert eine größere Breitenwirkung – in den USA sind die Think Tanks in der Regel deutlich offensiver.

Bei vielen politischen Themen spielen in Deutschland die Nicht-Regierungs-Organisationen (NGOs) eine deutlich größere Rolle als Politikinstitute. Dabei fehlen NGOs – unabhängig von ihren zuweilen großen Verdiensten – jede demokratische Legitimation. Sie sind auch nichts anderes als eine Interessengruppe, bei denen es oft klar ist, welche politischen Sichtweisen sie vertreten. Im politischen Alltag spielen sie, häufig zu Unrecht, eine deutlich größere Rolle als wissenschaftliche Institute oder andere Gremien.

Demokratie ist ein System von „checks and balances“, der gegenseitigen Kontrolle. In erster Linie gilt das zwischen den Verfassungsorganen.

Aber in unseren modernen Gesellschaften gehören längst schon die kritische Öffentlichkeit, alte und neue Medien, die Wissenschaft und die Interessengruppen dazu. Politik ist verwirrend vielschichtig geworden – ein Resultat ist die Klage über „abgehobene“ Politiker, die den Bezug zum Volk verloren hätten. Das sollte man durchaus ernst nehmen. Nur kann die richtige Antwort auf diese Vorwürfe nicht der Versuch sein, auch noch möglichst viele Bürger in den politischen Alltag miteinzubeziehen. Vernünftig wäre es, Politik besser zu kontrollieren. Dazu braucht es – neben einem kritischen, hochwertigen Journalismus – auch mehr unabhängige politische Institute und Gremien.

Die meisten Medien, die sich gerne als die „vierte Gewalt“ in der Demokratie sehen, sind heute zunehmend mit der Aufgabe überfordert, der Komplexität in Politik und Wirtschaft mit kritischer Begleitung gerecht zu werden. Sie brauchen in wachsendem Maße die Zusammenarbeit mit wissenschaftlichen Instituten, die von Regierungen, Bürokratien, Institutionen und Volksvertretern gleichermaßen als ernstzunehmende Kontrollinstanzen respektiert und gefürchtet werden.

6. Keine Wahl bei politischer Bildung

Der Mangel an politischer Bildung in fast allen westlichen Demokratien ist eklatant. Ein mündiger Staatsbürger wird man nicht mit der Erlangung des Wahlalters, sondern nur mit ausreichender Bildung – zumindest sollte das für die westlichen Demokratien gelten. Es gibt eine deutliche Diskrepanz zwischen der Bedeutung der politischen Bildung für das Gemeinwesen und dem Aufwand, der für sie betrieben wird.

Politische Allgemeinbildung muss, wo immer möglich, ein Pflichtfach sein. In den USA sind die Defizite auf diesem Feld besonders groß, die Bemühungen, das zu ändern, relativ klein. In Deutschland misst man der politischen Bildung sicher einen etwas höheren Stellenwert zu – wenngleich auch in den Schulen keinen zentralen. Das aber gäbe in allen Schulformen viel Sinn. Vor allem darf es keine Möglichkeiten geben, dieses für die Demokratie so wichtige Fach einfach abzuwählen.

Zur politischen Bildungsarbeit gehören aber auch Initiativen, wichtige Themen in der Öffentlichkeit populär und durchschaubar zu machen. Hier gilt tatsächlich, dass der Bürger möglichst wenig Wahl haben soll. Dafür muss er „abgeholt werden“, das bedeutet, er muss zur politischen Information ein Stück weit verführt werden. Es gibt für Politik und Demokratie wenig PR, die wird nur für Parteien und Politiker intensiv betrieben.

Das alles bedarf eines politischen Willens und finanzieller Mittel. Dank des Internets eröffnen sich hier auch Wege, die keine Unsummen verschlingen – aber das kann nur ein Teil der Bemühungen sein. Angesichts der beachtlichen Etats von Bund und Ländern für Öffentlichkeitsarbeit kann es an Geldmangel nicht scheitern. Vielleicht müsste das Unwesen der Broschürenproduktion beendet werden: Millionen von Info-Schriften landen jährlich ungelesen im Müll. Erforderlich wären intelligente Formen politischer PR. Ein Zaubermittel gibt es da ebenso wenig wie für jedes andere Anliegen oder Produkt.

7. Neue Ehrlichkeit

Neue Ehrlichkeit in Politik und Gesellschaft würde nicht nur bedeuten, wie bisher Lügen zu vermeiden. Es wäre auch der Verzicht auf die möglichst elegante und weichgespülte Präsentation von Sichtweisen und Positionen. Neue Ehrlichkeit würde den Mut erfordern, unbequeme Wahrheiten auszusprechen und weniger auf die Stimme des Volkes, sprich auf Umfragen und öffentliche Gefühlslagen Rücksicht zu nehmen. Das mag naiv und idealistisch klingen, es wird dadurch aber nicht falsch.

Zur neuen Ehrlichkeit würde das Eingeständnis gehören, dass die komplexen Probleme der Moderne nicht mit mehr Partizipation der Bürger zu lösen sind, dass es bei vielen Themen keine einfachen Antworten gibt, dass man manches einfach nicht weiß oder schwer einschätzen kann, dass es bei politischen Entscheidungen oft Gewinner und Verlierer gibt, dass nicht immer alles besser wird, dass es oft ohne Kompromisse und Interessenausgleich nicht geht. Und dass bei fast allen Themen Zeit für Analysen und Beratungen notwendig ist. Schließlich braucht es auch den Mut zu richtungsweisenden, manchmal unpopulären Entscheidungen – deren Richtigkeit und Wert sich erst in der Zukunft beweisen kann.

„Viel stärker als bisher müssen die Bürger zu Adressaten von Politikern (und Experten) werden, die Wahrheiten sagen, unbequeme Problemlösungen vermitteln und für Unpopuläres werben, anstatt die Selbstüberforderung der Politik bis zur drohenden Destabilisierung des demokratischen Systems voranzutreiben", schrieb schon 2003 der Politikwissenschaftler Eberhard Sandschneider (6).

Politiker sehen sich angesichts der überbordenden Erwartungen zweifellos in einer Zwickmühle. Der Kandidat, der den Wählern am meisten verspricht, erhöht seine Chancen. Wer problematisiert, kompliziert und abwägt, hat zweifellos schlechtere Karten als der Politiker, der sich tatkräftig, entschlossen und erfolgssicher präsentiert, auch wenn er genau weiß, dass er die Erwartungen der Wähler nicht erfüllen kann. Der Wähler aber fühlt sich betrogen, wenn nach den schönen Reden die schnöde Realität offenbar wird. Aber immer wieder, und das gilt für alle westlichen Demokratien, gewinnt der, der am plausibelsten bessere Zeiten verkündet. Nun ist das kein neues Phänomen – aber es gewinnt in Zeiten großer Umbrüche zusätzliche Brisanz und verstärkt den Überdruss der Bürger an der Politik.

Neue Ehrlichkeit würde bedeuten, Konturen und Kanten zu zeigen, den Mut zur Führung zu haben und sich nicht zu scheuen, Bürger auch mal vor den Kopf zu stoßen und sich mit Mehrheiten anzulegen. Aber welcher Politiker würde sich trauen, offen das Wahlvolk zu kritisieren? Es wäre realitätsfremd, zu viel von Politikern zu erwarten, die von den Stimmen der Wähler abhängig sind. Doch in Maßen darf ein wenig Courage erwartet werden. Einer demokratisch reifen Gesellschaft würde es eher entsprechen, von den Bürgern Mitverantwortung einzuklagen statt ihnen mehr Mitbestimmung zu versprechen.

In Wirklichkeit verleugnen Politiker regelmäßig ihre eigenen Sichtweisen. Alle fürchten den Vorwurf der Majestätsbeleidigung, wenn es um den Souverän der Demokratie geht. Sogar konservative und liberale Politiker scheuen sich beispielsweise, Bürger zu kritisieren, die sich offen der Eigenverantwortung entziehen und in ihrer Existenzsicherung voll auf den Staat verlassen – bis hin zum systematischen Missbrauch sozialer Leistungen. Politiker fabulieren bei solch heiklen Themen in gestelzten, höchst vorsichtigen Worten. Die Sorge, gegen die Political Correctness in Deutschland zu verstoßen und die Furcht vor einem Aufschrei über angeblich populistische Thesen verhindern, dass ein Problem angesprochen wird, unter dem die meisten Wohlstandsgesellschaften leiden. Während traditionell besonders sozial eingestellte Staaten wie Dänemark, die Niederlande oder Finnland längst mit einer gewissen Härte gegen ein gefährlich überbordendes Anspruchsdenken reagiert haben, ist das Thema in Deutschland fast ein Tabu.

Solche Phänomene nähren Politikverdrossenheit und Wahlabstinenz. Sie haben weniger mit dem Mangel an Partizipation als mit fehlender Identifikation zu tun. Wie soll man sich für Partei oder Politiker begeistern, deren Konturen kaum erkennbar sind? Die übertriebene Furcht, auf Ablehnung zu stoßen, führt zur Gesichtslosigkeit in der Politik. Übersehen wird dabei, dass Parteien angesichts niedriger Wahlbeteiligungen schon mit den Stimmen von nur 20 Prozent der Wahlberechtigten stärkste Partei werden können – wieso dann diese große Furcht vor Erkennbarkeit und Profil, vor der Missbilligung durch die Mehrheit?

Neue Ehrlichkeit bedeutet auch, glaubwürdig eine Geschichte erzählen zu können. Eine Erzählung, die begründet, warum man an die Macht möchte, in der politische Positionen einen größeren Sinn bekommen als nur irgendein tagespolitisches Anliegen, das sich ohnehin meist auf mehr Finanzmittel bezieht. Es gilt, die politischen Ziele und Pläne in nachvollziehbare Zusammenhänge einbetten zu können: Woher kommen wir, wo stehen wir, wo wollen wir hin. Es braucht Geschichten, in denen sich die Menschen in einem größeren Kontext wiederfinden, sich erkennen können.

Der große Erfolg der Grünen in den vergangenen Jahren hat in erster Linie genau damit zu tun. Ein Teil der Wähler erkennt sich in der grünen Geschichte und in ihrem Weltbild wieder. Mit Wurzeln von 1968, den Idealen einer heilen Umwelt, der Ablehnung traditioneller Hierarchien und überkommener Werte, mit viel Misstrauen gegenüber Kapital und Markt, an einen Staat glaubend, der möglichst viel Verantwortung für die Gesellschaft übernehmen, möglichst viel lösen und regeln soll. Diese etwas vereinfachte Beschreibung bildet einen narrativen Zusammenhang, ohne den Politiker und Parteien in der Demokratie nicht auskommen.

Sozialdemokraten ebenso wie Konservative und Liberale in Deutschland beklagen oft, dass eben diese einigende, identitätstiftende Geschichte zunehmend verlorengegangen ist. Denn sie hat mit einem Parteiprogramm nur wenig zu tun – das kann nur Ausdruck der sinnstiftenden Erzählung sein. In der SPD träumen zumindest die Linken von einem deutlichen Bekenntnis zu sozialistischen Idealen. In der Union hoffen viele, es gebe den Willen zu einer „konservativen Revolution", einem Zurückdrängen des Sozialstaates, einer klaren Orientierung an deutscher Leitkultur und traditionellen Werten. Und in der FDP verstehen viele nicht die aktuelle Betonung ökologischer und sozialer Aspekte, die in der Weltsicht der Liberalen keineswegs im Zentrum steht.

Das Drängen der Parteien zur Mitte hat wohl auch etwas mit der Haltung der Medien zu tun. Politiker empfinden die Berichterstattung oft als gnadenlos, wenn nicht sogar als bösartig. Denn der Mix aus notwendiger Verkürzung und gewollter Zuspitzung sowie die zunehmende Orientierung an den Erwartungen von Lesern, Hörern oder Zuschauern führen faktisch oft zum Anprangern und Skandalisieren unpopulärer Positionen. Medien müssen sich fragen, inwieweit sie selbst populistischen Tendenzen, beispielsweise der allgemeinen Verachtung der politischen Klasse, erliegen oder einer Political Correctness genügen, insbesondere wenn es um die vermeintliche Verteidigung „sozialer Errungenschaften" und die Forderung nach „sozialer Gerechtigkeit" geht.

Auch wenn Politiker in Deutschland es deutlich schwerer haben als früher, ist es für sie immer noch einfacher als beispielsweise in den USA oder Großbritannien. Denn um in den Ländern mit Mehrheitswahlrecht Machtpositionen zu erobern, bedarf es wirklich einer Mehrheit der Stimmen. Ins Weiße Haus kommt in der Regel nur der, der die Mehrheit der abgegebenen Stimmen bekommt. Im deutschen Parteiensystem wird es gar nicht bestraft, nur von einer Minderheit gewählt zu werden – man kann sogar damit die größte Fraktion im Bundestag werden und hat gute Aussichten, in einer Koalition den Kanzler zu stellen. Wie mächtig noch kleinere Parteien sein können, zeigt die bundesdeutsche Geschichte mit FDP und Grünen. Umso unverständlicher erscheint die Scheu vor Profil.

8. Bekenntnis zu Kapitalismus und Profit

Zumindest die Politiker, die ein sozialistisches System ablehnen, müssen die Scheu ablegen, sich öffentlich zur Marktwirtschaft zu bekennen. Das gilt sogar für Unternehmer und Manager – selbst ihnen scheint es oft schwerzufallen, sich öffentlich in klaren Worten zur Marktwirtschaft zu bekennen. Ohnehin wird immer nur von der „sozialen Marktwirtschaft" gesprochen, aus lauter Furcht, gleich in die Ecke des „unmenschlichen Manchester-Kapitalismus" gedrängt zu werden. Vielleicht bedarf es aber gerade in diesen Umbruchzeiten klarer Begriffe, die nichts verschleiern. Schließlich kann niemand die einzigartige Erfolgsgeschichte des Kapitalismus bestreiten – auch Chinas faszinierender Aufstieg oder die Beseitigung des Hungers von Millionen sind in allererster Linie der Einführung der Marktwirtschaft zu verdanken.

Seit 250 Jahren beweist das verfemte Wirtschaftssystem trotz aller Krisen seine Wirkungskraft für technischen Fortschritt und gesellschaftlichen Wohlstand. Soziale Ungleichheit gab es zu allen Zeiten der Menschheitsgeschichte, einen Wohlstand für die Massen wie heute nie zuvor. Und dennoch haftet dem Kapitalismus – vor allem in Europa – der Ruch der Unmenschlichkeit an. (7)

Das Unbehagen von Politikern und Unternehmern, sich grundsätzlich zu Leistung, Konkurrenz und Profit zu bekennen, schürt die ohnehin vorhandenen Ressentiments in der Bevölkerung gegen das „System". Zumindest in Deutschland ist die Wirtschaft meist kleinlaut und defensiv. Dazu gehört auch ein erstaunlicher Mangel an Solidarität unter Firmen und Unternehmern. Steht beispielsweise eine Firma am Pranger, derzeit oft wegen angeblicher Umweltsünden, gibt es auch dann wenig Solidarisierung in der Branche, wenn die Angriffe sich bei nüchterner Betrachtung rasch als unfair und unangemessen entpuppen. Von der übrigen Wirtschaft alleine gelassen, gerät ein solchermaßen angegriffenes Unternehmen in der Öffentlichkeit oft in eine fast aussichtslose Lage – und dient als weitere Bestätigung für alle negativen Vorteile über die Wirtschaft.

Auch wenn die Mehrheit unserer Gesellschaft im Kapitalismus heute etwas Bedrohliches, wenn nicht gar Böses sieht, müssen Politik und Wirtschaft bei der historischen Wahrheit bleiben. Wer verschweigt, dass der Antrieb der Marktwirtschaft in erster Linie der Profit ist, unterminiert die Grundlagen der Demokratie.

Die Bürger selbst belegen täglich mehrfach, dass sie marktwirtschaftlich gepolt sind. Sie entscheiden sich für den Arbeitsplatz, bei dem sich Gehalt, Arbeitszufriedenheit und Sicherheit optimal verknüpfen. Beim Konsumverhalten ist es das Gleiche: Der Bürger kauft ein, wo er die beste Ware zum günstigsten Preis bekommt. Nur wer glaubt, dass sich die Masse der Menschen der Logik des Arbeitsmarktes und der Preislogik entziehen würde, kann an ein System glauben, dass nicht Gewinnstreben im Zentrum hat. Es gibt so viele Ansätze, die Mechanismen des Kapitalismus plausibel darzustellen.

9. Dem Märchen von der Schwarmintelligenz misstrauen

Mehr Demokratie und Partizipation wird gerne auch mit Potential der Menschen für Problemlösungen und Innovationen begründet. Ohnehin wird in Politik und Wirtschaft gerne geschmeichelt. Das Lobpreisen der „Schwarmintelligenz" und der Weisheit der Bevölkerung gehört dazu. Ausgeblendet wird die Wirklichkeit, die uns tagtäglich die Ungleichheit der Begabungen demonstriert.

Ein Lehrstück dazu wurde in den vergangenen zwei Jahrzehnten in Kalifornien aufgeführt. Einige geniale und hochbegabte Wissenschaftler, Tüftler und Unternehmer, oft noch blutjung, schufen im Silicon Valley die Wiege der jüngsten Technologierevolution und begründeten neue Wirtschaftsgiganten wie Yahoo, Google oder Apple. Gleichzeitig ruinierten die Bürger Kaliforniens mit dem weitestgehenden System direkter Demokratie außerhalb der Schweiz den Bundesstaat. Mit zahllosen Bürgerbegehren und Bürgerentscheiden haben sie über die Jahre Kalifornien herunter gewirtschaftet und quasi unregierbar gemacht.

Auch jede demokratische Wahl ist gewissermaßen eine Entscheidung der Schwarmintelligenz. Das ist auch gut und richtig, solange es um Richtungsentscheidungen geht. Die „Weisheit der Vielen" ist aber bei den komplexen Fragen und den großen Problemen nur von begrenzter Hilfe. Das Anhören und Miteinbeziehen von Bürgern, Mitarbeitern oder Kunden sind sinnvolle Instrumente, um die Legitimation zu sichern und Entscheidungen zu erleichtern. Letztendlich aber braucht es in der Praxis des Regierens oder beim Managen eines Unternehmens Kompetenz, Entschlussfreudigkeit und Führungskraft. Wenn Entscheidungen sich dann als falsch erweisen, gibt es einen Verantwortlichen. In jedem gut funktionierenden System wird er dafür auf die eine oder andere Weise zur Rechenschaft gezogen. In der Demokratie spätestens bei der nächsten Wahl.

10. Mut zur Führung

Führung braucht Mut und Entschlossenheit – und ein Bekenntnis, Führung überhaupt beanspruchen und Verantwortung übernehmen zu wollen. Das gilt auch in der Demokratie, und zwar in Politik, Gesellschaft und Wirtschaft gleichermaßen. Das Verschleiern von Hierarchien und das Verschweigen von Verantwortung und Macht schüren bloß Unsicherheit und Destabilisierung. Schon die Suggestion, in einer demokratischen Gesellschaft ließen sich Ungleichheit beseitigen und soziale Gerechtigkeit herstellen, kann bei den Bürgern letztendlich nur Frustrationen auslösen, weil sie vollkommen realitätsfremd ist.

Parteien und Organisationen werden sich zu Führung und Hierarchien bekennen müssen, sonst werden sie kaum erfolgreich sein können. Die Grünen haben in ihrer über 30-jährigen Geschichte mit großem Realitätssinn vieles über Bord geworfen, was nach Demokratie klang und in der Politik Lähmung und Ineffizienz bedeutete: das Rotationsprinzip, das Verbot der Ämterhäufung, das Stimmrecht auch von Nichtparteimitgliedern. Führungskraft – von keinem besser personifiziert als von Joschka Fischer – wurde ein Schlüssel für den Erfolg der Grünen.

Nun gibt es eine neue Welle des „mehr Demokratie Wagens". Technisch betrachtet wäre eine weitere Demokratisierung leichter möglich denn je. Führungsfragen und inhaltliche Fragen können in einer Partei vor allem dank des Web 2.0 in größtem Kreis und demokratischer denn je diskutiert und entschieden werden. Die Entscheidung, statt der Delegierten Mitglieder über Führung und Inhalte entscheiden zu lassen, könnte sogar ein Weg sein, den seit vielen Jahren anhaltenden Mitgliederschwund in Parteien, Gewerkschaften und anderen Institutionen umzukehren.

„Liquid Democracy" ist möglich, am leichtesten noch innerhalb von Organisationen – aber ihre Tücken und Gefahren sind schon bei ersten Probeläufen (selbst in der Piratenpartei) offensichtlich geworden. Schon jetzt leiden Parteien, vor allem die in der Regierungsverantwortung, unter der Spannung der unterschiedlichen Erwartungen der verschiedenen Flügel und Gruppen in der Partei. Die Vorstellung, die Partizipationsmöglichkeiten der Parteimitglieder weiter zu erhöhen, müsste jeden verantwortungsbewussten, realistischen Politiker erschrecken.

Wer Führung beansprucht, kann auch ehrlicher und bescheidener sein. Am ehesten entgeht ein Politiker der Falle überzogener Wahlversprechen, wenn er Führungsqualitäten demonstriert. Für die politische Kultur wäre das Bekenntnis zu Führung ebenso wichtig wie die höhere Wertschätzung von Bescheidenheit. Wie heilsam wäre es, wenn Politiker ebenso wie Experten eingestehen würden, dass wir manches einfach nicht wissen können oder noch nicht wissen. Auch bräuchte es den Mut, mehr Bescheidenheit bei den Erwartungen mancher Bürger an den Staat zu fordern, oder Illusionen über Gerechtigkeit und Gleichheit zu relativieren.

Bei der Suche nach dem rechten Maß zwischen Partizipation und Führung ist die Versuchung groß, populär mehr Beteiligung zu fordern. Dabei wissen die Akteure in Gesellschaft und Politik, dass eine weiter wachsende Partizipation die Gefahren von Lähmung, Unberechenbarkeit und Prinzipienlosigkeit mit sich bringen kann. Vor allem in der Politik aber muss es Verlässlichkeit und Erkennbarkeit geben – die kann es ohne Führung und Hierarchien, ohne das Prinzip von Delegation und Repräsentation kaum geben.

Nachwort

Eine Lanze für Merkel, Obama und die anderen?

„Ich glaube, ich würde die Freiheit in allen Zeiten geliebt haben; in der Zeit aber, in der wir leben, fühle ich mich geneigt, sie anzubeten.“

Alexis de Tocqueville (1)

Die letzten beiden sozialdemokratischen Kanzler haben sich um Deutschland große Verdienste erworben. Ihnen beiden ist gemeinsam, dass sie bei ihrem Abgang verbittert waren über die Ungerechtigkeit und die Unfairness in der Politik. Denn sie wurden für ihre historischen Leistungen bestraft und mussten das Kanzleramt verlassen.

Helmut Schmidt scheiterte, nachdem er den unpopulären Nato-Doppelbeschluss auch gegen seine eigene Partei durchgesetzt hatte. Er war historisch betrachtet ein zentraler Baustein in der Strategie von US-Präsident Ronald Reagan und der Nato-Länder, die Sowjetunion in die Knie zu zwingen. Erst dadurch wurde die Wiedervereinigung Deutschlands möglich.

Gerhard Schröder hatte ebenfalls den Mut, gegen große Teile seiner eigenen Partei und gegen die Gewerkschaften mit der Agenda 2010 Deutschland in die richtige Richtung zu lenken. Ohne die – wenn auch nicht konsequenten – Reformen des deutschen Sozialsystems und Arbeitsmarkts wäre der wirtschaftliche Aufschwung Deutschlands in den vergangenen Jahren unmöglich gewesen.

Mutige Politik wird bestraft. Eine Ahnung davon bekam Angela Merkel bei der Bundestagswahl 2005. Sie hatte seit dem CDU-Parteitag in Leipzig im Dezember 2003 und im Wahlkampf für einen klaren Kurswechsel in der Sozialpolitik, für konservative Reformen in der Steuerpolitik („Kirchhof-Modell“) geworben – und trotz miserabler Umfragewerte der noch regierenden SPD und der Grünen nur eine hauchdünne Mehrheit erringen können.

Ganz offensichtlich schreckten viele Wähler vor den dringend erforderlichen Reformen zurück. Dabei wissen die meisten, dass aufgrund der wachsenden Überalterung der Gesellschaft und der enormen Staatsschulden die sozialen Netze und das Rentensystem dringend reformbedürftig sind. Aber Politiker, die als Überbringer dieser schlechten Nachrichten kommen, werden vom Wähler umgehend bestraft. Der akzeptiert weder Unsicherheit noch Zweifel – dabei weiß niemand wirklich, was uns diese dramatische Zeitenwende bringen wird. Also suggerieren Politiker mit kühnen Thesen und vielen Phrasen, sie wüssten, wohin die

Reise geht – und gehen soll. Sind Politiker heute nun eher „arme Schweine“ oder „feige Hunde“?

Unpolitische Radikalisierung

Der Unmut der Menschen über Politik äußert sich inzwischen längst nicht mehr nur mit Wahlabstinenz, Politikverdrossenheit oder mit Sympathien für politische Extremisten. Es gibt auch so etwas wie eine unpolitische Radikalisierung. Wenn in Athen, Paris oder Madrid Zehntausende auf die Straße gehen, bilden Parteikader, Anarchisten oder Politik-Sektierer meist die Ausnahme. In der Mehrheit finden sich bei diesen Protesten überwiegend junge Menschen, „die die Nase voll haben“. Sie sind sich einig darin, dass es so nicht weiter geht, dass sie sich nicht weiter „betrügen, bestehlen und belügen“ lassen.

Für die Proteste gibt es durchaus auch einen realen Hintergrund: In vielen Ländern sehen sich junge Menschen angesichts der enormen Probleme auf dem Arbeitsmarkt als eine Generation ohne Chance und Perspektive; sie fühlen sich vom System betrogen, zumal die Generation ihrer Eltern gigantische Schuldenberge angehäuft hat. Allerdings sind die Wirtschaftskrisen auch typische Begleiterscheinungen von Umbruchzeiten. Dafür gibt es keine Patentrezepte, sondern nur die mühsame Suche nach Lösungen und neuen Konzepten. Diese kann nur die „Politik“ liefern – dazu aber fehlt oft jegliches Vertrauen in unsere Politiker.

Niemand hat besser die orientierungslose Stimmung der unpolitischen Radikalisierung auf den Punkt gebracht, als der 93 Jahre alte Schriftsteller Stéphane Hessel. Der Franzose verdient als ehemaliger Résistance-Kämpfer, KZ-Häftling und Mitverfasser der UN-Menschenrechtscharta größten Respekt. Aber im greisen Alter schürt er mit seinem Bestseller, dem Pamphlet „Empört Euch“ eine geradezu infantile Sehnsucht nach einer Welt ohne Banken, Profit und Wachstum, er bedient alle billigen Klischees über den schrecklichen Kapitalismus. (2)

Die Bürger sollten im Geiste der Résistance zum Widerstand gegen Finanzwelt und Politik aufbegehren. Er verdammt das „allein auf die Produktion ausgerichtete Denken“ gegen „die neue Barbarei“, gegen die Behandlung der Immigranten, der Illegalen, der Sinti und Roma. „Wenn etwas Sie empört, wie mich der Nazismus empörte, werden Sie militant, stark und engagiert.“ Der Schriftsteller propagiert „Ethik und Gerechtigkeit“. Er ruft zur Gewaltlosigkeit auf, einem „friedlichen Aufstand gegen die Massenmedien“, aber er äußert auch besorgniserregend viel Verständnis für den Terrorismus.

Es könnte einen sprachlos machen, wie ein so lebenserfahrener Mann wie Hessel die eindeutige Botschaft der Geschichte ignoriert. Auch in seiner Lebenszeit hat er miterleben können, dass alleine die Marktwirtschaft Wohlstand für alle bringt – oder zumindest bringen kann. Der Markt aber wird getrieben von Ehrgeiz und Konkurrenz, von Egoismus und Erwerbsstreben. Der Kapitalismus mag oft ein unsympathisches, manchmal sogar erschreckend gnadenloses Wirtschaftssystem sein – aber von keinem anderen profitieren die Menschen insgesamt mehr. Wer traut sich, diese schlichten Erkenntnisse angesichts der allgemeinen Empörungen noch offensiv zu vertreten?

Die unpolitische Empörung war besonders eindrucksvoll im Frühjahr 2011 in Spanien zu beobachten. Die jungen Spanier, von denen über 40 Prozent ohne Arbeitsplatz waren, probten den Aufstand. Der wütende, wenngleich disziplinierte Protest in dem von Strukturproblemen, Finanzkrise und geplatzter Immobilienblase heimgesuchten Spanien richtete sich gegen die Politik, gegen das System. Dabei wollte gerade die sozialistische Regierung von José Luis Rodríguez Zapatero Reformen durchsetzen, von denen vor allem die Jugend profitiert hätte. Vor allem sollte der rigide Kündigungsschutz reformiert werden, der sozial klingt, aber faktisch zur Folge hatte, dass die Unternehmen sich so lange wie nur möglich sträubten, junge Mitarbeiter fest anzustellen.

Aber es ging den Demonstranten vor allem um das Anprangern der Schuldigen wie Banker, Spekulanten und Politiker sowie die Abwehr von sozialen Einschnitten. Es war eine Verweigerungshaltung gegen jede rationale Auseinandersetzung zugunsten einer kollektiven Selbstdarstellung als Opfer sowie einem Stakkato an Forderungen an „die da oben" und nach „wahrer Demokratie". Die Demonstranten sahen sich in der Tradition mit jenen arabischen Ländern, in denen jüngst autoritäre, korrupte Regime gestürzt worden waren. Bei allen Problemen der spanischen Demokratie – sie ist nicht vergleichbar mit den Diktaturen Nordafrikas. Die Haltung der Protestanten zeugt von politischer Unreife, zuweilen gemischt mit infantilen Zügen. Spaniens Politiker waren ratlos, es jubelten allein die Konservativen – die gerade in der Jugend kaum Rückhalt haben. Politik in der modernen Demokratie ist ein mühsames Geschäft geworden.

Auch in Deutschland lässt sich unschwer die Politik anprangern. Cora Stephan rechnet in ihrem Buch „Ein Irrtum" mit Angela Merkel wegen ihrer Nachgiebigkeit und mangelnden Prinzipientreue bitter und überzeugend ab. Es ist die Beschreibung eines politischen Scheiterns, des Schrumpfens einer hochintelligenten Persönlichkeit zu einer geschmeidigen Politikerin. Merkel würde vielleicht auf die Vorwürfe antworten, dass sie nicht kann, wie sie will. Weil sie eine Koalition führt. Weil sie fürchten muss, vom Wähler bestraft zu werden. Weil sie von Partei und Fraktion bedrängt wird, die um Machtverlust und Wiederwahl bangen.

Weil es Stimmungen gibt, gegen die man sich nicht stemmen kann – beispielsweise nach Fukushima. Und würde nicht jedes Reformvorhaben, jedes Konzept der Regierung sofort auch von Medien und Opposition auf seine Skandalisierungsmöglichkeit geprüft?

Als Stephan ihr Buch schrieb, wusste sie noch nicht, dass die CDU-Politikerin mit ihrer hektischen Kehrtwende in der Atompolitik nach den Katastrophen in Japan Anfang 2011 dieser Politik der Unberechenbarkeit und des Opportunismus noch mal die Krone aufsetzen würde.

Tatsächlich hatte Merkel – gemeinsam mit allen anderen, aufgeschreckten Parteien – wegen Fukushima gegen alle Verträge und verabschiedeten Gesetze, quasi in einem übergesetzlichen Notstand, den raschen Ausstieg aus der Kernenergie beschlossen. Die CDU-Kanzlerin hatte damit im Handstreich aus der repräsentativen Demokratie eine direkte Demokratie gemacht – sie reagierte binnen Tagen auf die Ängste in der Bevölkerung. Dabei hatte sich nichts an der Ausgangslage geändert, alle Risiken der Kernenergie waren auch vorher bekannt.

„Wenn Angela Merkel so weiterregiert, wird sie zur Erfinderin einer völlig neuen Regierungsform: des Merkelismus. Dabei handelt es sich um eine verfeinerte Variante der demoskopischen Demokratie, die in etwa so funktioniert wie eine Klimaanlage mit Temperaturregler (...) Ein demoskopischer Sensor fühlt die Stimmung der Bevölkerung und schlagartig wird die Politik danach ausgesteuert", lästerte der damalige Focus-Chefredakteur Wolfram Weimer. (3)

Auch Barack Obama ist ein Politiker, von dem sich viele frühere Anhänger abwenden. Dass er das Gefangenenlager in Guantánamo nicht schließen konnte und die Steuern für die wirklich Reichen nicht anhob, ist für viele Demokraten in den USA bitter und nicht nachvollziehbar. Schaut man sich in den anderen westlichen Demokratien um, wird augenfällig, wie zaghaft überall Politik betrieben wird. Welchem Politiker wird im Westen noch Führungsstärke zugesprochen?

Wer eine Lanze für Obama und Merkel und all die anderen „Schwächlinge“ am Steuer der Demokratien brechen möchte, findet auch dafür gute Argumente. Ob in Berlin, Paris oder Washington: Die Grenzen wirklicher Gestaltungsmöglichkeiten sind für die Regierenden deutlich enger geworden. Sie sind so eng, dass es unrealistisch scheint, auch nur an die teilweise Erfüllung von Wahlversprechen zu glauben. Und bei aller Kritik an den Regierenden stellt sich immer wieder die tückische Frage, ob diese Politiker dann nicht doch das kleinere Übel bedeuten.

Welche Reformkraft hätte ein Kanzler Steinmeier, der auf Gewerkschaften und sozial Schwache noch mehr Rücksicht nehmen müsste als Merkel? Hätte ein US-Präsident John McCain auch die neuen Regeln zur besseren Kontrolle der Finanzwirtschaft durchgesetzt, so wie das Obama machte? Nicht nur die große Politik kennt den bescheidenen Pragmatismus, die Realpolitik, die Wahl des kleineren Übels und den faulen Kompromiss.

Auch der Wähler kann nur nach diesen Kriterien abwägen, außer er wendet sich beleidigt von der unfähigen Politik ab. Die Reaktion ist dann nicht viel reifer als die eines Kindes, das droht, die Luft anzuhalten, wenn es keine Schokolade bekommt. Der Wähler muss mit den Politikern und den Parteien vorlieb nehmen, die vorhanden sind. Wenn er wirklich etwas bewegen möchte, muss er sich engagieren – nicht lamentieren. Vor allem aber darf niemand die Augen davor verschließen, wie schwer heute Führung, wie klein auch der Handlungsspielraum von Politik, geworden ist.

Es geht sicher auch um eine neue Bescheidenheit. Um Augenmaß, was machbar wäre und was nicht. Ich gehöre wegen meiner besonderen Geschichte als Flüchtlingskind nicht zu den Nachkriegsgenerationen, die das wirkliche Elend in der Welt nur aus Literatur, Fernsehen und Stippvisiten kennen. In mancher Weise fühle ich noch starke Bande zu den Kriegsgenerationen des 20. Jahrhunderts. Glück war für die Generation meiner Eltern vor allem die Abwesenheit von Unglück. Kein Krieg. Keine Willkür. Kein Hunger. Keine Angst. Ruhe. Ehe. Stabilität. Für meine Generation wäre es fast die Beschreibung von Unglück, solch ein Status quo ohne Euphorie, ohne Sensationen, ohne Spektakel, ohne Erfüllung, ohne Höhepunkte, ohne Konsum.

Gegen die Krisen und Schwächen der modernen Demokratie gibt es keine Wunderdroge. Aber dennoch gibt es bessere und schlechtere Medizin. Die Stärkung der Partizipation ist eine trügerische Wahl, sie könnte nur kurzfristig einen Placeboeffekt haben. Das politische System der Demokratie darf keine Dauerbaustelle sein. Renovierungsbedürftig ist das demokratische Gebäude allerdings von Zeit zu Zeit. Eine solche Renovierung wäre heute in vielen Ländern – wie Deutschland und den USA – angebracht.

Letztendlich aber reichen die Probleme unserer Gesellschaft viel tiefer als nur in den politischen oder ökonomischen Raum. Es fehlt allerorten eine gesellschaftliche Übereinkunft über grundlegende Werte und gemeinsame Ziele, es mangelt allein schon an der Diskussion darüber. Wie gut, dass die politischen Heilsvisionen des 20. Jahrhunderts keine Anziehungskraft mehr haben. Aber die Glaubensangebote der Religionen bieten heute für große Teile der Bevölkerung keine stabilisierende Orientierung mehr. Es fehlt die Erzählung, die Geschichte, in der sich alle wiederfinden, die die Zusammenhänge erklärt und die Richtung zeigt – sie fehlt ganz besonders in Deutschland.

Anmerkungen

Zerrbild der Politik: Überall Nieten an der Macht?

(1) Ernst Fraenkel: Deutschland und die westlichen Demokratien, Suhrkamp Verlag, Frankfurt/Main 1991

(2) „Es ist Zeit für Deutschland, wieder aufzustehen", Focus, 34/2010

(3) „Reden, reden, reden? Ja, genau", Der Spiegel, 37/2010

(4) Michel J. Crozier, Samuel P. Huntington, Joji Watanuki: The Crisis of Democracy – Report on the Governability of Democracies to the Trilateral Commission, New York University Press 1975.

(5) „Die zerhackte Zeit", Der Spiegel, 2/2011

(6) „Das neue Unbehagen in der Demokratie", Cicero, 4/2007

(7) Jan Pehrke, Heise-Online Magazin, 3. November 2008

(8) „Reden, reden, reden? Ja, genau", Der Spiegel, 37/2010

(9) „Wo soll ich hin?", Der Spiegel, 25/2010

(10) Zitiert nach Jürgen Leinemann: Höhenrausch, Klaus Blessing Verlag, München 2004

(11) „Wir leben nicht in einer Stimmungsdemokratie", Frankfurter Allgemeine Zeitung, 7. September 2010

I Verachtete Politiker und unwissende Bürger

(1) André Glucksmann: Hass – Die Rückkehr einer elementaren Gewalt, Nagel & Kimche Zürich 2005, S.7.

(2) Selbst Schriftsteller geifern in Blogs: Rainald Goetz schrieb 2008 in seinem „Vanity Fair"-Blog „Gnade": „Frau von der Leyen zeigt eine kleinmädchenhafte helle, fröhlich vorgebeugte Überaufmerksamkeit und Wachheit. Da würde man gern in großem Schwall hineinkotzen, in dieses Gesicht."

(3) Walter Isaacson: Benjamin Franklin – An American Life, Simon & Schuster, New York 2004

(4) Southern Poverty Law Center, Montgomery, Alabama, 23. Februar 2011

(5) Unsichtbares Komitee: Der kommende Aufstand, Edition Nautilus, Hamburg 2010

(6) „Wider die Politikverachtung", Spiegel online, 9. Dezember 2006

(7) Peter Voß fragt Joachim Gauck, 3sat, 21. Februar 2011

(8) Harper's Magazine, 2/2011

(9) Das Institut für Demoskopie Allensbach fragt seit 1966 in einem Mehrjahresrhythmus: „Hier sind einige Berufe aufgeschrieben. Könnten Sie bitte die fünf davon heraussuchen,

die Sie am meisten schätzen, vor denen Sie am meisten Achtung haben?" Den Befragten wird dabei eine Liste mit 17 Berufen vom Arzt über den Pfarrer, den Rechtsanwalt, den Ingenieur, den Politiker, den Studienrat bis zum Gewerkschaftsführer vorgelegt (Allensbach am Bodensee, Ende Februar 2008).

(10) Deutschlandtrend der ARD, Oktober 2010

(11) Reader's Digest Trusted Brands Survey, 2009

(12) „Das neue Unbehagen in der Demokratie", Cicero, 4/2007

(13) Konrad-Adenauer-Stiftung, Berlin, 24. Februar 2011

(14) „Verdrossen sind die Ahnungslosen", Die Zeit, 9/2001

1 Über böse Lobbyisten und die wahren Interessen der Menschen

(1) In der ARD-Sendung „Pelzig unterhält sich", 20. Mai 2010

(2) „Zum Spannungsverhältnis von Lobbyismus und parlamentarischer Demokratie", Vortrag anlässlich der Vorstellung des Buches „Die fünfte Gewalt. – Lobbyismus in Deutschland" am 24. Februar 2006 in Berlin

(3) Jan Fleischhauer: Unter Linken – Von einem der aus Versehen konservativ wurde, Rowohlt, Reinbek bei Hamburg 2009

(4) Charles Blankart, Die Macht der Partikularinteressen, Handelsblatt, 2. Februar 2004

(5) „Gute Klientel – schlechte Klientel", Frankfurter Allgemeine Sonntagszeitung, 43/2010

2 Eine fatale Streitkultur

(1) Winston Churchill, aus einer Rede vor dem Unterhaus (1916)

(2) Der Tagesspiegel, 12. Mai 2005

(3) „Verdrossen sind die Ahnungslosen", Die Zeit, 9/2001

3 Die Glaubwürdigkeitsfalle

(1) Sarkozy würde sich vielleicht noch die meisten Hoffnungen machen können, in die Nähe eines König Salomo gerückt zu werden – zumindest teilen sie beide eine tiefe Zuneigung zum weiblichen Geschlecht. Auch wenn Sarkozy wohl nicht einmal im Traum Salomos Maßlosigkeit teilen möchte: Der König der Israeliten hatte dem Alten Testament zufolge einen Harem von 700 Frauen und 300 Nebenfrauen.

(2) Max Weber: Politik als Beruf, Duncker & Humblot, München/Leipzig 1919

(3) Christoph Möllers: Demokratie – Zumutungen und Versprechen, Verlag Klaus Wagenbach, Berlin 2008, S. 39ff.

(4) Abgeschafft wurde der Paragraf endgültig erst 1994 (im Zuge der Rechtsangleichung mit den ehemaligen DDR-Gebieten); entschärft und nur noch auf sexuelle Handlungen mit Kindern und Jugendlichen unter 14 Jahren wurde der berüchtigte Paragraf 1974.

(5) Der F.A.Z.-Fotograf Hans Kleinhans beschrieb – zitiert nach der „Welt“ vom 7. Januar 2001 – seine Beobachtungen über eine Gruppe militanter Spontis, zu der Joschka Fischer gehörte.

(6) Hans Mathias Kepplinger: Die Kunst der Skandalisierung und die Illusion der Wahrheit, Olzog Verlag, München 2001

(7) Focus, 27/2009

(8) The Spectator, Februar 2011

(9) Der Spiegel, 46/2008

(10) Focus, 3/2011

(11) Hansjörg Müller in: „Die Achse des Guten“, 11. Dezember 2010

(12) Spiegel online, 24. Januar 2011

(13) Axel Hacke, Giovanni di Lorenzo: Wofür stehst Du? Kiepenheuer & Witsch, Köln 2010

(14) Frankfurter Allgemeine Zeitung, 5. September 1992

(15) „Politik ist mörderisch“, Spiegel online, 6. März 2011

(16) GlobeScan, BBC London, 7. März 2011

II Politik 24/7

(1) Udo di Fabio: Die Kultur der Freiheit, Verlag C. H. Beck München 2005.

1 Die Geißel der Umfragen und Rankings

(1) Alexander Deichsel: Ferdinand Tönnies Gesamtausgabe, Ferdinand-Tönnies-Gesellschaft e.V.

(2) Zitiert nach Damian Grasmück: Das Parteiensystem Italiens im Wandel, Tectum Verlag, Marburg 2000, S.89

(3) Colin Crouch: Postdemokratie, Suhrkamp Verlag, Frankfurt/Main 2008

(4) Frankfurter Allgemeine Zeitung, 11. Oktober 2010

(5) Frankfurter Allgemeine Zeitung, 30. Dezember 2008

(6) Wolfgang Clement, Friedrich März: Was jetzt zu tun ist, Deutschland 2.0, Herder, Freiburg 2010

(7) Rheinische Post, 22. September 2005; „Demokratie dank Demoskopie: Mehrheit als Meinung“, Frankfurter Allgemeine Zeitung, 224/2005

(8) „Die Umfrageritis“, Süddeutsche Zeitung, 15. September 2005

(9) Thea Dorn: Ach Harmonistan, Knaus Verlag, München 2010, S. 240

(10) „Demoskopie: Orakel der Beliebigkeit“, Welt online, 18. Januar 2008

(11) In der ARD-Sendung „Hart, aber fair“, 23. Februar 2011

(12) Christoph Möllers: Demokratie – Zumutungen und Versprechen, Verlag Klaus Wagenbach, Berlin 2008

2 Der permanente Wahlkampf

(1) Rede zur Lage der Nation, 27. Januar 2010

(2) Merkel-Interview der Bunten, nach Presse- und Informationsamt der Bundesregierung, 22. Juli 2010

(3) Huffington Post, 3. November 2010

(4) „It's the Politicking, Stupid!", The New Republic, 30. August 2010

(5) „The perils of permanent campaign", Time, 30. Oktober 2005

(6) „Trau schau wem", Cicero online, 12. April 2008

(7) „Mächtige Geschichtenerzähler", Deutschlandfunk, 22. August 2010

(8) Scott McClellan: What Happened Inside the Bush White House and Washington's Culture of Deception, Public Affairs, New York 2008

(9) Wiener Zeitung, 22. Juli 2008

(10) New York Times, 21. Januar 2010

3 Der Fluch der Wahltermine

(1) Otfried Höffe: Ist die Demokratie zukunftsfähig?, Verlag C. H. Beck München 2009

(2) Das Sparpaket wurde dann im Frühsommer verabschiedet, Merkel und Westerwelle priesen es als „größtes Sparpaket in der bundesdeutschen Geschichte". Der Spiegel schrieb von einer „Mogelpackung", die „ambitionslos, willkürlich und unsozial" sei. „Das Beste, was sich über diese vermeintliche ‚Liste der Grausamkeiten' sagen lässt, ist: Mit Ach und Krach erfüllt sie die Vorgaben der Schuldenbremse im Grundgesetz. Demnach darf der Bund ab 2016 faktisch keine Kredite mehr aufnehmen.", Spiegel online 8. Juni 2010.

(3) Cora Stephan: Angela Merkel – Ein Irrtum, Knaus Verlag, München 2011

(4) Thea Dorn: Ach Harmonistan, Knaus Verlag München 2010

(5) Volksbegehrens-Bericht 2010, Verein „Mehr Demokratie", 15. März 2011

(6) Daily Breeze, 2. März 2011

(7) Salina Journal, 12. Februar 2011

(8) Christoph Möllers: Demokratie – Zumutungen und Versprechen, Verlga Klaus Wagenbach, Berlin 2008.

III Hysterie der Medien

(1) 4. Berliner Medienrede, 23. November 2009

(2) Süddeutsche Zeitung, 30. November 2008

(3) Corriere della Sera, 20. August 2010

(4) Wolfgang Donsbach, Mathias Rentsch, Anna-Maria Schielicke: Entzauberung eines Berufs. Was die Deutschen vom Journalismus erwarten und wie sie enttäuscht werden, UVK Verlagsgesellschaft, Konstanz 2009

(5) „Kritik an Lächerlichmachung der ‚Unschuldsvermutung'", Der Standard, 4. März 2011

(6) Konrad-Adenauer-Stiftung: Politische Kommunikation, Sankt Augustin, 12. Januar 2011

1 Wenn Medien dem Volk aufs Maul schauen

(1) The Examiner, 20. Januar 2011

(2) „Why does Roger Ailes hate America?", Esquire, 18. Januar 2011

(3) Newt Gingrich in New York Times, 01. Oktober 2010

(4) Washington Post, 3. Oktober 2010

(5) Bill Kovach, Tom Rosenthal: Blur, Bloomsbury, New York 2010.

(6) Stephen King, Time Magazine, 17. September 2009

(7) The Globalist, 2. November 2010

(8) Süddeutsche Zeitung, 7. Januar 2009

2 Talkshows im Zentrum der Politik

(1) Winfried Schulz: Politische Kommunikation – Theoretische Ansätze und Ergebnisse empirischer Forschung, VS Verlag, Wiesbaden 1997

(2) Knut Bergmann und Leonard Novy in Cicero 9/2010

(3) Richard R. Lau, David P. Redlawsk: How Voters Decide – Information Processing during Election Campaigns, Cambridge Studies in Public Opinion and Political Psychology) 2006

(4) Edmund Stoiber bei Sabine Christansen. Auszug: „Das heißt also Absenkung des Nach ..., des, des, des, des, des, na, des, des Alters, des Alters der Kinder, wenn sie, des Nachzugsalters; dann kommt der fünfte Punkt, und der sechste Punkt kommt dann sicherlich die Fragen gleichge ..., äh, nicht gleichgeschle ..., sondern, äh, ob ich auch, äh, äh, Asylgründe schaffe außerhalb der politischen und der rassistischen Verfolgung, also auch Gründe, äh, wenn aus, wenn, wenn andere Gründe sozusagen also aus dem Geschlecht oder Ähnlichem, äh, stattfinden, also wenn Frauen, die irgendwie wegen ihres Frauseins irgendwo verfolgt werden." Zitiert nach „Der Spiegel", 38/2002

(5) Thomas Meyer: Mediokratie – Auf dem Weg in eine andere Demokratie, Politik und Zeitgeschichte, Bundeszentrale für politische Bildung, Berlin 2002

(6) Der Spiegel, 12/2011

(7) Konrad-Adenauer-Stiftung, Politische Kommunikation, Sankt Augustin, 12. Januar 2011

(8) Andreas Dörner: Politainment. Thesen zum Zusammenhang von Politik und Unterhaltung in der deutschen Gegenwartsgesellschaft

3 Das Internet beschert Boom für Protestkultur

(1) Howard Rheingold: „Smart Mobs – The Next Social Revolution: Transforming Cultures and Communities in the Age of Instant Access", Perseus Publishing, 2002

(2) „Das globale Gehirn", Zeit online, 11. September 2003

(3) Guardian, 21. January 2010

(4) Evgeny Morozov: The Net Delusion – The Dark Side of Internet Freedom, Public Affairs 2011

(5) „Kurz, aber schmerzhaft", Frankfurter Allgemeine Zeitung, 19. August 2008

(6) jugendschutz.net und Bundeszentrale für politische Bildung, Berlin 2011

4. Die Last der Transparenz

(1) Tony Blair: Mein Weg, Verlag C. Bertelsmann, München 2010

(2) The Sunday Times, 18. Oktober 2009

(3) Der Spiegel, 49/2010

(4) Der Tagesspiegel, 2. Februar 2011

(5) The European, 19. Dezember 2010

(6) Der Rückversicherungsvertrag war ein 1887 abgeschlossenes geheimes Neutralitätsabkommen zwischen dem Deutschen Reich und dem Russischen Reich.

(7) Der Spiegel, 49/2010

(8) Washington Post, 29. August 2010

(9) Bild, 28. November 2010

(10) Spiegel online, 16. Dezember 2010

(11) Cicero, 1/2011

(12) Prof. Dornbach, „Wir in Sachsen", CDU-Fraktion des Sächsischen Landtages, 1/2011

(13) Der Spiegel, 49/2010

(14) Cicero 1/2011

(15) Piratenpartei, Grundsatzprogramm 2011

(16) Focus, 51/2010

(17) Der Spiegel, 3/2011

(18) Welt online, 19. Dezember 2011

(19) Schweizer Radio, 29. November 2010

(20) Der Spiegel, 49/2010

V Die verunsicherte Gesellschaft

(1) Die Welt, 18. März 2010

1 Fortschritte schaffen neue Probleme

(1) Udo di Fabio: Die Kultur der Freiheit, Verlag C. H. Beck München 2005.

(2) The Guardian, 14. August 2001

2 Opfer und Täter

(1) Jüdische Allgemeine, 17. März 2005,

(2) „Ein Clan verbreitet Angst und Schrecken“, Stern, 30. März 2011

(3) Frankfurter Allgemeine Zeitung, 23. August 1996

(4) Neue Züricher Zeitung, 13. Januar 2007

3 Political Correctness und andere Verunsicherungen

(1) 4. Mai 1991, University of Michigan in Ann Arbor

(2) Die Welt, 4. Oktober 2009

(3) „The Origins of Political Correctness“, Accuracy in Academia, 05. Februar 2000

(4) Gabor Steingart: Das Ende der Normalität, Piper Verlag, München 2011

(5) Ulrich Beck: Risikogesellschaft. Auf dem Weg in eine andere Moderne, Suhrkamp, Frankfurt/Main 1986

4 Ratlosigkeit in Familien und Schule

(1) Amy Chua: Die Mutter des Erfolgs – Wie ich meinen Kindern das Siegen beibrachte, Nagel & Kimche, Zürich 2011 (Originaltitel: Battle Hymn of the Tiger Mother)

(2) Bernhard Bueb: Lob der Disziplin, Ullstein Verlag, Berlin 2008

(3) Für die Menschen in den neuen Bundesländern weckt dieser Begriff allerdings besonders ungute Erinnerungen: Das „Gesetz zur Demokratisierung der deutschen Schule“ war 1946 die rechtliche Basis für die SED, in der damaligen Sowjetischen Besatzungszone die Kontrolle über alle Schulen zu übernehmen.

(4) „Mehr Demokratie wagen“, teachpapers.de, 23. Mai 2008

5 Labilität auch zu Hause

(1) Matthias Matussek, „Die vaterlose Gesellschaft, Fischer Verlag, Frankfurt 2006

(2) Bundesministerium für Familie, Senioren, Frauen und Jugend, 1. Juni 2010

(3) „Hellas in der Doppelhaushälfte – Eltern und Kinder brauchen einander nicht mehr. Über den Tod der Familie", Frankfurter Allgemeine Zeitung, 3. Juli 2001

(4) Aldo Naouri: Das Drama der perfekten Mutter, Walter-Verlag, Düsseldorf/Zürich 1999

6 Das neue Selbstbewusstsein

(1) „What's wrong with self-esteem", New York Times Magazin, 3. Februar 2002

VI Deutschlands Problem mit der Demokratie

(1) Frankfurter Allgemeine Zeitung, 28. Juli 1999

(2) Interview mit Günter Grass, dpa, 15. Oktober 2007

(3) „Die entfremdete Republik", Der Spiegel, 26/2010

(4) Novalis Schriften, Paul Kluckhohn u. Richard H. Samuel, W. Kohlhammer, Stuttgart 1960

(5) „Reden, reden, reden? Ja, genau", Der Spiegel, 37/2010

(6) Peter Sloterdijk: Letzte Ausfahrt Empörung – Über Bürgerauschaltung in Demokratien, petersloterdijk.net

1 Stolz auf Widerstand – nicht auf Deutschland

(1) „Jauch als Bundespräsident – warum nicht?", Bild am Sonntag, 4. Mai 2008

(2) Juso-Homepage, 16. Juni 2011

(3) Siehe Website etoy http://www.etoy.com/

(4) „Willkommen bei den neuen Mächtigen", Die Zeit, 9/2011

(5) Deutschland hat die Demokratie im Grunde zweimal geschenkt bekommen. Einmal nach dem Desaster des Dritten Reiches im Westen, und dann mit der Wiedervereinigung für die Menschen im Osten. Denn das war Ergebnis des historischen Scheiterns des kommunistischen Experiments im Machtbereich der UdSSR. Historiker werden entscheiden müssen, wem dafür das größte Verdienst zukommt: der Brandtschen Ostpolitik, der Gewerkschaftsbewegung Solidarnocs, Papst Johannes Paul II oder US-Präsident Ronald Reagan.

(6) Auch in Deutschland gibt es bei der Behandlung des Holocaust blinde Flecken. Als Daniel Goldhagen 1996 in seinem Buch „Hitlers willige Vollstrecker" die Beteiligung des einfachen Deutschen an der Verfolgung und Ermordung von Millionen Juden und anderen Minderheiten darstellte, schrak Deutschland auf. Erst da wurde manchem bewusst, dass es nicht Hitler mit einer kleinen Clique von Nazis waren, sondern dass Millionen Deutsche in die Verfolgung der Juden verwickelt war. Vor allem den Nachkriegsgeborenen war oft nicht klar, dass es ihre Eltern und Großeltern waren, die sich schuldig gemacht

hatten – und wenn sie nur gierig den fliehenden Juden wertvollen Schmuck und kostbare Kunstwerke oder beste Immobilien für ein Spottgeld abkauften.

(7) „10.000 Euro für einen Molch“, Der Spiegel, 52/2010

(8) „Keine Vision, nirgends“, Die Welt, 11. April 2011

(9) „Wir leben in einem Wunderjahr“, Welt online, 10. April 2011

(10) Miki Sakamoto in „Achse des Guten“ (Blog), 18. April 2011

(11) „Prognose zu Klimaflüchtlingen bringt Uno in Bedrängnis“, Spiegel online, 17. April 2011

2 Sieben Mythen von „Mehr Demokratie wagen“

(1) Die Zeit, 21. Februar 2011

(2) Welt online, 10. April 2011

(3) „Mehr Technokratie wagen“, Die Zeit online, 24. März 2010

3 Warum die Schweiz kein gutes Vorbild ist

(1) Frankfurter Allgemeine Zeitung, 17. Dezember 2010

(2) Frankfurter Allgemeine Zeitung, 6. Juni 2001

(3) „Ein EU-Beitritt würde die Schweiz stabilisieren“, Die Zeit, 51/2010

(4) „Irrtum inbegriffen“, Frankfurter Rundschau, 1. Dezember 2001

4 Die wirklichen Folgen von „mehr Demokratie“

(1) Sascha Vogt, Jusos in der SPD, Blog, 31.Januar 2011

(2) „Im Namen des Volkes“, Die Welt, 8. Dezember 2010

(3) Dirk Jörke: Bürgerbeteiligung in der Postdemokratie, Das Parlament, Ausgabe 1. Februar 2011

VII Beispiel USA: Wachsende Zweifel am System

(1) „Der Fluch der Freiheit“, Frankfurter Allgemeine Zeitung, 8. September 2010

(2) „Wir Amerikaner waren schon früh brutal“, Welt am Sonntag, 15. Januar 2011

(3) Gallup Institut, 2010

1 Obama – Der Mann, der nicht kann

(1) Barack Obama in der Jon Stewart Show, 27. Oktober 2010

(2) „Obama als Weihnachtsmann", Focus, 44/2010

2 Die Krise der amerikanischen Demokratie

(1) The Globalist, 12. Januar 2011

(2) „Es ist Endzeit", Der Spiegel, 41/2010

(3) „Amerika ist blockiert", Cicero, Juli 2010

(4) „Washington, we have a problem", Vanity Fair, September 2010

(5) New York Times, 9. Januar 2011

3 Alle Probleme bekannt: Dauerwahlkampf, Filibuster, Medienhysterie

(1) „Amerika ist blockiert", Cicero, Juli 2010

(2) Joseph S. Nye: The Future of power, Public Affairs 2010

(3) Center for Responsive Politics, Januar 2011

(4) „Obama geißelt Lockerung der Wahlkampffinanzierung", Süddeutsche Zeitung, 22. September 2010

(5) The Globalist, 12. Januar 2011

(6) Zitiert nach Benjamin Barber in: The Nation, 11. November 2010

4 Kalifornien: Wie das Volk einen Staat unregierbar macht

(1) Los Angeles Time, Editorial, 2. Januar 2011

(2) Los Angeles Times, 22. Juni 1986

(3) „Who killed California?", National Affairs, Herbst 2009

(4) „Der Terminator in der Zwangsjacke", Frankfurter Allgemeine Zeitung, 10. Dezember 2009

(5) The Economist, 20. April 2011

(6) „Who killed California?", National Affairs, Herbst 2009

VIII Von den Chinesen lernen?

(1) „Capitalist Fools", Vanity Fair, Januar 2009

(2) Financial Times, 17. Januar 2011

(3) Francis Fukuyama: Das Ende der Geschichte, Kindler Verlag, München 1992

(4) The Browser, 21. Oktober 2010

(5) Global Times Peking, 2. März 2011

(6) Nicolas Berggruen, New York Times, 31. März 2010

(7) „Wollen Sie nun Kalifornien retten, Herr Berggruen?", Frankfurter Allgemeine Zeitung, 22. November 2010

(8) Nicolas Berggruen, Los Angeles Times, 10. Januar 2011

(9) „Medwedjew nennt parlamentarische Demokratie eine ‚Katastrophe'", Die Zeit, 10. September 2010

IX Partizipation und Demokratie in der Wirtschaft

(1) „The Leadership Code: Five Rules to Lead By", Harvard Business School Press, Januar 2009

(2) Angela Merkel bei der DGB-Veranstaltung „30 Jahre Mitbestimmungsgesetz" in Berlin am 30. August 2006

1 Deutschland ist Weltmeister bei der Mitbestimmung

(1) „Mitbestimmung ist ein Standortvorteil", Die Welt, 25. Oktober 2009

(2) Theodor Baums: Unternehmens-Mitbestimmung der Arbeitnehmer im Recht der EU-Mitgliedstaaten, Verlag Recht und Wirtschaft, Heidelberg 2004

(3) Uwe Jirjahn: „Ökonomische Wirkungen der Mitbestimmung in Deutschland", in: Arbeitspapier 186 der Hans-Böckler-Stiftung, 2010

(4) Ludger Pries: „Hat Mitbestimmung in der globalisierten Welt eine Zukunft?", Institut für Arbeit und Wirtschaft, Universität Bremen, Januar 2006

(5) „Kein historischer Irrtum", FDP-Ehrenvorsitzender Graf Lambsdorff zum 30-jährigen Bestehen des Mitbestimmungsgesetzes, Interview im Deutschland Radio, 30. August 2006

(6) „Der Irrtum", Frankfurter Allgemeine Zeitung, 24. August 2005

(7) „Arbeitnehmer sehen Mitarbeiterbeteiligung skeptisch", Frankfurter Allgemeine Zeitung, 21. September 2009

2 Kontrollverlust in den Unternehmen

(1) Economist, 10. Februar 2011

(2) Robert Bartel nach „Medialotse", 26. Oktober 2011

(3) PR Professional, 10. Januar 2011

(4) Die Welt, 9. Dezember 2010

(5) Jeff Jarvis: Was würde Google tun, Heyne, München 2009

(6) PR Magazin, September 2010

(7) Andrew Griffin: Reputation Management, Kogan Page, London 2008

(8) „Im deutschen TV fehlen Wirtschaftslenker", Süddeutsche Zeitung, 21. Februar 2011(9) David Henderson: The Role of Business in the Modern World", Insitute of Economic Affairs Publication, London 2004.

X Warum „weniger Demokratie" die bessere Demokratie ist

(1) Christoph Möllers: Demokratie – Zumutungen und Versprechen, Verlag Klaus Wagenbach, Berlin 2008, S. 85

(2) Frankfurter Allgemeine Zeitung, 11. Mai 2005

(3) Frankfurter Allgemeine Zeitung, 13. September 1996

(4) Time Magazin, 14. März 2011

(5) Roland Roth, Newsletter des Bundesnetzwerks Bürgerschaftliches Engagement, 27/2011

(6) Internationale Politik, August 2003

(7) Homosexuelle haben erfolgreich den früher abfällig gemeinten Begriff „Schwule" für sich adaptiert. Heute ist man bei einem öffentlichen Bekenntnis zum Kapitalismus zuweilen in einer ähnlichen Minderheitensituation wie noch vor ein paar Jahrzehnten Homosexuelle.

Nachwort: Eine Lanze für Merkel, Obama und die anderen

(1) Alexis de Tocqueville: Über die Demokratie in Amerika, Bd. 2, Fischer Verlag, Frankfurt 1956

(2) Stéphane Hessel, Empört Euch! Ullstein, Berlin Februar 2011

(3) „Willkommen im Merkelismus", Focus 23/2011

Danksagung

Viele haben dazu beigetragen, dass dieses Buch gelingen konnte. In erster Linie habe ich Renate Kortheuer-Schüring, Dr. Michael Franger und Dr. Manfred Dutschke für die kritische Begleitung von Inhalt und Form zu danken. Bei Recherchen und Quellenstudien waren Nora Schmitt-Sausen, Anna Sacco, Doug Momberg und Allan Howe eine wertvolle Hilfe. Zahlreiche Gespräche mit Freunden, Kollegen und Experten haben das Buch inspiriert und bereichert. Danja Hetjens schließlich gebührt Dank für ihr Vertrauen und ihre Ideen.